Der Kameramann Marc Burth fährt mit seiner Frau Conny und ihrer kleinen Tochter Anna in ein italienisches Bergdorf. So beschaulich es dort auch ist, schon bald beunruhigen ihn merkwürdige Vorkommnisse. Eines Nachts findet er im Nachbarhaus einen Marokkaner, fast totgeprügelt – nach Aussage des Opfers von Polizisten. Marc ist seine einzige Hoffnung. Er recherchiert und kann nicht fassen, worauf er stößt: ein staatliches Terrornetzwerk, in das auch deutsche Politiker involviert sind. Der Staat scheint sich mit Terroristen verbündet zu haben. Und möglicherweise tut er das noch immer – auch dort oben, auf dem Berg, wo Marc und seine Familie plötzlich nicht mehr sicher sind ...

Martin Maurer wurde 1968 in Konstanz am Bodensee geboren. Er studierte Dramaturgie und Drehbuch an der Hochschule für Film und Fernsehen in Potsdam-Babelsberg und arbeitet als Drehbuchautor. Er lebt in Berlin und Italien. ›Terror‹ ist sein erster Roman. Die politischen Fakten zum Buch finden sich auf dem Blog www.prenzlauer berger.wordpress.com.

Martin Maurer
TERROR
Thriller

April 2012
DuMont Buchverlag, Köln
Alle Rechte vorbehalten
© 2011 DuMont Buchverlag, Köln
Umschlag: Zero, München
Umschlagabbildung: FinePic®, München
Satz: Fagott, Ffm
Gesetzt aus der Haarlemmer und der Verdana
Druck und Verarbeitung: CPI – Clausen & Bosse, Leck
Gedruckt auf säurefreiem und chlorfrei gebleichtem Papier
Printed in Germany
ISBN 978-3-8321-6191-0

www.dumont-buchverlag.de

Meinen Eltern

PROLOG

Am 7. März 2010 habe ich meinem Freund, dem Berliner Kameramann und Filmemacher Marc Burth, eine Mail geschrieben. Der letzte Satz lautete:

P.S.: Hast du eigentlich Angst? Grüße Martin

Einen Tag später kam seine Antwort:

BETREFF: Angst
VON: Marc Burth <marc.burth@web.de>
AN: Martin Maurer <martinmaurer@yahoo.com>
DATUM: 08.03.10 10:25:13

Hallo Martin,

komischerweise habe ich trotz allem immer noch ein nahezu kindliches Vertrauen in unseren Staat. Aber natürlich frag ich mich immer mal wieder: werden wir abgehört? Durchsuchen sie unsere Rechner? Das würd' ich mal unter "themenbedingte Paranoia" verbuchen. Und falls es dich beruhigt: sie haben effizientere Mittel, als uns etwas anzutun. Das haben sie gar nicht nötig.
Also: NEIN. ICH HABE KEINE ANGST.

Grüße
Marc

Drei Monate später, am 4. Juni 2010, ist Marc in Lenzari, einem Dorf im ligurischen Hinterland, zum letzten Mal gesehen worden. Seither gilt er als vermisst.

Arroscia-Tal, Freitag, 4. Juni 2010, 15:40 Uhr

Brigadiere Fabrizio Altieri biss in seine Focaccia, wischte energisch ein paar Krümel von seinem Uniformhemd und schaltete in den vierten Gang. Er ließ die Hand lässig auf der Gangschaltung liegen und warf einen Blick auf die Uhr am Armaturenbrett. Mit Riesenschritten ging es auf den Feierabend zu. Er freute sich auf Michela.

Fabrizio war zweiunddreißig Jahre alt, groß und schlank, und nur wer genau hinsah, bemerkte die leichte Verkrümmung des Rückens unterhalb seiner rechten Schulter. Der Ansatz eines Buckels. Es war diese kaum wahrnehmbare Missbildung, die Fabrizio anders durch die Welt gehen ließ als seine vor Selbstbewusstsein strotzenden Kollegen. Er lebte mit dem Gefühl, dass die ganze Welt eine zerbrechliche Glaskugel sei, nur notdürftig verkleidet mit Bäumen und Wiesen; träte man irgendwo falsch oder zu heftig auf, würde sie mit einem hässlichen Klirren zerspringen.

Der Alfa Romeo glitt in den Tunnel hinter Ortovero. Der Gestank der Abgase drang ins Innere des Wagens. Die Deckenbeleuchtung war zum Teil ausgefallen. Trotz der Dunkelheit nahm Fabrizio die Pilotenbrille mit den grün getönten Gläsern nicht ab.

Seit er vor zwei Jahren nach Pieve versetzt worden war, hatte er hier einen ruhigen Job gehabt. Die meisten Probleme machten die Extracomunitari, die Albaner und Marokkaner, die sich mehr und mehr in den von den Italienern verlassenen Dörfern im ligurischen Hinterland niederließen. Aber alles in allem war es eine ruhige Gegend. Und mit Cesare, dem Leiter der Station, war er von Anfang an gut zurechtgekommen. In letzter Zeit allerdings war es schwierig, ein normales Gespräch mit Cesare zu führen. Fabrizio blickte kurz hinüber zu dem Kollegen auf dem Beifahrersitz. Cesare hatte die Lehne des Sitzes weit nach hinten gestellt, um zu dösen. Die dunkelblaue Uniformmütze der Carabinieri lag auf seinem Schoß. Nun richtete er sich leicht auf und zeigte auf die Reflektoren am Straßenrand, die rot aufglühten, wenn sie vom Scheinwerferlicht angestrahlt wurden.

»Mit Valeria habe ich immer gespielt, dass hier im Tunnel ein Monster lebt. Die Reflektoren waren seine Augen. Vor dem Tunneleingang haben wir laut geschrien: Achtung Monster! Und dann haben wir die Augen des Monsters gezählt.«

Cesare legte sich wieder zurück in den Sitz. Fabrizio vermied es, seinen Kollegen anzusehen.

»Tut mir leid«, murmelte er und hoffte, dass Cesare es dabei belassen würde.

Als der Wagen den Tunnel passiert hatte, begann es zu regnen. Fabrizio schaltete die Scheibenwischer ein und bremste ab. Die Straße wurde enger und wand sich nun in scharfen Kurven das Arroscia-Tal hinauf bis nach Pieve di Teco, wo sie stationiert waren.

Plötzlich raste ein schwarzer Audi mit hoher Geschwindigkeit auf sie zu. Er fuhr auf dem Mittelstreifen.

Fabrizio riss das Steuer nach rechts, um auszuweichen. Cesare kam gerade noch rechtzeitig aus seinem Liegesitz hoch, um zu erkennen, dass der A6 mit den getönten Scheiben ein deutsches Nummernschild hatte. Fabrizio fluchte und gab Gas.

Er hielt auf die nächste Kreuzung zu. Da, wo die Straße nach Leverone abzweigte, hatte er genug Platz, um zu wenden und die Verfolgung des Audis aufzunehmen. Er bog ein und fuhr mit quietschenden Reifen eine scharfe Kurve. Da sagte Cesare mit müder Stimme:

»Lass. Fahr weiter.«

Fabrizio trat abrupt auf die Bremse und starrte Cesare an.

»Das ist nicht dein Ernst.«

»Doch.«

»Wir müssen den stoppen! Wir können den doch nicht so weiterrasen lassen!«

Cesare schwieg.

»Dann lass uns zumindest Meldung machen.« Fabrizio griff nach dem Funkgerät, aber Cesare legte ihm die Hand auf den Unterarm.

»Lass«, sagte er. »Ich bete, dass nichts passiert.«

Fabrizio starrte seinen Chef entgeistert an. Kein Grinsen war auf seinem Gesicht zu sehen, kein Zeichen von Ironie. Er hatte die Augen geschlossen und sich wieder in den Sitz zurückgelehnt.

Fabrizio legte den ersten Gang ein und gab behutsam Gas.

Sie fuhren schweigend durch den letzten Tunnel vor Pieve. Es war Freitag, der 4. Juni. Samstag hatte er frei. Er würde sich mit Michela aufs Motorrad setzen und losfahren. Sie wussten noch nicht wohin.

»Bieg ab. Wir fahren noch mal hoch.« Cesare saß jetzt aufrecht neben ihm. Er schien plötzlich hellwach zu sein.

Widerwillig setzte Fabrizio den Blinker. Sie hatten erst vor ein paar Tagen mit den Deutschen gesprochen. Der Computer war weg, daran gab es nichts zu rütteln. Der würde auch nicht wieder auftauchen, wenn sie noch einmal Fragen stellten. Die

Albaner klapperten die Dörfer mit ihren Mopeds ab, und wenn sich eine Gelegenheit bot, griffen sie zu. Wenn man dann noch die Terrassentür sperrangelweit offen stehen ließ, wie die Deutschen, musste man froh sein, wenn nur der Rechner weg war. Doch Fabrizio kannte seinen Chef gut genug, um zu wissen, wann er am besten einfach tat, was der ihm sagte. Er bog in Richtung Vessalico ab und vor dem Ortseingang gleich noch einmal nach rechts in die schmale, steile Straße, die vom Arroscia-Tal nach oben auf den Berg führte. Regen und Wind wurden immer stärker. Die Wolken hingen sehr tief.

In Serpentinen schraubte sich die Straße zwischen Olivenbäumen steil nach oben. Auf einer Strecke von etwa zehn Kilometern überbrückte sie an die fünfhundert Höhenmeter. Da es nur an wenigen Stellen Ausweichmöglichkeiten gab, hupte Fabrizio vor jeder Kurve. Nach der nächsten Kehre waren sie bereits mitten in den Wolken. Nebelfelder zogen den Berg hinunter. Der Regen trommelte auf das Autodach. Fabrizio nahm die engen Kurven sportlich. Er warf einen schnellen Blick hinüber zu Cesare und spürte, wie er aggressiv wurde. Seit vier Monaten machte er das jetzt mit. Und zwar vorbildlich, wie er fand. Er hatte immer wieder nachgefragt, obwohl er alles, was Cesare zu erzählen hatte, bereits auswendig kannte. Er kannte jede Bewegung, die Valeria gemacht hatte, bevor sie auf den Zebrastreifen getreten war, er wusste, dass, bevor der Lastwagen kam, noch zwei Autos an ihnen vorbeigefahren waren, ein silberfarbener BMW und ein alter weißer Peugeot, beide in so hohem Tempo, dass Cesare seine Enkeltochter instinktiv an der Kapuze ihres Wintermantels gepackt hatte. Er wusste, dass es ein sehr klarer Tag gewesen war. Die verschneiten Berggipfel waren bis nach Genua zu sehen gewesen, und dann hatte Signor Micelli eine Flasche in den grünen Flaschencontainer zwei

Meter links des Zebrastreifens geworfen, und Cesare hatte sich zu ihm umgedreht und die Hand von Valerias Kapuze genommen, um Signor Micelli zuzuwinken. Es hatte keinen anderen Grund gegeben, sosehr Cesare auch im Nachhinein über diesen Moment grübelte und sich fragte, warum er Valeria losgelassen hatte, obwohl ihm der Luftballon im Durchgang auf der gegenüberliegenden Straßenseite doch bereits aufgefallen war. Dieser Ballon, eine Raupe mit großen Augen, wurde vom Wind immer weiter in Richtung Straße getrieben, und von rechts kam der Lastwagen auf sie zu, und Valeria hatte gerufen: »Opa, der Ballon!« Ihre Stimme hatte aufgeregt geklungen, aber er hatte aus Höflichkeit ein paar Worte mit Signor Micelli gewechselt und nicht reagiert, und sie hatte noch einmal geschrien: »Der Ballon!« Dann war sie losgerannt, um ihn zu retten. Und Cesares Hand war in dem Moment in der Luft gewesen, am nutzlosesten Ort der Welt, und nicht an der Kapuze seiner Enkelin. Valeria war sechs Jahre alt geworden, und Fabrizio wusste oder glaubte zu wissen, was jetzt in Cesares Kopf vor sich ging.

»Du musst lernen, damit umzugehen, Cesare. Ich halte das nicht länger aus.« Fabrizio war selbst erschrocken, wie aggressiv seine Stimme klang. Er hatte ein paar Meter gerader Strecke vor sich und drückte aufs Gaspedal. Regen prasselte gegen die Scheibe, als wolle er Fabrizios Worte unterstreichen. Der Scheibenwischer schmierte. Und Cesare antwortete ganz ruhig:

»Es ist umgekehrt, Fabi. Du musst lernen, es auszuhalten. Dass an diesem 17. Januar nicht die ganze Küste ins Meer gestürzt ist, dass weiterhin Jahr für Jahr Millionen Autofahrer die Via Aurelia entlangfahren und das Panorama genießen werden, ohne zu ahnen, was dort passiert ist, das ist der Skandal. Damit muss ich leben. Und das auszuhalten, mich auszuhalten, Fabi, das musst du lernen. Ich sehe keinen anderen Weg.« Cesare schloss die Augen. Er wirkte erschöpft. Fabrizio steuerte mit hoher Geschwindigkeit auf die nächste Kurve zu. Er wusste nicht, was er sagen sollte, also schwieg er.

Er dachte an den schwarzen A6, der ihnen eben mit viel zu hoher Geschwindigkeit entgegengekommen war. Warum hatte Cesare ihn weiterfahren lassen? Weil er wollte – unbewusst natürlich – dass andere sein Schicksal teilten? Ein ungeheurer Gedanke. Aber dass sie diesen Wagen nicht gestoppt hatten, war fahrlässig gewesen. Und Cesare war ganz sicher nicht fahrlässig. Was also steckte dahinter?

»Vorsicht!«, schrie Cesare. Fabrizio reagierte sofort und trat auf die Bremse. Das Heck des Alfas schlingerte, der Wagen kam zum Stehen. Direkt vor der Kühlerhaube stand ein etwa fünfjähriges Mädchen. Es hatte blonde Haare und war völlig durchnässt vom Regen. Und es blutete. So viel konnten Fabrizio und Cesare sehen, bevor das Mädchen wieder verschwunden war. Die beiden Carabinieri sahen sich einen Moment lang erschrocken an, dann rissen sie die Autotüren auf und stürmten um den Wagen herum. Das Mädchen lag jetzt vor der Kühlerhaube auf dem Asphalt. Es war Anna, die Tochter der Deutschen.

Sie lag auf dem Rücken, als habe sie sich hier hingelegt, um sich auszuruhen. Ihr Gesicht war ausdruckslos. Soweit Fabrizio das überblickte, blutete sie aus mehreren Wunden am ganzen Körper. Cesare kniete sich neben das Mädchen. Er wirkte wie unter Schock. »Kannst du mir sagen, was passiert ist?«

Das Mädchen antwortete nicht.

»Sie versteht dich nicht, Cesare.«

Cesare sah auf, sah Fabrizio an, aber es schien, als blicke er durch ihn hindurch.

»Du kannst doch ein bisschen Deutsch, oder?«, fragte Fabrizio.

»Ich verstehe ein bisschen, aber ich kann nicht ...«

»Versuch es. Frag sie, was passiert ist.«

Cesare versuchte es. Fabrizio konnte nicht beurteilen, ob das ein einigermaßen verständlicher deutscher Satz war, den Cesare an Anna richtete. Er sah gespannt in ihr Gesicht.

Anna schaute Cesare an, eine Ewigkeit, so kam es Fabrizio vor, und dann endlich sagte sie etwas auf Deutsch, das er nicht verstand. Cesare wandte sich zu ihm. Sein Gesicht machte ihm Angst. Es sah vollkommen zerstört aus. Vielleicht war der Regen schuld.

»Was hat sie gesagt?« fragte er.

Cesares Stimme drang sehr leise durch den strömenden Regen.

»Ich bin mir nicht sicher ... ich glaube, sie hat gesagt: So viel Blut.«

Ligurische Küste,
Donnerstag, 28. Januar 2010, 21:06 Uhr

Bei der Ausfahrt Albenga fuhren sie von der Autobahn ab. Es war kurz nach 21 Uhr. Anna war eingeschlafen. Je weiter sie sich von der Küste entfernten, desto enger und bedrückender wurde das Arroscia-Tal. Sie fuhren schweigend. Kurz vor Vessalico bogen sie in die Straße ab, die nach Lenzari hinaufführte. Nach etwa hundert Metern hatten sie die letzen Häuser hinter sich gelassen. Es war jetzt stockdunkel. Die Scheinwerfer wischten über die Olivenbäume links und rechts der Straße. Hinter Wolkenfetzen kam ein verwaschener Mond zum Vorschein und Conny sagte: »Ich bin froh, aus diesem Tal raus zu sein.«

»Ich auch.« Marc schaltete in den ersten Gang und fuhr langsam um die nächste Kurve. Immer wieder lagen Steine und Felsbrocken auf der Straße, auch größere Zweige und Äste. Wahrscheinlich hatte es vor Kurzem ein Unwetter gegeben. Marc schaute auf die Temperaturanzeige: sechs Grad. Unten im Tal waren es noch neun Grad gewesen. Die Olivenbäume waren jetzt verschwunden. Sie fuhren durch ein Waldstück. Zweige schlugen gegen die Windschutzscheibe und strichen am Auto entlang. Der Wald streckte seine Finger nach ihnen aus. Ein Schatten huschte über die Straße und verharrte; Edelsteinaugen blitzten sie an.

Ein längeres Stück gerader Strecke. Die Straße führte direkt auf den Berg zu. Dann sahen sie die Lichter von Lenzari. Der Mond hatte sich ganz aus den Wolken gelöst und gab dem Berg seine Konturen zurück: Der knochige Brustkorb, der spitze Rücken, ein langer Hals mit einem zu kleinen Kopf. Der Berg sah aus wie ein schlafender Hund, und Lenzari hatte sich Schutz suchend an seine magere Flanke geschmiegt.

Das Ortsschild tauchte im Scheinwerferlicht auf. Rechts der Straße ein halb verfallenes Haus. Sie fuhren langsam daran vorbei auf einen kleinen Platz, beleuchtet von einer einzigen Laterne. Ein wenig zurückgesetzt die Kirche. Davor eine große Kastanie.

»Hier ist es«, sagte Conny. »Hier sollen wir parken, haben sie gesagt.«

Marc zog die Handbremse an und schaltete den Motor aus. »Puh. Jetzt reicht's.«

Sie stiegen aus. Die plötzliche Stille traf sie wie ein Schlag ins Gesicht. Das Rauschen von Wasser irgendwo unten im Tal, die Rufe eines Käuzchens, ansonsten nichts. Es war völlig windstill. Marc lehnte sich auf das Geländer, das den Platz umgab.

Conny trat zu ihm. Sie legte ihre Hand auf seinen Rücken. Vor ihnen ging es steil nach unten ins Tal. Auf dem gegenüberliegenden Bergrücken lag ein weiteres Dorf; es schien ein bisschen größer zu sein als Lenzari. Wieder schrie das Käuzchen.

Ein paar Meter weiter rechts stand ein Schild. Zwei Meter lang, anderthalb hoch, schätzte Marc. Aus Metall. Es schienen Bekanntmachungen daraufgeklebt zu sein. Alle waren schwarz-weiß und alle irgendwie gleich. Marc ging auf das Schild zu, um es sich genauer anzusehen. Es waren Todesanzeigen.

Conny schloss die Haustür auf und machte Licht in der Diele. Terrakottafliesen auf dem Boden, links an der Wand eine schöne alte Holztruhe, darüber ein großer Spiegel in goldenem Rahmen. Die Wände waren weiß getüncht. Geradeaus eine antike Tür. Wer über 1,80 groß war, würde den Kopf einziehen müssen. Links davon führte eine Treppe hinauf in den ersten Stock.

Conny ging die Treppe voran nach oben. Marc folgte ihr, die schlafende Anna im Arm. Von der Treppe trat man durch eine verglaste Tür in eine Art Salon, ein Durchgangszimmer, an dessen Ende sich zwei Türen befanden. Links lag ein kleines Zimmer, rechts ein großes mit Bad. Das kleine würde Annas Zimmer werden. Conny ging hinein und klappte in aller Eile das Schlafsofa auf.

»Ich such mal Bettzeug«, flüsterte sie und ging nach draußen. Marc legte Anna auf die Matratze und setzte sich neben sie. Es roch leicht modrig. Und es war eiskalt. Marc saß im Dunkeln. Sie hatten extra kein Licht gemacht, um Anna nicht zu wecken. Aber vom Salon her und durch die Ritzen der Fensterläden drang Licht ins Zimmer. Direkt vor dem Fenster musste eine Straßenlaterne sein.

Nachdem sie Anna ins Bett gebracht hatten, ging Marc wieder hinaus, um das Auto auszuladen. Er hatte das Gefühl, dass es draußen wärmer war als drinnen. Obwohl er müde war, beschloss er, nicht direkt zum Auto zu gehen, sondern eine Runde zu machen. Nach der langen Fahrt hatte er das Bedürfnis, ein paar Schritte zu gehen. Er ging vom Haus aus nach links. Eine einzige Laterne erleuchtete diesen Abschnitt. Sie hing, aufgespannt an ihrer Leitung, wie gekreuzigt mitten über der Straße und schaukelte leicht im Wind. Wieder schrie das Käuzchen. Marc fröstelte und zog den Reißverschluss seiner Jacke bis zum Kragen zu. Plötzlich hörte er eine Stimme. Es war eine Frauenstimme, und was sie sprach, war nicht Italienisch, soviel war sicher. Er blieb stehen, die Hände in den Jackentaschen vergraben, und lauschte. Die Stimme kam aus einem Haus auf der rechten Straßenseite. Marc tippte auf Arabisch. Er ging auf das Haus zu. Es war verrammelt. Kein Licht war zu sehen. Der Putz blätterte an mehreren Stellen ab, manche waren notdürftig ausgebessert. Quer über die Fassade waren Leitungen verlegt. Das Haus hatte zwei Eingangstüren. Eine, die linke, wirkte wie die Tür zu einem Stall, der obere Teil der Tür bestand aus einem engmaschigen Drahtgitter. Darunter war mit verblichener weißer Farbe eine große 1 gemalt worden. War das die Hausnummer? Unwahrscheinlich – stand das Haus doch mitten in einer Reihe anderer Häuser. An keiner der beiden Türen war eine Klingel, geschweige denn ein Name zu sehen. Nichts sprach dafür, dass dieses Haus bewohnt war. Und doch: Die arabische Stimme kam ganz eindeutig aus seinem Inneren. Aus einem Fernseher, wie Marc nun klar wurde.

Plötzlich ertönte ein lauter Knall über ihm. Marc fuhr herum. Im zweiten Stock des gegenüberliegenden Hauses war ein Fenster aufgestoßen worden. Marc konnte niemanden sehen, aber umso besser konnte er die Stimme hören. Die Stimme eines Mannes, der außer sich war vor Wut. »Adesso basta!« – Jetzt reicht's! Das konnte Marc verstehen.

»Ich will schlafen!« Dann eine Reihe wüster Beschimpfungen, denen Marc nur teilweise folgen konnte, und am Schluss eine handfeste Drohung: »Wenn du keine Ruhe gibst, bringe ich dich um.« Das Fenster wurde geschlossen, das Licht gelöscht. Wenige Augenblicke später erstarb die Fernsehstimme. Das verrammelte Haus lag nun in völliger Stille da. Marc fiel es schwer zu glauben, dass hinter dieser Fassade wirklich jemand lebte. Er wandte sich ab und ging weiter. Nach kurzer Zeit ging die Straße in einen Feldweg über, der zunächst in den Olivenhain und dann in den Wald zu führen schien. Also drehte er um.

Kurz nach elf war das Auto ausgeladen. Conny hatte in der Zwischenzeit festgestellt, dass es ins Haus hineingeregnet hatte. Die Matratze des Bettes im großen Zimmer war klitschnass. An der Wand über dem Bett waren die Spuren des Wassers noch deutlich zu sehen. Ein regelrechter Sturzbach musste hier niedergegangen sein. Conny hatte deshalb im obersten Stockwerk, das aus einem einzigen Zimmer und einer riesigen Dachterrasse bestand, ein provisorisches Lager gebaut. Sie hatte zwei Elektroradiatoren aufgetrieben; einer stand unten neben Annas Bett und einer bei ihnen oben.

»Jetzt bin ich froh um das Babyfon. Ich weiß nicht, ob wir Anna hier oben hören würden.« Conny stöpselte das Babyfon in die Steckdose neben der Matratze, die sie auf den Boden des Zimmers gelegt hatte. »Meinst du, du kannst hier schlafen?«

»Im Moment hab ich das Gefühl, ich könnte überall schlafen.«

»Nicht bequem?«

»Doch. Perfekt. Ich bin einfach total fertig. Hast du den Boiler angemacht?«

»Jap.« Conny kuschelte sich neben Marc in die Bettdecke. »Schlaf mal gut.«

Das Käuzchen schrie. Wenig später schlug die Kirchenglocke halb zwölf. Conny kicherte. »Mann, ist das ein Krach hier.« Marc überlegte kurz, ob er ihr von dem Nachbarschaftsstreit erzählen sollte, entschied sich dann aber, es morgen zu tun. Er war einfach zu müde. Er legte seinen Arm um Connys Schulter. Mit geschlossenen Augen murmelte er: »Käuzchen und Kirchenglocken. Wir haben den friedlichsten Ort der Welt erwischt.«

Lenzari, Freitag, 29. Januar 2010, 7:05 Uhr

Am nächsten Morgen wachte Marc früh auf, es dämmerte gerade erst, aber er konnte nicht mehr einschlafen. Er hörte Connys ruhigen Atem, spürte die Wärme ihres Körpers. Marc setzte sich auf und sah sich im Raum um. Die zweite Etage des Hauses bestand einzig aus diesem Zimmer. Es wirkte wie ein lustiges Hütchen, das sich das Haus in einem frivolen Moment aufgesetzt hatte. Durch die von oben bis unten verglaste Flügeltür auf der anderen Seite des Raumes, gegenüber dem Matratzenlager, kam man auf die Dachterrasse. Über die Balustrade hinweg konnte er die Berge auf der anderen Talseite sehen. Sie waren bis zu den Gipfeln bewaldet, ihre Formen gleichmäßig, wie von antiken Baumeistern entworfene Pyramiden. Sie hatten etwas Beruhigendes. Marc stand auf und ging zur Tür. Er drehte den Griff und versuchte die Tür zu öffnen, aber sie klemmte. Der Holzrahmen war verzogen. Noch einmal zog er mit aller Kraft am Türgriff, und endlich ließ sie sich öffnen. Die kalte Morgenluft schlug ihm entgegen. Sie roch nach Weihnachten, nach Holzfeuer – natürlich: Hier wurde überall mit Holz geheizt. Trotz der Kälte trat er mit bloßen Füßen auf die Dachterrasse hinaus. Es war vollkommen still. Der Himmel im Osten färbte sich über den zum Meer hin flacher werdenden Hügeln orange. Es würde ein schöner Tag werden.

Da hörte er Annas Stimme. Sie kam aus dem Babyfon. Anna war aufgewacht und rief nach Conny. Marc ging zurück ins Zimmer und schloss die Tür hinter sich. Conny saß auf der Matratze und strich sich eine Haarsträhne aus dem Gesicht. Sie war noch ganz verschlafen. »Guten Morgen«, sagte Marc und küsste sie.

Während Conny nach Anna sah, ging er hinunter in die Wohnküche und heizte den Ofen ein. Eine halbe Stunde später war es gemütlich warm.

Nachdem sie ausgiebig gefrühstückt hatten, machte Conny eine Liste für den Großeinkauf, den sie heute noch hinter sich bringen mussten, und Marc und Anna erkundeten das Dorf. Sie waren noch keine fünf Meter weit gekommen, als Anna einen Kaninchenstall entdeckte. Er stand in einem halb verfallenen Gebäude aus groben Feldsteinen, das aussah, als habe ein Riese mit einem Faustkeil darauf eingeschlagen: Nur die Grundmauern des Erdgeschosses und Teile der Decke waren noch vorhanden. Marc zog den Kopf ein und folgte Anna unter dem Torbogen hindurch in das Gebäude. Der Boden war mit Gras und Unkraut bewachsen. In der Mitte klaffte eine Lücke von etwa zwei Metern Breite, durch die der strahlend blaue Himmel über Lenzari zu sehen war.

»Guck mal, zwei sind braun und zwei schwarz-weiß!« Anna war aufgeregt. Die Kaninchen zickzackten verängstigt durch ihren Holzverschlag. Anna versuchte ihnen klar zu machen, dass sie keine Angst haben müssten, und überlegte sich Namen für jedes von ihnen. Plötzlich hörte Marc ein Geräusch hinter sich. Er drehte sich um. Hinter ihm unter dem Torbogen standen ein Mann und eine Frau und sahen sie neugierig an. Die Frau mochte um die siebzig Jahre alt sein, sie hatte eine Arbeitsschürze um und trug eine Brille, die Marc viel zu groß erschien für ihren zierlichen Kopf. Ihre Füße steckten in lehmverschmierten Gummistiefeln, aber sie wirkte nicht wie eine Bäuerin, eher wie eine Dame, die gerade im Garten nach den Rosen gesehen hatte. Wie alt der Mann neben ihr sein mochte, war unmöglich einzuschätzen, irgendwas zwischen fünfzig und fünfundachtzig. Der Mann hatte einen unglaublich faltigen Hals und ein zerfurchtes Gesicht. Er trug eine grüne Wollmütze, und Marc bemerkte, dass sein Kopf leicht zitterte. Beginnender Parkinson vielleicht? Marc musste an die riesige Echse denken, die er und Anna bei ihrem letzten Besuch im Zoo beobachtet hatten. Ein Urtier, das aussah, als habe es Zeiten erlebt, von denen die Menschheit noch nicht einmal etwas ahnte.

Anna war zu ihm getreten.

»Was wollen die?«, flüsterte sie. Ihre Stimme klang ängstlich. Marc legte seine Hand auf ihre Schulter.

»Buon giorno«, sagte die Frau und lächelte, »willkommen in Lenzari.«

Die Frau, sie hieß Elisa Noè, erkundigte sich nach Annas Namen und Alter. Marc übersetzte für Anna. Frau Noè wohnte in dem großen Haus neben der Kirche und lud Anna ein, vorbeizukommen. Sie habe von ihrer Enkelin noch viele Spielsachen, die Anna gerne benutzen könne.

»Sie ist jetzt fünfzehn und kommt nicht mehr oft hier hoch.« Marc hörte das Bedauern in ihrer Stimme. Er begann die unaufdringliche Freundlichkeit dieser Frau zu mögen.

»Es ist schön, dass mal wieder eine junge Familie in Lenzari ist. Das tut wirklich gut. Wir sind hier alle alt und sterben sicher auch bald.« Frau Noè lachte. Der Mann neben ihr nickte. Er hatte die ganze Zeit kaum etwas gesagt. Marc hatte mitbekommen, dass er Antonio hieß – seinen Nachnamen hatte er nicht verstanden – und ihr direkter Nachbar war. Ihm gehörten die Kaninchen.

»Schau mal!«, rief Anna plötzlich und beugte sich über etwas, das vor ihr auf dem Boden lag. Marc schaute ihr über die Schulter: Es war eine junge Ratte. Sie hatte noch kein Fell und musste gerade aus ihrem Nest gefallen sein. Sie fiepte jämmerlich und wand sich auf dem Steinfußboden. Ihre Füßchen ruderten hilflos in der Luft herum.

»Scusa«, sagte Antonio, schob Anna ein wenig zur Seite und trat mit dem Absatz seines lehmverschmierten Bergschuhs kräftig auf die Ratte. Ein weiteres jämmerliches Fiepen, ein knirschendes Geräusch. Marc sah nicht hin, als Antonio den Fleischklumpen mit der Hand vom Boden aufhob und durch das Loch im Dach hinter die Mauer warf.

»Es gibt zu viele Ratten hier«, sagte Antonio und lächelte freundlich. Anna hatte sich an Marcs Beine geklammert. Er konnte ihr Gesicht nicht sehen, aber ihren Nacken. Sie hatte eine Gänsehaut.

Marc verabschiedete sich schnell, versprach Frau Noè, bald auf einen Kaffee vorbeizukommen, und schob Anna, die sich immer noch an ihn klammerte, behutsam aus dem verfallenen Gebäude. Als sie allein waren, begann Anna zu schluchzen. Sie hatte Tränen in den Augen und war völlig verstört.

»Warum hat er das gemacht? Das war doch ein Baby!«

»Für ihn sind das nur lästige Tiere, die Krankheiten übertragen, weißt du ...«

»Ist er böse?«

»Nein, er ist sogar sehr nett ...«

Anna schluchzte. Marc fiel nichts ein, was er ihr zum Trost sagen konnte. Er kniete sich vor sie, umarmte sie und streichelte ihren Rücken. Sie schlang ihre Arme um seinen Hals und weinte bitterlich.

Vier Stunden später saßen sie im »Arlecchino« an der Strandpromenade von Alassio und hielten ihre fahlen Gesichter in die Wintersonne, die hier so viel Kraft hatte, dass die Restaurantbesitzer ihre Tische nach draußen gestellt hatten.

»Boah! Und jetzt noch ein kleines Tiramisu?«

»Dann platze ich.«

Conny hatte ein Fritto misto und Marc zusammen mit Anna eine Platte Penne allo scoglio verdrückt. Anna kniete neben ihnen im Sand und buddelte. Dahinter glitzerte das Meer so hell, dass Marc die Augen zusammenkneifen musste. Er ließ seinen Blick über die Bucht und die steil ansteigende Küste schweifen. Der Himmel über Alassio war tiefblau.

»Wie bescheuert, im Winter in Berlin zu sitzen.«

»Hmh«, brummte Conny und legte ihre Hand auf Marcs Knie. In diesem Moment war Marc ihren Berliner Freunden Dirk und Maike unendlich dankbar dafür, dass sie ihnen ihr Haus in Lenzari zur Verfügung gestellt hatten. Noch vor ein paar Wochen waren er und Conny am Ende ihrer Kräfte gewesen, nach einem Höllenwinter in Berlin, der noch mindestens zwei Monate andauern würde. Seit November war Anna immer wieder krank gewesen und einfach nicht mehr auf die

Beine gekommen. Irgendwann nach Weihnachten war ihnen klar geworden, dass sie eine Auszeit brauchten. Und jetzt, da ihm die Sonne so wohltuend ins Gesicht schien, wusste Marc, dass es richtig gewesen war, das Angebot der Freunde anzunehmen.

Der Kellner räumte ab und fragte, ob sie Dessert oder Kaffee oder beides wollten. Conny, die eben noch gemeint hatte, gleich platzen zu müssen, bestellte ein kleines Tiramisu zu ihrem Kaffee.

»Natürlich für Anna«, sagte sie und grinste. Marc fand, dass sie toll aussah, vor dem glitzernden Meer.

»Anna! Tiramisu kommt gleich!«

Aber Anna reagierte nicht. Eine Folge der vielen Mittelohrentzündungen. Was ziemlich anstrengend war, weil sie immer erst schreien mussten, bis Anna sie verstand.

»Aber ein bisschen besser hört sie, oder nicht?«

»Ich habe nicht den Eindruck, ehrlich gesagt.« Sie betrachteten Anna, die eben eine große Feder im Sand entdeckt hatte. Der Vogel, dem die Feder gehört hatte, musste schwer krank sein.

»BÄH! WIRF DAS DING WEG, ANNA!«

Anna drehte sich zu ihnen um. »Was?«

»KOMM MAL HÄNDE WASCHEN, GIBT GLEICH TIRAMISU!«

»Juhuuu!« Anna kam angerannt, legte die Feder des kranken Vogels neben Marc auf den Tisch und ging mit Conny ins Restaurant hinein, Hände waschen. Marc sah ihnen nach. Anna hüpfte an Connys Hand. Die Trauer über das Rattenbaby war verflogen.

Er betrachtete die Feder des kranken Vogels, die neben seiner Kaffeetasse lag. Der Flaum unten am Kiel zitterte, obwohl es völlig windstill war. Große Kerben waren in die Feder hineingeschlagen, die Spitze war abgebrochen, sodass sie ihre Form verloren hatte. Ein schmutzig grauer, verklebter Rumpf war übrig geblieben, ekelhaft. Er gab dem Drang nach, sie anzufassen.

Sie kamen spät nach Hause, der Einkauf bei Coop in Albenga hatte lange gedauert. Es war bereits dunkel, und sie trauten sich nicht mehr, Massimo und Sandra um diese Zeit noch zu besuchen. Sie würden das auf morgen verschieben, obwohl Dirk und Maike sie gebeten hatten, die beiden bald nach ihrer Ankunft aufzusuchen. Massimo und Sandra kümmerten sich um das Haus, wenn Dirk und Maike nicht in Lenzari waren. Sie fühlten sich verantwortlich, deshalb war es wichtig, dass sie so bald wie möglich dort Guten Tag sagten. Aber heute nicht mehr. Die frische Luft hatte sie müde gemacht. Kurz nach 22 Uhr schliefen sie alle.

Es war 1:40 Uhr, als das Babyfon knarzte. Ein kurzes Rauschen, Marc fuhr hoch, versuchte sich zu orientieren. Etwas glühte in der Dunkelheit, ein oranges Licht – der Schalter des Radiators. Italien, Lenzari, jetzt wusste er, wo er war. Es war warm im Zimmer. Viel zu warm. Marc hatte einen trockenen Mund. Er fuhr sich mit der Zunge über die Lippen. Er wollte gerade den Radiator ausschalten, als die Schreie einsetzten. Sehr laut. Unter die Schreie waren Worte gemischt, die aber kaum zu verstehen waren. Dumpfe Schläge. Ein Winseln, das kaum mehr menschlich klang. »No!« Dann noch mal, deutlicher, »No!«. Die Stimme überschlug sich. Das Babyfon, aus dem die Schreie kamen, knarzte wieder und setzte mit einem schrillen Pfeifen aus.

BETREFF: Reaktionen und Ergenekon
VON: Marc Burth <marc.burth@web.de>
AN: Martin Maurer <martinmaurer@yahoo.com>
DATUM: 13.03.10 03:22:54

Hallo Martin,
was mich an dem ganzen Thema mittlerweile fast am meisten fasziniert, sind die Reaktionen der Leute. Ihre Fassungslosigkeit. In Italien – klar, Chile – natürlich, Afrika sowieso. Eigentlich überall auf der Welt. Aber Deutschland – völlig unvorstellbar. Ich staune über uns Deutsche. Ich glaube, es ist was Psychologisches: Nach der Nazikatastrophe MUSSTE die BRD einfach moralisch gut sein. Man rührt an ein Tabu, anders sind solche Reaktionen nicht zu erklären. Im Übrigen halte ich's mit Enrico Falqui von den italienischen Grünen: "Dieses Europa wird keine Zukunft haben, wenn es nicht auf der Wahrheit und der vollständigen Transparenz seiner Institutionen aufgebaut wird."
Habe wahrscheinlich jemanden, der uns in Sachen Ergenekon weiterhelfen kann.
Liebe Grüße
Marc

Zwischen Vessalico und Lenzari,
Freitag, 4. Juni 2010, 16 Uhr

Die Wolken, die Olivenbäume, die verbeulte Leitplanke – sie alle hatten ihre Konturen verloren, flossen mit dem schmierigen Grau der Straße zusammen und an der Windschutzscheibe des Alfas herunter. Fabrizio drehte den Zündschlüssel im Schloss. Die Scheibenwischer brachen aus ihrem Graben hervor und gaben der Welt draußen mit einer lässigen Bewegung ihre Umrisse zurück. Er atmete tief durch. Dann löste er die Handbremse und ließ den Wagen einen halben Meter rückwärts rollen, sodass er Cesare und das Mädchen sehen konnte. Die Scheibenwischer zerschnitten die Szene mit einem regelmäßigen Quietschen. Cesare kniete vor Anna auf der Straße. Er hatte seine Uniformjacke zusammengerollt und sie Anna wie ein Kissen unter den Kopf geschoben. Jetzt spannte er einen Regenschirm auf, den er aus dem Kofferraum des Alfas geholt hatte. »Pizzeria Dal Maniscalco« war auf den Schirm aufgedruckt und ein Hufeisen, das Logo der Pizzeria. Cesare legte den aufgespannten Schirm auf die Straße und richtete ihn so aus, dass er Annas Gesicht vor dem Regen schützte. Sie hatte die Augen geschlossen. Wieder – das zweite Mal innerhalb von vier Monaten – kniete Cesare vor einem kleinen Mädchen. Aber dieses Mädchen hieß Anna, nicht Valeria. Und dieses Mädchen lebte. Es atmete. Es hatte die Augen geschlossen, aber es atmete; Fabrizio konnte sehen, wie sich ihr Brustkorb aufund abbewegte. Sie hatten versucht, Anna hochzuheben, um sie ins Auto zu setzen, aber sie hatte sich gewehrt. Sie schien Angst vor ihnen zu haben und wollte sich nicht berühren lassen. Deshalb lag sie noch immer da vorne im Regen. Er griff zum Funkgerät.

»Wagen drei an Zentrale.«

»Zentrale hört.«

»Wir brauchen einen Krankenwagen auf der Straße von Vessalico nach Lenzari.« Fabrizio überlegte kurz, ob er Verstärkung anfordern sollte, entschied sich dann aber dagegen. Sie wussten ja nicht einmal, was passiert war. Cesare war sich nicht sicher gewesen, ob er das Mädchen richtig verstanden hatte. Sein Deutsch war einfach zu schlecht. »So viel Blut« – mehr hatte sie nicht gesagt. Was sollte das? Nein, es war besser, erst einmal hochzufahren und sich umzusehen. Fabrizio starrte nach draußen in den Regen. Sollten sie noch einmal versuchen, Anna dazu zu bringen, sich ins Auto zu setzen? Cesare war völlig durchnässt. Er müsste ihn zumindest fragen, ob er ihn ablösen sollte. Aber Cesare würde bei Anna bleiben wollen, das wusste Fabrizio. Ein Windstoß fuhr in die Olivenbäume am Berghang über der Straße. Ihre Blätter glitzerten silbern, und plötzlich hob der Regenschirm vom Boden ab, schwebte über Anna hinweg, kam einen Meter weiter wieder auf der Straße auf und kletterte dann – wie in Zeitlupe – über die Leitplanke hinweg. Er trudelte zwischen den Olivenbäumen hindurch und verschwand hinter der Böschung. Anna lag mit geschlossenen Augen auf der Straße. Sie schien nicht zu bemerken, dass kein Regenschirm mehr da war, dass ihr der Regen ins Gesicht prasselte.

Fabrizio nahm das Funkgerät wieder auf.

»Wagen drei an Zentrale.«

»Zentrale hört.«

»Die Verletzte zwischen Vessalico und Lenzari …«

»Krankenwagen ist unterwegs.«

»Die Verletzte ist ein fünfjähriges Mädchen. Sie spricht nur Deutsch. Wir müssen wissen, was mit ihr passiert ist. Schickt bitte einen Dolmetscher ins Krankenhaus.«

»Verstanden. Welches Krankenhaus?«

»Vermutlich Pieve. Ich geb's euch durch, sobald der Krankenwagen da ist. Aber organisiert schon mal den Übersetzer. Das Mädchen ist aus Lenzari. Wir fahren hoch. Ende.«

»Verstanden. Ende.«

Um 16:12 Uhr kam der Krankenwagen. Er hielt direkt hinter dem Alfa Romeo der Carabinieri und versperrte die Straße. Ein entgegenkommender Wagen würde nicht vorbeikommen, die Straße war zu schmal. Aber seit Anna vor ihrer Kühlerhaube aufgetaucht war, war ihnen kein Wagen mehr entgegengekommen. Genau genommen war ihnen auf der ganzen Strecke niemand entgegengekommen. Fabrizio sah im Rückspiegel das missmutige Gesicht des Sanitäters, der eben aus dem Wagen stieg, die Fahrertür zuknallte und sich die Kapuze seines Regencapes über den Kopf zog. Es war Davide. Sie hatten schon ein paar Einsätze zusammen gemacht. Den Beifahrer, der jetzt hinter Davide auftauchte, kannte Fabrizio nicht. Er warf einen letzten Blick in den Rückspiegel, bevor er die Tür öffnete und in den strömenden Regen trat.

»Ciao Davide.«

»Ist das eine Scheiße, wo soll ich denn hier wenden?«

»Ich würde zurücksetzen und …«

»Das ist wie ein Sechser im Lotto, hier vor ein Auto zu laufen. Hier ist doch normalerweise keine Sau unterwegs … Scheiße …« hörte Fabrizio ihn noch fluchen, der Rest ging im prasselnden Regen unter. Davide und sein Kollege gingen mit der Trage zu Anna. Cesare sah auf, als die Sanitäter zu ihm traten und nickte ihnen zu. Er versuchte aufzustehen, was ihm sichtlich Mühe bereitete. Davide beugte sich zu Anna hinunter.

»Wieso lasst ihr die Kleine hier im Regen liegen?«

»Sie hatte Angst und hat sich gewehrt«, sagte Cesare, »geht bitte behutsam mit ihr um.«

Davide brummte irgendetwas Unverständliches, aber er lächelte Anna freundlich an. Zum Erstaunen der Carabinieri ließ sich Anna widerstandslos von Davide untersuchen.

»Was fehlt ihr?«, fragte Fabrizio.

»Ein paar Kratzer hat die, sonst nichts«, knurrte Davide. Er gab seinem Kollegen mit dem Kopf ein Zeichen. Sie hoben Anna auf die Trage. Voller Angst sah sie vom einen zum anderen und schloss die Augen wieder. Ohne etwas zu sagen. Aber sie ließ es geschehen.

»Sie hat mehr abbekommen als ein paar Kratzer«, sagte Cesare mit leiser Stimme, aber so voller Überzeugung, dass Davide ihm nicht zu widersprechen wagte.

»Auf jeden Fall hättet ihr sie ins Auto setzen müssen«, murmelte er. Sie hoben die Trage an.

»Kann jemand von euch Deutsch?«, fragte Fabrizio. Aber die beiden Sanitäter schüttelten die Köpfe.

»Wo bringt ihr sie hin?«

»Nach Pieve.« Davide nickt ihnen zu. Fabrizio und Cesare sahen den Sanitätern nach, wie sie Anna zum Krankenwagen brachten. Der Wind wurde stärker. Der Regen schlug ihnen von der Seite ins Gesicht. Auf Fabrizios Sonnenbrille hatte sich ein schmieriger Film gebildet. Er konnte fast nichts mehr sehen. Es war Zeit, die Brille abzunehmen.

Albenga, Freitag, 4. Juni 2010, 16:40 Uhr

Die Viale Martiri della Libertà lag bereits im Schatten, als der Jeep der Carabinieri vor der besten Eisdiele Albengas vorfuhr. Carla Vazzoler sah ihn durch die Scheibe, drückte Luca einen Kuss auf die Wange, legte sich das Palästinensertuch um den Hals und zog ihre Jacke an.

»Du rufst rechtzeitig an, ja?« sagte Luca.

Eigentlich hatten sie heute ins Kino gehen wollen.

»Mach ich!« Aber wenn sie ehrlich war, glaubte sie nicht daran, dass sie es rechtzeitig zum Beginn des Films schaffen würde.

Luca warf einen skeptischen Blick auf den Jeep, der am Straßenrand wartete. Eben wurde die Beifahrertür geöffnet. Ein Carabiniere stieg aus, lehnte sich lässig an den Kotflügel und zündete sich eine Zigarette an. Luca deutete auf Carlas Palästinensertuch.

»Willst du das nicht hierlassen?« fragte er.

»So weit kommt's noch«, knurrte Carla. Aber sie war unsicher. Sie warf Luca eine Kusshand zu und ging nach draußen.

»Signorina Vazzoler, buona sera.« Der Carabiniere warf die Zigarette in den Rinnstein, hielt ihr die Tür auf und ließ sie einsteigen. Carla nahm im Fond des Jeeps Platz. Der Carabiniere setzte sich neben den Fahrer und wandte sich zu Carla um:

»Ich bin Maresciallo Solina.« Er machte eine Kopfbewegung zum Fahrer. »Sein Name ist unwichtig, aber ich nenne ihn trotzdem: Brigadiere Baiardo.« Das sollte ein Witz sein, deshalb lächelte Carla höflich. Baiardo nickte Carla über den Rückspiegel zu und gab Gas. Sie fuhren schweigend. Carla stellte plötzlich fest, dass sie ihre Hände unter die Oberschenkel geklemmt hatte. Unbewusst. Schnell zog sie sie hervor. Ihre Handflächen waren schweißnass. Sie merkte, dass sich ein Gefühl der Panik in ihr ausbreitete, und versuchte, sich auf den Rhythmus ihres Atems zu konzentrieren. Die Uniformen, die Stiefel, der Rauch, der durch die Straßen zieht. Sie wollte sich nicht den Bildern überlassen, die sie immer wieder heimsuchten. Sie atmete tief durch und lehnte sich nach vorne.

»Können Sie mir sagen, worum es geht? Der Beamte am Telefon hat mir nur gesagt, dass ich mit einem deutschen Mädchen sprechen soll, das wahrscheinlich traumatisiert ist.«

Der Fahrer fixierte sie im Rückspiegel. »Mehr wissen wir auch nicht.« Damit war das Gespräch beendet.

Als sie hinter den beiden Carabinieri durch den Haupteingang des Krankenhauses von Pieve stürmte, war es 17:15 Uhr, und Carla hoffte, ihre Angst kontrollieren zu können. Der Fahrer hielt ihr die Tür auf. »Pronto Soccorso« stand auf der Tür. Notaufnahme. Sie gingen geradeaus den Flur hinunter. Die schweren Stiefel der Carabinieri knallten auf dem Steinfußboden. Wie Schüsse. Die Beamten hatten Carla in die Mitte genommen, aus Höflichkeit wahrscheinlich. Carla versuchte, sich auf das Muster des Steinbodens unter ihren Füßen zu konzentrieren. *Das ist kein Gefängnisflur, das ist nur der Flur eines Krankenhauses, das ist nur der Flur eines ... Du bist ihnen ausgeliefert. Wenn sie wollen, können sie alles mit dir tun, und keiner wird dir helfen.*

»Guten Abend, Signorina«, eine Hand streckte sich ihr entgegen. Sie sah auf, sah den weißen Arztkittel, das Namensschild auf der Brust: Dott. Bonifazio; markante Nase, modische Brille, alles drum herum schlaff und müde.

»Sie sind die Psychologin?« Dottor Bonifazio sah Carla prüfend an.

»Nein«, schaltete sich Maresciallo Solina ein, »in der Eile konnten wir keine Psychologin auftreiben, die Deutsch spricht. Signorina Vazzoler ist Übersetzerin.«

In der Eile habt ihr überhaupt niemand anderen auftreiben können, dachte Carla. Sie wusste genau, dass sie den Job nur bekommen hatte, weil sie zufällig gerade in der Nähe und sofort einsatzbereit war.

Carla war fünfundzwanzig Jahre alt, hatte ihre Dolmetscher-Ausbildung beendet und beschlossen, dieses Land zu verlassen. Dafür brauchte sie Geld. Deshalb nahm sie im Moment jeden Job an. Bis vor zwei Jahren hatte sie noch die Hoffnung gehabt, dass wenigstens einige der Verantwortlichen für den Horror, den sie erlebt hatte, zur Rechenschaft gezogen würden. Doch im Sommer 2008 war klar, dass von den fünfzehn Verurteilten – Ärzte, Carabinieri, Polizisten – keiner ins Gefängnis kommen würde. Das hatte Berlusconi durch seine Gesetzgebung verhindert. Und jetzt war er wieder an der Macht. Sie würde nach Berlin gehen. Und sie hoffte, dass sie die Erinnerung an die schlimmsten Stunden ihres Lebens in Italien zurücklassen konnte.

Dottor Bonifazio machte eine Kopfbewegung, die ein fehlgeleitetes Schulterzucken war. Er drehte sich um und ging weiter den Flur hinunter, ohne sich darum zu kümmern, ob Carla und die Carabinieri ihm folgten. Carla beeilte sich, zu ihm aufzuschließen.

»Anna Wiese« – Dottore Bonifazio betonte es »Visse« – »ist fünf Jahre alt. Sie hat mit ihren Eltern seit drei Monaten in Lenzari gelebt, auf dem Berg oben.«

»Wo sind ihre Eltern?«

»Das weiß ich nicht. Das müssen Sie die Carabinieri fragen.«

»Wir wissen nichts über den Fall. Wir haben nur den Befehl bekommen, Signorina Vazzoler hierherzubringen«, sagte Maresciallo Solina.

Dottor Bonifazio stoppte vor einer Tür. »Hier liegt sie. Zwei Kollegen dieser beiden Herren haben Anna vor etwa«, er sah auf seine Armbanduhr, »vor etwa einer Stunde auf der Straße zwischen Vessalico und Lenzari gefunden. Sie hat am ganzen Körper kleinere Wunden, nichts Wildes, kleine Risse, die aber heftig bluteten, wie von Dornen oder so. Ansonsten keine äußerlichen Verletzungen. Aber«, der Arzt sah Carla eindringlich an, »derart deutliche Symptome einer akuten Belastungsreaktion habe ich das letzte Mal vor etwa zehn Jahren gesehen. Bei einem muslimischen Mädchen, das aus seinem brennenden Dorf in Bosnien gerettet worden war. Sie hatte mit angesehen, wie ihre ganze Familie umgebracht worden ist.« Zwei Pfleger schoben ein leeres Krankenbett an ihnen vorbei. Die Räder quietschten leise. Carlas Hals fühlte sich an wie zugeschnürt.

»Die Carabinieri, die sie gefunden haben, was haben die erzählt?« »Sie ist ihnen vors Auto gelaufen«, schaltete sich Maresciallo Solina ein. »Sie waren auf dem Weg nach oben ins Dorf.«

»Und sonst? Ich muss so viel wissen wie möglich. Hat sie irgendetwas gesagt?«, fragte Carla.

»Anna hat bis jetzt nur ein einziges Mal etwas gesagt, direkt nachdem sie sie gefunden haben, auf Deutsch natürlich. Der Kollege war nicht sicher, ob er sie richtig verstanden hat. Er meint, sie habe etwas von ›viel Blut‹ gesagt.«

Für einen Moment herrschte Schweigen auf dem Flur. Dann wandte sich Carla an die beiden Carabinieri.

»Wo sind Ihre Kollegen jetzt? Ich möchte mit Ihnen sprechen.«

»Die sind hoch ins Dorf gefahren«, sagte Solina. »Aber ich werde sofort versuchen, per Funk Kontakt mit ihnen aufzunehmen.« Er wandte sich um. Seine Stiefel knallten über den Flur. Als sie leiser wurden, bemerkte Carla das Sirren über ihrem Kopf. Sie sah nach oben. Eine Neonröhre. Zwei Falter warfen sich immer und immer wieder gegen sie. Carla wandte sich an den Arzt und Brigadiere Baiardo.

»Dürfte ich alleine zu ihr?«

»Warum?«, fragte der Carabiniere.

Weil ich Angst habe, mit dir und dem Arzt in einem Zimmer zu sein, Arschloch, weil ich vor acht Jahren auch mit einem Carabiniere und einem Arzt in einem Zimmer war, und weil ich das nie mehr erleben will, dachte Carla, aber sie sagte: »Weil wir nicht wissen, was mit dem Mädchen passiert ist. Ich möchte nicht, dass wir sie verängstigen.«

»Von mir aus.« Der Arzt sah den Carabiniere fragend an. Dieser nickte ihr zu.

»Bitte sehr.« Dottor Bonifazio drückte die Türklinke und hielt Carla die Tür auf. Sie betrat das Krankenzimmer.

Etwa zur gleichen Zeit trat Maresciallo Solina aus dem Krankenhaus und kramte die Zigaretten aus seiner Uniformjacke. Im Gehen steckte er sich eine Zigarette an. Er ging die paar Schritte hinüber zum Wagen, setzte sich auf den Fahrersitz und nahm das Funkgerät aus der Halterung. Er schaltete es ein. »Wagen drei bitte kommen«, sagte er und blies Rauch aus. Der Rauch stieg wie eine Säule genau in der Mitte der Windschutzscheibe hoch. Solina beobachtete die Rauchsäule: Sie veränderte ihre Form nicht, verflüchtigte sich nicht, schien dort bleiben zu wollen.

»Wagen drei bitte kommen.«

Aber Wagen drei meldete sich nicht.

Lenzari, Samstag, 30. Januar 2010, 1:40 Uhr

Die Schreie schienen im Zimmer nachzuhallen. Das Babyfon stand neben ihnen auf dem Boden. Auch Conny saß jetzt aufrecht im Bett.

»Oh Gott«, flüsterte sie. Marc konnte ihre weit aufgerissenen Augen sehen: die Pupillen, das Weiße drum herum – zwei

Löcher, hineingehackt in einen zugefrorenen See. Ein Knacken. Dann Schluchzen und wieder die Stimme aus dem Babyfon, die einzelnen Worte waren kaum zu verstehen: »Non mi fate male«, oder so etwas, ein Stimmbrei, die dumpfen Schläge. Marc stürzte als Erster aus dem Bett und rannte zur Tür. Hinter ihm rappelte sich Conny auf. Marc schlug mit der flachen Hand auf den Lichtschalter, erwischte den falschen, die Beleuchtung der Dachterrasse ging an. Er fluchte, drückte die danebenliegenden Schalter. Endlich flammte das Licht über der Treppe auf. Er verharrte einen Moment, versuchte seinen Atem unter Kontrolle zu bringen und lauschte. »Was ist?«, flüsterte Conny hinter ihm. Aber da unten war nichts. Völlige Ruhe. Er schüttelte nur den Kopf und eilte die steile Treppe hinunter, spürte den kalten unebenen Stein unter seinen bloßen Füßen, wäre fast gestolpert, unten, wo die Treppenstufen eine scharfe Kurve zum Salon hin machten und immer schmaler wurden. Fliesen – Teppich – Fliesen – Teppich, dann hatte er die Tür zu Annas Zimmer erreicht. Plötzlich tat es einen Knall. Conny hatte die Stehlampe neben dem Kamin umgestoßen. Egal. Er riss die Tür auf, konnte Anna nicht gleich erkennen und spürte, wie sein Herz aussetzte. Er sah Umrisse, hoffte, dass diese Umrisse Anna waren, riss die Decke zurück. Seine Tochter lag friedlich in ihrem Bett, das Gesicht zur Wand gedreht, und hielt ihren Bären im Arm. Elektrische Ladung schoss durch seinen Körper. Er spürte, wie es kribbelte. So fühlt sich Erleichterung an, dachte er. Gleichzeitig war sein Kopf völlig leer. Seine Gedanken donnerten gegen eine mächtige Stahltür und wurden immer wieder zurückgeworfen. Sie drangen nicht durch. Das Babyfon? Anna? Die Schreie? Wie ging das zusammen? Er spürte Connys Atem in seinem Nacken. Sie sagte nichts, aber er konnte ihre Erleichterung spüren. Er deckte seine Tochter wieder zu, dann drehte er sich um und schob Conny behutsam aus dem Zimmer. Die Tür zog er hinter sich zu. Sie standen voreinander im Halbdunkel des Salons, beide schwer atmend. Das Licht der Straßenlaterne vor dem Haus war hell genug, dass er Connys Gesicht sehen konnte. Pure Angst. Ihre Stimme überschlug sich:

»Was war das? Was machen wir?«

Da hörten sie draußen Schritte. Sie kamen von links. Es waren zwei oder mehrere Personen. Sie rannten am Haus vorbei in Richtung Kirche.

»Ich geh nachsehen«, sagte Marc. Er eilte ins große Zimmer, tastete nach dem Lichtschalter, hielt dann inne. Nein, er wollte nicht, dass diejenigen, die da eben am Haus vorbeigerannt waren, auf sie aufmerksam würden. Vom Kirchplatz aus hätte man das Licht im großen Zimmer sehen können, auch durch die Ritzen der geschlossenen Fensterläden hindurch. Er öffnete den Koffer, erwischte eine Jeans und einen Pulli und schlüpfte hinein.

»Bleib hier. Lass uns die Polizei rufen.« Conny stand im Türrahmen, ein Schattenriss ohne Gesicht.

»Und was sollen wir denen sagen?«

»Ich will nicht, dass du da rausgehst ...«

»Bin gleich wieder da.« Er küsste sie auf die Wange.

Conny sagte nichts mehr, als er an ihr vorbei zur Treppe und nach unten stürmte.

Als er aus dem Haus trat und die Tür hinter sich schloss, hörte er Motorengeräusche. Er hastete den schmalen Weg hinauf, der zur Dorfstraße führte. Aber als er ankam, war der Wagen gerade um die Ecke gebogen. Die Wand des verfallenen Hauses vor dem Kirchplatz reflektierte noch die roten Rücklichter. Er hörte, wie der Wagen in hohem Tempo auf der anderen Seite ihres Hauses talwärts fuhr. Und Lenzari lag wieder in vollkommener Stille. Es war kalt. Die Wolken gaben vereinzelt Sterne frei. Der Geruch von Feuerholz, von feuchter Erde lag in der Luft. Marc ging die Dorfstraße nach links, in die Richtung, aus der die Schritte gekommen waren, und versuchte, kein Geräusch zu machen. Trotz der Wolken konnte Marc die Umrisse des schlafenden Hundes erkennen. Die Dorfstraße kam ihm vor wie eine Narbe in seiner Haut, die Häuser schienen verwachsene Extremitäten dieses monströsen Lebewesens zu sein, das über Lenzari thronte.

Auch jetzt wirkten die Häuser verrammelt wie Festungen. Alle Fensterläden waren geschlossen, kein Licht drang durch die Ritzen. Überhaupt schienen nur zwei der sieben Häuser, die links und rechts der Dorfstraße standen, bewohnt zu sein. Die anderen waren entweder Ferienhäuser oder halb verfallen. In den Schlaglöchern der Straße hatten sich Pfützen gebildet. Woher waren die Schreie gekommen? Offenbar hatte sonst niemand etwas gehört. Wie war das möglich? Marc versuchte, einen klaren Gedanken zu fassen. Wenn die Schreie auf das Babyfon übertragen worden waren, musste es irgendwo einen Sender geben. Ein Windstoß vom Berg her brachte die Straßenlaterne über Marcs Kopf zum Schaukeln. Und er hörte ein Rascheln. Marc schaute hoch: Eine Ratte huschte über die Leitung, verharrte einen Augenblick wie ein waghalsiger Drahtseilkünstler mitten über der Straße und verschwand dann im Mauerwerk des gegenüberliegenden Hauses.

Er fröstelte, kreuzte die Arme über der Brust. Was machte er hier eigentlich? Conny hatte recht, er hätte im Haus bleiben, sich wieder unter die warme Decke kuscheln sollen. Sie waren gerade angekommen, suchten Erholung von der Großstadt, und er irrte hier frierend auf der Dorfstraße herum, mitten in der Nacht.

Er wollte eben umkehren, als er ein Geräusch hörte. Es kam aus dem Haus mit der arabischen Fernsehstimme. Sehr leise, aber er war sicher, etwas gehört zu haben. Er ging weiter auf das Haus zu. Da war das Geräusch wieder. Er konnte es nicht einordnen. Er ging zur Haustür – der mit dem Drahtgitter und der verblichenen 1 – und stellte fest, dass sie nur angelehnt war. Drinnen herrschte Finsternis. Es war unmöglich, irgendetwas zu erkennen. Er zögerte, lauschte. Dann drückte er die Tür ein Stück weit auf. Er spürte einen Widerstand und fuhr zurück. Hinter der Tür lag etwas. Es herrschte Totenstille. Sein Herz klopfte, und das Blut rauschte in seinen Ohren. Marc wartete, bis das Rauschen nachließ, und dann hörte er es: Direkt hinter der Tür, keine fünfzig Zentimeter von ihm entfernt, atmete ein Mensch. Panik überfiel ihn.

»Permesso!«, rief Marc, »Permesso!«, die Formel, mit der man in Italien um Erlaubnis fragt, bevor man ein Haus betritt. Völlig unangebracht, aber ihm fiel nichts Besseres ein.

»C'è qualcuno? Ist jemand da?« Aus der Dunkelheit drang ein Stöhnen zu ihm. Vorsichtig langte er durch den Türspalt, tastete an der Wand entlang, suchte nach einem Lichtschalter, fasste in etwas Feuchtes, Klebriges und zog die Hand erschrocken zurück. Dann fand er den Lichtschalter und sah, was das Feuchte auf seiner Hand war: Blut. Er stemmte sich mit seinem ganzen Gewicht gegen die Tür, bis sie so weit offen war, dass er durch den Spalt hindurchschlüpfen konnte. Ein strenger, beißender Geruch schlug ihm entgegen, so intensiv, dass ihm übel wurde. Die nackte Glühbirne, die in einer verdreckten Fassung von der Decke baumelte, warf ein unbarmherziges Licht auf die Szene. Vor ihm auf dem Boden lag ein Mann, der ihn voller Angst anstarrte. Seine aufgerissenen Augen schienen viel zu groß zu sein für das schmale Gesicht, von dem nicht viel zu sehen war vor lauter Blut. Über seinen Mund war schwarzes Tape geklebt, es sah so aus, als habe man ihm das Klebeband einmal um den Kopf gewickelt. Der Mann versuchte sich stöhnend auf die Ellbogen zu stützen, schien aber zu schwach zu sein. Er zitterte am ganzen Körper.

»Was ist passiert?« Marc beugte sich nach unten. Der Mann zuckte zurück. Sein Atem ging schnell. Er beulte das Klebeband aus und sog es ein. Aus – ein – aus – ein. Ein Pulsierendes schwarzes Herz. Marc bettete den Kopf des Mannes auf seine Oberschenkel und versuchte, das Klebeband zu lösen. Er spürte Wärme und Feuchtigkeit durch den Stoff seiner Jeans. Blut. Obwohl er sehr vorsichtig zu Werke ging, das Klebeband mit spitzen Fingern der rechten Hand langsam zu lösen versuchte, während er mit der linken Hand sacht gegen die Wange des Mannes drückte, war er sicher, dass die Prozedur schmerzhaft war. Aber der Mann reagierte nicht, er schien nichts zu spüren. Erst als Marc das Tape schließlich vom Mund des Mannes gelöst hatte, schnappte dieser gierig nach Luft. Seine Oberlippe war aufgeplatzt und blutete. Speichel lief ihm aus den Mundwinkeln. Marc sah sich um. Sie befanden sich in einer winzigen Diele. Am anderen Ende, dort, wo die Füße des Mannes lagen, führte eine steile Treppe nach oben. Ein Paar Schuhe stand auf dem Fußboden, sonst war hier nichts. Die Wände waren nicht tapeziert, überall blätterte der Putz ab. Marc entdeckte Blutspritzer auf der Wand. Wer immer hier zugeschlagen hatte, er hatte es mit großer Wut und Brutalität getan. Marc musste an die Worte des Nachbarn denken. »Ich bring dich um«, hatte der geschrien, bevor er das Fenster zugeknallt hatte. Aber jetzt ging es erst einmal nicht um den Täter. Marc sah sich den blutverschmierten Kopf des Mannes an, der gerade stöhnend vor Schmerzen die Augen schloss.

Er war Nordafrikaner, vermutete Marc, vielleicht fünfundzwanzig, dreißig Jahre alt. Seine Wangen waren eingefallen, die kurzen, schwarzen Haare blutverklebt. Die Wunde an seiner Stirn musste auf jeden Fall behandelt werden.

»Sie brauchen einen Arzt«, sagte Marc, aber der Mann reagierte nicht.

Ein Geräusch in seinem Rücken ließ Marc zusammenfahren. Eine dicke, struppige Ratte kletterte mit schnellen, fahrigen Bewegungen über das Paar Schuhe hinweg, und schob sich dann, eng an die Wand gepresst, weiter in Richtung Treppe. Marc hörte ihre Pfoten, die über die Fliesen trippelten. Sie verschwand irgendwo im Mauerwerk neben der Treppe. Jetzt wusste er, wo der beißende Geruch herkam. Vermutlich hauste hinter dieser Mauer eine ganze Kolonie Ratten.

»Haben Sie Verbandszeug im Haus?«

Der Mann antwortete nicht. Er hatte die Augen geschlossen. Zumindest das Blut müsste er ihm aus dem Gesicht wischen, dachte Marc. Er suchte in den Taschen seiner Jeans nach einem Taschentuch, aber da war nichts, klar, die Hose kam direkt aus dem Koffer.

Der Mann versuchte etwas zu sagen, aber es waren nur kratzende Geräusche, die er hervorbrachte. Marc beugte sich zu ihm hinunter. »Come? Was haben Sie gesagt?«

Die Zähne des Mannes waren schlecht, links neben den Vorderzähnen fehlte eine ganze Reihe, mindestens zwei oder drei. Zwischen den unteren Zähnen des Mannes schimmerten dünne rote Fäden. Marc war irritiert, bis er verstand, dass es sich um Blut handelte, das von der Zunge in die Zahnzwischenräume gedrückt wurde. Der Mann hatte den Mund voller Blut. Er räusperte sich, schluckte und versuchte es noch einmal: »Wasser … bitte.«

Marc sah sich in der Diele um. Wo sollte er hier Wasser herbekommen? Der Mann deutete auf die Treppe, die nach oben führte. Marc richtete sich auf und ging mit schnellen Schritten die Treppe hinauf. Die Küche war gleich rechts. Die Tür stand offen. Marc machte Licht. Auch hier hing eine nackte Glühbirne von der Decke. Ein Tisch an der Wand, ein Stuhl davor. Ansonsten gab es hier außer der Spüle keine Möbel. Ein Teller, ein Glas, eine Tasse standen neben dem Spülbecken. Unter der Spüle entdeckte Marc eine Rolle Küchentücher. Er drehte den Wasserhahn auf. Die alten Leitungen ächzten, es dauerte eine Weile, bis Wasser aus dem Hahn ins Glas sprudelte. Marc schnappte sich die Rolle mit Küchentüchern und ging wieder nach unten.

Er reichte dem Mann das Glas. Während er gierig trank, versuchte Marc, ihm das Blut aus dem Gesicht zu wischen. Die Wunde sah schlimm aus. Sie musste behandelt werden, und zwar fachmännisch. Er selbst traute sich das nicht zu.

»Kommen Sie, ich bring Sie ins Krankenhaus.« Marc versuchte, seine Stimme so beruhigend und sachlich klingen zu lassen, wie ihm das möglich war, mit einem Blutfleck auf der Jeans, der sich von seinem linken Oberschenkel bis zum Knie hin ausgedehnt hatte und sich noch immer warm anfühlte. »Sie müssen zu einem Arzt. Die Wunde muss genäht werden.« Aber der Mann reagierte nicht. War es möglich, dass er Marc einfach nicht verstand? Hatte er sich falsch ausgedrückt? Aber »Ospedale« und »Medico« waren doch Wörter, die nicht misszuverstehen waren. Marc baute sich im Geiste einen italienischen Satz zusammen, überprüfte ihn und versuchte es dann noch einmal: »Bitte, Sie sind schwer verletzt. Ich hole mein Auto und fahre Sie ins Krankenhaus.« Der Mann sah Marc mit seinen dunklen Augen an. Fast schien es, als nehme er Marc jetzt erst richtig wahr. »Non posso – ich kann nicht«, sagte er. Marc war sicher, ihn akustisch richtig verstanden zu haben. Aber was konnte er nicht? »Cosa non può?«

»Ins Krankenhaus gehen ... ist unmöglich.«

Marc verstand die Worte, aber er kam nicht hinter ihren Sinn. Er spürte, wie ihn eine bleierne Müdigkeit überfiel. Was sollte er jetzt machen?

»Chiamo la polizia?«

Plötzlich kam Bewegung in den geschundenen Körper. Der Mann richtete sich auf. Er stützte sich auf die Ellenbogen und sah Marc mit weit aufgerissenen Augen an.

»Nein! Keine Polizei.« Seine Stimme war laut und voller Panik. Marc erschrak. Er kniete hilflos vor dem Mann. Er konnte ihn weder zwingen, sich behandeln zu lassen, noch zur Polizei zu gehen. Er versuchte, sich seine Verwirrung nicht anmerken zu lassen.

»Wenn ich Ihnen helfe, meinen Sie, Sie können dann aufstehen?«

Der Mann nickte. »Ja, ich glaube.«

»Dann legen Sie sich jetzt ins Bett und ich hole Verbandszeug, okay?«

»Sie sind kein Italiener, oder?«

»Nein, ich bin Deutscher.«

»Gut.« Der Mann wirkte aus irgendeinem Grund beruhigt. Er setzte sich auf, sodass Marc ihm unter die Arme greifen und ihn hochziehen konnte. Der Mann kam schwankend auf die Beine. Er machte eine Kopfbewegung in Richtung Treppe. »Das Bett ist oben.« Marc stützte den Mann. Er atmete schwer. Sie mussten immer wieder Pause machen. Links von der Treppe, der Küche gegenüber, war das Schlafzimmer. Der Mann machte Licht. Ein Feldbett stand im Raum, das Laken war zerwühlt, die Bettdecke auf den Steinboden gefallen, am Fußende stand der Fernseher, ein Kleiderschrank auf der anderen Seite. Sonst war der Raum leer. Es war eiskalt. Der Mann ließ sich stöhnend aufs Bett fallen. Marc sah seinen dampfenden Atem. Er hob die Bettdecke vom Boden auf und legte sie über den Mann, der die Augen schon wieder geschlossen hatte. Marc sah sich im Raum um: Über dem Bett löste sich die Tapete von der Wand, darunter kam Zeitungspapier zum Vorschein. Irgendwann einmal hatten an diesen kahlen Wänden Bilder gehangen. Die Abdrücke waren noch deutlich zu sehen. Aber jetzt war in diesem Raum nichts Persönliches mehr zu entdecken. Wie in der Küche war auch hier alles auf das absolut Nötigste beschränkt. Marc stand hilflos vor dem Bett. Wie trostlos es hier war! Er räusperte sich.

»Ich gehe zum Auto und hole Verbandszeug, bin gleich wieder da.«

Der Mann zeigte keine Reaktion. Marc ging aus dem Raum, eilte die Treppe hinunter in die blutbespritzte Diele und war froh, ins Freie zu kommen. Er ließ die Tür offen stehen, ging schwer atmend ein paar Meter die Dorfstraße entlang und wandte sich dann noch einmal um: Der geisterhaft öde Straßenzug beleuchtet von der einzigen Laterne, das Haus mit der Drahtgittertür und der verblassten 1, das Licht, das durch die geöffnete Tür auf den Asphalt der Dorfstraße fiel und sich in einer Pfütze spiegelte. Er riss sich los und ging weiter. Seine Schritte kamen ihm sehr laut vor in der Stille. Als er zum Auto auf den Kirchplatz trat, schlug die Kirchturmuhr zweimal. Marc öffnete den Kofferraum. In diesem Moment fiel ihm auf, dass er keine Ahnung hatte, wo er den Verbandskasten suchen sollte. Er hatte ihn noch nie benutzt. Während er im Kofferraum herumfuhrwerkte, stellte er fest, dass sein Hände zitterten. Der wütende Nachbar fiel ihm ein. Konnte es möglich sein, dass er seine Drohung wahr gemacht hatte, weil der Fernseher zu laut war und er schlafen wollte? Aber er hatte mindestens zwei Männer am Haus vorbeirennen gehört und ein Auto, das mit großer Geschwindigkeit bergab gefahren war, Richtung Vessalico. Das sprach gegen den Nachbarn. Da war offenbar jemand von außerhalb gekommen. Keine spontane Prügelei, sondern ein geplanter Überfall. Er würde den Mann fragen. Wo war der verdammte Verbandskasten? Er hob alles hoch, was noch im Kofferraum herumlag: seine Bergschuhe, Annas Gummistiefel, ein paar Stofftiere, und endlich entdeckte er den Verbandskasten: unter der Bodenabdeckung, neben dem Reserverad. Er nahm ihn heraus und schlug den Kofferraum zu. Der Knall muss im ganzen Arroscia-Tal zu hören gewesen sein, dachte Marc.

Zwischen Vessalico und Lenzari, Freitag, 4. Juni 2010, 16:38 Uhr

Sie hatten noch genau zwölf Kurven vor sich. Fabrizio kannte die Strecke in- und auswendig. »So viel Blut«, hatte Anna gesagt. Er bekam eine Gänsehaut, ohne erklären zu können, warum. Er sah auf die Uhr am Armaturenbrett. 16:38 Uhr zeigten die roten Digitalziffern an. Der Regen schien nachzulassen, aber die Sicht wurde immer schlechter. Nebelfelder krochen vom Berg her auf sie zu. Es wurde schlagartig dunkler. Fabrizio schaltete die Scheinwerfer an. Die Reflektoren an der Leitplanke leuchteten. Er hatte etwa fünfzig Meter gerader Strecke vor sich und gab Gas. Der Motor des Alfas heulte auf.

»Willst du uns umbringen?«, schrie Cesare. »Es ist neblig. Fahr langsam!«

Fabrizio ging vom Gas. »Ich will wissen, was mit dem Mädchen passiert ist«, sagte er entschuldigend.

»Ich auch. Aber erst mal müssen wir lebend ankommen.« Cesare hielt den Haltegriff über der Tür umklammert, beugte sich nach vorne und schaute prüfend in den immer dunkler werdenden Himmel.

»Scheißwetter«, schimpfte er. Aber er war jetzt wach und konzentriert.

Die Olivenbäume rechts und links der Straße standen wie alte, müde Geister am steilen Hang. Der Nebel ließ ihre Konturen unscharf werden. Der Wagen bog um die nächste Kurve. Dahinter veränderte sich die Landschaft. Sie waren plötzlich mitten in einem dichten Wald. Um diese Jahreszeit erinnerte er an einen tropischen Urwald, triefend vor Feuchtigkeit, dicht bewachsen mit mannshohen Farnen; dicke Lianen hingen von den Bäumen. Hier war es noch dunkler. Fabrizio schaltete zurück in den zweiten Gang. Irgendwo hatte er eine Packung Kaugummis herumliegen. Er suchte die Mittelkonsole ab, aber da war nichts.

»Was suchst du?«, fragte Cesare, aber gerade als Fabrizio antworten wollte, erfassten die Scheinwerfer etwas mitten auf der Straße. Eine Schildkröte, dachte Fabrizio, was macht denn eine Schildkröte hier auf dem Berg? Er trat auf die Bremse.

»Was ist los?«, fragte Cesare.

»Da liegt irgendwas auf der Straße …« Fabrizio zog die Handbremse an, schaltete in den Leerlauf und öffnete die Tür. Er stieg aus und ging auf das Ding zu. Es sah wirklich aus wie der Panzer einer Schildkröte, aber es war aus hartem Plastik und ganz schwarz. Fabrizio hob das Ding vom Boden auf: Es war ein Ellenbogenschoner. Er hatte so etwas schon einmal bei den Inlineskatern gesehen, die sich bei schönem Wetter auf der Strandpromenade von Diano Marina tummelten und die Fußgänger nervten. Fabrizio ging zurück zum Wagen und ließ sich auf den Sitz fallen.

»Fahren die Spinner jetzt schon mit Inlineskates den Berg runter oder was?« Er reichte Cesare seinen Fund, schlug die Tür zu und schaltete in den ersten Gang. Cesare musterte das Ding einen Moment lang verblüfft, dann lachte er auf.

»Wenn's ihnen Spaß macht.« Er warf das Plastikteil auf den Rücksitz. Fabrizio löste die Handbremse und gab Gas.

»Bitte entschuldige«, sagte er mit leiser Stimme.

»Wofür?« Cesare sah ihn fragend an.

»Was ich da vorhin gesagt habe ... wegen Valeria und so ...«

Aber Cesare wischte alles Weitere mit einer Handbewegung fort und starrte mit zusammengekniffenen Augen in den Urwald draußen.

»Lass gut sein.«

Damit war das Thema beendet. Sie fuhren eine Weile schweigend.

Noch vier Kurven. Wäre der Nebel nicht gewesen, hätte man Lenzari bereits sehen können.

Die Scheibenwischer schmierten und ruckelten über die Scheibe. Der Regen schien tatsächlich nachzulassen. Fabrizio schaltete sie aus.

Und plötzlich hörte er ein Geräusch. Es kam von oben, vom Berg. Es war keine Autohupe, das war sicher. Er verlangsamte das Tempo und ließ die Scheibe herunter.

»Was ist jetzt schon wieder?«, fragte Cesare.

»Hörst du das?« Fabrizio beugte sich aus dem Fenster und nahm die nächste Kehre sehr langsam. Er fuhr jetzt fast Schrittgeschwindigkeit. Cesare kurbelte ebenfalls die Scheibe herunter und lauschte.

»Halt mal an«, sagte er, »und schalt den Motor aus.« Fabrizio warf noch einen Blick auf die Uhr am Armaturenbrett. Es war 16:47 Uhr. Dann schaltete er den Motor aus. Die beiden Polizisten saßen im Wagen und lauschten. Fabrizio schaute prüfend aus dem Fenster. Die Wolken hatten den Berg aufgefressen und Lenzari verschluckt. Er wusste, dass es da oben lag, aber es war nicht zu sehen. Dafür wusste er das Geräusch jetzt einzuordnen: »Das sind die Glocken!« Die Glocken der Kirche von Lenzari schlugen. Und sie hörten nicht mehr auf.

Lenzari, Samstag, 30. Januar 2010, 2:15 Uhr

Marc fror und war todmüde. Den Verbandskasten hatte er unter den Arm geklemmt. Es kostete ihn einige Überwindung, das Haus mit der verblichenen 1 wieder zu betreten. Der Gestank der Ratten drehte ihm den Magen um. Er schob die Tür hinter sich zu. Sie scharrte über den unebenen Steinboden. Marc durchquerte die Diele. Die meisten Blutspritzer waren auf der rechten Wand. Während er die Treppe hinaufstieg, versuchte er sich den Ablauf des Überfalls vorzustellen. Warum hatte der Nordafrikaner in der Diele gelegen? Hatte er die Einbrecher dort überrascht? Marc hielt inne. Wenn eingebrochen worden war, musste es Spuren geben! Er ging die Treppe wieder nach unten, durchquerte abermals die Diele und zog die Eingangstür auf. Er untersuchte sie im Licht der Glühbirne. Die Tür war alt und verwittert, das Holz morsch, aber Spuren eines gewaltsamen Einbruchs konnte er nicht entdecken. Nachdenklich schloss er die Tür wieder. Wie waren die Angreifer hereingekommen, ohne sie aufzubrechen? Hatte der Nordafrikaner ihnen geöffnet?

Marc stieg die Treppe hinauf. Als er das obere Stockwerk erreicht hatte, fiel sein Blick auf einen Computerausdruck, den er zuvor nicht bemerkt hatte. Er war mit Reißnägeln an die Wand geheftet. Adressen und Telefonnummern waren da aufgelistet. Ganz oben stand: »Carabinieri, Pieve di Teco«, daneben die Adresse, »Via Sottotenente Luigi Eula 79«, dann zwei Namen: »Brigadiere Fabrizio Altieri« und »Capitano Cesare Largo« und die Durchwahl. Es folgten noch zwei weitere Einträge mit verschiedenen Telefonnummern, Behörden offensichtlich, aber Marc wusste mit den Bezeichnungen nichts anzufangen. Einen Moment lang blieb er vor dem Computerausdruck stehen. Er brachte es nicht zusammen: Da hing die Durchwahl der Carabinieri in Pieve di Teco an der Wand – und trotzdem war der Nordafrikaner geradezu in Panik verfallen, als Marc ihm den Vorschlag gemacht hatte, die Polizei zu rufen. Es waren einige Fragen, die er dem Mann jetzt stellen musste. Die Tür zum Schlafzimmer stand offen, trotzdem klopfte Marc an. Keine Reaktion. Der Mann schien zu schlafen, als Marc, den Verbandskasten unter dem Arm, wieder an sein Bett trat. Es war kalt und roch muffig. Kopfkissen und Laken waren voller Blut. Unschlüssig betrachtete er die Wunde am Kopf des Mannes. Er ertappte sich dabei, wie er überlegte, aus welchem Winkel die Szene wohl am besten zu fotografieren wäre. Er hatte schon x-mal vor Krankenbetten gestanden, in denen schwer verletzte Menschen lagen. Aber das war nie echt gewesen. Während seiner Jobs als Kameramann für irgendwelche Arztserien hatte die Regel gelautet: Je täuschend echter die Verletzungen aussahen, je besser der Maskenbildner war, desto länger konnte man mit der Kamera draufhalten. Aber das hier war anders. Es war real. Und es machte ihm Angst.

»Hallo?«, fragte Marc vorsichtig, »Sie müssten sich jetzt noch mal hinsetzen.« Der Mann öffnete die Augen und sah Marc einen Moment lang ausdruckslos an. Marc war sich nicht sicher, ob ihn der Mann verstanden hatte. Doch schließlich richtete er sich mühsam im Bett auf. Marcs Erste-Hilfe-Kenntnisse stammten noch aus seiner Zeit als Zivildienstleistender. Er öffnete den Verbandskasten, suchte und fand ein Desinfektionsspray sowie Verbandsmull und versorgte die Kopfwunde des Mannes, so gut er konnte. Keiner von beiden sprach ein Wort. Als er fertig war, fragte Marc den Mann nach weiteren Verletzungen. Wortlos hob der Nordafrikaner seinen Pullover und das T-Shirt an, das er darunter trug. Marc hielt sich instinktiv den Mund zu, um nicht laut zu schreien. Der gesamte Oberkörper des Mannes, Rücken und Brust, war übersät mit Blutergüssen. Marc starrte fassungslos auf den geschundenen Körper.

»Wer war das?« Er spürte, wie die Kälte immer tiefer kroch. Du musst ruhig bleiben, beschwor er sich, du brauchst einen klaren Kopf.

Der Mann schwieg.

»Was wollten die von Ihnen? Wie sind die hier reingekommen?«

»Sie haben einen Schlüssel.« Die Stimme des Mannes war sehr leise. Er zog den Pullover wieder hinunter, als schäme er sich für die Verletzungen, und sah Marc in die Augen.

»Sie kommen immer wieder, wann sie wollen. Ich kann nichts dagegen tun.«

»Wer?«

Pause. Dann ein Satz, so leise, dass Marc ihn nicht verstand.

»Come?«, fragte Marc nach.

»Sono poliziotti.«

Marc glaubte, den Mann noch immer nicht verstanden zu haben.

»Quelli che hanno ...« Verdammt, wie drückte er das jetzt am besten aus: »Diejenigen, die sie beinahe umgebracht hätten, das waren Polizisten?«

Der Mann sah ihn ernst an – und nickte. Er hatte ihn verstanden, daran gab es keinen Zweifel.

»Wie kommen Sie darauf, dass das Polizisten waren?«

Der Mann schaute kurz auf, sah Marc prüfend ins Gesicht, dann winkte er ab und schloss die Augen.

»Sie müssen doch Gründe haben für so einen Verdacht«, insistierte Marc.

Der Mann hustete, öffnete wieder die Augen. »Wie kommt es, dass Sie hier sind?«

»Ich habe Sie schreien gehört.«

»Sie haben mich doch extra geknebelt.« Er klang erstaunt.

Marc erzählte ihm, dass seine Schreie aus dem Babyfon gekommen waren, dass sie gewissermaßen live mitgehört hatten, wie er verprügelt worden war. Aber von irgendwo mussten die Schreie ja übertragen worden sein. Irgendwo musste ein Sender sein.

Marc sah sich im Raum um.

»Haben Sie ein Funkgerät?«

»Nein«, der Mann schüttelte den Kopf, »aber einer der Polizisten hatte eins dabei.«

Marc sah den Mann ungläubig an.

»Wie viele waren es?«

»Zwei.«

»Polizisten?«

»Ja.«

»Sind Sie sicher?«

»Ja.«

»Warum sind Sie sich so sicher? Hatten sie Uniformen an?«

»Nein ... keine Uniformen. Aber das Funkgerät war ein Polizeifunkgerät. Ich kenne die Dinger.«

Er schloss die Augen wieder. Stille. Marc entdeckte eine schwarze Stelle in der Zimmerecke über dem Kopfende des Bettes. Es war ganz offensichtlich Schimmel.

»Draußen hängt eine Liste mit Telefonnummern. Waren es die beiden Carabinieri aus Pieve? Haben die Sie zusammengeschlagen?«

Der Mann schüttelte nur den Kopf, sagte aber nichts.

»Warum haben Sie deren Telefonnummern aufgehängt, wenn sie solche Angst vor der Polizei haben?«

Der Mann reagierte nicht. Marc wartete noch einen Moment, aber er sagte nichts mehr. Wahrscheinlich war er zu erschöpft. Marc überlegte, was er tun sollte, aber er war selbst zu müde, um noch einen klaren Gedanken fassen zu können, und beschloss, den Mann in Ruhe zu lassen. Er würde morgen wiederkommen.

Er murmelte ein »Buona notte« und ging zur Tür. Er hatte sie noch nicht erreicht, da hörte er hinter sich die Stimme des Mannes: »Ich habe Angst, dass sie wiederkommen und mich totschlagen.«

Marc wandte sich um. Die Augen des Mannes waren voller Angst.

»Bitte helfen Sie mir«, sagte der Mann. Marc wusste nicht, was er antworten sollte. Ihm war völlig unklar, was hier passiert war – wie sollte er dem Mann helfen? Aber er musste etwas sagen, er konnte hier nicht weggehen, ohne ihm einen Funken Hoffnung zurückzulassen, deshalb sagte er, so fest er es vermochte: »Ich werde alles tun, was ich kann, um Ihnen zu helfen. Das verspreche ich Ihnen.« Sein Gegenüber schien zufrieden. Für einen kurzen Moment erschien ein Lächeln auf dem Gesicht des Mannes. »Grazie«, sagte er. Dann schloss er die Augen wieder. Und Marc eilte aus dem Raum und hastete die steile Treppe hinunter.

Er trat aus dem Haus und zog die Türe hinter sich zu. Er rüttelte noch zweimal an der Tür, um sicherzugehen, dass sie auch wirklich ins Schloss gefallen war. Langsam ging er zu seinem Haus zurück. Er sog die frische Nachtluft tief ein.

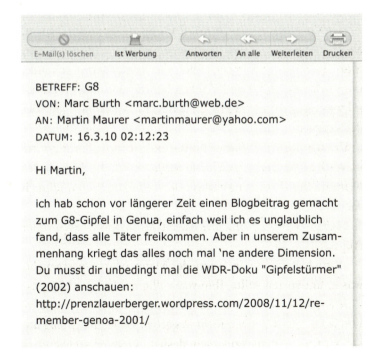

BETREFF: G8
VON: Marc Burth <marc.burth@web.de>
AN: Martin Maurer <martinmaurer@yahoo.com>
DATUM: 16.3.10 02:12:23

Hi Martin,

ich hab schon vor längerer Zeit einen Blogbeitrag gemacht zum G8-Gipfel in Genua, einfach weil ich es unglaublich fand, dass alle Täter freikommen. Aber in unserem Zusammenhang kriegt das alles noch mal 'ne andere Dimension. Du musst dir unbedingt mal die WDR-Doku "Gipfelstürmer" (2002) anschauen:
http://prenzlauerberger.wordpress.com/2008/11/12/remember-genoa-2001/

Hier ein Auszug, die Aussage eines Augenzeugen:

Fotograf Alfonso di Munna: "Ich fotografierte gerade den schwarzen Block beim Anzünden einer Bank, als die Polizei mich festnahm. Zuvor war mir bereits aufgefallen, dass Leute, die etwas älter waren, einen Ring um die Schwarzen installiert hatten, damit wir den Gewalttätern nicht zu nahe kamen. Diese Leute hatten spezielle Walkie-Talkies, die ich schon bei der Polizei gesehen hatte. Natürlich ist es nicht neu, dass die Polizei Demonstrationen mit ihren Leuten infiltriert, Agents provocateurs, die die Spannung steigern und das Fass zum Explodieren bringen, denn es gibt immer Demonstranten, die für Gewalt sehr empfänglich sind, die Scheiben einschlagen und Feuer legen, doch um sie herum gab es Leute, die sie schützten. Danach sind diese Personen dann spurlos verschwunden, ohne jemals aufgegriffen worden zu sein."

Schau dir die Doku an: Ein hochrangiger Politiker hat persönlich mit einer Spezialeinheit, der Folgore, auf den Tod des Demonstranten Mario Guiliani angestoßen. Ein Wahnsinn!!!

Grüße
Marc

Pieve di Teco, Freitag, 4. Juni 2010, 17:10 Uhr

Die vor die Fenster gezogenen Vorhänge mussten irgendwann einmal grün gewesen sein. Im Krankenzimmer herrschte Dämmerlicht. Die Tür schloss sich hinter ihr, und Carla Vazzoler blieb einen Moment lang erschrocken stehen. Wie es hier roch! Diesen Geruch kannte sie, es war die gleiche Mischung aus Desinfektionsmittel und muffigem Stoff, er erinnerte sie an den Tag vor acht Jahren, den sie zu vergessen versuchte. Seither war sie nicht wieder in einem Krankenhaus gewesen.

Sie sah sich im Raum um. Links neben der Tür hing ein Waschbecken an der Wand. Darüber ein runder Spiegel. Ein offensichtlich noch unbenutztes Handtuch ordentlich über den Handtuchhalter drapiert. Zwei Betten rechts, zwei links. Sie standen einander genau gegenüber. Im Bett links vor dem Fenster lag das Mädchen. Es hatte die Augen geschlossen und schien zu schlafen. Die drei anderen Betten waren unbenutzt.

Carla ging auf das Bett zu. Sie versuchte leise zu sein, wollte das Kind nicht erschrecken. Auf einem Stuhl neben dem Bett lagen Annas Kleider. Ihr Gesicht sah friedlich aus und entspannt. Man hatte ihr ein weißes Krankenhausnachthemd angezogen. Es war zu groß. Die eigentlich halblangen Ärmel endeten kurz über ihrem Handgelenk. Trotzdem konnte Carla einige der blutigen Risse in Annas Haut sehen. War das das Blut, von dem das Mädchen gesprochen hatte? Was war mit diesem Kind passiert? Worauf hatte sie sich da eingelassen?

Carla sah sich um, auf der Suche nach Anhaltspunkten, nach irgendetwas, das ihr den Einstieg in das Gespräch mit Anna erleichtern würde. Aber da war nichts. Im Gegenteil – etwas Entscheidendes fehlte in diesem Raum. Schließlich fiel ihr ein, was es war: Es waren die Plüschtiere, die Blumen, das Spielzeug, all die Dinge, die ein Kind dieses Alters um sich haben müsste. Sie betrachtete Anna nachdenklich. Der linke Ärmel des Krankenhausnachthemds war nach oben gerutscht und gab den Blick frei auf Annas Unterarm. Die Venen schimmerten durch die zart gebräunte Haut. Sie hatten die gleiche Farbe wie die Vorhänge. Da war etwas auf Annas Arm, über dem Handgelenk, etwas Buntes. Aber da die Innenseite des Unterarms nach oben zeigte, konnte Carla nicht genau erkennen, was es war. Sie ging um das Bett herum und kniete sich mit dem Rücken zum Fenster davor. Jetzt konnte sie es erkennen: Es war eine Kreuzspinne. Sie war rot und hatte ein weißes Kreuz auf dem Rücken. Es war eines dieser Kindertattoos, die man mit Wasser oder notfalls auch mit etwas Spucke anfeuchtet und dann auf die Haut drückt.

Die Tür zum Krankenzimmer wurde aufgerissen, und Maresciallo Solina polterte herein. Schnell richtete sich Carla auf und ging auf ihn zu.

»Pscht! Sie wecken sie auf!«

Aber es war zu spät. Anna hatte die Augen geöffnet und sah verwirrt zwischen Carla und dem Carabiniere hin und her.

»Ich wollte Ihnen nur sagen, dass ich meine Kollegen nicht erreicht habe.« Er flüsterte jetzt. »Aber ich versuch's weiter.« Er ging zur Tür, wandte sich dann aber noch mal zu Carla um: »Außerdem: Sie sollen mit ihr reden und ihr nicht beim Schlafen zusehen.« Damit verließ er den Raum. Carla ging ihm mit schnellen Schritten nach und folgte ihm auf den Flur.

»Bitte, besorgen Sie doch irgendein Plüschtier oder eine Puppe für das Kind.«

Der Carabiniere sah sie kühl an, aber schließlich nickte er. »Gut. Mach ich.«

Anna hatte große Angst, das merkte Carla sofort, als sie wieder ins Krankenzimmer trat.

»Was war das für ein Mann?«, fragte Anna. Ihre Hände hatten sich zu Fäusten geballt. Die Knöchel traten weiß hervor. Carla setzte sich neben sie aufs Bett und versuchte zu lächeln.

Sie dachte, das würde beruhigend wirken. Erst jetzt bemerkte sie die Schweißperlen auf Annas Stirn.

»Das war ein Polizist«, sagte Carla und hörte sich weiter sagen: »Vor denen musst du keine Angst haben. Die beschützen dich.«

Das aufgeregte Hupen eines Motorrollers drang von der Straße her zu ihnen. Dann wurde es wieder still.

»Wer bist du?«, wollte Anna wissen.

»Ich bin Carla.« Sie streckte Anna ihre Hand entgegen. Aber Anna ging nicht darauf ein. Sie schien die Hand gar nicht zu bemerken. Sie musterte Carlas Gesicht, als versuche sie sich daran zu erinnern, woher sie sie kannte.

»Willst du mir erzählen, was passiert ist?« Carla lächelte so freundlich und unbeschwert, wie es ihr nur möglich war. Aber Annas Augen füllten sich mit Tränen. Sie schluckte, dann drehte sie den Kopf zur Seite.

»Ich will dir helfen, Anna. Aber dazu muss ich wissen, was mit dir passiert ist.«

Anna presste die Lippen aufeinander. Ruckartig bewegte sich ihr Kopf noch weiter auf die Seite. Verdammt, was mach ich hier?, dachte Carla. Sie war nicht die Richtige für so etwas. Sie würde es nicht schaffen, an das Kind heranzukommen. Hier gehörte eine Psychologin her. Andererseits: Wenn sie Anna nicht zum Sprechen brachte, würden es die beiden Carabinieri versuchen. Und Anna hatte ganz offensichtlich Angst vor ihnen. Das wollte sie ihr gerne ersparen. Carla hatte keine Ahnung von Psychologie. Alles, was sie über Traumatisierung wusste, hatte sie aus Filmen. Aber vielleicht würde ein bisschen gesunder Menschenverstand auch weiterhelfen. Vielleicht war Annas Angst ein Ansatzpunkt, die deutlichen Anzeichen von Panik, die sie gezeigt hatte, als der fremde Mann das Zimmer betrat? Sie würde auf gut Glück einen ungezielten Schuss abfeuern und hoffen, dass eine Reaktion kam, die ihr weiterhalf. Eine andere Möglichkeit hatte sie nicht. »Anna, waren es Männer?«

Das Mädchen hatte den Kopf noch immer abgewandt. Ein Schweißtropfen lief ihr über die Schläfe und blieb in einer Strähne ihres blonden Haares hängen.

»Hatten diese Männer etwas mit dem vielen Blut zu tun?«

Anna bewegte kaum merklich ihren Kopf.

War das ein Nicken?

»Was haben die Männer gemacht?«

Anna schwieg. Sie starrte in den Raum.

»Hast du sie gesehen?«

Anna nickte.

»Wie sahen sie aus? Kannst du sie beschreiben?«

»Sie hatten keine Gesichter.«

»Du hast ihre Gesichter nicht gesehen?«

Anna drehte ihren Kopf zu Carla und sah sie an. Sie hatte nun noch mehr Schweißperlen auf der Stirn.

»Nein. Sie *hatten* keine Gesichter.«

Stille. Ein kaum merklicher Luftzug bewegte die grünen Vorhänge. Es war eine müde Bewegung. Und plötzlich klingelte ein Handy. Das Klingeln war so laut, dass Carla erschrak. Es war nicht ihr Handy, das wusste sie, sie hatte es ausgeschaltet. Das Klingeln kam aus der Richtung des Stuhls, auf dem Annas Kleider lagen. Anna schaute zum Stuhl. Sie sah verwirrt aus.

»Ist das dein Handy, Anna?«

»Nein«, sagte Anna, »es gehört meinem Papa.« Das Handy klingelte weiter.

Lenzari, Freitag, 4. Juni 2010, 17:00 Uhr

Diese Glocken! Lenzari musste jetzt direkt vor ihnen liegen, aber sie konnten es noch immer nicht sehen. Nur hören. Sie waren schweigend weitergefahren, mit heruntergelassenen Scheiben, trotz der Feuchtigkeit, und hatten gelauscht. Erst vor zwei Monaten hatte die Kirche in Lenzari ein neues, computergesteuertes Läutwerk bekommen. Neuntausend Euro hatte die Gemeinde dafür ausgegeben. Bis dahin hatte Antonio, der ehrenamtliche Messner, das Läuten der Glocken übernommen. Was jetzt durch die Wolkenwand zu ihnen drang, war die Melodie, mit der jeden Sonntag zum Gottesdienst gerufen wurde. Nur diesmal in einer Endlosschleife. Es war genau 17:00 Uhr, als der Alfa Romeo der Carabinieri auf den Platz vor der Kirche einbog. Fabrizio und Cesare stiegen aus. Der Kirchturm mit den Glocken war im Nebel verschwunden. Die Carabinieri standen einen Moment unschlüssig auf dem Platz und sahen sich um. Aber der Nebel war so dicht, dass nicht viel zu sehen war. Selbst das mächtige dreistöckige Haus von Elisa Noè, das direkt neben der Kirche stand, die Frontseite talwärts gewandt wie eine Burg, wurde immer wieder vollständig von Nebelfeldern verschluckt.

»Wir müssen die Glocken ausschalten, sonst werde ich wahnsinnig.« Cesare ging auf die Kirche zu, nach wenigen Metern konnte Fabrizio ihn nicht mehr sehen. Er blieb allein auf dem Kirchplatz zurück und wusste nicht, was er tun sollte. Ein Geräusch ließ ihn zusammenzucken. Aber es war nur das Knarzen des Funkgerätes aus dem Auto. Die Zentrale gab einen Unfall bei Finale Ligure durch. Das verstand Fabrizio trotz des Höllenlärms, den die Glocken machten. Er spähte in Richtung Kirche. Offenbar war es nicht so einfach, den Computer auszuschalten.

»Ho! Cesare! Klappt es?«, brüllte er in den Nebel. Keine Antwort. In dem Moment nahm er im Augenwinkel eine Bewegung am Haus von Elisa Noè wahr. Er drehte sich um und ging auf das Haus zu. Aus einem Fenster im zweiten Stock hing eine Wolldecke. Sie wurde vom Wind hin und her bewegt. Es war das einzige Fenster, dessen Läden geöffnet waren. Ein riesiges Haus, allein zur Talseite hin hatte es vier Fenster auf jedem Stockwerk. Elisas Mann war bereits vor zehn Jahren gestorben, und seit sie ihre Tante ins Heim gebracht hatte, bewohnte sie das Haus allein. Die Pflege der alten und verwirrten Tante – sie litt an Alzheimer – hatte sie zunehmend überfordert. Plötzlich entdeckte Fabrizio Elisa. Sie lehnte am Fenster über der Wolldecke und schaute zu ihm hinunter. Fabrizio war erleichtert. Mit schnellen Schritten ging er auf das Haus zu.

»Signora!«, brüllte er, um das Getöse der Glocken zu übertönen.

»Signora Noè! Hallo!«

Aber sie reagierte nicht. Der Nebel wurde wieder dichter und machte Elisa Noè zu einem vagen Schatten.

»Signora!«

Die Wolldecke bewegte sich im Wind, und plötzlich zersplitterte etwas unter seinem Stiefel. Ein hässliches Geräusch. Fabrizio beugte sich nach unten. Auf dem nassen Asphalt lag eine Brille. Er war darauf getreten. Der Rahmen aus Metall war gebrochen, das Glas kaputt. Trotzdem war er sicher, dass es die Brille von Elisa Noè war. Fabrizio sah sich die Glassplitter genauer an. Sie waren voller Blut.

»Cesare!« Fabrizio schrie den Namen seines Kollegen so laut er konnte. Er nahm die Brille in die Hand und sah hinauf. Elisa Noè lehnte oben im Fenster ihres Hauses, regungslos, wie eine Schaufensterpuppe. Fabrizio starrte zu ihr hoch, und so wie er da stand, allein vor dem riesigen Haus, schien es, als sei die Verwachsung auf seinem Rücken größer geworden.

»Cesare! Komm mal her!«, schrie er gegen die Kirchenglocken an. Plötzlich nahm er in seinem Rücken eine Bewegung war. Er fuhr herum. Es war Cesare, der eben die Fahrertür des Wagens schloss.

»Was machst du da?«, rief Fabrizio, »ich brüll mir die Seele aus dem Leib …«

»Ich hab nach Werkzeug gesucht. Ich krieg diese verdammten Glocken nicht ausgeschaltet.«

Fabrizio sah seinen Kollegen verwirrt an. Tatsächlich dröhnten die Glocken noch immer über den Platz. Aber die mussten jetzt warten.

»Komm her!« Fabrizio winkte Cesare zu sich und zeigte ihm die zersplitterte Brille.

»Das ist die Brille von Elisa Noè. Sie steht da oben am Fenster.« Fabrizio zeigte hinauf, aber dort am Fenster war nicht mehr zu erkennen als ein Schatten. Die beiden Carabinieri starrten den Schatten einen Moment lang an.

»Komm«, sagte Cesare schließlich. Seine Stimme klang entschlossen.

Sie stürmten die Treppe hinauf, die durch den Garten, den Elisa liebevoll pflegte, zur Terrasse vor der Eingangstür führte. Der Hang war steil. Die Terrasse lag etwa drei Meter über dem Kirchplatz. Bettlaken waren zum Trocknen aufgehängt. Ein eisernes Geländer umgab die Terrasse. Cesare schob die Eisentür auf. Sie quietschte. Sie sahen sofort, dass die Haustür aufgebrochen worden war. Das Holz war gesplittert, das Schloss mit einem Stemmeisen oder etwas Ähnlichem herausgebrochen.

»Signora!«, rief Cesare.

Aber Elisa Noè antwortete nicht.

Lenzari, Samstag, 30. Januar 2010, 18:10 Uhr

Es war bereits dunkel, als sie das Haus von Massimo und Sandra erreichten. Marc konnte nicht fassen, dass es so spät geworden war. Den ganzen Tag hatte er diesem Moment entgegengefiebert. Das als Höflichkeitsbesuch geplante Treffen hatte durch die Ereignisse der letzten Nacht eine ganz andere Bedeutung bekommen. Marc hoffte, dass Massimo und Sandra ihm etwas über den Nordafrikaner erzählen könnten. Er hoffte auf eine Information, die die Geschehnisse der letzten Nacht irgendwie aufklären würde. Den ganzen Tag lang hatte er sich das Hirn zermartert und war immer wieder gescheitert bei dem Versuch, des Ganzen mit logischem Denken Herr zu werden. Die Eindrücke waren noch so präsent: Die Schreie aus dem Babyfon, der blutüberströmte Mann in der Diele, das Tape um seinen Mund, die Männer, die am Haus vorbeigerannt und mit dem Auto weggefahren waren, der wütende Nachbar mit seiner Drohung, die Ratten, und immer wieder die Behauptung des Mannes: »Es waren Polizisten.« Marc bekam es einfach nicht zusammen, und das machte ihn verrückt. Zudem hatte er den Tag damit zugebracht, mit Conny zu diskutieren, die Lenzari am liebsten sofort wieder verlassen wollte. Marc hatte versucht, sie zu beruhigen. Sie könnten die Lage ja noch gar nicht richtig einschätzen, hatte er argumentiert und vorgeschlagen, auf jeden Fall so lange in Lenzari zu bleiben, bis sie genau wüssten, was da eigentlich passiert war.

»Was willst du denn noch wissen? Du warst doch da. Du hast den Typen doch da liegen sehen, schwer verletzt«, hatte Conny ihn angefaucht.

»Aber wir wissen doch gar nichts über die Hintergründe …«
»Ich will die Hintergründe gar nicht wissen! Ich bleibe doch

nicht an einem Ort, wo nachts die Leute halb totgeprügelt werden.«

Marc wusste, dass sie recht hatte. Trotzdem musste er herausfinden, was passiert war. Er schaute an der Fassade des Hauses nach oben, in dem Massimo und Sandra lebten. Die Fensterläden waren geschlossen. Das Haus lag im oberen Ortsteil von Lenzari direkt an der Straße nach Gazzo. Wütendes Gebell war zu hören. Ein paar Meter weiter oben stand ein Hundezwinger. So wie es klang, wurden darin mindestens fünf Jagdhunde gehalten.

Anna stand auf der Straße, starrte bewegungslos in Richtung Hundezwinger und hielt sich die Ohren zu.

»Die sollen aufhören«, sagte sie ängstlich.

»Komm, Schatz«, Conny legte ihr den Arm um die Schultern, »wir gehen jetzt rein.« Sie warf Marc einen ernsten Blick zu. Sie hatten beschlossen, ihre Entscheidung, hierzubleiben oder nach Berlin zurückzufahren, von dem Gespräch mit Massimo und Sandra abhängig zu machen.

Marc holte die »Mitbringsel« aus dem Kofferraum: ein Original Erzgebirgisches Räuchermännchen vom Weihnachtsmarkt in der Kulturbrauerei (Sandra) und ein 10-Liter-Fässchen Rothaus-Pils mit Zapfanlage (Massimo). Und Anna entdeckte einen kleinen Hund mit niedlichen Schlappohren, der gerade sein Bein hob und an den linken Hinterreifen des Wagens pinkelte.

»Ist der süß!« Anna war hingerissen. »Wie heißt denn der?«

»Keine Ahnung. Aber das finden wir noch raus.«

»Dann heißt er erst mal ›Hund‹«, beschloss Anna. »Hund« ging zum Vorderreifen, hob sein Bein, pinkelte und verschwand in der Dunkelheit.

Sie standen vor der ausgetretenen Steintreppe, die unter dem Haus durch nach oben führte.

»Ein Tunnel!«, rief Anna begeistert. Sie gingen die Stufen hinauf. Links ging eine Tür ab, eine Kellertür offenbar, aber Marc rief vorsichtshalber laut »Permesso!« Keine Reaktion. Nur eine getigerte Katze schreckte hoch und verschwand hinter einem Oleanderbusch.

Sie standen nun im Garten. Rechts war der Hühnerstall. An einer Wäscheleine hing Wäsche zum Trocknen; Arbeitskleidung und Unterwäsche, die Marc dazu verleitete, noch einmal laut »Permesso!« zu brüllen. Lautes Gegacker – offenbar hatte er die Hühner aufgeschreckt.

»Mein Gott! Musst du so rumbrüllen?«

»Ja. Das gehört sich so.«

Und endlich ging oben die Türe auf und eine kleine Frau mit wettergegerbtem Gesicht und freundlichen Augen trat auf die Treppe und sagte: »Buona sera. Siete arrivati?«

Massimo und Sandra waren beide Mitte sechzig, schätzte Marc. Massimo hatte ein scharf geschnittenes Gesicht, volles weißes Haar und die Hände eines Mannes, der sein Leben lang hart gearbeitet hatte. Sandra war zurückhaltend, fast schüchtern. Sie sah ihr Gegenüber beim Sprechen nicht an. Nach einer ausgedehnten Begrüßung saßen sie in der gut geheizten Stube am großen Tisch mit der blümchengemusterten Wachstuchtischdecke, die kaum mehr zu sehen war vor lauter Biscotti, Colombe und was Sandra sonst noch an Gebäck aufgetischt hatte. Conny und Anna führten Sandra das Räuchermännchen vor. »Che bello«, sagte Sandra immer wieder. Anna hielt die Räucherkerze fest, Conny zündete sie mit einem Streichholz an und stellte sie auf die Metallplatte im Bauch des Männchens. Dann schraubte sie den Oberkörper darauf; ein blau gewandeter Schutzmann mit langem Bart und roten Backen, eine Laterne in der Hand und die gebogene Pfeife im Mund, stand nun auf der Wachstuchtischdecke und dampfte.

»Che bello!« Weihnachtlicher Tannennadelduft durchströmte die Stube.

Da kam Massimo mit einer Flasche selbst gekelterten Rotweins aus dem Keller zurück. Marc konnte seine Ungeduld kaum mehr zügeln. Er wusste, dass er nicht gleich mit der Tür ins Haus fallen konnte. Er sah zu, wie Massimo die Weinflasche öffnete und vier Gläser vollschenkte. Sandra stellte eine Flasche Eistee auf den Tisch. Für Anna. Sie prosteten einander zu, jeder musste einmal mit Anna anstoßen, dass die Gläser klirrten, und nachdem sie ein paar allgemeine Floskeln ausgetauscht hatten, sah Marc seine Chance gekommen.

»Letzte Nacht ist etwas passiert«, fing er an und bemühte sich, mit seinem zwar guten, aber längst nicht perfekten Italienisch die Situation so präzise wie möglich zu schildern. Die Schreie aus dem Babyfon, die am Hause vorbeirennenden Männer, zwei mindestens …

»Habt ihr sie gesehen?« Massimo sah plötzlich angespannt aus. Überhaupt schien es Marc, als habe sich die Stimmung in der Stube schlagartig verändert.

»Nein. Wir haben nur die Schritte gehört. Sie sind in Richtung Kirche gerannt. Ich habe noch die Rücklichter ihres Wagens gesehen. Sie sind runtergefahren, Richtung Vessalico.«

»Und dann?«

Marc erzählte von dem schwer verletzten Mann, den er in der Diele des Hauses mit der verblichenen Eins gefunden hatte. Zu seinem Erstaunen sah er, wie Massimo und Sandra sich einen Blick zuwarfen. Sie sahen plötzlich erleichtert aus. Massimo lächelte sogar und machte eine wegwerfende Handbewegung.

»Ach so – der Marokkaner!«

»Sie kennen den Mann?«

»Kennen würde ich nicht sagen«, warf Sandra ein. Massimo hob sein Glas und prostete Marc und Conny freundlich zu. »Am besten vergesst ihr das ganz schnell.«

»Wieso?« Marc war verwirrt. Er sah fragend zu Conny. Sie schien ebenso erstaunt zu sein. Da warf Anna ihr Eisteeglas um.

»Och Mausi!« Conny kramte ein Papiertaschentuch hervor und versuchte den See einzudämmen, dessen Arme über die Wachstuchtischdecke krochen.

»Niente. Kein Problem«, sagte Sandra, eilte in die Küche und kam mit einem Lappen zurück, während Marc versuchte, sich nicht aus dem Konzept bringen zu lassen. Rauchschwaden waberten um die Deckenlampe. Die Luft in der Stube war mittlerweile geschwängert vom Tannennadelduft der Räucherkerze. Sandra wischte den Eistee vom Tisch und Marc hakte nach: »Was ist mit dem Marokkaner?«

»Ich habe die ganze Zeit gewusst, dass es mit dem irgendwann Ärger gibt«, sagte Massimo, und Sandra nickte bestätigend mit dem Kopf. Marc fiel auf, dass ihr linkes Augenlid zuckte. Ein nervöser Tick. Massimo schenkte Wein nach.

Marc und Conny erfuhren, dass der italienische Staat angesichts überfüllter Gefängnisse vor ein paar Jahren dazu übergegangen war, verurteilte Sträflinge in verlassenen Häusern auf dem Land unterzubringen.

»Sträflinge?«, fragte Marc, »das heißt …«

»Der Marokkaner ist ein verurteilter Verbrecher.«

In dem Moment kam die getigerte Katze, die sie vorhin im Garten gesehen hatten, schnurrend aus der Küche und sprang Sandra auf den Schoß. Annas Interesse war geweckt. Sandra winkte Anna heran.

»Vieni!«

Anna sah Conny fragend an.

»Geh ruhig hin, du darfst sie streicheln«, erklärte Conny.

»Seit wann ist der Marokkaner hier?«, fragte Marc.

»Seit etwa drei Monaten.« Massimo erzählte, dass die Gemeinde von Anfang an versucht hatte zu verhindern, dass der Marokkaner seine Strafe in Lenzari absaß, aber alle Proteste waren vergeblich gewesen.

»Wir wissen gar nicht, ob er wirklich Marokkaner ist«, Sandra wischte mit der Handfläche mehrmals über die Tischdecke, »wir nennen ihn nur so, ›il marocchino‹«.

»Eigentlich bekommen wir von ihm auch nichts mit. Er darf ja das Haus nicht verlassen. Er hat so eine elektronische Fußfessel, wisst ihr.«

»Wie versorgt er sich denn, wenn er das Haus nicht verlassen darf?«

»Der hat doch hier ein Luxusleben!« Massimos Stimme klang verächtlich. »Einmal die Woche kommen die Carabinieri aus Pieve hoch, um nach ihm zu sehen, und zweimal wöchentlich wird er von der Justizbehörde mit Lebensmitteln versorgt.«

Daher also der Computerausdruck mit den Telefonnummern, dachte Marc.

»Die liefern ihm alles frei Haus, und dann kriegt er noch irgendeine psychologische Betreuung oder so was.« Massimo war wütend. »Den Ausländern stopfen sie selbst im Gefängnis alles in den Arsch und den eigenen Leuten kürzen sie die Renten.«

Das war angesichts der Ausländerpolitik der Regierung Berlusconi eine gewagte Aussage, fand Marc. In Zukunft würde er politischen Diskussionen in diesem Haus besser aus dem Weg gehen. Aber im Moment ließ sich das Thema leider nicht vermeiden.

»Was hat er verbrochen?«, fragte Conny. Aber Massimo und Sandra zuckten mit den Schultern. Sie wussten es nicht genau.

»Irgendwas mit Drogen, hab ich gehört.« Massimo nahm einen Schluck Wein.

»Als wir ankamen«, erinnerte sich Marc, »lief sein Fernseher. Ziemlich laut. Der Nachbar hat sich beschwert ...«

»Ja, Mario«, Sandra lachte. »Der beschwert sich dauernd.«

»Er hat ihm offen gedroht. Ist es möglich, dass er den Marokkaner zusammengeschlagen hat?«

Da beugte sich Massimo leicht vor und schlug mit der flachen Hand auf die Tischplatte. Nicht sehr heftig, aber ausreichend, um die gewünschte Wirkung zu erzielen.

»Kümmert euch nicht um den Marokkaner!« Er sah Marc und Conny scharf an. Marc staunte über die Aggressivität, die trotz seines Alters von Massimo ausging. Plötzlich saß er einem völlig anderen Mann gegenüber als dem, der anfangs so freundlich, fast gütig auf ihn gewirkt hatte. Marc war verunsichert. Eine merkwürdige Situation: Er war hier zu Gast, trank Massimos Wein, und natürlich wollte er nicht unhöflich sein. Aber er hatte auch keine Lust, sich abkanzeln zu lassen. Und vor allem wollte er sich nicht verbieten lassen, seine Fragen zu stellen.

»Der Marokkaner ist halb totgeprügelt worden. Man kann doch nicht so tun, als wäre nichts gewesen.«

»Das geht uns nichts an.« Massimo lehnte sich zurück und verschränkte die Arme über der Brust. Im Ärmel seines Pullovers war ein großes Loch.

»Mario ist zweiundsiebzig Jahre alt«, sagte Sandra, »der verprügelt niemanden mehr.«

Conny lachte, aber es klang ziemlich gezwungen. Anna sah verwirrt vom einen zum anderen. Sie verstand nichts von dem, was gesprochen wurde, aber die angespannte Stimmung im

Raum bekam sie sehr wohl mit. Sie streichelte die Katze, deren Schnurren immer lauter wurde.

»Wer war es dann?«, fragte Marc. »Er selbst hat mir gesagt, es seien Polizisten gewesen.«

»Das ist doch Unsinn!« Massimo versuchte nicht mehr, seine Wut zu verbergen. »Wenn er wirklich verprügelt worden ist ...«

»Ich habe ihn doch da liegen sehen ... das ganze Blut ...«

»Wenn er wirklich verprügelt worden ist, dann von den eigenen Leuten.«

»Was für eigene Leute?«

»Verbrecher, Ausländer ... keine Ahnung. Irgendwelche anderen Drogendealer ...«

»Noch jemand ein Schluck Wein?« Sandra hielt die Flasche in die Höhe. Marc und Conny schüttelten stumm die Köpfe. Das Schnurren der getigerten Katze war das einzige Geräusch im Raum. Die Rauchschwaden standen bewegungslos unter der Zimmerdecke. Marc hatte das Gefühl, keine Luft mehr zu bekommen.

Als sie sich gegen 19:30 Uhr verabschiedeten, versuchten alle so zu tun, als habe man einen harmonischen Abend miteinander verbracht.

»Kommt vorbei, wann immer ihr wollt«, sagte Massimo, »und meldet euch, wenn ihr irgendwelche Fragen habt, was das Haus angeht.«

Als sie ins Freie traten, schlug ihnen die kalte Bergluft entgegen. Marc atmete tief durch, er hatte das Gefühl, seine Lungen seien bis obenhin mit Tannennadelrauch angefüllt. Der Himmel war sternklar. Sie gingen schweigend in Richtung Auto, nur Anna erzählte pausenlos von Katzen, Jagdhunden und Rattenbabys, die zusammen in einem Märchenschloss lebten.

Als sie den Wagen erreicht hatten, sah Marc Conny an. »Und?«

»Ich will nach Hause«, sagte sie, und ihre Stimme klang entschlossen.

»Lass uns noch eine Woche hier bleiben und dann entscheiden, okay?«

Von Gazzo drang Motorengeräusch zu ihnen herüber.

»Zwei Tage, mehr nicht«, sagte Conny.

»Drei.«

»Okay.«

Sie stiegen in den Wagen.

Lenzari, Montag, 1. Februar 2010, 15:20 Uhr

Den ganzen Vormittag hatte es gestürmt. Um Mittag hatte der Wind nachgelassen. Seither hingen die Wolken bleiern über Lenzari, und gegen 15 Uhr hatte es zu schneien begonnen. Marc sah auf den Monitor seiner Mini-DV-Kamera und zoomte ein paar Schneeflocken heran. Sie hatten das ganze Wochenende über im Haus herumgewerkelt – Wäsche gewaschen, den Tisch vor der Verandatür beiseite geräumt, den Keller inspiziert –, sodass er erst jetzt dazu kam, die Kamera aufzubauen. Den Plan dazu hatte er nach ihrem Besuch bei Massimo und Sandra gefasst: Um dem Marokkaner helfen zu können, musste er sich zunächst einmal Klarheit verschaffen. Er musste herausfinden, ob an seinem Verdacht, diejenigen, die ihn zusammengeschlagen hatten, seien Polizisten gewesen, etwas dran war. Marc wollte ab sofort jede Bewegung vor dem Haus des Marokkaners aufzeichnen. Genug Bänder hatte er dabei. Er hatte das Stativ im obersten Stock, vor der Tür zur Dachterrasse aufgebaut. Von hier aus konnte er mit der Kamera die zwanzig Meter Dorfstraße zwischen ihrem und dem Haus des Marokkaners überwachen. Wer immer ihn besuchte – erwünscht oder unerwünscht –, würde von Marcs Kamera aufgezeichnet werden. Das wäre der erste Schritt. Marc stellte zufrieden die Schrauben des Stativs fest. Er hatte gemerkt, dass er nicht mehr länger warten durfte, denn auch die eindrücklichsten Erlebnisse verblassten, wenn man nur lange genug mit Anna Uno spielte, Tische verrückte oder Keller erforschte. Vielleicht wäre er morgen schon selbst davon überzeugt, dass der Mann ein Spinner war, ein krimineller Drogensüchtiger, dem er nur aus Höflichkeit ein Versprechen gegeben hatte. Vielleicht würde er sich morgen schon nicht mehr gebunden fühlen durch dieses Versprechen. Das Risiko wollte er nicht eingehen. Er warf noch einmal einen prüfenden Blick auf den Monitor, dann drückte er auf Aufnahme. Es war 15:32 Uhr.

Eine halbe Stunde später stapfte er neben Anna durch den Schnee. So richtig liegen blieb er noch nicht. Anna sah den Schneeflocken nachdenklich beim Schmelzen zu.

»Das lohnt sich doch gar nicht.«

»Was?«

»Wenn Schnee eigentlich Regen ist und dann auf dem Boden sofort wieder Wasser wird, dann lohnt sich das doch nicht.«

»Na klar lohnt es sich. Wenn es jetzt regnen würde, hättest du wahrscheinlich nicht unbedingt rausgewollt, oder?«

»Stimmt.«

»Außerdem: Wenn die Schneeflocken das jetzt lange genug so machen, bleiben sie irgendwann liegen.«

»Au ja. Wann?«

»Weiß ich nicht. Der Boden muss kalt genug sein.« Marc hatte das Haus des Marokkaners erreicht. Alle Fensterläden waren zugezogen. Der Fernseher lief. Aber leiser als sonst. Er beschloss, auf dem Rückweg anzuklopfen und dem Marokkaner zu erklären, was er vorhatte.

»Komm, Anna!«

Aber Anna stand mit weit geöffnetem Mund auf der Dorfstraße und fing Schneeflocken mit ihrer Zunge ein – was schwierig war, weil sie immer wieder lachen musste.

Schließlich erreichten sie das letzte Haus. Hier ging die Dorfstraße in einen Feldweg über, der leicht bergab führte. Anna spielte Pferd, Apfelschimmel genauer gesagt, und trabte vorneweg. Und die Schneeflocken tanzten und trudelten, um schließlich doch auf dem zu warmen Boden zu schmelzen.

»Guck mal, Schnittlauch!«, rief Anna. Marc trat zu ihr. Tatsächlich wuchs mitten auf dem Feldweg büschelweise Schnittlauch.

»Hat den jemand hier gepflanzt?«

»Glaub ich nicht. Wahrscheinlich sind die Samen vom Wind hierhergetragen worden.«

»Und wem gehört der jetzt?«

»Niemandem.«

»Dann können wir den ja mitnehmen.«

»Im Prinzip ja.«

»Was heißt ›im Prinzip‹?«

Marc fühlte eine plötzliche Hilflosigkeit. Sein Mund war wie gelähmt. Wie schön wäre es, einfach mal gar nichts mehr erklären zu müssen.

»Du-hu!«

»Also ›im Prinzip‹ heißt … dass der Schnittlauch eigentlich niemandem gehört.«

Kurze Pause.

»Kann ich den jetzt pflücken oder nicht?«

»Pflück ihn.«

Anna pflückte. Marc sah ihr dabei zu. Der Schneefall wurde kräftiger. Marcs Handy klingelte. Seit er festgestellt hatte, dass es im Haus keinen Empfang gab, nahm er es immer mit nach draußen, um unterwegs eingegangene Anrufe oder Kurznachrichten zu überprüfen. Marc sah auf dem Display, dass es Nick war.

»Hi Nick, alles klar?«

»Geht so.« Nick hustete. Es hörte sich schlimm an. Er wollte wissen, ob Marc im März Zeit hätte, einen Nivea-Werbespot zu drehen. Ein erstes Treffen sollte in zwei Wochen in Berlin stattfinden. Marc versprach ihm, es so schnell wie möglich mit Conny zu besprechen und ihn dann zurückzurufen. Er legte auf und sah auf dem Display, dass jemand eine Nachricht auf seine Mailbox gesprochen hatte. Da Anna noch immer friedlich Schnittlauch pflückte, nutzte er die Zeit, um die Nachricht abzuhören. Es war Klaus, sein Freund und Nachbar. Er wohnte im selben Haus in Prenzlauer Berg. Bevor Klaus vor zwei Jahren Hartz IV beantragt hatte, hatte er sich eher schlecht als recht mit kleineren journalistischen Arbeiten, Recherchen und Ähnlichem durchgeschlagen. Jetzt erzählte er atemlos von einem neuen Projekt, von dem Marc nur verstand, dass es irgendwas mit der Gentrifizierung des Prenzlauer Bergs zu tun hatte. Marc beobachtete zwei Schneeflocken, die auf seinem rechten Schuh Platz genommen hatten. Es dauerte lange, bis sie schmolzen.

»Geh schon mal alleine ins Haus«, sagte Marc, als sie zurückkamen. »Warum?«

»Ich muss noch schnell was aus dem Auto holen.«

»Ich komm' mit.«

»Nein. Geh bitte schon mal zu Mama. Ich komm' gleich nach.«

Er wollte nicht, dass Anna dabei war, wenn er mit dem Marokkaner sprach. Er wollte nicht, dass er sie sah.

Der Apfelschimmel wieherte unzufrieden, trabte dann aber doch den schmalen Durchgang hinunter zum Hauseingang.

»Bis gleich!«, rief Marc und ging in Richtung Kirchplatz, wo das Auto stand. Auf halbem Weg, als er sicher sein konnte, dass Anna im Haus angekommen war, drehte er um und ging zurück zum Haus des Marokkaners. Der Fernseher lief immer noch. Marc klopfte gegen die Haustür.

»Permesso!«

Nichts. Der Fernseher lief in unveränderter Lautstärke weiter. Wenn es stimmte, dass der Marokkaner eine elektronische Fußfessel trug und das Haus nicht verlassen durfte, konnte er ja wohl schlecht unterwegs sein. »Ich kann nicht ins Krankenhaus«, hatte der Marokkaner in jener Nacht gesagt. Hatte er Angst gehabt, dass seine Fußfessel Alarm auslösen würde? War seine Angst vor der Polizei tatsächlich so groß, dass er lieber darauf verzichtete, seine Verletzungen behandeln zu lassen?

Marc klopfte noch einmal, lauter jetzt.

Für einen Moment hatte er den Eindruck, dass sich eine Gardine im Fenster des gegenüberliegenden Hauses bewegte. Er war sich aber nicht sicher.

»Permesso!«, rief er noch einmal. Aber aus dem Haus des Marokkaners war kein Geräusch zu vernehmen außer dem des laufenden Fernsehers. Marc rüttelte an der Tür. Keine Chance. Schließlich wandte er sich um und ging unverrichteter Dinge nach Hause. Dort nahm er sich die Videokamera vor.

Er drückte auf Stopp und spulte das Band zurück. Er sah sich selbst vor dem Haus des Marokkaners stehen, sah, wie er an die Tür klopfte und etwas rief. Der Ton fehlte natürlich. Marc spulte weiter zurück: Er und Anna, die mit den hölzernen, ruckartigen Bewegungen des Rücklaufmodus' von ihrem Haus weg in Richtung Feldweg und schließlich aus dem Bild katapultiert wurden. Zwei Marionetten auf Speed. Eine längere Pause, dann schoss »Hund« ins Bild wie eine Flipperkugel, die von der linken zur rechten Straßenseite geschleudert wird und jedes Mal, wenn sie auf eine Häuserwand trifft, ein Beinchen von sich wirft.

»He's a Pinball Pisser«, schoss es Marc durch den Kopf. Er musste grinsen.

Dann passierte lange gar nichts. Am Schluss kamen noch einmal er und Anna. Vom Feldweg her bewegten sie sich mit dem Rücken zur Kamera in rasender Geschwindigkeit auf das Haus zu. Und plötzlich drehte sich Anna wie ein Kreisel. Marc drückte auf Stopp und ließ das Bild in normaler Geschwindigkeit laufen: Anna drehte sich mitten auf der Dorfstraße um sich selbst. Sie lachte und versuchte mit ihrer Zunge Schneeflocken zu fangen.

BETREFF: Minority Report
VON: Marc Burth <marc.burth@web.de>
AN: Martin Maurer <martinmaurer@yahoo.com>
DATUM: 20.3.10 01:07:46

Hallo Martin,
schau mal, worauf ich gerade gestoßen bin (auf der Webseite des "Standard" übrigens):

> Kriminalpsychologen entwickelten System zur Prävention
> von Gewalttaten – Bereits Einsatz an Schulen
> Zur Vorbeugung von Amokläufen können Schulen jetzt auf
> ein Computerprogramm zur Früherkennung möglicher Täter
> zurückgreifen. Das Institut für Psychologie und Bedrohungs-
> management des Kriminalpsychologen Jens Hoffmann in
> Darmstadt hat das Online-Programm DyRIAS (Dynamisches
> Risiko Analyse System) entwickelt, mit dem eine wissen-
> schaftlich fundierte Risikoeinschätzung bei Schülern möglich
> sein soll. Damit sollen gefährliche Entwicklungen frühzeitig
> erkannt werden, um Eskalationsprozesse zu verhindern.
> Minority Report lässt grüßen. Ich dich auch.
>
> Marc

Pieve di Teco, Freitag, 4. Juni 2010, 17:30 Uhr

Das Handy klingelte zum dritten Mal. In der Stille des Krankenzimmers kam es Carla überlaut vor. Das konnte die Chance sein. Sie beobachtete Anna. Sie hatte sich beim ersten Klingeln furchtbar erschrocken, doch nun ging ihr Blick ins Leere. Das Klingeln schien sie nicht mehr zu interessieren.

»Ich geh mal ran, Anna, ja?«

Aber Anna reagierte nicht. Das Handy klingelte weiter. Carla kramte es aus Annas Hosentasche hervor und nahm ab.

»Hallo?« Sie bemerkte die Irritation ihres Gegenübers sofort.

»Hier ist Steven ... ich wollte eigentlich mit Marc sprechen. Hab mich wohl verwählt ...«

»Nein, nein«, Carla sagte ihm, dass er die richtige Nummer gewählt habe. Steven erzählte ihr, dass er als Kameraassistent mit Marc zusammenarbeite. Daraufhin versuchte sie ihm mit ruhiger Stimme die Situation zu erklären. Steven lauschte atemlos.

»Was ist denn das für ein Scheiß?«, sagt er dann. Seine Stimme klang belegt.

»Haben Sie irgendeine Ahnung, was passiert sein könnte?«, fragte Carla.

»Nee, deswegen ruf ich ja an. Marc ist vorgestern überstürzt vom Drehort los. Seither erreiche ich ihn nicht, und bei der Produktion ist totales Chaos ...«

»Hat er Ihnen irgendetwas erzählt ... hat ihn irgendwas beschäftigt?

»Ich weiß nur, dass die Polizei gestern bei der Produktionsfirma war.«

»Was wollte die?« Carla war aufgeregt. Vielleicht würde jetzt Licht ins Dunkel kommen.

»Das ist mir nicht ganz klar«, sagte Steven, »ich hab Nick gefragt, aber der meinte, er dürfe mir nichts sagen.«

»Wer ist Nick?«

»Der Produzent. Ich glaube, es ging um den Wagen, den Marc bei der Autovermietung abgeben sollte. Aber er ist da nie aufgetaucht.«

Carla versuchte, noch mehr Informationen aus Steven herauszubekommen. Aber er schien nicht mehr zu wissen. Sie verabschiedeten sich, und Carla legte auf. Sie versuchte zu lächeln, als sie wieder zu dem Mädchen ans Krankenbett trat.

»Anna, du musst mir jetzt erzählen, was passiert ist.«

Aber Anna wandte sich ab.

»Hat dein Vater dir das Handy gegeben? Warum?«

Annas Augen waren auf die Decke gerichtet, aber ihr Blick war leer. Carla machte einen letzten Versuch:

»Du hast den Carabinieri, die dich gefunden haben, gesagt ›so viel Blut‹. Hast du damit deine Verletzungen gemeint?« Sie deutete auf die Risse an Annas Armen und Beinen.

»Wo kommen die überhaupt her? Bist du durch eine Dornenhecke gelaufen?«

Anna antwortete nicht. Sie lag regungslos im Bett, die linke Hand zur Faust geballt.

Wie mache ich jetzt weiter?

Carla überlegte fieberhaft. Annas Vater war also in Berlin gewesen. Bis vorgestern. Und dann war er offenbar überstürzt aufgebrochen. Noch immer hielt sie sein Handy in der Hand. Vielleicht ließe sich mithilfe des Handys noch etwas herausfinden. Später. Jetzt musste sie sich um Anna kümmern. Sie steckte das Handy in ihre Tasche.

Plötzlich wurde die Tür zum Krankenzimmer aufgerissen. Maresciallo Solina trat ins Zimmer. Er hielt ein neongrünes Stoffnilpferd in der Hand. Es hatte einen breit lachenden Mund und große Augen mit langen Wimpern darüber. Solina wedelte damit im Raum herum. Carla konnte nicht sagen, wie lange sie das Nilpferd angestarrt hatte, bevor sie den zweiten Mann wahrnahm, der hinter Solina das Zimmer betreten hatte. Auch er trug die Uniform der Carabinieri, war aber offensichtlich ein hoher Offizier. Er hatte eine kleine Narbe über der rechten Augenbraue, seine Augen waren grau und durchdringend. Um Oberlippe und Kinn ließ er sich jetzt einen gepflegten Bart stehen, aber Carla erkannte ihn trotzdem sofort. Wie sollte es auch anders sein – dieses Gesicht verfolgte sie seit acht Jahren jede Nacht in ihren Albträumen.

Lenzari, Freitag, 4. Juni 2010, 17:20 Uhr

»Signora! Signora Noè!«

Nichts. Nur die Glocken schlugen unbarmherzig weiter.

Die beiden Carabinieri entsicherten ihre Waffen. Cesare schob die Tür auf. Mit einem leisen Ächzen gab sie den Blick frei ins Innere des Hauses. Sie traten in die dämmrige Diele. Cesare zuerst. Modrige, abgestandene Luft. Rechts stand eine gläserne Vitrine, kleine Porzellanfiguren, bemalte Teller, Nippes. Alles war eng hier, man musste aufpassen, dass man nirgendwo anstieß. Von außen sah das Haus riesig aus, aber hier drin keine Spur von Großzügigkeit, man kam sich vor wie in einer Höhle. Die Carabinieri zogen die Köpfe ein und tasteten sich an den Vitrinen vorbei weiter den Flur entlang. Die Tür zum Wohnzimmer stand offen. Dämmerlicht auch hier. Die Fensterläden waren geschlossen. Ein kleiner Tisch mit einer gehäkelten Decke, darauf eine schmale Vase mit dem Abbild der Muttergottes und einer Rose aus Plastik darin. Plötzlich ein Geräusch. Fabrizio fuhr herum. Trotz des Dämmerlichts konnte er sehen, dass Cesare Schweißperlen auf der Stirn hatte, als er ihm mit einer Kopfbewegung bedeutete, ihm zu folgen. Die Arme durchgedrückt, die Pistolen schussbereit in den Händen, schoben sie sich Schritt für Schritt durch die Diele. Vor ihnen lagen zwei geschlossene Türen. Das Geräusch kam aus dem Raum zu ihrer Linken. Fabrizio lehnte sich mit der Schulter gegen die Wand und versuchte ruhig und gleichmäßig zu atmen. Falls er schießen musste. Die Carabinieri gingen links und rechts der Tür in Deckung. Cesare stieß sie auf. Dahinter lag die Küche. Wieder das Geräusch, ein Zischen, lauter diesmal. Fabrizio spähte in den Raum. Auf dem Herd stand ein großer Topf. Sein Deckel hob sich und das kochende Wasser floss an den Seiten herunter und zischte in die Gasflamme. Sie ließen die Pistolen sinken. Cesare ging zum Herd und drehte am Knopf. Die Gasflamme erlosch. Auf dem Küchentisch lag eine aufgeschlagene Fernsehzeitung. Darauf eine Lesebrille. Neben der Zeitung stand eine benutzte Kaffeetasse. Ein Fertigkuchen aus dem Supermarkt stand auf dem Tisch. Die Verpackung war geöffnet, der Kuchen mit einem Brotmesser, das daneben lag, angeschnitten worden.

Fabrizio trat zurück in die Diele und öffnete vorsichtig die zweite Tür. Dahinter befand sich eine Treppe. Offenbar führte sie in den ersten Stock hinauf. Er spürte den Luftzug, der durch das Treppenhaus strich, und war verwirrt. Er hätte an dieser Stelle alles andere vermutet, nur keine Treppe. Er ging noch einmal ins Wohnzimmer und schaltete das Licht ein.

»Was machst du?« Cesare trat zu ihm und sah ihn fragend an.

Fabrizio deutete auf die ihm gegenüberliegende Wohnzimmerwand. »Dahinter muss es doch noch Zimmer geben. Aber nirgendwo ist eine Tür.« Er merkte, dass er flüsterte.

»Da sind keine Zimmer mehr«, sagte Cesare, »dahinter ist die Garage, wo Elisa ihr Brennholz lagert.«

»Ich dachte ... wir sind ein Stockwerk über der Garage.«

»Quatsch. Komm jetzt.«

Fabrizio entgegnete nichts mehr. Er hatte das Gefühl, sich in einem jener Spukhäuser zu befinden, die es auf Jahrmärkten gab, mit labyrinthischen Gängen und schiefen Ebenen. Unmöglich, sich zurechtzufinden. Er folgte Cesare ins Treppenhaus. Es war dunkel, trotzdem machten sie kein Licht. Im ersten Stock lag ein langer Flur vor ihnen. Er führte auf ein Fenster zu, dessen Läden geöffnet waren, sodass es einigermaßen hell war. Hell genug jedenfalls, um zu erkennen, dass von jeder Seite des Flurs drei Türen abgingen. Alle waren geschlossen. Auf dem Steinfußboden lagen zwei Läufer. Die Wände waren weiß getüncht und kahl. Nur am Ende des Flurs, neben dem Fenster, hing ein Marienbild.

»Signora!«

Keine Antwort. Draußen dröhnten die Glocken.

»Wir müssen noch eins höher.« Cesare flüsterte.

Fabrizio stellte fest, dass er komplett die Orientierung verloren hatte. Obwohl er die ganze Zeit vom Kirchplatz aus zu ihr hochgestarrt hatte, hätte er jetzt nicht mehr sagen können, ob das Fenster, in dem er Elisa hatte stehen sehen, zu einem Zimmer in diesem oder im darüberliegenden Stockwerk gehörte. Cesare ging bereits die Treppe nach oben. Also folgte er ihm.

Im zweiten Stock hatte jemand eine Tür eingezogen und den Flur unterteilt, sodass sie nun wiederum in einem kleinen Raum standen. Auch hier gab es drei Türen. Der Raum war völlig leer, ein reines Durchgangszimmer. Fabrizio sah fragend zu Cesare, aber auch der schien unentschlossen.

»Signora Noè!«, rief er.

Keine Reaktion.

Cesare ging auf die rechte Tür zu und öffnete sie. Auch in diesem Raum herrschte Dämmerlicht. Die Fensterläden waren geschlossen. An der Wand links neben der Tür hing ein Waschbecken, rechts stand ein Bett. Es war mit einem Laken abgedeckt. Über dem Kopfende ragte wie ein Galgen eine Stange in die Höhe, an deren Ende ein triangelförmiger Haltegriff hing. Ein Krankenbett. Jetzt erst bemerkte Fabrizio, dass alle Wände des Zimmers mit Schaumstoff verkleidet waren. »Wahrscheinlich das Zimmer ihrer Tante«, flüsterte er.

»Und die Wände?«

»Damit sie sich nicht verletzt, oder um ihre Schreie zu dämpfen.« Er war einmal in Lenzari gewesen, als Elisas Tante einen Anfall gehabt hatte. Grauenhaft. Ihre Schreie hatten über dem

Dorf gewütet wie ein Unwetter. Er hatte sich in den Wagen gesetzt und gehofft, dass es bald vorbei sein möge. Aber es hatte gedauert. Quälend lange. »Hilfe!«, hatte sie geschrien, »Hilfe, sie holen mich!«

»Komm, weiter!« Cesares Stimme war belegt. Er öffnete die Trennungstüre im Flur. Sie war aus groben Spanplatten zusammengezimmert. Dahinter war es plötzlich so hell, dass Fabrizio die Augen zusammenkneifen musste. Vor ihnen lag wiederum ein langer Flur. Das Licht kam aus dem Zimmer, das rechts davon abging. Fabrizio presste sich die Hände auf die Ohren, so laut waren die Glocken hier. Der Glockenturm musste genau gegenüber liegen.

Die Zimmertür stand offen. Sie sahen Elisa auf der anderen Seite stehen. Im Gegenlicht. Vor dem geöffneten Fenster. Elisas Körper war mit schwarzem Tape an einer hölzernen Trittleiter befestigt worden, sodass er nicht umfallen konnte. Man hatte ihr die Kehle durchgeschnitten. Der Fußboden des Zimmers war voller Blut. Auch die Wände waren mit Blut beschmiert. »So viel Blut!«, schoss es Fabrizio durch den Kopf.

Rezzo, Montag, 8. Februar 2010, 15:20 Uhr

Das Gesicht fehlte. Dafür hatten sich an anderen Körperstellen, an den Knien und im Lendenbereich, Fratzen herausgebildet. In ihren Mäulern steckten menschliche Körper. An den Knöcheln war er gefesselt. Seine Füße waren Klauen. Sie hatten vier Zehen. Unter jeder der beiden Klauen lag ein Mensch. Die Menschen bäumten sich auf und strampelten, aber die spitzen Nägel der Klauen bohrten sich in ihr Fleisch. Die Körper bluteten und wurden zermalmt. Das Blut und die Flammen der Feuer, die überall loderten, sahen gleich aus: rote Fäden.

Das »Inferno« stammte von einem unbekannten Künstler des 15. Jahrhunderts. Es war im Gegensatz zu dem Bildzyklus aus dem Leben Jesu, der sich auf der rechten Wand der Wallfahrtskirche von Rezzo anschloss, nicht renoviert. Die Farben waren blass, der Putz war zum Teil abgeblättert. Dies war auch der Grund dafür, dass der Satan keinen Kopf hatte. Aber auch verblasst und kopflos: Dies war eine der eindrücklichsten Höllendarstellungen, die Marc kannte.

Er sah sich um: Der ausgetretene Steinboden, die schlichte Holzdecke. Zwei Säulenreihen gliederten das Kirchenschiff. Durch die hoch oben liegenden Fenster fielen Sonnenstrahlen ein. Sie strahlten die verzierten Kapitelle der Säulen an wie Scheinwerfer. 16 000 Watt HMI-Licht etwa, schätzte Marc.

Die letzten Tage hatte das ligurische Wetter alles aufgefahren, was ihm an Spielarten zur Verfügung stand. Am Donnerstag noch hatte Lenzari unter einer dicken Schneedecke gelegen. Sie hatten im Keller einen Schlitten entdeckt, was sie zunächst verwundert hatte, aber klar: Sie befanden sich am Fuß der ligurischen Alpen. Schnee war hier nichts Außergewöhnliches. Das nächste Skigebiet im Piemont war nur eine Dreiviertelstunde entfernt. Sie hatten Anna und den Schlitten eingepackt und waren nach Colle di Nava gefahren. Den ganzen Tag hatten sie damit zugebracht, Iglus zu bauen und Schlitten zu fahren. Am Freitag hatte Nick angerufen und Marc den Termin für das Treffen mit den Nivea-Leuten durchgegeben. Es sollte am 18. Februar stattfinden, um 10 Uhr im Konferenzraum in der Gormannstraße. Marc hatte gleich in seinem Kalender nachgesehen. Der 18. Februar war ein Donnerstag. Wenn er Mittwoch nach Berlin flöge und Samstag zurück nach Nizza, sollte er genug Zeit haben, um noch ein oder zwei weitere Termine unterzukriegen. Auch wenn er mittlerweile gut im Geschäft war und sich nicht um Aufträge sorgen musste – wenn er schon in Berlin war, wäre es sicher gut, sich hier und da mal wieder blicken zu lassen. Die Werbebranche war schnelllebig, und alles lief ausschließlich über persönliche Kontakte.

Am Wochenende begann es zu gießen, und zwar so, als würde jemand die berühmten Wassereimer über Ligurien ausschütten. Kaum hatte man einen Fuß vor die Tür gesetzt, war man auch schon klatschnass.

Jetzt, am Montag, strahlte die Sonne wieder von einem wolkenlosen Himmel. Es war schlagartig mindestens zehn Grad wärmer geworden. Aber hier, in der Kirche von Rezzo, war es kühl. Marc riss sich von der Höllendarstellung los und ging nach draußen, wo Conny und Anna bereits auf ihn warteten. Die Kirche lag auf einem Plateau hoch über dem Tal. Pinien standen in loser Formation um sie herum. Ihre Nadeln bedeckten den weichen Waldboden. Ein paar Ziegen meckerten. Das Gemeckere kam von der anderen Seite der Kirche.

»Ich will zu den Ziegen!«, rief Anna und rannte voraus. Conny umfasste Marcs Hand und lächelte ihn an. Mehr als eine Woche war seit ihrer Ankunft verstrichen. Marc und Conny hatten sich noch einmal zusammengesetzt und bei einer Flasche Wein beraten, was sie machen sollten. Hierbleiben oder zurück nach Berlin fahren? Es war ein Abwägen: Anna ging es hier so viel besser als im winterlichen Berlin. Schon nach einer Woche wirkte sie gesundheitlich viel stabiler. Aber natürlich verfolgte Marc und Conny das Erlebnis mit dem Marokkaner wie ein bedrohlicher Schatten. Sie waren auch an diesem Abend zu keiner Entscheidung gekommen, aber sie waren immer noch in Lenzari, und sie hatten versucht, die Tage zu genießen. Offenbar war ihnen das gelungen. Auch wenn es unausgesprochen war: Marc ging davon aus, dass sie hierblieben. Sie küssten sich und gingen um die Kirche herum zu den Ziegen.

Gegen 17 Uhr kamen sie nach Hause. Marc zog die Laufsachen an. Es war noch hell genug, um die fünf Kilometer nach Gazzo und zurück in Angriff zu nehmen. Er war die Strecke einmal gelaufen, seit sie hier waren, und war begeistert: Die Straße führte in einem weiten Bogen am Hang des Berges entlang. Die meiste Zeit befand man sich im dichtesten und dunkelsten Wald, den man sich vorstellen konnte, aber an manchen Stellen hatte man einen spektakulären Blick auf das Arroscia-Tal und die gegenüberliegenden Berge. Und wenn man in Gazzo angekommen war, konnte man sogar einen Blick auf die schneebedeckten Gipfel im Piemont erhaschen.

Die Luft war angenehm frisch. Antonio, der Nachbar, fütterte die Kaninchen. Marc grüßte ihn. Als er zum Kirchplatz kam, sah er Elisa Noè, die im Garten vor ihrem Haus arbeitete. Marc winkte ihr zu. »Guten Abend, Signora!«

Elisa Noè drehte sich zu ihm um und winkte lächelnd zurück.

Der Feldweg führte zwischen Signora Noès Haus und der Kirche steil den Berg hinauf und traf im oberen Teil des Dorfes, am Ortsausgang, dort wo die Kapelle stand, auf die Straße nach Gazzo. Marc begann zu laufen.

Die Straße schraubte sich in den Berg hinein. Der Wald wurde dichter, die Bäume höher, es gab Lianen und riesige Farne. Ein paarmal knackte es im Unterholz dicht neben der Straße, so laut, dass Marc erschrak. Aber im Dickicht konnte er nichts erkennen. Er wusste, dass zu dieser Jahreszeit noch viele Wildschweine unterwegs waren.

Es wurde jetzt schnell dunkel im Wald. Hinter der nächsten

Kurve hörte er das Geräusch zum ersten Mal. Er blieb stehen, versuchte gleichmäßig zu atmen und das Geräusch einzuordnen. Es klang wie höhnisches Gelächter. Es waren verschiedene Stimmen, eindeutig. Marc ging zögernd ein paar Schritte weiter, die Stimmen wurden lauter. Er hatte noch nie in seinem Leben ein derart böses, derart höhnisches Lachen gehört. Das Gelände am Berghang links der Straße wurde etwas flacher, die Bäume wichen zurück und machten einer Wiese Platz, die von grünem Maschendraht umzäunt war. Das Gelächter kam aus dem Wald hinter der Wiese. Was war das? Marc spähte hinüber, versuchte im Dämmerlicht zwischen den Bäumen etwas zu erhaschen – vergeblich. Er stand hilflos mitten auf der Straße und spürte, wie ihm die Angst die Kehle zuschnürte. Plötzlich Motorengeräusche. Sie kamen von rechts, von Gazzo. Als das Mofa um die Kurve kam, erstarb das Gelächter. Ein Schwarm Vögel – grau und unscheinbar – erhob sich über den Bäumen hinter der Wiese in den Abendhimmel. Vögel! Die Mofafahrerin, eine dicke Frau, winkte Marc lächelnd zu. Das Mofa verschwand mit knatterndem Motor hinter der nächsten Kurve, und Marc sah den Vögeln nach. Sie strichen an der Flanke des schlafenden Hundes entlang in Richtung Lenzari.

Erleichtert und gleichzeitig beschämt trabte Marc weiter. Nicht zu glauben, dass ihn ein Schwarm Vögel derart aus der Fassung gebracht hatte. Er steigerte das Tempo, wollte diesen Ort so schnell wie möglich hinter sich zurücklassen. Meter für Meter gewann er seine gute Laune zurück. Als die ersten Häuser von Gazzo vor ihm auftauchten, kehrte er um. Der Wald lag nun vor ihm wie eine dunkle Schlucht. Er stürzte sich hinein.

Marc hatte die Stelle fast erreicht, wo er dem Gelächter der Vögel gelauscht hatte, als er wieder Motorengeräusche hörte.

Diesmal war es ein Auto. Marc wich nach links aus, und schon bog der Wagen vor ihm um die Kurve. Es war ein schwarzer Audi A6. Er hatte getönte Scheiben und ein deutsches Nummernschild: FDS. Marc überlegte kurz, was FDS wohl bedeuten mochte. Er kam zu keinem Ergebnis. Auf dem Beifahrersitz saß ein bulliger Mann, Mitte sechzig, mit einem Schnurrbart, den Fahrer konnte Marc nicht erkennen. Er hob grüßend die Hand, aber der Schnurrbart reagierte nicht. Dann eben nicht. Seine Landsleute waren es nicht gewohnt, Fremde zu grüßen, wie es hier in Italien gang und gäbe war.

Nachdem er Anna ins Bett gebracht hatte, ging er nach oben, um nach der Videokamera zu sehen. Bis jetzt hatte die Auswertung der Bänder rein gar nichts ergeben, außer dass er die Nachbarschaft ein bisschen besser kennengelernt hatte. Mario zum Beispiel, der dem Marokkaner an ihrem ersten Abend in Lenzari gedroht hatte, war ein alter Mann mit Glatze und markanten Gesichtszügen. Er hatte eine scharfe Adlernase und weit abstehende Ohren. Marc hatte ihn Nosferatu getauft. Einmal, am Donnerstag, waren zwei Carabinieri in ihrem Jeep vor dem Haus des Marokkaners vorgefahren. Marc war aufgefallen, dass der größere der beiden einen leichten Buckel hatte. Sie waren etwa eine halbe Stunde im Haus geblieben. Ansonsten nichts Außergewöhnliches, und Marc hatte schon begonnen, sich mit dem Gedanken anzufreunden, die Erlebnisse der ersten Nacht einfach verblassen zu lassen.

Umso mehr elektrisierte ihn, was er jetzt auf dem Videoband sah: 17:23 zeigte der Timecode, als die Kamera zwei Männer erfasst hatte, die die Straße in Richtung Dorfausgang entlanggingen. Sie hatten der Kamera den Rücken zugewandt, Marc konnte ihre Gesichter nicht erkennen. Der eine Mann war auffallend groß, um die 1,90 schätzte Marc, und hatte dunkelblondes, kurz geschnittenes Haar. Der zweite Mann war kleiner, von kräftiger Statur und hatte volles, dunkles Haar. Vor dem Haus des Marokkaners blieben sie stehen. Marc starrte voller Spannung auf den Kameramonitor. Plötzlich sah sich der Kräftigere, Dunkelhaarige um und drehte dabei den Kopf in Richtung Kamera. Er trug einen Schnurrbart. Marc hielt das Bild an. Es gab keinen Zweifel: Es war der Mann aus dem deutschen A6 mit den getönten Scheiben, der vorhin an ihm vorbeigefahren war.

Marc ließ das Band weiterlaufen. Der Schnauzbart führte die rechte Hand zur Tür. Die Tür öffnete sich. Um 17:25 Uhr verschwanden der Schnauzbart und nach ihm der Blonde im Haus des Marokkaners. Marc spulte zurück und ließ die Szene noch mal laufen. Wieder streckte der Schnauzbart die Hand in Richtung Tür, aber alles Weitere war auf dem kleinen Monitor nicht zu erkennen. Die Bewegung, die der Mann machte, sah nicht danach aus, als würde er anklopfen, es schien eher, als würde er die Tür aufschließen, aber Marc war sich nicht sicher. Nachdem die Männer das Haus betreten hatten, passierte nichts mehr, die Dorfstraße lag verlassen da. Um 17:37 Uhr, also nur zwölf Minuten später, kamen die Männer wieder aus dem Haus. Sie sahen sich nach allen Seiten um und gingen eilig auf die Kamera zu. Es waren die Männer aus dem Audi mit dem FDS-Nummernschild. Er hätte sich das Kennzeichen merken sollen, verdammt. Es war die einzige Möglichkeit, etwas über die Männer in Erfahrung zu bringen. FDS – Marc versuchte sich zu erinnern. Die Buchstaben und Zahlen hatten sich wiederholt. S, ja, der Buchstabe nach dem FDS war ein S gewesen. An zwei Zahlen konnte er sich ebenfalls erinnern, an die 3 und die 8. Marc schnappte sich schnell einen Stift und ein Blatt Papier. Er spielte verschiedene Kombinationen durch. Am Ende blieben zwei übrig: FDS-S 3388 oder FDS-S 3888. Eine der beiden war richtig. Jetzt musste Klaus weiterhelfen. Marc wusste, dass Klaus aus seiner Zeit als Journalist noch immer viele gute Kontakte hatte und an Informationen kam, die normalerweise nicht so leicht zu beschaffen waren. Noch am selben Abend schrieb er ihm eine E-Mail, in der er ihn bat, den Halter des schwarzen A6 zu ermitteln. Er digitalisierte das Videomaterial sofort, um Klaus ein Bild der beiden Männer mitschicken zu können, vielleicht konnte er ja auch über die beiden etwas herausfinden.

Als Klaus drei Tage später zurückrief, war Marc gerade mit Anna am Meer. »Also«, sagte Klaus. Seine Stimme klang geschäftsmäßig, schon das »Also« gewichtig. »Die 3388 können wir vergessen. Das ist ein Opel Vectra. Aber die 3888, das ist ziemlich sicher dein A6.«

Marc lauschte atemlos, aber Klaus wusste genau, wo er seine Pausen zu setzen hatte, um die größtmögliche Wirkung zu erzielen. Sprich weiter, verdammt, dachte Marc. Anna winkte ihm vom Spielplatz-Piratenschiff aus zu, auf dem sie herumkletterte. »Der ist zugelassen auf eine Sicherheitsfirma namens Telos Security Services mit Sitz in Freudenstadt«, fuhr Klaus schließlich fort.

Dass FDS das Kennzeichen von Freudenstadt im Schwarzwald war, hatte Marc inzwischen selbst herausgefunden, mehr aber leider noch nicht.

»Was ist das für eine Sicherheitsfirma?«, fragte er.

»Ich habe ihre Webseite gerade vor mir. Ich les dir mal vor«, sagte Klaus. »Telos Security Services ist ein hoch spezialisiertes Sicherheits-, Ausbildungs-, Beratungs- und Dienstleistungsnetzwerk für alle Fragen der zivilen und militärischen Sicherheit. Mit seinen Sicherheitsexperten aus polizeilichen, militärischen und privaten Sonder- und Spezialeinheiten arbeitet Telos Security Services zuverlässig und diskret für Kunden mit höchsten Sicherheitsbedürfnissen.«

»Was hat das zu bedeuten?« Marcs Stimme klang gepresst.

»Das Eintreten für den Schutz der Freiheit und Menschenrechte auf der Grundlage geltenden Rechts unterscheidet die modernen Sicherheitsexperten von Telos Security Services von einfachen Söldnern.«

»Klaus!«

»Ja?«

»Nichts ... vergiss es.«

Für einen Moment herrschte Schweigen. Aus weiter Entfernung drang das Jaulen eines Martinshorns zu Marc. Er konnte das, was Klaus ihm eben vorgelesen hatte, nicht einordnen. Das war ein unangenehmes Gefühl. Es war keine Angst, was er verspürte, aber die ganze Sache war ihm plötzlich unheimlich. Doch davon sagte er Klaus nichts. Er versuchte seine Stimme neutral klingen zu lassen, als er ihn nach den Männern auf dem Video fragte.

»Ich hab das Videostill von den Männern an verschiedene Kollegen weitergereicht, die sich mit dem Thema auskennen.«

»Welchem Thema?«

»Sicherheitspolitik, Militärkram, so was alles. Wir müssen abwarten, ob sich da was ergibt.«

Marc versuchte nachzudenken, aber es gelang ihm nicht besonders gut.

»Was ist da bloß los bei euch?« Klaus klang ehrlich besorgt.

Genua, Freitag, 20. Juli 2001

Genua brennt. Schwarze Rauchwolken stehen über dem Hafenviertel und versperren den Blick aufs Meer. Hubschraubergeknatter ist über ihr, es müssen mehrere Hubschrauber sein, aber Carla kann sie nicht sehen. Eine undurchdringliche Dunstglocke aus Ruß und Staub liegt über der Stadt. Es riecht nach Feuer. Daniele, Giulia und sie waren am Donnerstag von Padua aus losgefahren, um auf dem G8-Gipfel friedlich für eine gerechtere Welt zu demonstrieren, und waren im Bürgerkrieg gelandet, so kommt es Carla jedenfalls vor. Sie kennt sich in Genua nicht aus, hat keine Ahnung, wo sie ist. Ihre Freunde hat sie verloren und versucht sich jetzt mit etwa zehn anderen Demonstranten zum Strand durchzuschlagen. Nur raus aus der Stadt, wo hinter jeder Häuserecke Polizeitrupps lauern können. Als sie auf eine größere Gruppe Demonstranten treffen, glaubt Carla, es geschafft zu haben, doch dann hört sie die aufgeregten Stimmen, die Rufe, es wird viel Englisch gesprochen, »This way!« hört sie immer wieder und »Go back!«, und dann realisiert sie, dass sie eingekesselt worden sind. Sie kann bereits die ersten Helme sehen. Die Polizisten rennen auf sie zu. Sie halten die Gummiknüppel hoch über ihren Köpfen, bereit, auf alles einzuschlagen, was sich ihnen in den Weg stellt. Sie muss mit ihnen reden, denkt sie, muss versuchen, ihnen klarzumachen, dass sie Carla Vazzoler aus Padua ist, dass ihre Eltern Lehrer sind und sie hier ist, weil sie gegen Gewalt, für Frieden und Gerechtigkeit ist … und dann sieht sie die Gesichter der Polizisten, die auf sie zustürmen, und versteht, dass diese Männer sich im Krieg befinden – es sind keine Gesichter, es sind hassverzerrte Fratzen. Nach dem ersten Schlag geht sie zu Boden. Sie verliert das Bewusstsein und kommt erst wieder zu sich, als sie von zwei Beamten in einen Jeep gezerrt wird. Sie muss während ihrer kurzen Ohmacht noch viele Schläge abbekommen haben, denn sie kann sich kaum rühren. Irgendwas ist mit ihrem Brustkorb nicht in Ordnung. Das Atmen fällt ihr schwer. Ihr Mund ist voller Blut, die Oberlippe aufgeplatzt. Neben ihr auf der Rückbank des Jeeps sitzen noch zwei andere Demonstranten. Der Mann neben ihr hat schütteres Haar. Sie kann sein Gesicht nicht sehen. Er hat sich nach vorne gebeugt, die Stirn auf die Arme gelegt. Carla hört, dass er leise wimmert. Scharfer Uringeruch geht von ihm aus. Carla sieht, dass seine Hose nass ist. Neben dem Mann sitzt ein Mädchen mit blonden Dreadlocks. Sie hat die Augen geschlossen. Ihr Gesicht ist blutverschmiert. Sie werden durchgerüttelt. Der Carabiniere am Steuer fährt mit hoher Geschwindigkeit. Carla merkt, wie ihr Magen revoltiert. Ihr wird übel. Sie fragt die Carabinieri, wo sie hingebracht werden, aber sie wird nur angebrüllt: »Maul halten!«

Sie fahren aus dem Zentrum hinaus in westlicher Richtung. Die Fahrt dauert ewig, es kommt ihr zumindest so vor. Schließlich bremst der Fahrer. Sie halten vor einer Kaserne. Es ist die Kaserne von Bolzaneto. Die Carabinieri öffnen die Türen des Jeeps. An den Haaren wird Carla aus dem Wagen gezogen, »Nutte«, »Kommunistensau«, der Carabiniere brüllt sie an. Ihre Rippen schmerzen. Ein- und Ausatmen ist eine Qual. Mit dem Schlagstock wird sie vorangetrieben, auf den Korridor zu, den die Beamten bilden. Manche tragen graue Uniformen, dazwischen ein paar dunkle. Sie sieht den Hass in den Gesichtern, schleppt sich über den Kasernenhof. Ein Beamter greift ihr brutal an den Hals, hält ihren schmerzenden Kopf fest und malt ihr ein Kreuz auf die Wange. Sie ist markiert, wird weitergeschubst. Jetzt beginnt der Spießrutenlauf. Von links und rechts kommen die Schläge, mit Gummiknüppeln, Fäusten, sie wird getreten und bespuckt. Einer ruft »vi ammazzeremo tutti«, wir bringen euch alle um, und damit die Ausländer unter ihnen es auch verstehen, macht er die Kopf-ab-Geste. Sie versucht zu laufen, um den Eingang der Kaserne zu erreichen. Dass es das Tor zur Hölle ist, weiß sie noch nicht.

In Zelle acht sind schon fünf Männer und drei Frauen. Sie stehen mit hocherhobenen Händen und gebeugten Knien vor der Wand, die Köpfe gesenkt. Eine Frau liegt röchelnd auf dem Boden. Sie blutet aus dem Mund. Sie dürfte kaum älter sein als sie selbst. Wieder wird sie angeschrien, soll sich in der gleichen Stellung wie die anderen zur Wand drehen. Acht Stunden verbringt sie in der Zelle. Nachrichten dringen zu ihnen, dass auf dem Klo gefoltert werde. Niemand traut sich mehr, aufs Klo zu gehen. Der Uringeruch in der Zelle ist kaum auszuhalten. Als zwei Wachen den Geruch bemerken, treten sie in die Zelle und beschimpfen sie und ihre Zellengenossen als »stinkende Kommunisten, die sich vor Angst bepissen«. Sie werden gezwungen, den rechten Arm zu heben, zu brüllen »Viva la Polizia, viva il Duce!« Wenn sie sich weigern, werden sie geschlagen. Sie müssen skandieren: »Uno, due, tre, Evviva Pinochet, quattro, cinque, sei, a morte gli ebrei« – eins zwei drei, hoch lebe Pinochet, vier fünf sechs, Tod den Juden. Immer wieder wird sie als Hure beschimpft. »Adesso ti stupro, puttana. Siamo una ventina ...« – jetzt wirst du vergewaltigt, Nutte. Wir sind zwanzig Mann ...

Ihr Name wird aufgerufen, ein Carabiniere packt sie brutal am Arm und zerrt sie über den Gefängnisflur auf eine Tür zu. Der Carabiniere klopft an. Von drinnen ertönt eine Stimme: »Herein!« Der Carabiniere öffnet die Tür und schleudert sie in den Raum. Sie stolpert und fällt zu Boden. Die Tür wird hinter ihr geschlossen. Ein Mann beugt sich zu ihr hinunter. Er trägt einen weißen Arztkittel und lächelt. Carla schöpft Hoffnung.

Der Arzt packt sie an den Unterarmen, um ihr aufzuhelfen, und plötzlich packt sie lähmendes Entsetzen – der Arzt trägt schwarze Lederhandschuhe. Als sie steht, befiehlt er ihr, sich nackt auszuziehen. Sie weigert sich. Der Arzt schlägt ihr mit der Faust gegen die Rippen. Carla wird von einer Welle des Schmerzes überrollt. Sie krümmt sich und geht wieder zu Boden.

»Ausziehen!«, brüllt der Arzt, »ich würde dich auch lieber verrecken lassen, aber ich muss dich untersuchen, zecca communista!« Carla ist halb besinnungslos vor Schmerz und gehorcht. Bloß keine Schläge mehr! Nicht mehr diese Schmerzen! Der Arzt befiehlt ihr, die Arme hochzuheben. Dann soll sie den linken Arm wieder herunternehmen. Carla steht mit ausgestrecktem rechtem Arm vor dem Arzt, der nun die Handschuhe auszieht und ihre Brüste betatscht. Carla traut sich nicht, sich zu beschweren, sie traut sich nicht einmal, den rechten Arm wieder herunterzunehmen. Der Arzt lacht und macht eine abfällige Bemerkung über Carlas Figur. Das Lachen wird erwidert. Jetzt erst bemerkt Carla den zweiten Mann im Raum. Er trägt einen grauen Anzug und eine blaue Krawatte. Aber der Arzt spricht ihn mit »Maggiore« an. Er muss also ein Militär oder ein Carabiniere sein. Er sitzt hinter einem Schreibtisch und scheint Akten zu bearbeiten. Er lacht und schaut dabei nicht von seiner Arbeit auf. Als der Arzt seine »Untersuchung« beendet hat, winkt der Mann im Anzug Carla heran. Sie soll ein Schriftstück unterschreiben. Carla versucht sich zu konzentrieren, versucht zu verstehen, was da geschrieben steht. Mit ihrer Unterschrift erklärt sie, in der Kaserne von Bolzaneto gut behandelt worden zu sein. Außerdem erklärt sie, dass sie ihre Familie nicht habe benachrichtigen und auch keinen Anwalt habe hinzuziehen wollen. Als Carla sich weigert, das Schriftstück zu unterschreiben sagt der Mann im Anzug lächelnd zu ihr:

»Du bist doch aus Padua, nicht wahr?«

Carla nickt.

»Ich bin auch aus Padua. Ich weiß, wo du wohnst. Wenn du das nicht unterschreibst, komme ich dich und deine Eltern besuchen, irgendwann in der Nacht.« Er lächelt die ganze Zeit. Plötzlich klingelt das Handy, das vor ihm auf dem Tisch liegt. Carla erkennt die Melodie: Es ist »faccetta nera«, das Kampflied der Faschisten. Dieser Mann wird später nicht einmal angeklagt werden. Obwohl ihn viele der in Bolzaneto Inhaftierten genau beschreiben, kann der Mann nicht identifiziert werden. Auch Carla kennt seinen Namen nicht, aber sie wird sein Gesicht nie vergessen: die Narbe über der rechten Augenbraue, die durchdringenden grauen Augen.

Lenzari, Freitag, 4. Juni 2010, 17:30 Uhr

Fabrizio stand regungslos im Zimmer. Er ließ die Schultern hängen, was seinen Buckel stärker als sonst hervortreten ließ. Die Ausdünstung von Blut setzte sich in seiner Nase fest. Es roch hier drin wie in einem Schlachthof. Die Glocken dröhnten. Alles in ihm sträubte sich dagegen, doch schließlich trat er zur Leiter und untersuchte Elisas Leiche. Ihre linke Hand und ihr rechter Fuß waren abgetrennt worden. Die beiden Körperteile lagen ordentlich nebeneinander unter der Leiter, wie Pantoffeln unter dem Bett. Elisas Arme und Beine waren mit schwarzem Tape an der massiven, etwa 2,50 Meter hohen Holzleiter festgebunden. Der Dreiecksform der Leiter war es geschuldet, dass man ihre Oberarme an den Holmen festgemacht und ihre Beine weit auseinandergerissen hatte, um die Unterschenkel ebenfalls an den Holmen der Leiter befestigen zu können. So erinnerte Elisa Noès Körper an jene Spielzeughampelmänner aus Pappe, deren Glieder in die Höhe schnellten, wenn man an einer Schnur zog. Nur dass Elisa Noès Körper sich nie mehr bewegen würde. Der rechte vordere Fuß der Leiter war zwischen Heizkörper und Wand festgekeilt worden, um sie am Umfallen zu hindern. Fabrizio entdeckte erst jetzt, dass auch Elisa Noès Stirn mit schwarzem Tape an der Leiter befestigt worden war. Es sah aus als trage sie ein Stirnband. Ihr Kopf wurde auf diese Weise daran gehindert, auf die Brust zu sinken, und so konnte Fabrizio die Wunde sehen, die zu Elisa Noès Tod geführt hatte: Man hatte ihr mit einem scharfen Gegenstand Speise- und Luftröhre durchtrennt.

Fabrizio wurde schlecht. Er stellte sich ans Fenster und atmete tief durch. Er hatte schon viel gesehen in seiner Zeit als Polizist, aber das war mit Abstand das Schlimmste.

Cesare trat mechanisch zu seinem Kollegen. Als er sich alles angesehen hatte, sagte er mit rauer Stimme:

»Wir brauchen Verstärkung.«

Fabrizio wandte sich zu Cesare um. Für einen kurzen Moment sahen sich die beiden Männer in die Augen.

»Wer tut so etwas?«, fragte Fabrizio.

»Jemand, der voller Hass ist«, antwortete Cesare und holte sein Handy aus der Tasche.

»Wer soll denn bitte Elisa Noè derart hassen, dass er ... dass er so was mit ihr veranstaltet?«

»Das müssen wir herausfinden.« Cesare drückte eine Taste seines Handys, stutzte und sah prüfend auf das Display.

»Kein Netz«, sagte er dann. Fabrizio holte sein Handy hervor und stellte fest, dass auch er keinen Empfang hatte. Sie mussten die Zentrale also per Funk informieren.

»Ich geh runter«, sagte Fabrizio schnell. Er sah Cesare an, dass der den Raum auch gerne verlassen hätte, aber Cesare entgegnete nur: »Okay. Beeil dich.«

Fabrizio stürmte aus dem Zimmer, vorbei am verwaisten Krankenzimmer der Tante von Elisa Noè, die Treppen hinunter. Die Glocken waren hier nur noch gedämpft zu hören, was wohltat. Fabrizio stürzte aus dem Haus. Der Nebel hatte sich ein wenig gelichtet. Leichter Nieselregen hatte eingesetzt. Die Eisentür quietschte wieder, als Fabrizio sie hinter sich zuzog. Als er den Kirchplatz erreicht hatte, hielt er sich die Ohren zu. Der Lärm der Glocken war unerträglich. Jetzt erst, mit einer gewissen Zeitverzögerung, kam das Entsetzen mit ganzer Wucht. Fabrizio spürte, dass er zitterte. Die durchschnittene Kehle, die blutverschmierte Wand, die abgetrennten Gliedmaßen. Die Bilder deckten alles andere zu. Fabrizio war unfähig, einen klaren Gedanken zu fassen.

Er schaute an der Fassade des Hauses hinauf. Da oben stand die Leiter mitten in der Blutlache. Die Spurensicherung fiel ihm ein. Sie konnten Elisa nicht von der Leiter nehmen, bevor die Spurensicherung da wäre. Er musste die Zentrale informieren. Verdammter Nieselregen. Erst die Zentrale informieren und dann die Glocken ausschalten. Fabrizio ging zum Wagen. Er öffnete die Fahrertür und ließ sich auf den Sitz fallen. Er griff nach dem Funkgerät und stellte fest, dass es tot war. Er drückte alle Knöpfe des Gerätes – es tat sich nichts.

»Das gibt's doch nicht«, murmelte er ungläubig. Das Funkgerät hatte noch funktioniert, als sie in Lenzari angekommen waren. Er erinnerte sich an den Funkspruch der Zentrale, die den Unfall bei Finale durchgegeben hatte. Da stand er schon auf dem Platz, und Cesare hatte versucht, die Glocken auszuschalten. Fabrizios Blick fiel auf den Zündschlüssel, der noch immer im Schloss steckte. Er trat die Kupplung und drehte den Zündschlüssel. Nichts. Der Motor sprang nicht an. Für einen Moment saß Fabrizio wie gelähmt hinter dem Steuer. Das konnte kein Zufall sein, und es ließ nur einen Schluss zu: Jemand hatte sich am Wagen zu schaffen gemacht, während sie in Elisa Noès Haus waren.

Fabrizio vergewisserte sich, dass seine Waffe in der Pistolentasche steckte, und stieg aus dem Wagen. Er sah sich vorsichtig um. Nieselregen und Nebel hatten das ganze Dorf eingehüllt, und jedes Geräusch wurde von den Glocken übertönt. Perfekte Bedingungen für jeden, der sich hier verstecken wollte. Er musste die Glocken ausschalten. Er setzte seine Schritte mit Bedacht und sah sich immer wieder um, während er zum Glockenturm ging.

Zwischen Fels und Glockenturm war ein schmaler Durchgang, ein Torbogen darüber. Fabrizio ging darauf zu. Der Torbogen war niedrig, er musste den Kopf einziehen. Außerdem war der Durchgang sehr schmal, siebzig Zentimeter vielleicht. Fabrizio wäre fast über einen Karton gestolpert, der auf dem Boden lag. Er war voller Abfall. Er schob ihn mit dem Fuß zur Seite. Rechts in einer Nische des Mauerwerks befand sich der ENEL-Kasten. Hier musste sich doch irgendwo der Strom abstellen lassen, damit diese Glocken endlich schwiegen. Fabrizio öffnete den Kasten. Darin war der Stromzähler, sonst nichts. Kurz entschlossen riss Fabrizio die Kabel aus der Wand. Sofort wurde das Läuten schwächer und klang schließlich aus. Die darauf folgende Stille war beängstigend. Es schien, als habe Fabrizio nicht nur die Glocken, sondern auch jedes andere Geräusch in Lenzari abgeschaltet. Fabrizio wollte sich eben umdrehen und zum Auto zurückkehren, als er eine grüne Wollmütze auf dem Boden entdeckte. Sie lag in der Abwasserrinne auf der anderen Seite des Torbogens. Er kannte diese Mütze. Sie gehörte Antonio. Selbst im Hochsommer war Antonio nur selten ohne diese Mütze anzutreffen. Mechanisch stieg Fabrizio in die Abwasserrinne. Das Laub unter seinen Füßen raschelte. Es war modrig und kühl hier. Er bückte sich, um die Wollmütze aufzuheben, da entdeckte er die Hand. Sie war wenige Zentimeter über dem Handgelenk abgetrennt worden und lag in der Abwasserrinne wie Abfall, den jemand weggeworfen hatte. Erst jetzt sah er Antonio.

Er lag auf dem Rücken, die Arme über der Brust verschränkt, der linke Arm – es war der mit der fehlenden Hand – zuunterst. An seinen Füßen hatte sich eine Blutlache gebildet. Laub und Erde in der Abwasserrinne hinderten das Blut daran, weiter bergab zu fließen. Ein Buchenblatt lag auf der Blutlache wie ein Boot auf einem stillen See. Der rechte Fuß war ebenfalls abgetrennt worden. Antonios Kopf war nur noch durch etwas Haut im Nacken und über die Wirbelsäule mit dem Körper verbunden. Zwischen Unterkiefer und Brust klaffte eine einzige große Wunde. Die Abwasserrinne schien wie ein grotesk dimensionierter Grabschacht.

BETREFF: Zitronen
VON: Marc Burth <marc.burth@web.de>
AN: Martin Maurer <martinmaurer@yahoo.com>
DATUM: 23.3.10 02:34:31

Hallo Martin,
hier ein paar Nachrichten aus dem "Land, wo die Zitronen blühen":

"Die rechtskonservative Regierung von Silvio Berlusconi verabschiedete am Freitag ein Dekret, in dem – neben härteren Strafen für Sexualdelikte, dem verlängerten Aufenthalt von Immigranten in Auffanglagern und einer personellen Aufstockung der Polizei – Bürgerwehren legalisiert werden. Der Schritt folgt politisch auf eine Reihe brutaler Vergewaltigungen in italienischen Großstädten, die in den vergangenen Wochen die Öffentlichkeit in Italien schockte und für Medienwirbel gesorgt hatte. Die Vergewaltigungen wurden Ausländern zugeschrieben. In mehreren Orten, vor allem bei Rom, kam es zu Ausschreitungen: mehrfach schlugen Bürger rumänische Einwanderer krankenhausreif, Jugendliche zündeten einen Inder an, fünf mutmaßliche Vergewaltiger wurden bei ihrer Festnahme um ein Haar gelyncht."
(Tagesspiegel vom 21. Februar 2009: Italien erlaubt Bürgerwehren – Die langen Schatten der "Lega Nord")

Aber es gibt auch Positives zu vermelden. Immerhin ist die Zahl terroristischer Anschläge deutlich zurückgegangen. Staatsanwalt Libero Mancuso kommentiert das folgendermaßen:

"Vielleicht ist Italien deshalb nicht mehr in Gefahr, weil bereits alles so gekommen ist, wie bestimmte Kreise es gewollt haben. Wir leben etwa nach Gesetzen, die für ein zivilisiertes Land entwürdigend sind. Mit Reformen, die uns weit zurückwerfen. Wir erleben eine Schwächung all jener Institutionen, die über die Verfassung wachen müssen. Das ist gefährlich für das demokratische Gleichgewicht. Überflüssig zu

fragen, ob heute noch Terrorgefahr besteht. Die Dinge haben sich vollzogen, das Desaster ist bereits geschehen. Das Problem ist, wie man da wieder herauskommt."
(Deutschlandfunk 02. August 2005 – Vor 25 Jahren: Bombenanschlag im Bahnhof von Bologna)

Liebe Grüße
Marc

Ventimiglia, Mittwoch, 17. Februar 2010, 13:20 Uhr

Der Mann setzte seinen ganzen Körper ein. Er fuhr mit den Armen durch die Luft, spreizte die Finger ab, grimassierte, während die schnellen, präzisen Gesten der Frau regelrecht anmutig wirkten. Marc hatte das Gehörlosenpärchen schon im Intercity von Imperia nach Ventimiglia bemerkt. Jetzt standen die beiden neben ihm auf dem Bahnsteig von Ventimiglia und warteten wie er auf den Regionalzug nach Nizza. Der Mann griff sich immer wieder an die Kehle und rollte die Augen. Er berichtete von grauenhaften Dingen, von Folter und Mord, mutmaßte Marc. Die Gesten der Frau assoziierte er hingegen mit Blumenwiesen und frischen Erdbeeren mit Schlagsahne. Er hätte das Gespräch zu gerne verstanden.

Ein eiskalter Wind fegte über den Bahnsteig. Marc war froh, als der Zug einfuhr und er ins Warme kam. Pünktlich um 13:25 Uhr fuhr der Zug ab. Eigentlich hatte Conny ihn mit dem Auto zum Flughafen bringen wollen, doch dann hatte sich Anna gestern den Magen verdorben. Die Arme war auch heute noch nicht wieder auf der Höhe gewesen, und so hatten sie kurzfristig umdisponieren müssen. Das war aber kein Problem, von Imperia nach Nizza fuhren stündlich Züge. Und im Augenblick genoss er die Zugfahrt. Er musste sich um nichts kümmern. Die Bahnstrecke am Meer entlang war atemberaubend schön. Von seinem Fensterplatz aus konnte er das aufgewühlte Meer sehen. Der Wind drückte die Wellen gegen die Felsen der steilen Küste, und plötzlich waren seine Gedanken wieder bei Telos Security Services. Was hatten zwei Mitarbeiter einer Sicherheitsfirma aus Freudenstadt bei dem Marokkaner in Lenzari zu suchen? Selbst wenn die Männer nicht im Auftrag ihrer Firma, sondern privat unterwegs waren – die Sache blieb gleichermaßen rätselhaft. Was wollten sie von ihm? Marc hatte in den letzten Tagen immer wieder vergeblich versucht, mit dem Marokkaner zu sprechen. Aber der hatte ihm die Tür nicht geöffnet. Auch seine Recherchen über Telos Security Services im Internet hatten ihn nicht weitergebracht. Die Firma schien sehr auf Diskretion zu achten, mehr als die von Klaus zitierte Website hatte er nicht gefunden.

»Nous arrivons à la station de Nice Ville.« Die Lautsprecherdurchsage riss ihn aus seinen Gedanken. Verwirrt sah er auf die Uhr: 14:10 Uhr. Die Fahrt war sehr schnell vergangen. Unruhe entstand im Abteil. Die ersten Reisenden drängten bereits zu den Ausgängen. Marc schnappte sich Computer- und Reisetasche und stellte sich damit in die Schlange vor der Tür. Der Zug fuhr in den Bahnhof von Nizza ein. Ein heftig gestikulierender Mann in der Schlange aus dem Abteil gegenüber erregte seine Aufmerksamkeit. Es war der Gehörlose. Er schien immer noch die grauenhaftesten Geschichten zu erzählen. Der Zug hielt. Die Türen öffneten sich. Marc wollte gerade aussteigen, als sein Handy klingelte. Es war Klaus. Hinter ihm drängelten schwer bepackte Reisende. Marc staunte einmal mehr über Klaus' Talent, immer den denkbar schlechtesten Moment zu erwischen, und ließ das Handy klingeln. Er zwängte sich mit seinen Taschen durch die Tür und trat auf den Bahnsteig. Dann nahm er das Gespräch an.

»Hallo Klaus. Du, ich bin gerade auf dem Weg zum Flughafen …«

»Wann kommst du an?« Seine Stimme klang aufgeregt.

»18:30 Uhr.«

»Alles klar. Dann komm sofort zu mir, ja?«

»Was ist los?«

»Es ist wichtig. Bis dann. Guten Flug.«

Klaus hatte aufgelegt, bevor Marc nachfragen konnte. Wenn er wollte, war Klaus durchaus in der Lage, sich kurz zu fassen.

In Berlin-Schönefeld begrüßte ihn Schneeregen, wie es sich für Mitte Februar gehörte. Marc stellte den Kragen seiner Jacke hoch und ging auf die Taxi-Armada zu, die vor dem Terminal wartete. Dicke Schneeflocken klatschten in sein Gesicht. Fühlt sich an wie Vogelkacke, dachte er. Als er die Tür zum Fond des Taxis öffnete, stellte er fest, dass es komplett mit Schals von Union Berlin ausgekleidet war.

Um 19:25 Uhr erreichte das Taxi die Schliemannstraße in Prenzlauer Berg. Marc ließ sich eine Quittung ausstellen und gab dem Taxifahrer zwei Euro Trinkgeld. In Klaus' Wohnung brannte Licht, das konnte Marc von der Straße aus sehen. Als er die Haustür aufschließen wollte, bemerkte er, dass sie bereits offen war. Jemand hatte die Falle des Türschlosses festgestellt, sodass die Tür nicht mehr schloss. Das passierte immer mal wieder. Er würde gleich morgen dem Hausmeister Bescheid geben, dachte Marc. Schon im Hauseingang hörte er die keifende Stimme der Nachbarin aus dem zweiten Stock. Als er an ihrer Tür vorbeiging, schlug ihm Alkohol- und Zigarettendunst entgegen, obwohl die Tür geschlossen war. Ihr Mann saß im Rollstuhl und sagte nicht viel. Immer wenn sie betrunken war, beschimpfte sie ihn, und sie war meistens betrunken. Sie mussten hier ausziehen, dachte Marc, als er die Tür zu seiner Wohnung im dritten Stock aufschloss. Sie wohnten nur noch in diesem Haus, weil sie bis jetzt weder Zeit noch Lust gehabt hatten, auf Wohnungssuche zu gehen. Er schloss die Tür hinter sich, das Gekeife war nur noch gedämpft zu vernehmen. Marc stellte sein Gepäck in den Flur. Die Wohnung war völlig ausgekühlt. Er ging von einem Raum zum anderen und drehte die Heizkörper auf. Es klingelte an der Tür. Marc öffnete, Klaus stand im Treppenhaus. Er trug Wollsocken an den Füßen und sah ihn vorwurfsvoll an.

»Du wolltest doch gleich vorbeikommen.«

»Hallo Klaus! Schön, dich zu sehen!«

Eine kurze Umarmung, schon stand Klaus in der Diele. »Willst du auch ein Bier?«, fragte er.

»Ich weiß gar nicht, ob noch welches …« Aber Klaus war schon in der Küche verschwunden. Marc folgte ihm und setzte sich auf einen Stuhl. Klaus hatte zwei Flaschen Becks gefunden. Er öffnete sie und stellte eine vor Marc auf den Tisch.

»Ich hatte dir doch gesagt, dass ich das Foto von den beiden Männern ein paar Journalistenkollegen gegeben habe.«

Marc horchte auf. Klaus hatte wieder diesen geschäftsmäßigen Ton in der Stimme.

»Heute hat mir einer von ihnen was zugeschickt.«

Klaus nahm einen großen Schluck aus der Bierflasche.

»Ich hab's erst gar nicht glauben wollen«, fuhr er dann fort. »Das ist einfach der Hammer!«

»Klaus!«

»Was?«

»Was ist der Hammer? Sag's einfach!«

»Das kann man nicht so einfach sagen. Also wenn das wirklich der Typ ist, den du in deinem Bergdorf gesehen hast, dann ... dann weiß ich auch nicht.«

»Mann! Klaus!«

Endlich griff Klaus in seine Hosentasche und legte mit großer Geste ein Schwarz-Weiß-Foto vor Marc auf den Tisch. Es musste irgendwann Ende der Siebziger-, Anfang der Achtzigerjahre aufgenommen worden sein. Auf dem Foto waren zwei Männer zu sehen, die einander die Hand schüttelten. Den einen, ein blonder Mittvierziger, kannte Marc nicht. Den anderen dagegen sehr gut: Es war der damalige Verteidigungsminister Rudolf Hochhausen. Ein höchst umstrittener, konservativer Politiker, der Ende der Neunzigerjahre verstorben war. Im Hintergrund stand ein weiterer Mann, ebenfalls lachend, als habe gerade jemand einen richtig guten Witz gemacht. Auch wenn er auf dem Schwarz-Weiß-Foto sehr viel jünger aussah, war Marc trotzdem sofort klar, dass es sich um den Mann mit dem Schnauzbart handelte, der beim Marokkaner in Lenzari gewesen war; um den Mann, der ihm im Audi einer deutschen Sicherheitsfirma auf dem Weg nach Gazzo entgegengekommen war.

Pieve di Teco, Freitag, 4. Juni 2010, 17:35 Uhr

»Signorina Vazzoler!«

Er kam mit schnellen Schritten auf sie zu.

Als er ihr die Hand entgegenstreckte, setzte ihr Herz aus. Für einen Moment hatte Carla das Gefühl zu ersticken, sie wusste plötzlich nicht mehr, wie das funktionierte, das Atmen. Sie konnte ihm die Hand nicht geben, es ging nicht.

Der Mann war kurz irritiert. Obwohl der breite Schirm der Uniformmütze seine Stirn bedeckte, sah Carla, wie die rechte Augenbraue mit der Narbe in die Höhe schnellte. Seine grauen Augen fixierten sie. Sie waren noch genau so durchdringend wie damals. Ob er sie wohl erkannte? Sie hielt seinem Blick nicht stand und wandte sich ab.

»Signorina Vazzoler«, fuhr der Mann fort, »die Umstände haben sich geändert. Wir müssen das Mädchen verlegen. Vielen Dank für Ihr Engagement, aber wir brauchen Sie dann nicht mehr.«

Carla versuchte sich nicht anmerken zu lassen, wie sehr sie erschrak. Sie sah in sein Gesicht. Er lächelte und fügte hinzu: »Ihr Einsatz wird Ihnen natürlich komplett vergütet.«

Sie fühlte sich genauso ohnmächtig wie damals, als sie nackt vor seinem Schreibtisch stand und mit zitternder Hand das Schriftstück unterschrieb, genauso wie er es verlangt hatte. Sie schaute zu Anna hinüber. Maresciallo Solina hatte sich auf den Rand ihres Bettes gesetzt und wedelte mit dem neongrünen Nilpferd vor ihrem Gesicht herum.

»Kuckuck«, machte er, »schau mich an.«

Aber Anna hatte sich abgewandt. Ihre Augen waren geschlossen, die Hände zu Fäusten geballt.

Sie durfte Anna diesen Männern nicht überlassen, das war vollkommen klar. Carla kämpfte gegen das Gefühl der Ohnmacht an. Er hatte sie nicht erkannt. Immerhin. Vorteil für sie. Er wartete darauf, dass sie den Raum verließ, das spürte sie. Sie musste sich schnell etwas einfallen lassen.

»Kurz bevor Sie kamen, hat mich Anna gebeten, sie zur Toilette zu begleiten …«

»Natürlich, machen Sie das.« Er lächelte. Er hörte einfach nicht auf zu lächeln.

Carla ging zu Annas Krankenbett. Solina war immer noch mit dem Nilpferd im Gange. Er stand auf, als Carla zu Anna trat und drückte ihr das Nilpferd in die Hand.

»Bitte, versuchen Sie Ihr Glück.«

Carla fürchtete, dass er ihren hämmernden Herzschlag hören könnte. Aber Solina ging wortlos zu seinem Chef. Carla hörte, dass die beiden sich mit gedämpften Stimmen unterhielten.

Sie durfte Anna keine Angst machen und musste ihr trotzdem den Ernst der Lage vermitteln.

Hoffentlich macht sie mit!

Carla setzte sich aufs Bett. Annas Gesicht war ihr zugewandt, aber sie hatte noch immer die Augen geschlossen.

»Anna, du musst jetzt mit mir kommen. Es ist ganz wichtig.« Carla versuchte, so leise wie möglich zu sprechen, ohne dass es verdächtig wurde. Sie wusste nicht, ob einer der beiden Carabinieri Deutsch verstand.

Anna reagierte nicht. Carla schaute hinüber zu den beiden Männern. Sie unterhielten sich noch immer. Aber die grauen Augen fixierten sie. Oder bildete sie sich das ein?

»Anna, bitte. Schau mich an.«

Endlich gingen Annas Augen auf. Sie waren voller Tränen.

»Was machen die mit mir?«, fragte sie.

»Nichts … nichts machen die.« Sie nahm Annas Hand und hielt sie fest. Es war der Arm mit der Kreuzspinne.

»Wir gehen jetzt zusammen zur Toilette«, flüsterte Carla eindringlich.

»Zu der da?« Anna zeigte auf die graue Tür, ihrem Krankenbett gegenüber.

Es durchfuhr Carla wie ein Blitz. Verdammt, wie hatte sie diese Tür übersehen können? Wie hatte sie überhaupt glauben können, dass es hier keine Toilette gab? Sie musste sich etwas einfallen lassen. Schnell.

»Ich muss aber gar nicht aufs Klo«, sagte Anna.

»Wir gehen jetzt zusammen aus diesem Zimmer, ja?«

»Aber die Toilette ist doch hier.« Anna sah völlig verwirrt aus.

»Bitte mach einfach mit ... Meinst du, du kannst aufstehen?«

Anna zögerte einen Moment, dann nickte sie. Carlas Blick fiel auf den Stuhl mit Annas Kleidern. Die bräuchte sie dringend! Anna konnte da draußen nicht im Krankenhausnachthemd rumlaufen. Aber die Kleider einfach einzupacken, war zu gewagt.

»Komm.« Carla half Anna aus dem Bett. Das Mädchen war sehr wacklig auf den Beinen. Plötzlich befielen Carla Zweifel: War es nicht irrwitzig, was sie da vorhatte? Sie hatte keinen rechten Plan, ein völlig verstörtes und geschwächtes Kind in einem Krankenhausnachthemd bei sich – sie würden keine fünfzig Meter weit kommen. Sie warf einen Blick hinüber zu den Carabinieri. Der Mann mit der Narbe und den grauen Augen nickte ihr lächelnd zu. Sie musste es versuchen. Es ging nicht anders.

Sie legte den Arm um Annas Schulter und führte sie am Bett vorbei. Der Mann mit den grauen Augen machte zwei Schritte nach vorn und öffnete die Tür zur Toilette.

»Bitte sehr.« Er machte eine einladende Geste.

»Die ist leider kaputt. Wir müssen zur Toilette auf dem Flur.« Carla versuchte, ihre Stimme so unbefangen wie möglich klingen zu lassen, und schob Anna vor sich her in Richtung Tür. Noch zwei Meter. Sie rechnete jeden Moment damit, dass der Mann sich ihr in den Weg stellen würde. Noch ein Meter. Da eilten die Schritte heran. Sie waren hinter ihr, schlugen hart auf den Linoleumfußboden. Solina eilte an ihr vorbei und legte die Hand auf die Türklinke. Carla blieb das Herz stehen. Doch Solina öffnete die Tür. Sie quietschte leise. Er nickte Carla zu, als sie mit Anna an ihm vorbei auf den Flur ging.

»Aua!«, rief Anna plötzlich, »du tust mir weh.« Sie versuchte, sich von Carlas Arm zu befreien, der noch immer um ihre Schulter lag. Jetzt erst realisierte Carla, dass sich ihre Finger in Annas Oberarm gekrallt hatten.

»Entschuldige«, sagte sie und ließ Anna los. Ihre Handflächen waren feucht. Sie sah sich auf dem Flur um. Ein Schild mit der Aufschrift »Notausgang« wies nach rechts. Links ging es zur Treppe, die zum Haupteingang führte.

»Komm Anna, hier lang.« Sie schob das Mädchen nach links.

Annas nackte Füße machten auf dem Linoleumboden Geräusche wie kleine Saugnäpfe. Sie hatte nicht einmal Hausschuhe. Eine Krankenschwester kam ihnen vom Ende des Ganges entgegen.

»Die Toiletten sind auf der anderen Seite!«, rief Maresciallo Solina. Carla fuhr es kalt den Nacken hinunter. Sie wandte sich um. Solina stand vor der Tür zum Krankenzimmer und zeigte auf das Toilettenschild, zwanzig Meter entfernt am anderen Ende des Flurs. Carla packte Annas Arm. Sie dirigierte das Kind in die andere Richtung und war froh, dass Anna widerstandslos mitmachte. Sie gingen an Solina vorbei. Er folgte ihnen. Carla versuchte ruhig zu atmen. Seine Schritte hallten in ihrem Rücken. Als sie die Toilette erreicht hatten, drehte sich Carla zu Solina um.

»Warten Sie bitte hier.«

»Natürlich. Was denken Sie denn?« Er sah sie erstaunt an.

Carla öffnete die Tür und schob Anna hinein. Die Toilette war ein schlauchartiger Raum, da wo sie standen, waren zwei

Waschbecken an der Wand, ein Handtuchhalter darüber. Der eigentliche Toilettenbereich lag vor ihnen und war durch eine weitere Tür abgetrennt. Carla stieß die Tür auf. Sie sah die Gitter vor dem Fenster. Auf diesem Wege würden sie nicht hier rauskommen. Verdammt!

»Willst du aufs Klo gehen, Anna?«

Anna schüttelte nur den Kopf.

»Gut. Dann hör mir jetzt genau zu.« Sie zog Anna zu sich und flüsterte ihr ins Ohr:

»Wir gehen jetzt nebeneinander nach draußen. Ich werde meine Hand auf deine Schulter legen. Wenn ich dich feste kneife, dann schreist du. Ganz laut, ja?«

Anna nickte.

»Und dann zeigst du nach vorne und schreist: Da ist er! Hast du verstanden?«

Anna nickte wieder. Carla war sich nicht sicher, aber sie hatte keine Wahl. Sie öffnete die Tür, legte Anna die Hand auf die Schulter und schob sie nach draußen.

»Das ging ja schnell«, sagte Maresciallo Solina und lächelte. Er stand mit dem Rücken zum Haupteingang. Der längste Teil des Flurs lag hinter ihm. Carla brachte sich und Anna in Position. Sie standen Solina jetzt genau gegenüber. Als Carla das Mädchen in die Schulter kniff, schrie sie los. Es war, als entlade sich in diesem Schrei alles, was sich bei dem Kind angestaut hatte. Es war ein Schrei aus der Hölle. Carla bekam eine Gänsehaut.

»Da ist er!«, rief Anna.

Solina starrte Anna erschrocken an. Dann sah er hilfesuchend zu Carla.

»Was ist los? Was hat sie gesagt?«

Anna zeigte zur Tür.

»Da war ein Mann. Anna hat ihn offenbar erkannt.«

Solina fuhr herum. Zwei Krankenschwestern verteilten ganz hinten das Abendessen. Sonst war der Flur menschenleer.

»Er ist gerade zur Türe raus«, rief Carla.

Solina stürmte los.

»Komm, hier entlang!« Carla packte Annas Arm und rannte mit ihr in die entgegengesetzte Richtung. Sie schaute sich nicht nach Solina um. Es war egal. Sie hatten nur diese Chance. Nach zehn Metern hatten sie den Notausgang erreicht.

Lieber Gott, lass diese Tür offen sein! Carla drückte die Klinke.

Lenzari, Freitag, 4. Juni 2010, 17:42 Uhr

Fabrizio stürmte die Treppe hinauf. Er atmete schwer, als er den Raum betrat, in dem Elisa Noè geschlachtet worden war. Cesare hatte ihm den Rücken zugewandt. Er stand mitten im Zimmer und machte mit seinem Handy Fotos vom Tatort.

»Antonio ist auch tot!« Fabrizios Stimme überschlug sich. Cesare fuhr herum. Seine Miene verriet blankes Entsetzen.

»Er liegt hinter der Kirche. Mit durchgeschnittener Kehle.« Fabrizio ging zum Fenster. Er vermied dabei, Elisa Noè anzusehen. Cesare trat zu ihm. Er hatte noch kein Wort gesagt. Durch den Nebel hindurch war der untere Teil der Abwasserrinne zu sehen. Aber Antonios Leiche wurde vom Glockenturm verdeckt.

»Er liegt in der Abwasserrinne.« Fabrizio zeigte nach unten. »Eine Hand und ein Fuß sind abgetrennt worden.« Er machte eine Kopfbewegung in Richtung Elisa Noè. »Wie bei ihr.«

»Hast du die Zentrale verständigt?«, fragte Cesare.

»Jemand hat das Auto und das Funkgerät sabotiert.«

Cesare starrte seinen Kollegen ungläubig an. Er stand neben der Leiter. Aus Fabrizios Perspektive sah es so aus, als schaue Elisa Noè ihm über die Schulter. Nun schaute Fabrizio ihr doch ins Gesicht. Er bemerkte die Kuchenkrümel in ihrem linken Mundwinkel.

»Das heißt, der Mörder läuft noch da draußen rum?«

Fabrizio nickte.

»Ja. Und wir kommen hier nicht weg und haben keine Möglichkeit, Verstärkung zu holen.«

Einen Moment lang war es ganz still im Raum. Unerträglich still. Fabrizio wünschte sich die Kirchenglocken zurück. Da packte ihn Cesare am Arm.

»Schau dir das mal an.«

Er führte ihn zur linken Seite des Raums. Die Wand neben dem Kleiderschrank war übersät mit grotesk geformten Blutspritzern. Es dauerte eine Weile, bis Fabrizio realisierte, dass es sich um Schriftzeichen handelte. Jemand hatte mit Elisa Noès Blut etwas an die Wand geschrieben. Fabrizio konnte die Schrift nicht lesen, aber es mussten arabische Schriftzeichen sein. Fabrizio sagte nichts. Er hatte nichts zu sagen. Sein Kopf war leer.

»Und noch was ist mir aufgefallen.« Cesare ging zu einem kleinen Tisch auf der anderen Seite des Raums. Fabrizio folgte ihm. Der Tisch war rund. Eine weiße gehäkelte Tischdecke lag darauf. Auf dem Tisch stand ein Teller, auf dem zwei Stücke eines Fertigkuchens lagen. Das eine Stück war zur Hälfte gegessen worden.

»Elisa Noè hat Kuchenkrümel im Mundwinkel. Ich weiß nicht, ob du es gesehen hast …«

Fabrizio nickte. Ja, er hatte es gesehen.

»Ich habe mir überlegt, wie das hier wohl abgelaufen ist«, sagte Cesare. Fabrizio bewunderte ihn dafür, dass er bereits wieder in der Lage war, analytisch an die Sache heranzugehen. Er selbst konnte das noch nicht. Es bereitete ihm schon genug Mühe, Cesares Überlegungen zu folgen.

»Meiner Meinung nach gibt es zwei Möglichkeiten«, fuhr Cesare fort, »entweder war Elisa hier oben im Zimmer und hat Kuchen gegessen, als der Täter sie überraschte. Aber ehrlich gesagt glaube ich das nicht. Ich glaube nicht, dass Elisa dieses Zimmer genutzt hat.«

Fabrizio sah sich im Raum um. Er versuchte, sich alles wegzudenken, was nicht zu dem Zimmer gehörte – die Leiter, die Blutspuren und der Kuchenteller. An der linken Wand stand ein Schrank, um den kleinen Tisch herum waren drei Stühle angeordnet. Auf der rechten Seite des Raums stand ein Sofa. Die Kissen darauf waren mit Katzenmotiven bestickt und ordentlich aufgeschüttelt. Keine persönlichen Gegenstände, keine Blumen, kein Nippes wie in den unteren Räumen. Cesare mochte recht haben, außer dem Kuchenteller deutete nichts darauf hin, dass dieses Zimmer genutzt wurde. Andererseits wurde hier regelmäßig geputzt. Nirgendwo war Staub zu sehen.

»Ich glaube, dass Elisa unten in der Küche saß«, Cesares Stimme klang energisch, »der Täter hat die Tür aufgebrochen, ist durch die Diele gestürmt und hat Elisa in der Küche überwältigt, vielleicht auch in der Diele, falls sie verdächtige Geräusche gehört hat und ihrem Mörder entgegenging. Sie hat in der Küche Kaffee getrunken, die Tasse steht noch unten auf dem Tisch.«

»Du glaubst, sie hat auch den Kuchen unten in der Küche gegessen?« Langsam war Fabrizio wieder in der Lage, logisch zu denken.

»Ja«, sagte Cesare, »das glaube ich.«

»Aber das würde ja heißen, der Täter hat Elisa gezwungen, mit ihm in den zweiten Stock zu gehen, hat den Kuchenteller mitgenommen, hat die Leiter aufgebaut, die eventuell gar nicht hier im Raum war …«

»Oder er wusste, dass die Leiter hier oben steht und hat Elisa gezielt hierher geführt«, unterbrach ihn Cesare.

»Das würde bedeuten, er hat sich im Haus ausgekannt.« Fabrizio sah sich im Raum um.

»Aber wozu das alles?«

»Der Täter wollte, dass Elisa Noè hier oben im Fenster gesehen wird.«

»Und der Kuchen?«, fragte Fabrizio.

»Ich kann mir nicht vorstellen, dass sie in dieser Situation den Wunsch hatte, ein Stück Kuchen zu essen.« Cesare machte eine bedeutungsschwere Pause. »Ich denke, der Täter hat sie dazu gezwungen.«

Fabrizios Blick wanderte vom Tisch mit dem Kuchenteller über die Leiter, an der Elisa Noès Leiche hing, über die riesige Blutlache am Boden, bis zur Wand auf der linken Seite des Raums. Dort hatte der Mörder mit Elisas Blut eine Nachricht hinterlassen. Es waren mehrere Worte.

»Das einzige, was wir mit Sicherheit sagen können, ist, dass der Mörder Arabisch schreiben kann«, sagte Fabrizio.

»Und dass er noch da draußen ist«, ergänzte Cesare. »Es gibt hier nur einen Menschen, der Arabisch beherrscht.«

»Ja.« Fabrizio nickte. »Wir müssen mit ihm sprechen.«

Berlin, Freitag, 19. Februar 2010, 9:43 Uhr

An der S-Bahn-Haltestelle Mexikoplatz stiegen sie aus. Marc warf einen Blick auf die Bahnhofsuhr: 9:43 Uhr. Sie waren gut in der Zeit. Wie viel Platz hier war, wunderte er sich, als sie aus dem S-Bahnhof ins Freie traten. Welch ein Gegensatz zum engen und überfüllten Prenzlauer Berg. Er versuchte sich zu erinnern, wann er zum letzten Mal in Zehlendorf gewesen war. Das musste über zehn Jahre her sein. Den Anlass hatte er vergessen.

»Hier lang«, sagte Klaus. Er deutete nach rechts. Herrschaftliche Häuser säumten die Beerenstraße. Es schneite.

»Gediegenes Wohnen, was?« Klaus blinzelte aus geröteten Augen in die Gegend. Es war spät geworden gestern. Und sie hatten zu viel getrunken. Am Vormittag hatte Marc sein Nivea-Treffen gehabt. Während die beiden engagierten jungen Produktmanager die aktuellsten Ergebnisse ihrer Marktforschung erläuterten, vermochte Marc an nichts anderes zu denken als an den Mann, der auf dem Foto hinter Rudolf Hochhausen stand. War das wirklich der Mann aus Lenzari? Die Analyse der Marktforschung hatte im Hinblick auf die neue Nivea-Kampagne ergeben, dass alles beim Alten bleiben sollte, um die Kunden nicht zu verschrecken. Trotzdem sollte aber alles irgendwie jünger, frischer und zeitgemäßer aussehen. Das Ergebnis der fast zweistündigen Debatte war, dass man den rein weißen Bademantel, den die Models in früheren Kampagnen immer getragen hatten, durch den etwas dunkler getönten Superwuschel Ivory ersetzte. Die Productmanager feierten dieses Ergebnis als Beginn einer neuen Ära.

Dann hatte Klaus angerufen und ihm mitgeteilt, dass sich der Journalist Hans Kersting mit ihnen treffen wollte. Klaus wusste, dass Kersting sich eingehend und kritisch mit Verteidigungsminister Hochhausen und seiner Karriere auseinandergesetzt hatte. Er kannte ihn flüchtig und hatte ihm am frühen Morgen das eingescannte Foto per Mail geschickt. Gegen Mittag hatte Kersting zurückgerufen.

»Er klang aufgeregt«, hatte Klaus am Telefon berichtet.
»Was hat er gesagt?«
»Nichts. Er meinte, er wolle das nicht am Telefon besprechen. Wir sollen morgen früh zu ihm kommen.«

Jetzt waren sie auf dem Weg zu Hans Kersting. Die Beerenstraße war lang. Auf der rechten Straßenseite stand ein Krankenwagen mit eingeschaltetem Blaulicht, das nervös über die Fassade eines Bungalows zuckte. Die Tür am Heck des Krankenwagens stand offen, sodass Marc einen Blick auf die weiße Ordnung darin werfen konnte. Kein Mensch war zu sehen.

Das Haus mit der Nummer siebzehn passte überhaupt nicht in die sonst so städtische Umgebung. Es war zugewuchert von wildem Wein und versteckte sich hinter Büschen und Bäumen. Eine Kiesauffahrt führte links am Haus vorbei auf niedrige Flachdachbauten zu, die aussahen wie Stallungen.

Klaus brummte irgendwas von Zehlendorfs ländlicher Prägung, aber Marc ging nicht darauf ein. Die Haustür schien auf der Rückseite des Gebäudes zu liegen, also gingen sie die Kiesauffahrt entlang zum Innenhof. Eine getigerte Katze flüchtete ins Gebüsch. Jetzt hörten sie wuchtige Schläge. Ein Mann um die sechzig hackte im Hof Feuerholz. Er trug eine Daunenweste und Jeans, die er in seine Gummistiefel gesteckt hatte. Seine Bewegungen waren kraftvoll, er war es offensichtlich gewohnt, mit der Axt umzugehen. Der Mann hatte sie bemerkt, ließ die Axt sinken und wandte sich zu ihnen um. Er hatte durchdringende blaue Augen und scharf geschnittene Gesichtszüge.

»Guten Morgen ... Herr Kersting?« Marc trat auf ihn zu und reichte ihm die Hand. Kerstings Händedruck war kräftig. Er begrüßte Marc und Klaus freundlich, dann warf er ein paar Holzscheite in einen Weidenkorb und ging den beiden voran auf das Haus zu. Der Schneefall wurde stärker.

Zehn Minuten später saßen sie am großen Esstisch im Wohnzimmer. In ihrem Rücken loderte das Kaminfeuer. Vor ihnen auf dem Tisch standen drei große Tassen Kaffee. Marc sah sich um. Das alte Landarbeiterhäuschen war geschmackvoll renoviert worden, wirkte licht und großzügig, was von außen nicht zu vermuten gewesen war.

Kersting holte einen Aktenordner aus dem Bücherregal, das die gesamte linke Seite des Raums einnahm, und wandte sich dann zu Marc und Klaus um.

Er wirkte ernst und angespannt, als er sich auf den Stuhl fallen ließ. Er öffnete den Ordner und holte Papiere aus einer Klarsichtfolie. Marc warf einen Blick darauf: Es waren zwei leicht vergilbte DIN-A4-Seiten, eng mit Schreibmaschine beschrieben. Kersting schloss den Ordner wieder und legte die Papiere darauf.

»Sie müssen mir jetzt bitte genau erzählen, wo sie den Mann auf dem Foto gesehen haben«, sagte er.

Marc erzählte so knapp wie möglich von seiner Begegnung mit dem Mann in Lenzari, von der Sicherheitsfirma in Freudenstadt und der Videoaufzeichnung.

»Kann ich das Video sehen?« Kerstings Stimme klang belegt.

»Ich habe leider nur ein Video-Still. Aber das zeigt den Mann ganz gut.«

»Hab ich Ihnen das Bild nicht geschickt?«, fragte Klaus.

»Nein, ich habe nur das Schwarz-Weiß-Foto bekommen, das mit Rudolf Hochhausen.«

Marc griff in die Tasche und reichte Kersting das Video-Still des Mannes und seines Begleiters, auf dem zu sehen war, wie sie vom Haus des Marokkaners auf die Kamera zugingen.

Kersting betrachtete das Foto einen Moment lang schweigend. Schließlich schüttelte er den Kopf, wie um etwas Unangenehmes abzuwehren. »Unglaublich«, sagte er leise und sah

Marc auf eine Weise an, dass der plötzlich einen dicken Kloß im Hals spürte.

»Wissen Sie, wer dieser Mann ist?«, fragte Marc.

»Gegenfrage: Wo haben Sie das Foto mit dem Verteidigungsminister her?«

»Das ist von einem Bekannten«, schaltete sich Klaus ein, »ein Sammler, er kauft alle alten Fotos auf, die er kriegen kann. Er ist immer meine erste Anlaufstelle, wenn es um Archivmaterial geht.«

Kersting betrachtete das Foto genau.

»Der blonde Mann ist Wolfgang Stein, würde ich sagen.«

»Wer ist das?«, fragte Marc.

»Stein war Berater und enger Vertrauter Hochhausens. Hatte Ihr Freund sonst noch irgendwelche Informationen zu dem Foto?«, wandte er sich an Klaus.

»Leider nicht.« Klaus zuckte bedauernd mit den Schultern.

»Sieht mir eher nach einem privaten Schnappschuss aus als nach einem professionellen Pressefoto.« Kersting starrte schweigend auf das Foto.

»Was wissen Sie denn über unseren Mann, Herr Kersting?«, sagte Marc schließlich und hoffte, nicht zu ungeduldig zu klingen.

»Ich würde Ihnen gerne etwas vorlesen.« Kersting legte das Foto auf den Tisch und nahm die Papiere in die Hand, die er zuvor dem Ordner entnommen hatte.

Er begann zu lesen:

»Kurz vor 10 Uhr abends habe ich das Haus meines Chefs, Herrn Lutger Wenger, verlassen und bin die Pettenkoferstraße in Richtung Theresienwiese entlanggegangen. Es musste kurz vorher geregnet haben, die Straße war nass. Ich hab schon die Geräusche von der Wies'n hören können und weiß noch, dass ich mich geärgert habe, dass ich an dem Abend nicht mit meinen Freundinnen aufs Oktoberfest gegangen bin, aber ich hab die Einladung meines Chefs, klar, nicht ausschlagen können.«

Marc warf einen kurzen Blick hinüber zu Klaus. Der schien genauso wenig zu verstehen, was Kersting mit seiner Lesung bezweckte. Kersting fuhr fort:

»Ich hab Motorengeräusche gehört und mich gewundert, dass das dazugehörige Fahrzeug nicht kommt. Ich habe mich umgedreht und den schwarzen Fiat gesehen. Er ist sehr langsam an mir vorbeigefahren. Auf dem Beifahrersitz saß ein Mann, der mich angestarrt hat, so kam es mir jedenfalls vor, vielleicht war er auch nur in Gedanken und hat mich gar nicht wahrgenommen, ich weiß es nicht. Jedenfalls hat er sich dann ruckartig von mir abgewandt. Das hat mich irritiert.«

»Entschuldigen Sie, Herr Kersting«, Marc konnte nicht mehr anders, er musste ihn unterbrechen, »würden Sie uns bitte kurz erklären ...«

Kersting sah auf. Seine stahlblauen Augen blitzten.

»Ich erkläre Ihnen alles, aber lassen Sie mich bitte vorher zu Ende lesen.«

Marc nickte und schwieg.

»Eins noch«, schaltete sich Klaus ein, »wer ist ›ich‹? Wer erzählt hier? Sind Sie das?«

»Nein«, sagte Kersting, »das bin nicht ich.« Und er las weiter:

»Der Fiat hatte ein italienisches Nummernschild. Hinter dem Fiat ist im gleichen langsamen Tempo ein BMW gefahren. Er war voll besetzt. Ich habe die Gesichter der Männer im BMW nicht gesehen, ich weiß nur, dass der auf dem Beifahrersitz und der hinter ihm, dass die beide Militärparkas getragen haben. Der BMW hatte ein deutsches Kennzeichen. Die beiden Autos haben fast gleichzeitig ihre Blinker gesetzt und sind nach rechts in die Sankt-Pauls-Straße abgebogen. Ich hab mir kurz überlegt, ob ich direkt zur U-Bahn gehe, dann hätte ich nämlich auch nach rechts abbiegen müssen, aber ich hab mich dann entschieden, den Umweg an der Theresienwiese entlang zu machen. Ich hab dann noch mal auf die Uhr geschaut. Es war 22:12 Uhr, als ich den Bavariaring überquert habe. Mir sind ganz viele Leute entgegengekommen. Kinder mit Gasballons, wo man immer denkt: Oh Gott, gleich sind sie weg, die Ballons, und dann gibt es ein Drama. Ein Pärchen kam mir entgegen, eng umschlungen, und sie hat einen Terrier an der Leine geführt, der hat genauso ausg'schaut wie der Franz, der Hofhund meiner Eltern.«

Marc und Klaus warfen sich einen irritierten Blick zu. Wo sollte das hinführen? Aber Kersting las ungerührt weiter, und keiner der beiden wagte, ihn noch einmal zu unterbrechen.

»Das Mädchen war vielleicht fünfzehn Meter von mir entfernt, als ich sie gesehen hab. Sie war dreizehn oder vierzehn Jahre alt und trug eine Brille. Neben ihr stand ein Mann und hat ziemlich aufgeregt auf sie eingeredet. Ich hab die Szene nicht gleich einschätzen können, aber so wie das Mädchen g'schaut hat, war mir klar, dass der Mann nicht zu ihr gehört. Sie sah völlig irritiert aus und hat ihn angestarrt. Ein bisserl Angst war auch drunter. Der Mann hatte einen olivgrünen Militärparka an. Er hat sich dann plötzlich umgedreht und ist losgerannt, mit großen Schritten über den Bavariaring hinüber. Auf der anderen Seite stand der BMW, der mir vorher in der Pettenkoferstraße aufgefallen war. In den ist er eingestiegen. Der BMW ist dann mit quietschenden Reifen losgefahren und nach rechts in Richtung Sankt-Pauls-Platz abgebogen. Jetzt haben sie's plötzlich eilig, hab ich gedacht. Das Mädchen stand starr da wie eine Salzsäule und hat dem Mann nachgeguckt. Weil sie so verängstigt ausg'schaut hat, hab ich gedacht, ich muss ihr vielleicht helfen, und hab sie angesprochen. Ich hab sie gefragt, ob sie den Mann gekannt hat.

›Naa‹, hat sie gesagt. Sie hat tiefes Bayrisch gesprochen.

Sie hat erzählt, dass der Mann von der Theresienwiese her, aus dem Schatten der Bäume, auf den Bürgersteig getreten sei. Er sei plötzlich da gewesen, sie wäre fast mit ihm zusammengestoßen. Er habe sie an der Schulter gepackt und gesagt, dass sie auf keinen Fall weitergehen soll.

Als sie ihn gefragt hat, wieso, hat der Mann gesagt: ›Da vorn passiert gleich was‹, und ist zu dem BMW gerannt. Das muss alles so etwa um 22:15 Uhr gewesen sein.

›Da vorn‹ war der Haupteingang zur Wies'n. Das Mädchen hat gesagt, dass sie sich ›da vorn‹ mit ihrer Mutter treffen wollte, aber jetzt hat sie sich nicht getraut weiterzugehen. Ich habe sie gefragt, ob ich sie begleiten soll, aber sie hat gesagt, nein, sie bleibe lieber noch ein bisschen hier stehen.

Ich hatte dann keine Lust mehr zum Bummeln und bin über den Bavariaring rüber, um zur U-Bahn zu gehen. Ich hatte gerade die andere Straßenseite erreicht, als die Fensterscheiben im Haus vor mir in Flammen aufgingen. Eine weiße Lichtfontäne. Es hat einen Moment gedauert, bis ich begriffen hab, dass die Fensterscheiben nur spiegeln, was im Moment in meinem Rücken passiert. Also hab ich mich umgedreht, und da gab es einen Knall, und kurz darauf kam der Sturm. Von der Druckwelle. Ich hab mich richtig gegen den Wind stemmen müssen. Plastiktüten und Papier sind über den Bavariaring geweht worden. Plötzlich war der Ton weg. Ich hab mich gewundert, aber ich kam nicht auf die Idee, dass irgendwas mit meinen Trommelfellen nicht in Ordnung sein könnte. Ich hab' mich gefühlt wie in Watte. Ich kann nicht sagen, ob Autos über den Bavariaring fuhren. Ich hatte das Gefühl, dass die Welt plötzlich still steht. Keine Autos, keine Menschen. Nur an das Mädchen kann ich mich erinnern. Sie stand noch immer auf der anderen Straßenseite, mir genau gegenüber. Der Wind hat ihr die Haare ins Gesicht geweht.

Dann hab ich aus dem Augenwinkel etwas Weißes gesehen, das auf mich zukam. Es war ein Schimmel. Er trabte mit anmutigen Bewegungen über den Bavariaring. Ich hab keinen Hufschlag gehört, nur ein dumpfes Dröhnen. Der Schimmel trabte an mir vorbei. Da erst hab ich gesehen, dass seine linke Flanke aufgerissen war. Die Gedärme sind rausgequollen.

Das Erste, was ich dann wieder hab hören können, waren die Schreie, und ich hab mir noch gedacht, weil die so ähnlich klangen, kommen die jetzt aus der Geisterbahn oder was?«

Kersting ließ die Papiere sinken, und Marc hatte das Gefühl, als habe ihm jemand die Kehle zugeschnürt. Schnell etwas trinken. Er griff nach seiner Kaffeetasse und setzte sie an die Lippen. Der Kaffee war nur noch lauwarm. Egal. Er nahm einen Schluck.

»Die Schreie sind nicht aus der Geisterbahn gekommen.« Kerstings Stimme zitterte. »Dreizehn Tote, zweihundertneunzehn teils schwer Verletzte, unter ihnen viele Kinder. Es war der größte Bombenanschlag der deutschen Nachkriegsgeschichte.«

Pieve di Teco, Freitag, 4. Juni 2010, 17:43 Uhr

Mach schon, beschwor sie sich, du hast keine Zeit, jeden Moment kann Solina zurück sein oder noch schlimmer: der Mann mit den grauen Augen. Carla fühlte keine Kraft mehr im Arm, sie würde die Tür unmöglich aufziehen können, selbst wenn sie unverschlossen wäre.

Lieber Gott, bitte!

Die Klinke war kalt. Und dann zog sie – und die Tür ging auf. »Komm, Anna! Schnell!« Sie sah sich um. Keine Verfolger. Der lange Krankenhausflur hinter ihnen war menschenleer, die zwei silbernen Rollwagen mit den Essenstabletts wie hastig hingewürfelt. Sie standen schräg zueinander, unordentlich; für einen Moment spürte Carla den Impuls, hinzugehen, den Gang hinunterzulaufen, die ganzen vierzig Meter – was für ein ewig langer Gang! – und sie gerade zu rücken, einen neben den anderen. Ordnung schaffen! Sie wollte Ordnung!

Sie packte Annas Arm und zog sie hinter sich her ins Freie. Sie rannten die Straße hinunter, so schnell das mit Anna möglich war, bis sie einen großen Parkplatz erreichten. Rechterhand die Stadtmauer, links die Grundschule, verwaist um diese Zeit; die Kinder wurden bereits um 16 Uhr von den gelben Schulbussen abgeholt und auf die umliegenden Dörfer verteilt. Carla sah sich um, was machen wir jetzt, dachte sie, lass dir was einfallen! Anna, im weißen Krankenhausnachthemd, stand stocksteif neben ihr. Carla legte den Arm um ihre Schulter, Anna reagierte nicht. Hatte sie die Berührung bemerkt? Was bekam sie überhaupt mit von allem, was hier gerade passierte? Anna musste aus diesem Nachthemd raus. Und vor allem mussten sie hier weg, jeden Moment konnten die drinnen ihr Verschwinden bemerken. Was würde dann passieren? Sie wollte den Mann mit den grauen Augen nicht wütend erleben, sie kannte ihn nur freundlich lächelnd, und das war schlimm genug.

»Wir gehen jetzt einkaufen, Anna, ja?«

Keine Reaktion. Also nahm sie Anna bei der Hand und zog sie mit sich, zum Tor in der Stadtmauer. Es war kühl. Wenn sie Kleider für Anna bekommen wollten, mussten sie das jetzt angehen, bevor die Carabinieri den Ort absuchen würden ... würden sie das tun?

Sie passierten das Stadttor und traten auf den Platz vor der Kirche. Er war mit runden Steinen gepflastert, ein Meer kleiner, glänzender Schildkrötenpanzer, über das Anna mit ihren nackten Füßen hinwegbalancierte. Das ging viel zu langsam, sie kamen kaum vorwärts. Sie musste Anna irgendwo zurücklassen und alleine einkaufen gehen. Es wäre sowieso viel zu auffällig, wenn sie mit einem fünfjährigen Mädchen im Nachthemd in einem Bekleidungsgeschäft auftauchte. Aber konnte sie Anna allein lassen? War das alles überhaupt gerechtfertigt, was sie da tat, oder war sie hysterisch? Immerhin verdächtigte sie die Carabinieri, die staatliche Polizei, dem Mädchen etwas antun zu wollen. War sie irre oder beeinflussten die Erlebnisse von Genua ihr Handeln auch acht Jahre danach mehr, als sie sich das eingestand? Die Kirchenglocken schlugen, es war viertel vor sechs. Anna zuckte zusammen und blieb abrupt stehen. Sie legte den Kopf zurück und starrte hinauf zur Spitze des Kirchturms.

»Anna, wir müssen weiter.«

Aber Anna rührte sich nicht. Von unten, von der Hauptstraße her, kamen zwei ältere Damen mit Einkaufstaschen auf den Kirchplatz. Sie schienen ins Gespräch vertieft zu sein, aber es war nur eine Frage der Zeit, bis sie Anna bemerken würden. Carla wusste, dass sie um jeden Preis vermeiden mussten, Aufsehen zu erregen. Verdammtes Nachthemd!

»Anna!« Carla packte das Mädchen an den Schultern. Sie sah Anna ins Gesicht – und erschrak. Der Spaziergang mit ihrem Vater fiel ihr ein, zwölf oder dreizehn Jahre alt musste sie damals gewesen sein, sie hatten Blumen gepflückt, und Carla hatte den merkwürdig geformten braunen Zweig im Gras vor sich entdeckt. Als sie ihn aufheben wollte, um ihn näher zu untersuchen, bemerkte sie, dass es gar kein Zweig war, sondern eine Gottesanbeterin, sie meinte sogar die Augen des Geschöpfs zu erkennen, bevor sie heftig zurückzuckte und vor Angst aufschrie. Sie hatte damals nicht sagen können, was das Entsetzen bei ihr ausgelöst hatte. Jetzt wusste sie es: Es war die Erkenntnis gewesen, dass das scheinbar Starre, Leblose belebt war. Es war ein Schock gewesen. Genau wie jetzt. Nur umgekehrt: Sie meinte, ein kleines Mädchen vor sich zu haben, aber es war nur eine Hülle. Unmöglich zu sagen, was diese Augen tatsächlich sahen, die noch immer auf die Spitze des Kirchturms gerichtet waren.

Annas Lippen bewegten sich. Sie flüsterte etwas, es war kaum hörbar, Carla beugte sich zu Anna hinunter, brachte ihr Ohr so nah es ging an ihren Mund, in der Hoffnung, etwas verstehen zu können. Und schließlich verstand sie, was Anna sagte:

»Die Glocken.« Sie wiederholte es immer wieder: »Die Glocken. Die Glocken.«

»Was ist mit den Glocken, Anna?« Carla schaute hinauf zum Kirchturm, aber die Glocken waren bereits lange wieder verstummt. Sie hatten die Dreiviertelstunde geschlagen, das war alles. Die Damen kamen näher. Sie hatten sie bemerkt, schauten zu ihnen hinüber. Sie mussten sofort hier weg. Schnell.

»Anna, wartest du in der Kirche auf mich?«

»Die Glocken.«

Die Damen standen schweigend vor ihnen und glotzten sie an. Carla lächelte ihnen zu.

»Sie wollte unbedingt im Nachthemd ausgehen, ich hatte keine Chance.«

Da entspannten sich die Gesichter der Damen sofort. Sie schienen das für eine plausible Erklärung zu halten, was wiederum nur bedeuten konnte, dass sie selber Kinder hatten. Sie nickten wohlwollend.

»So sind Kinder halt«, sagte die eine. Die andere Dame sprach Anna direkt an: »Es ist doch viel zu kühl, du erkältest dich.«

Anna starrte noch immer den Kirchturm an. Sie schien nichts um sich herum wahrzunehmen. Carla nahm sie kurzerhand auf den Arm und hoffte inständig, dass sie das geschehen lassen würde. Sie sagte laut auf Italienisch: »Komm, jetzt gehen wir nach Hause.« Sie lächelte den Damen zu: »Auf Wiedersehen, schönen Abend.«

Die Damen winkten ihr nach, als sie mit Anna auf dem Arm über den Kirchplatz eilte.

Als sie die schmale Gasse erreicht hatte, die parallel zur Hauptstraße in ost-westlicher Richtung durch den gesamten Ort führte, atmete Carla schwer. Anna wog deutlich mehr, als sie gedacht hatte, und sie schien jede Minute schwerer zu werden. Carla blieb stehen, lehnte sich einen Moment gegen die Häuserwand und atmete durch. Ein Tropfen klatschte auf ihre Stirn, sie sah nach oben. Über ihren Köpfen war an einer Leine Wäsche zum Trocknen aufgehängt. Irgendwo lief ein Fernseher. Sie bemerkte, dass Anna fröstelte. Es war kalt und zugig in der Gasse. Carla drückte das Mädchen an sich, um es zu wärmen. Sie konnte Annas pochendes Herz spüren. Hoffentlich mache ich das Richtige, dachte sie. Sie schaute sich um, der Kirchplatz war verwaist, die Damen waren gegangen. Los jetzt! Mit schnellen Schritten ging sie zurück über das Kopfsteinpflaster, nach zwanzig Metern hatte sie den Seiteneingang der Kirche erreicht.

Als sie die Tür aufzog, schlug ihr die leicht abgestandene, weihrauchgeschwängerte Luft entgegen, die sie aus ihrer Kindheit so gut kannte. Sie war lange nicht mehr in einer Kirche gewesen, aber dieser Geruch hatte sofort etwas Tröstliches. Die Tür fiel hinter ihnen ins Schloss. Stille.

»Willst du mal wieder selber gehen, Anna? Ich kann dich gleich nicht mehr tragen.«

Statt einer Antwort umklammerte Anna ihren Hals noch fester und vergrub ihr Gesicht in Carlas Schulter.

Ein metallisches Klirren ließ Carla zusammenzucken. Sie wandte sich nach links, von wo das Geräusch gekommen war. Eine junge Frau, nicht viel älter als Carla selbst, stand vor dem Gestell mit elektrischen Opferkerzen. Drei der vielleicht dreißig Kerzen brannten, die Frau musste eine Münze in den Opferstock geworfen haben, daher das Klirren. Die Frau sah Carla erstaunt an. Ihre Wimperntusche war verschmiert, sie hatte geweint. Carla lächelte ihr zu, die Frau bemühte sich ebenfalls zu lächeln, was ihr aber nicht recht gelang, dann löste sie sich von den Opferkerzen und ging mit schnellen Schritten hinter Carla vorbei zum Ausgang. Die Absätze ihrer Stiefel hallten durch das Kirchenschiff. Jetzt waren sie allein. Carla sah sich um. Wo könnte sie Anna für eine halbe Stunde verstecken? Ihr Blick fiel auf zwei Beichtstühle, die auf der rechten Seite des Kirchenschiffs standen. Die würden heute sicher nicht mehr benutzt werden. Wenn sie die Vorhänge zuzog? Würde Anna dann ruhig sitzen bleiben, mit hochgezogenen Beinen, damit sie niemand entdecken würde?

Da sah sie, keine zwei Meter entfernt, die Treppe, die hinaufführte zur Kanzel. Eine rote Kordel über der ersten Stufe signalisierte, dass das Betreten verboten war. Umso besser. Sie stieg, Anna immer noch auf dem Arm, über die Kordel. Fünfzehn Stufen, und sie waren oben angekommen. Es war ein gutes Versteck. Die Balustrade war hoch. Von unten konnte Anna nicht gesehen werden.

»Du musst jetzt genau machen, was ich dir sage, ja?« Sie musste ihre ganze Kraft aufwenden, um Annas Arme von ihrem Nacken zu lösen, so fest hatte sich das Kind an sie geklammert.

»Au«, sagte Anna leise, als sie wieder auf ihren eigenen Füßen stand. Sie verzog das Gesicht vor Schmerzen und fasste sich an den Unterschenkel.

»Deine Beine sind eingeschlafen, weil ich dich die ganze Zeit auf dem Arm hatte. Das ist gleich vorbei.« Carla bemerkte, dass sie flüsterte.

In dem Moment schlugen die Glocken wieder, länger als das letzte Mal. Es war 6 Uhr. Anna starrte in die Höhe und lauschte.

»Setz dich hier auf den Boden, Anna. Bleib hier, bis ich dich abhole. Ich komme auf jeden Fall zurück, du musst auf mich warten.«

Aber Anna starrte nur nach oben und lauschte dem Klang der Glocken. Carla folgte Annas Blick. Über ihren Köpfen breitete ein gütiger Herr Jesus seine Arme aus. Er wirkte stark und unverwundbar. Es gab eine Zeit, erinnerte sich Carla, da hatte sie sich auch stark und unverwundbar gefühlt. Sie konnte genau benennen, wann diese Zeit zu Ende gegangen war, bis auf den Tag genau: Seit dem 20. Juli 2001, jenem Freitag in Genua, wusste sie, dass sie schwach war und schrecklich verwundbar und dass das Leben ein Kampf war. Sie nahm das Palästinensertuch von ihrem Hals und reichte es Anna. »Leg dir das über die Beine, bis ich dir was zum Anziehen bringe. Bitte setz dich hin, man darf dich von unten nicht sehen.«

Ohne etwas zu sagen oder sie auch nur anzusehen, setzte sich Anna auf den Boden der Kanzel. Das Palästinensertuch legte sie achtlos neben sich. Sie lauschte noch immer den Glocken.

Carla warf ihr einen letzten Blick zu. Hoffentlich würde Anna hier sitzen bleiben und auf sie warten. Hoffentlich würde sie hier oben niemand entdecken. Sie breitete das Palästinensertuch über Anna. Da hörte sie eine Tür ins Schloss fallen, und gleich darauf hallten Schritte durch das Kirchenschiff.

Betreff: Theodorakis
Von: Marc Burth <marc.burth@web.de>
An: Martin Maurer <martinmaurer@yahoo.com>
Datum: 24.3.10 12:30:21

Hallo Martin,

noch ein Fund im Netz: FAZ vom 18. April 2009 (Bilder und Zeiten): großes Interview mit dem Komponisten Mikis Theodorakis. Er wird gefragt, was er über die Krawalle in Athen denkt. (Du erinnerst dich: am 6. Dezember 2008 war der fünfzehnjährige Schüler Alexandros Grigoropoulos bei einem Polizeieinsatz getötet worden. Danach war Griechenland wochenlang im Chaos versunken, Jugendliche hatten sich Nacht für Nacht Straßenschlachten mit der Polizei geliefert.) Theodorakis sagt:»Wer Schaufenster einschlägt, schmiert der von ihm bekämpften Macht nur Butter aufs Brot. Übrigens sind diejenigen, die vor Weihnachten am schlimmsten getobt haben, nicht gleichzusetzen mit jenen, die tatsächlich etwas verändern wollen. Ein Polizeihauptmann, mit dem ich vor Weihnachten sprach, sagte mir: ›Wir hätten den ganzen Haufen in fünf Minuten ergreifen und einsperren können. Wir hatten aber Befehl, das nicht zu tun. Wir hatten Anweisung, sie nicht zu stören.‹ Sie sehen, dass es sich in vielen Fällen wohl um Agents provocateurs handelte. Sie kennen ja die griechischen Begriffe ›parakratos‹ (Nebenstaat, Staat im Staate) und ›vathokratos‹ (Untergrundstaat). Das Handeln dieser politischen Dunkelmänner – außerhalb und unterhalb aller demokratischen Regeln eines Rechtsstaates – verfolgt und hält uns in Atem seit 1949, dem Ende des griechischen Bürgerkriegs. Das gilt für ganz Europa, nicht nur für Griechenland.«

Natürlich hat Theodorakis keine Ahnung, wovon er redet. Ganz Europa – mag ja sein, aber Deutschland – UNDENKBAR! Oder?

Herzliche Grüße aus Italien, das, im Gegensatz zu Deutschland, in Europa liegt

Marc

Lenzari, Freitag, 4. Juni 2010, 18:04 Uhr

Sie hatten kein Wort mehr miteinander gesprochen, seit sie den Raum mit den blutverschmierten Wänden verlassen hatten. Es war nicht nötig gewesen. Sie wollten das Gleiche. Die Treppe hinunter. Schnell. Er hatte sich die Handfläche aufgeschürft, als er sich auf dem rauen Putz abstützen wollte und dabei weitergegangen war. Nur raus. Es war ein ziehender Schmerz. Jetzt stand er vor Elisa Noès Haus und betrachtete seine Hand: Vier feine Risse durchzogen seinen Handteller, parallel, wie mit dem Lineal gezogen, die beiden äußeren waren rot, die inneren weiß. Sie mussten den Mörder finden.

Cesare war zunächst hinter die Kirche geeilt, um sich Antonios Leiche anzusehen. Fabrizio war beim Wagen geblieben und hatte sich an den Kotflügel gelehnt. Sonst wären ihm die Beine weggesackt. Mit bleichem Gesicht war Cesare wieder unter dem Torbogen hervorgekommen und hatte sich schweigend daran gemacht, das Auto zu untersuchen.

Der Nebel wurde wieder dichter. Seit er die Glocken ausgeschaltet hatte, herrschte eine beklemmende Stille hier oben am Berg. Es schien, als könne man jedes Geräusch kilometerweit hören, jedes Motorengeräusch, jede Motorsäge im Wald – aber es gab kein Geräusch, da war nichts. Fabrizio lauschte und starrte in den Nebel. Nichts.

»Es ist tot.« Cesare saß auf dem Fahrersitz des Alfas und hantierte an den Knöpfen des Funkgerätes herum.

»Sag ich doch.«

Fabrizio hatte jedes Zeitgefühl verloren. Er warf einen Blick auf die Kirchturmuhr. Sie zeigte kurz nach halb sechs an. Das konnte nicht stimmen. Einen Moment lang war er verwirrt, dann fiel ihm ein, dass die Uhr stehen geblieben sein musste, als er die Kabel herausgerissen hatte.

»Wieviel Uhr ist es?«, fragt er Cesare.

»Kurz nach sechs.«

Fabrizio tastete mit der rechten Hand nach der Waffe im Halfter. Sie war da. Gut. Aber seine Hand zitterte.

»Wir brauchen Verstärkung.« Cesare stieg aus dem Wagen. Fabrizios Blick fiel für einen kurzen Moment auf den Ellenbogenschoner, der auf dem Rücksitz lag, dann schlug Cesare die Tür zu.

Ja, natürlich brauchten sie Verstärkung, dringend! Aber wie sollten sie die benachrichtigen?

Fabrizio sah auf das Display seines Handys.

»Immer noch kein Empfang.«

»Wir werden doch hier irgendwo ein funktionierendes Telefon auftreiben.« Cesare flüsterte. Noch immer kein Geräusch. Nichts.

»Mario hat ein Telefon.«

»Okay«, sagte Cesare. »Erst zu Mario und dann zum Marokkaner.«

»Glaubst du, dass er's war?«

»Ich weiß es nicht.« Cesare zuckte ratlos die Schultern. Er holte seine Waffe aus dem Halfter und entsicherte sie.

»Wer immer es ist«, flüsterte er, »er ist noch irgendwo hier draußen.« Fabrizio entsicherte seine Waffe ebenfalls und folgte seinem Kollegen in den Nebel.

Berlin, Freitag, 19. Februar 2010, 10:40 Uhr

Kersting legte die Papiere auf den Tisch. »Sie erinnern sich an das Oktoberfest-Attentat von 1980?«, fragte er.

Da war er acht Jahre alt gewesen, schoss es Marc durch den Kopf, er wusste, dass es eines der schlimmsten Attentate in Deutschland gewesen war, ja, aber erinnern? Erinnern konnte er sich an nichts. Er hätte nicht sagen können, ob das Thema in seiner Familie damals eine Rolle gespielt hatte.

»Ich war damals einer der ersten Journalisten vor Ort«, sagte Kersting. »Ich dachte erst, da liegt überall Abfall rum, aber es waren Körperteile. Ich werde diese Bilder bis heute nicht los.« Kersting hielt inne, beugte sich vor und nahm einen Schluck Kaffee.

Marc warf Klaus einen schnellen Blick zu und sah sofort, dass sein Freund genauso verwirrt war wie er selbst. Sie waren auf der Suche nach dem Mann in Lenzari, und nun ging es um ein dreißig Jahre zurückliegendes Attentat. Wie hing das zusammen? Aber noch bevor er etwas sagen konnte, fuhr Kersting fort: »Ich habe geholfen, die Verletzten zu versorgen. Es herrschte völliges Chaos, keiner überblickte die Lage. Dann kamen die Politiker, und sofort wurde der Anschlag parteipolitisch instrumentalisiert. CSU-Leute warfen SPD- und FDP-Politikern vor, mitverantwortlich zu sein für das Attentat. Sie dürfen nicht vergessen: Es war die heiße Phase des Wahlkampfs. Am 5. Oktober 1980 sollte gewählt werden.«

Kersting hielt inne und starrte einen Moment lang nachdenklich vor sich hin. Doch gleich darauf sprach er mit energischer Stimme weiter: »Am nächsten Morgen saß ich völlig übermüdet auf einer Bank im Flur des LKA in München und wartete auf die erste Stellungnahme der SOKO Theresienwiese. Da kam eine junge Frau den Flur entlang, sie war sehr hübsch und sehr aufgeregt. Ich habe gehört, wie sie dem Beamten am Empfang sagte, sie wolle eine Aussage machen im Zusammenhang mit dem Attentat.«

Kersting stockte. Es schien, als habe er den Faden verloren. Doch dann sammelte er sich und fuhr fort: »Ich saß immer noch auf der Bank und wartete, als sie wieder aus dem Zimmer kam. Aus einem Impuls heraus beschloss ich, auf die Stellungnahme der SOKO zu verzichten und mir stattdessen anzuhören, was die Frau beobachtet hatte. Ich lud sie zu einem Kaffee ein, und sie erzählte.« Er hielt die beiden maschinengeschriebenen Seiten in die Höhe.

»Ihre Aussage habe ich Ihnen eben vorgelesen.«

Für einen Moment herrschte Stille im Raum. Dann knallte es im Kamin, ein Scheit brach auseinander, und Funkengarben schossen nach oben.

»Entschuldigen Sie, mal 'ne dumme Frage.« Klaus' Stimme

zitterte leicht, »aber ich dachte, der Fall Oktoberfest-Attentat ist aufgeklärt? Das war doch dieser Gundolf ...«

»Gundolf Köhler, der verwirrte Einzeltäter, der beim Anschlag ums Leben kam.« Kerstings Stimme war plötzlich höhnisch. »Es beleidigt einfach meinen Intellekt, dass ich das glauben soll.«

»Aber warum?« Marc spürte, dass er plötzlich auf Distanz ging. Was wusste er über diesen Kersting? War der Mann seriös?

»Die Frau hat den Beifahrer im Fiat genau beschrieben, aber ihre Aussage ist später in keinem der Protokolle aufgetaucht. Erst viel später habe ich erfahren, dass das kein Einzelfall war. Alle Zeugenaussagen – und es waren eine ganze Menge –, denen zufolge Gundolf Köhler nicht allein am Tatort war, sind unterschlagen oder manipuliert worden.« Er war jetzt sichtlich aufgeregt. »Wenn so was ein- oder zweimal passiert, mag das Schlamperei sein, aber in dieser Häufung hat es System. Das ist nicht anders zu erklären.« Er öffnete den Aktenordner, holte einen Schnellhefter hervor und legte ihn auf den Tisch. »Ich habe Ihnen hier einmal ein bisschen Material zusammengestellt. Das Ganze ist jetzt dreißig Jahre her. Von verschiedenen Seiten ist inzwischen darauf gedrungen worden, dass das Verfahren wieder aufgerollt wird. Mittlerweile scheint keiner mehr ernsthaft an die Einzeltätertheorie zu glauben. Trotzdem passiert nichts. Es ist, als laufe man gegen eine unsichtbare Mauer. Offiziell hat noch immer der Geologie-Student Gundolf Köhler diese hoch komplizierte Bombe selbst gebaut, ist dann von Donaueschingen nach München gefahren und hat sich und zwölf andere Menschen in die Luft gesprengt. Und wissen Sie, was laut Ermittlungsakten sein Motiv war?«

Marc schüttelte den Kopf.

»Frust. Frust darüber, dass er eine Prüfung an der Uni vergeigt hatte. Sie können das im offiziellen Abschlussbericht der SOKO Theresienwiese nachlesen.«

Kersting stand auf und ging zum Kamin, um Holz nachzulegen.

»Was hat das alles mit unserem Mann zu tun?« Marc wurde ungeduldig.

»Ich hatte das Thema lange schon abgehakt, habe nicht mehr geglaubt, dass sich da noch irgendetwas bewegen würde. Und dann hat mir vor etwa einem Jahr ein befreundeter Kollege diese Unterlagen in die Hand gedrückt.« Kersting deutete auf den Schnellhefter, den er vor Marc auf den Tisch gelegt hatte. Marc warf einen Blick hinein. Es waren Aktenkopien.

»Dieser Kollege«, fuhr Kersting fort, »war auf die brillante Idee gekommen, bei der Birthler-Behörde nachzuschauen, ob die Stasi Informationen zum Oktoberfest-Attentat gesammelt hat.«

Das Feuer knackte im Kamin, Funken stoben auf. Kersting setzte sich wieder an den Tisch.

»Und?«, fragte Klaus und sah Kersting gespannt an.

»Sie hat. Und wie. Tausende von Seiten hat mein Kollege seit dieser Entdeckung gesichtet. Die Stasi wusste von Anfang an über jeden Ermittlungsschritt genau Bescheid. Ich lese Ihnen mal was vor. Originalton Stasi.« Er nahm den Schnellhefter auf und las: »Bereits am 26.09.1980 zwischen 21:00 und 21:30 Uhr, also etwa eine Stunde vor dem Anschlag, hatte eine Polizeistreife einen Pkw Fiat 128 gesichtet. Dem Kfz folgte in der Nähe Theresienwiese ein vollbesetzter BMW. Beide Kfz fielen durch ihre langsame Fahrt auf.«

»Das heißt, die Stasi hatte Informanten bei der SOKO Theresienwiese sitzen?«, fragte Klaus verblüfft.

»Die Stasi hatte ihre Informanten in allen wichtigen Gremien. Bei der Polizei, in der Politik, überall.«

»Aber das heißt doch, dass die Münchner Polizei der Sache sehr wohl nachgegangen ist, oder nicht?«, fragte Marc.

»Passen Sie auf, es geht noch weiter«, sagte Kersting. »Am 27.09., genau um 3:32 Uhr meldet der Stasi-Bericht den Beginn einer Fahndung der Polizeidirektion Hof und des Hauptzollamtes Schweinfurt nach einem dunklen Fiat 128 mit italienischem Kennzeichen. Um 10:20 Uhr, schreibt die Stasi, wurde das Fahrzeug in München aufgefunden und die Fahndung gelöscht. Die Insassen wurden nach einer Überprüfung wieder entlassen, da kein Zusammenhang mit dem Sprengstoffanschlag vorlag.«

»Aber wenn die Insassen überprüft worden sind und sie nichts mit dem Attentat zu tun hatten, was ist dann das Problem?« Marc war nun mehr als skeptisch.

»Oder haben Sie Zweifel an der Arbeitsweise der Polizei?«, fragte Klaus. Marc sah seinem Freund an, dass auch er nicht mehr wusste, worauf Kersting eigentlich hinauswollte. Statt einer Antwort beugte sich Kersting wieder über die Akte. »Der Zeuge, durch dessen Aussage die Fahndung nach dem dunklen Fiat 128 eingeleitet worden ist, hatte das Kfz gegen 1:30 Uhr nachts am St. Pauls-Platz gesehen. Beim Wegfahren, so der Zeuge, hat der Beifahrer sein Gesicht mit einer Decke bedeckt.« Kersting blickte auf und sah Marc und Klaus an, als erwarte er einen Kommentar von ihnen. Als sie schwiegen, fuhr er fort: »Die Frau, die ich beim LKA getroffen hatte, die hat das Gesicht des Beifahrers im schwarzen Fiat 128 gesehen. Sie hat es mir immer wieder beschrieben. Sehr genau.« Er machte eine bedeutungsvolle Pause. »Deshalb habe ich ihr heute Morgen das Schwarz-Weiß-Foto per Mail weitergeleitet.«

»Sie haben immer noch Kontakt zu dieser Frau?«, fragte Klaus erstaunt. Kersting lächelte. Marc meinte, eine leichte Verlegenheit zu spüren.

»Wir haben uns zwar vor sieben Jahren scheiden lassen«, sagte Kersting, »aber wir haben trotzdem noch guten Kontakt, ja. Sie ist wieder nach München gezogen.«

»Und was sagt Ihre ... Exfrau?« Marc sah Kersting gespannt an.

»Sie hat sofort zurückgerufen. Sie ist sich zu hundert Prozent sicher, dass der von Ihnen gesuchte Mann derjenige ist, der damals auf dem Beifahrersitz des schwarzen Fiat 128 saß.«

Pieve di Teco, Freitag, 4. Juni 2010, 17:55 Uhr

Die Schritte hallten durch das Kirchenschiff. Sie wurden lauter. Sie kamen näher, direkt auf sie zu. Carla wagte kaum zu atmen. Hoffentlich verhielt sich Anna ruhig. Ob sie wusste, dass sie sich in Gefahr befand? Anna schien die Schritte überhaupt nicht wahrgenommen zu haben. Ihr Blick hatte sich im Muster des Palästinensertuchs verfangen, das Carla über sie gebreitet hatte.

Die Schritte waren jetzt direkt unter ihnen. Carla hielt den Atem an und lauschte. Sie presste sich gegen die Wand der Kanzel, spürte den kalten Stein im Rücken. Da waren die Schritte bereits aus dem vorderen Teil der Kirche zu hören. Wer auch immer da unten war, er hatte sie nicht bemerkt und ging jetzt weiter in Richtung Altar. Carla schloss für einen Moment die Augen, versuchte Atem und Herzschlag unter Kontrolle zu bekommen, es gelang ihr nicht. Fast beneidete sie Anna, die nach wie vor mit ausdruckslosem Gesicht vor ihr kauerte und nichts um sich herum mitzubekommen schien.

Die Schritte verstummten. Carla wagte einen Blick über den Rand der Kanzel hinunter ins Kirchenschiff. Vor dem Altar, mit dem Rücken zu ihr, stand ein Mann in einer schwarzen Soutane, der Messner offenbar. Er entfaltete ein weißes Tuch und breitete es über den Altar. Nachdem er sich nachlässig bekreuzigt hatte, verschwand er hinter einer Tür auf der rechten Seite des Chors, hinter der Carla die Sakristei vermutete. Stille kehrte ein. Carla ließ sich auf den Boden der Kanzel zurücksinken und versuchte, ihre Gedanken zu ordnen.

Schließlich sagte sie zu Anna: »Ich lass dich jetzt einen Moment allein. Aber ich komme auf jeden Fall wieder. Bleib so lange hier oben sitzen, okay?« Als Anna immer noch nicht reagierte, legte Carla ihr die Hand auf die Schulter, eine Geste zwischen tröstender Umarmung und freundschaftlicher Aufmunterung. Sie spürte Annas Schulterblatt durch den dünnen Stoff des Nachthemdes. Die Haut darüber schien zum Zerreißen gespannt.

Als sie aus der Kirche trat, hatte ein feiner Nieselregen eingesetzt. Sie sah sich um. Der Kirchplatz vor ihr war leer. Das Kopfsteinpflaster unter ihren Füßen glänzte vor Feuchtigkeit. Carla hastete über den Kirchplatz auf den Torbogen zu, der zur Hauptstraße von Pieve führte. Dort waren die Geschäfte. War es richtig, was sie tat? Der Carabiniere mit den grauen Augen wollte Anna haben, warum auch immer. Oder interpretierte sie das falsch? Steigerte sie sich in etwas hinein? Ein Hund kam ihr entgegen. Er trottete mit eingezogenem Schwanz über die Pflastersteine. Weit und breit war kein Mensch, zu dem er gehörte. Der Regen wurde stärker.

Die Arkadengänge des Corso Mario Ponzoni spendeten Schutz. Rechts war eine Tierhandlung, auf der anderen Straßenseite ein Supermarkt. Carla wandte sich nach links. Es herrschte Betrieb unter den Arkaden. Carla warf einen Blick auf ihre Armbanduhr: 18:07 Uhr. Die Geschäfte würden noch eine Stunde lang geöffnet sein. Die Menschen schienen unendlich viel Zeit zu haben. Alte Damen schlenderten, blieben stehen, plauderten. Kaugummi kauende Teenagermädels hatten einander untergehakt und zogen Parfümwolken hinter sich her. Carla entdeckte ein Schuhgeschäft. Ihr Blick flog über die Auslage. Welche Schuhgröße Anna wohl hatte? Sie hätte sie fragen sollen. Als sie die Tür des Ladens öffnete, ertönte eine Klingel. Wie und wo könnte sie Anna in Sicherheit bringen? Sie brauchte einen Plan. So schnell wie möglich. Die Verkäuferin kniete auf dem Boden und half gerade einer älteren Dame in den Schuh.

»Bin gleich bei Ihnen«, rief sie Carla zu, wurde aber sofort wieder von der Dame in Beschlag genommen, die von einer Beerdigung im Regen erzählte, bei der alles im Schlamm versunken war. Carla holte ein Paar goldener Turnschuhe Größe einunddreißig aus der Schaufensterauslage. Sie waren mit Perlen und Schmetterlingen aus Plastik besetzt und glitzerten und funkelten, aber sie sahen bequem aus.

»Was kosten die?«, fragte sie die Verkäuferin.

»Fünfundzwanzig Euro. Komme sofort!«

Carla zückte ihr Portemonnaie, holte fünfundzwanzig Euro hervor und legte das Geld auf eine Schuhschachtel.

»Danke. Wiedersehen.«

Die Türglocke, die Stimme der Verkäuferin, die ihr irgendetwas hinterherrief. Ein Motorroller knatterte über das Kopfsteinpflaster. Carla stopfte die Kinderschuhe in ihre Jackentasche. Sie brauchte einen Plan.

Das einzige Bekleidungsgeschäft in den Arkaden, das Kinderkleider führte, war eine sündhaft teure Boutique. Egal, sie durfte keine Zeit verlieren. Unterwäsche, Socken. Anna musste etwas Warmes zum Anziehen bekommen, sie wussten nicht, wo sie die Nacht verbringen würden. Sie entschied sich für eine Jeans, einen Kapuzenpulli und eine Windjacke. Die Größe kam einigermaßen hin. Hoffentlich. Ungeduldig beobachtete sie die Verkäuferin, die in aller Seelenruhe die Ware über den Scanner zog.

»234,80 Euro.« Die Verkäuferin kaute Kaugummi.

So viel Geld für so kleine Sachen, dachte Carla und legte ihre Kreditkarte auf den Verkaufstresen. Aber das war alles egal, sie musste nur Anna aus diesem Ort herausbekommen. Aber wie und wohin?

»Entschuldigen Sie«, die Stimme der Verkäuferin klang ehrlich bedauernd, »Ihre Karte funktioniert nicht. Haben Sie vielleicht die falsche Geheimzahl …?«

Hatte sie nicht, Carla war sicher, die richtige Geheimzahl eingegeben zu haben. Und sie war auch sicher, dass ihr Konto gedeckt war.

»Es liegt bestimmt am Gerät.« Die Verkäuferin lächelte charmant. »Das ist heute schon ein paarmal passiert. Bitte probieren Sie's noch einmal.«

Aber Carla ahnte, dass die Karte auch beim nächsten Versuch nicht funktionieren würde, und vor allem: Sie hatte keine Zeit, es darauf ankommen zu lassen. Und sie hatte keine Zeit zu diskutieren. Sie nahm der Verkäuferin Einkaufstüte und Bankkarte aus der Hand.

»Sie bekommen Ihr Geld, ich versprech's Ihnen.« Damit eilte sie aus dem Laden.

Sie wandte sich nach links, begann zu rennen. Gleich würde

die Stimme der Verkäuferin durch die Arkaden hallen: »Stoppt sie! Haltet den Dieb!« Aber nichts geschah. Nur ein paar Männer, die vor dem Café Da Maria ihren Aperitif nahmen, sahen ihr verwundert nach. Sie hastete über die Hauptstraße. Der Nieselregen benetzte ihre Stirn. Sie hatte das Ende der Arkaden fast erreicht, als sie den Carabinieri-Jeep am Ortsausgang bemerkte. Er stand quer auf der Straße und versperrte die Fahrbahn. Die Beifahrertür wurde geöffnet. Ein Carabiniere stieg aus. Carla konnte sein Gesicht aus der Entfernung nicht genau erkennen – und trotzdem wusste sie, wer das war.

Lenzari, Freitag, 4. Juni 2010, 18:12 Uhr

Verdammter Nebel. Und diese verdammte Stille. Fast sehnte sich Fabrizio die Glocken zurück.

»Alles klar bei dir?« Cesare ging nur ein paar Meter links von ihm. Trotzdem konnte er dessen Gesichtsausdruck nicht genau erkennen, so dicht war der Nebel.

»Ja«, antwortete Fabrizio. »Alles klar.« Aber es stimmte nicht. Nichts war klar. Er hoffte, dass Cesare nicht sah, wie sehr seine Hände, mit denen er die Pistole umklammerte, zitterten. Jeder Schritt kostete unendlich viel Kraft, fast als bahne er sich den Weg nicht durch Nebel, sondern durch hüfthohen Schnee. Aus dem Augenwinkel sah er, wie von rechts etwas auf ihn zuschoss. Fabrizio fuhr herum, richtete die Waffe auf den bedrohlichen Schatten – und erkannte sich selbst, im Verkehrsspiegel, der rechts an der Mauer angebracht war. Seine konvexe Krümmung sorgte dafür, dass Fabrizios Spiegelbild unendlich verloren wirkte. Fabrizio ließ die Waffe sinken.

»Fabi! Hör mal!« Cesare flüsterte. Seine Stimme klang rau. Fabrizio trat zu ihm. Das Geräusch kam von rechts, aus dem verfallenen Gebäude mit dem großen Loch in der Decke. Es klang, als schlage etwas – oder jemand – in unregelmäßigen Abständen gegen eine Holzwand.

Schritt für Schritt schoben sich die Carabinieri durch den Nebel voran. Fabrizio hatte den Torbogen fast erreicht, das Geräusch war jetzt noch viel deutlicher zu hören. Es klang hektisch, die Abstände zwischen den Schlägen waren kürzer geworden, dazwischen raschelte es. Als Fabrizio die Waffe auf den Torbogen richtete, wusste er plötzlich, wer dieses Geräusch machte.

»Das sind die Kaninchen, Ce.«

Cesare ließ die Waffe sinken. Fabrizio sah ihm die Erleichterung an. Sie traten durch den Torbogen ins Innere der Ruine. Auf den Kaninchenställen stand ein Paar alter, lehmverkrusteter Bergschuhe. Daneben lagen zwei Büschel mit Grünzeug. Futter für die Kaninchen. Offenbar war Antonio nicht mehr dazu gekommen, die Tiere zu füttern. Sie rannten aufgeregt in ihren Verschlägen hin und her. Die Kaninchen hatten etwas Tröstliches, vielleicht einfach dadurch, dass sie lebendig waren.

Fabrizio nahm das Grünzeug, öffnete die Türen einen Spalt und warf es in die Verschläge. Die Kaninchen stürzten sich darauf. Sie schienen völlig ausgehungert zu sein.

»Komm, weiter!« Cesare war bereits wieder auf der Straße. Fabrizio folgte ihm.

Auf der linken Seite, kurz bevor die Straße eine scharfe Rechtskurve machte, lag das Haus der Deutschen. Fabrizio sah an der Fassade nach oben. Die grünen Fensterläden waren geschlossen.

»Wir sollten bei den Deutschen nachsehen.«

»Wir müssen zuerst Verstärkung holen«, antwortete Cesare. »Das ist das Wichtigste.«

Sie folgten dem Verlauf der immer schmaler werdenden Straße nach rechts. Cesare ging auf der linken, Fabrizio auf der rechten Straßenseite. Schemenhaft tauchte Marios Haus vor ihnen aus dem Nebel auf – und ihm gegenüber das Haus des Marokkaners. Noch fünfzehn Meter etwa. Fabrizio bemühte sich, kein Geräusch zu machen. Er warf einen Blick hinüber zu seinem Kollegen, der mit durchgedrückten Armen seine Waffe hielt und sich an der Hauswand entlang vorwärts schob. Plötzlich hörte Fabrizio eine Stimme. Er zuckte zusammen, blieb stehen, drückte sich mit dem Rücken gegen die Hauswand und atmete tief durch. Cesare war genauso erschrocken, er sah es ihm an. Fabrizio spürte die Kühle der Mauer durch seine Uniformjacke hindurch, da, wo sie gegen seinen Buckel drückte, noch etwas mehr. Die Stimme klang aggressiv. Arabisch. Klar: der Fernseher! Der Marokkaner schaute immer fern, die ganze Zeit. Es war gespenstisch: Keine Menschenseele war unterwegs, nirgendwo ein Zeichen von Leben, der Nebel, der alles unter sich begraben hatte, und die unverständlichen arabischen Worte, die durch die Stille knallten wie Peitschenhiebe. Fabrizio warf einen fragenden Blick zu Cesare, der ihm gegenüber auf der anderen Seite der schmalen Straße stand. Er schien nachzudenken. Schließlich machte er eine Kopfbewegung in Richtung Marios Haustür. Okay. Fabrizio löste sich von der Hauswand und ging hinüber auf die andere Seite. Die Haustür stand offen. Einen Spaltbreit nur, aber sie war offen. Aufgebrochen. Die beiden Carabinieri sahen sich einen Moment lang an, dann schob Cesare die Tür ganz auf. Kein »Permesso« diesmal. Sie wechselten kein Wort. Fabrizio hatte Angst vor dem, was er im Haus sehen würde, aber er wusste, was er zu tun hatte. Cesare würde ihm Deckung geben. Er trat ins Haus. Der gleiche modrige Geruch wie bei Elisa Noè. Elisa und Antonio war die Kehle durchgeschnitten und die Gliedmaßen waren abgetrennt worden. Was würde ihn hier erwarten? Er ging behutsam durch die dämmrige Diele. Es war dunkel hier drin. Aus dem Augenwinkel entdeckte er die Telefonstation, sie stand auf einem kleinen Tischchen. Das Telefon fehlte. Später. Erst mussten sie nach Mario schauen. Rechts ging die Tür zum Wohnzimmer ab. Sie stand offen.

Hinter ihm betrat Cesare die Diele. Plötzlich hörte er ein Geräusch, ein Knacken. Er sah sich nach Cesare um, der hatte es auch gehört und deutete mit dem Lauf der Pistole in Richtung Wohnzimmer, wo das Geräusch hergekommen war. Fabrizio drückte sich gegen die Wand und schob sich dann Zentimeter für Zentimeter am Türpfosten entlang nach vorn, sodass er ins Wohnzimmer spähen konnte. Ein Teppich bedeckte den Steinboden. Er sah einen Tisch ohne Tischdecke, einen Stuhl. Auf dem Tisch stand ein Teller, halb aufgegessene Pasta darauf. Jetzt erst bemerkte Fabrizio, dass es nach Essen roch. Er schob sich noch ein Stück nach vorn, sodass der Schaukelstuhl auf der rechten Seite des Raumes in sein Blickfeld geriet. Der Schaukelstuhl bewegte sich. Es war eine sachte, kaum merkliche Bewegung, aber eindeutig eine Bewegung. Fabrizio hielt den Atem an und presste sich mit dem Rücken an die Wand. Er signalisierte Cesare, dass da drinnen etwas war.

Als sie den Raum stürmten, bewegte sich der Schaukelstuhl immer noch sachte hin und her. Auf dem Stuhl saß eine Katze und leckte ihr Fell. Als sie die beiden Carabinieri bemerkte, hielt sie inne – das rechte Vorderbein verharrte in der Luft – und blickte sie aus grünen Augen erstaunt an. Ihr Fell musste ursprünglich weiß gewesen sein, aber das war kaum mehr zu erkennen. Es war getränkt mit Blut. Einen Moment dauerte es, bis Fabrizio klar wurde, dass das Blut nicht von der Katze stammen konnte.

Im Wald bei Lenzari,
Sonntag, 21. Februar 2010, 14:15 Uhr

Der Wetterumschwung kam rasend schnell. Plötzlich einsetzender Wind blies dichte Wolken über den Rücken des schlafenden Hundes. Sie jagten an seiner Flanke hinunter wie Krieger, die sich in die Schlacht stürzen, und verdunkelten die Sonne. Dämmerlicht herrschte im Wald. Gegen 14:30 Uhr begann es zu schneien.

»Lass uns umkehren, Anna.«

Aber Anna hatte sich in den Kopf gesetzt, bis zu dem alten verfallenen Haus zu gehen, dessen zerstörtes Dach sie viel weiter oben bereits bemerkt hatten, als der Weg noch breiter und weniger steil war.

»Wir müssen den ganzen Weg wieder zurück. Und du warst gerade erst krank.«

»Jetzt aber nicht mehr. Jetzt bin ich wieder gesund.« Anna trat auf einen Zweig. Das Knacken kam Marc überlaut vor. Ja, Anna war wieder gesund. Dafür lag Conny jetzt flach. Sie hatte Annas Magen-Darm-Infekt übernommen. Es ging ihr so schlecht, dass sie Marc gestern nicht vom Flughafen Nizza hatte abholen können. Er war also wieder Zug gefahren.

»Okay. Bis zum Haus.«

Der Schneefall wurde dichter. Sie stapften weiter. Der Weg war mittlerweile nicht mehr als ein Trampelpfad. Marc hoffte, dass er sie bis zum verfallenen Haus führen würde und nicht vorher im Nichts versandete. Obwohl ihm, seit er Kerstings Haus in Zehlendorf verlassen hatte, nichts dringlicher erschien als herauszufinden, was er über den Mann wusste, der am Tag des Oktoberfest-Attentats in einem schwarzen Fiat 128 in der Nähe der Theresienwiese gesehen worden war, war Marc noch nicht dazu gekommen, mit dem Marokkaner zu sprechen. Er hatte sich um Anna und die kranke Conny kümmern müssen. Um ihr die dringend benötigte Ruhe zu verschaffen, hatte er Anna zu diesem Spaziergang überredet. Das Wetter war schön gewesen und der Himmel über Lenzari strahlend blau, als sie vor einer halben Stunde gestartet waren. Sie waren am Haus des Marokkaners vorbeigegangen. Marc hatte gelauscht, aber aus dem Haus war nichts zu hören gewesen, kein Fernseher wie sonst.

»Gibt's hier eigentlich böse Tiere?«, fragte Anna.

»Schlangen vielleicht. Aber jetzt noch nicht. Denen ist noch zu kalt.«

Marc fiel auf, dass die Schneeflocken mittlerweile nicht mehr bis zu ihnen durchkamen, so dicht war der Wald hier.

»Komm, weiter«, sagte er. Anna schlurfte durch das Laub und erzählte von bösen Schlangen, die in einer tiefen Schlucht auf ihre Beute warteten, aber Marc hörte nicht zu. Er war in Gedanken beim Oktoberfest-Attentat. Während des Fluges und der Zugfahrt hatte er Zeit gehabt, die Unterlagen zu lesen, die Kersting ihm mitgegeben hatte. Wenn er die Lektüre richtig deutete, hatte Kersting recht: Keiner der Journalisten und Rechtsanwälte, die sich seit Jahren mit dem Wies'n-Attentat beschäftigten, glaubte daran, dass Gundolf Köhler ein Einzeltäter war. Sie alle bezweifelten das offizielle Urteil. Dass da irgendetwas nicht stimmte, dass Zeugenaussagen manipuliert und notwendige Ermittlungen unterlassen worden waren, schien offensichtlich. Aber was steckte dahinter?

Die farblosen Blätter, die den Waldboden bedeckten, sahen aus wie die Schuppen einer uralten Echse. Rechts und links standen mannshohe Dornenhecken – Brombeeren, vermutete Marc.

Der Wind wurde immer stärker. Anna hüpfte vor Marc her und summte ein Lied dabei.

Marc war beklommen zumute und er wusste, dass das mit dem Besuch bei Hans Kersting zu tun hatte. Der Mann, den er suchte, hatte eventuell etwas mit dem Oktoberfest-Attentat zu tun. Er fragte sich, wo das alles hinführen sollte.

Das verfallene Haus stand auf einer kleinen Lichtung. Eine dünne Schneeschicht bedeckte das Dach, dessen rechte Seite eingefallen war.

»Guck mal, da hat's gebrannt!« Anna zeigte auf zwei verkohlte Dachbalken. Sie waren nur noch zwanzig Meter von dem Haus entfernt, als der Schuss knallte, so laut, dass der Boden unter Marcs Füßen vibrierte.

»Komm!« Marc packte Anna am Arm und zog sie mit sich. Das Echo des Schusses rollte durch das Tal, wenn auch jetzt in weiter Entfernung.

Geduckt rannten sie auf das verfallene Haus zu. Anna stolperte über einen Baumstumpf und taumelte. Marc hielt sie fest, zog sie weiter mit sich. Da knallte der nächste Schuss. Anna zog den Kopf ein. Marc hörte sie wimmern. Er sah sich nicht um. Noch fünf Meter bis zum Haus. Die groben Feldsteine waren moosbewachsen und von Efeu überwuchert. Der Wald war dabei, sich das Haus einzuverleiben. Die Türöffnung klaffte wie eine Wunde. Dahinter Dunkelheit.

»Da rein«, rief er Anna zu. Es dauerte einen Moment, bis sich seine Augen an das Dämmerlicht gewöhnt hatten. Anna klammerte sich an ihn.

»Was war das?« Ihre Stimme war leise, kaum zu verstehen.

»Das waren Schüsse, Anna.«

»Aus einem Gewehr?«

»Ja ... ich glaube schon.«

Er strich ihr mit der Hand über den Kopf und lauschte gleichzeitig mit angehaltenem Atem. Nichts. Kein Geräusch mehr. Nicht einmal der Wind. Er sah sich im Raum um. Das Dach war hier bis auf wenige Löcher intakt. Ein paar Schneeflocken trudelten ins Innere.

»Schau mal!« Anna zeigte auf die rechte hintere Ecke des Raums. Dort lag eine alte, verdreckte Matratze, darauf eine Decke, fein säuberlich zusammengelegt. Braunes Karomuster.

»Wohnt da jemand?« Anna flüsterte.

»Setz dich mal da hin. Und leise sein, ja?« Er führte Anna zu der Matratze. Sie setzte sich, leicht angeekelt, auf die Decke. Marc trat zu einer der Fensteröffnungen. Die Schüsse waren von oberhalb gekommen. Der oder die Schützen mussten irgendwo da oben sein. Marc spähte vorsichtig durch die Fensteröffnung. Spinnweben verfingen sich in seinen Haaren. Er wischte sie mit einer schnellen Bewegung weg. Wie eine Wand türmte sich der Wald vor ihm auf. Nichts war hier zu sehen. Gar nichts.

»Papa!«

Er drehte sich zu Anna um. Sie saß noch immer auf der Matratze, hatte die Knie bis zum Kinn hochgezogen und hielt ihm etwas entgegen. Aus der Distanz konnte er nicht erkennen, was es war, also ging er zu ihr und setzte sich neben sie.

»Ist das ein Hund?« Anna reichte ihm den Gegenstand. Aus einer Wurzel hatte jemand ein Holztier geschnitzt. Ob es ein

Hund war, vermochte Marc nicht zu sagen, die Schnitzerei war wenig kunstvoll und hätte ebenso gut jedes andere Tier darstellen können.

»Schau mal wie viele!« Anna zeigte auf die groben Feldsteine ringsherum. Jetzt, da sich seine Augen an die Dunkelheit hier drinnen gewöhnt hatten, konnte Marc erkennen, dass der Raum voll von diesen geschnitzten Kreaturen war. Sie standen, hockten oder kauerten auf den Steinvorsprüngen und glotzten ihn an. An die Hundert mussten es sein, schätzte Marc.

»Wer hat die alle gemacht?«, fragte Anna.

»Keine Ahnung.« Marc erhob sich und ging an der Wand entlang, von einer Holzkreatur zur nächsten. Eine dreibeinige Raubkatze mit einem viel zu kleinen Kopf. Eine Schlange, der man ansah, dass sie eigentlich ein Krokodil sein sollte, überhaupt viele Reptilien, alle sahen aus, als habe ein Kind sie geschnitzt, ein unkonzentriertes Kind, das wenig Zeit gehabt hatte.

»Mir ist kalt.« Anna saß mit vor der Brust verschränkten Armen auf der Matratze. Sie zitterte.

Marc trat wieder zur Fensteröffnung und spähte hinaus. Die Wipfel der Bäume rauschten im Wind, ansonsten war kein Geräusch zu hören. Wem hatten die Schüsse gegolten? Marc wusste nicht, wie er sich verhalten sollte.

»Lass uns noch eine Viertelstunde warten. Dann gehen wir los«, sagte er schließlich. Er setzte sich zu Anna, holte sein Handy aus der Tasche, warf einen Blick auf die Uhr des Displays und legte das Gerät neben sich auf die Matratze. Eine Viertelstunde. Anna zitterte vor Kälte. Er legte einen Arm um sie. Sie kuschelte sich an ihn, ohne etwas zu sagen. Er sah den Schneeflocken zu, die durch die Löcher in der Decke hindurch in den Raum trudelten. Jede Schneeflocke fiel auf eine andere, besondere Art zu Boden.

»Müssen eigentlich alle Tiere sterben, Papa?« Anna betrachtete nachdenklich den Hund aus Holz in ihrer Hand.

»Ja ... irgendwann ... wenn sie alt sind.«

»Auch Schmetterlinge?«

»Ja.« Marc betrachtete seine Tochter liebevoll. Zwischen ihren Augenbrauen kräuselten sich ein paar Fältchen.

»Aber das Rattenbaby«, sagte sie schließlich, »das Antonio totgetreten hat, das war doch noch gar nicht alt.«

»Nein, das ... das stimmt.« Mehr fiel ihm dazu nicht ein.

»Warum ist die Babyratte gestorben, Papa?«

Er hätte ihr gerne etwas Tröstliches geantwortet, etwas, das Sicherheit gab. Aber er konnte nicht.

»Es gibt einfach ungerechte Sachen in der Welt«, sagte er und drückte Anna an sich. Sie schwiegen.

»Meinst du, ich darf den Hund mitnehmen?«, fragte Anna nach einer Weile. Marc warf einen Blick auf die unförmige Kreatur aus Holz.

»Ja«, sagte er, »mach mal ruhig. Bleiben ja genug Tiere hier.«

»Die müssen wenigstens nicht sterben.« Anna lächelte.

Marc warf einen Blick auf das Handy. Die Viertelstunde war um.

»Komm«, sagte er, »wir gehen nach Hause.«

Sie traten aus dem Haus. Es war ein ungutes Gefühl, durch den dichten Wald zurückgehen zu müssen. Deshalb war Marc erleichtert, als er einen Weg entdeckte, der auf der anderen Seite des Hauses talwärts verlief. Er führte weg von den Schüssen, in die entgegengesetzte Richtung, und er war viel breiter und vertrauenerweckender als der schmale Trampelpfad, auf dem sie hergekommen waren. Er würde irgendwo hinführen, wo sie sicher waren. Hoffte er.

»Komm Anna«, sagte Marc, »wir gehen hier lang.«

Nach etwa einer halben Stunde lichtete sich der Wald, und der Weg ging in eine Schotterpiste über, die zur Not sogar mit dem Auto zu befahren war. Nach einer weiteren Viertelstunde machte die Schotterpiste eine scharfe Kurve, und sie sahen vor sich im Tal die Dächer von Pieve di Teco liegen. Sie hatten es geschafft.

»Ich habe Hunger«, sagte Anna.

»Erst Eis, dann Pizza?« Marc fühlte sich plötzlich übermütig.

»Eis, Pizza und dann noch mal Eis«, sagte Anna.

Marc war einverstanden. Sie spielten Ein-Hut-ein-Stock-ein-Regenschirm und stolperten lachend und laut singend den Weg entlang, bis sie an ein Haus kamen, das offensichtlich bewohnt war. Danach ging die Schotterpiste in eine asphaltierte Straße über. Plötzlich hörten sie wütendes Hundegebell. Anna nahm schnell Marcs Hand. Hinter der nächsten Kurve standen vier Autos am Straßenrand, zwei kleine Suzuki-Geländewagen und zwei Fiat-Pandas, alle über und über mit Lehm bespritzt. Das Gebell kam aus den Käfigen im Heck der Autos. Die Kofferraumklappen standen offen. Sechs Männer in militärisch aussehender Kleidung standen bei den Autos, rauchten und unterhielten sich. Zwei von ihnen hatten ihre Gewehre über der Schulter. Jäger. Daher also die Schüsse.

Als die Männer Marc und Anna bemerkten, grüßten sie freundlich. Marc sprach sie an und erzählte von den Schüssen. Die Männer bestätigten, dass sie oben am Berg gejagt hätten. Sie sahen Marc erschrocken an. Es sei gefährlich, sich im Wald herumzutreiben, wenn gejagt werde, da passierten immer wieder schlimme Unfälle, sagten sie. Marc erfuhr, dass dieser Februarsonntag der letzte Tag der Jagdsaison war. Die Saison ging von Oktober bis Februar, immer mittwochs, samstags und sonntags durfte gejagt werden.

»Das nächste Mal ziehen Sie sich besser rote Sachen an, wenn Sie unbedingt in den Wald müssen«, scherzten die Männer. Einer schenkte Anna einen Kaugummi. Als Marc sich erkundigte, ob sie etwas geschossen hätten, führten die Männer sie zu dem Suzuki, der ganz vorne geparkt war. Auf der Kühlerhaube lag ein riesiges Wildschwein. Es war mit Gurten festgezurrt und zum Abtransport bereit.

»Ist das groß«, staunte Anna. Sie schien eher interessiert als abgestoßen zu sein.

Zwanzig Minuten später saßen sie unter den Arkaden von Pieve di Teco im Café Da Maria und aßen Eis, obwohl es dafür eigentlich viel zu kalt war. Marc rief Conny an, die sich bereits Sorgen gemacht hatte. Trotz ihrer Krankheit versprach sie, Marc und Anna mit dem Auto abzuholen; sie würde das schon schaffen, betonte sie am Telefon, und Marc hätte auch gar nicht gewusst, wie sie sonst wieder nach Lenzari hinaufkommen sollten. Zur Not hätte er Massimo bitten müssen, sie abzuholen.

Die Pizzeria Dal Maniscalco öffnete um 18 Uhr. Marc und Anna waren die ersten Gäste. Sie hatten gerade ihre Pizza bestellt, als Conny dazukam.

»Was habt ihr denn wieder angestellt?«, fragte sie, aber sie war nicht böse, sondern froh und erleichtert, das sah ihr Marc an. Und dann begann Anna zu erzählen, es sprudelte nur so aus ihr heraus, sie zeigte Conny den Hund aus Holz, erzählte von den Jägern, dem Wildschwein auf der Kühlerhaube, alles durcheinander. Eine bunte, flatternde Geschichte. Die Kellnerin – sie hatte einen tätowierten Schmetterling auf dem Oberarm – stellte ein Glas Barolo vor Marc auf den Tisch, und während sich Anna und Conny unterhielten, lehnte Marc sich zurück. Er fühlte sich erschöpft, aber glücklich. Er beobachtete seine Tochter, die mit leuchtenden Augen von ihrem gemeinsamen Abenteuer berichtete, und war stolz auf sie. Er nahm einen Schluck vom Barolo. Er schmeckte großartig.

Es war 20:05 Uhr, als Marc an die Haustür des Marokkaners klopfte. Er meinte, drinnen den laufenden Fernseher zu hören, war sich aber nicht sicher. Nachdem er geklopft hatte, herrschte allerdings definitiv Ruhe. Als ob der Marokkaner den Ton schnell ausgeschaltet hätte, weil er nicht mit ihm reden wollte. Vielleicht schlief er auch bereits. Marc trat zwei Schritte zurück. Licht war keines zu sehen. Er klopfte noch einmal. Wartete. Lauschte. Nichts. Schließlich zog er Zettel und Stift aus der Jackentasche und schrieb eine Nachricht für den Marokkaner: »Muss Sie dringend sprechen. Komme morgen um 20 Uhr wieder. Bitte. Es ist WICHTIG! Der Deutsche.«

Er schob den Zettel unter der Tür hindurch. Als von drinnen noch immer kein Geräusch zu hören war, drehte er sich um und ging zurück zum Haus.

Drinnen schloss er die Haustür ab und schob den Riegel vor. Von oben hörte er Stimmen. Conny war offenbar noch dabei, Anna ins Bett zu bringen. Er ließ die Jacke an, ging ins Wohnzimmer und schnappte sich seinen iPod und die Kopfhörer. Dann ging er die Treppe nach oben. Ganz nach oben. Seine Beine fühlten sich schwer an. Er machte kein Licht. Als er auf die Dachterrasse trat, umfing ihn die schwärzeste Nacht, die man sich vorstellen konnte. Keine Sterne. Kein Mond. Die Berge ringsherum mehr zu ahnen als zu sehen. Es war kalt. Er drückte auf Start. Brian Eno sang: »And then so clear to wonder, To wake with open eyes, As the snow across the tundra, And the rain across the skies… And the rain across the skies.« Marc schloss die Augen und lauschte der Musik.

Pieve di Teco, Freitag, 4. Juni 2010, 18:35 Uhr

Sie konnte nicht sagen, wie lange sie bereits so dastand, den Rücken gegen die Hauswand gepresst, im zugigen Durchgang, der die Arkaden mit dem Kirchplatz verband. Könnte sie doch mit der Mauer verschmelzen, unsichtbar werden. Die Einkaufstüte mit den Kleidern für Anna stand zwischen ihren Füßen auf dem Boden. Sie waren hinter ihnen her. Es war wie damals in Genua: Alles, woran sie geglaubt hatte, alles was vorher noch fest genug gewesen war, um sich daran zu klammern, änderte urplötzlich den Aggregatzustand, zerbröselte und zerfloss, wenn man zugriff. Ein Albtraum – aus dem sie leider nicht aufwachen würde. Sie musste handeln. Sie musste schnell handeln. Sie musste schneller sein als der Mann mit den grauen Augen.

Eine einzige Straße führte durch Pieve, jene Bundesstraße 28, die Turin und das Piemont mit dem Mittelmeer verband. Der Fluchtweg in Richtung Berge war blockiert, keine hundert Meter von Carla entfernt stand der Carabinieri-Jeep auf der Fahrbahn, und ohne nachsehen zu müssen, wusste sie, dass auch der Weg in Richtung Meer versperrt sein würde. Zwei Polizeiwagen reichten, um Pieve abzuriegeln. Sie hasste die Berge, und vor allem hasste sie Täler. Man kam da nicht mehr raus. Sie vermisste Padua und die Weite der Po-Ebene. Sie vermisste ihr Leben vor dem 20. Juli 2001.

Kurz Durchatmen. Sie presste die Handflächen gegen die Mauer in ihrem Rücken, ein paar Sekunden nur, dann ballte sie die Hände zu Fäusten. Sie drehte sich langsam um, stützte sich mit den geballten Fäusten am kalten Stein der Hauswand ab und spähte um die Ecke. Einen Moment lang dachte sie, vor ihr lägen Sandsäcke, wie im Frühjahr, wenn die Flüsse über die Ufer traten und Schlammlawinen Häuser mit sich in die Tiefe rissen. Oder wie im Krieg. Aber dann realisierte sie, dass es Säcke mit Hundefutter waren, fünfzehn Kilo der Sack. Die Tierhandlung. Sie stand direkt neben der Tierhandlung. Aquarien verschiedener Größe waren unter den Arkaden gestapelt. Über die Hundefutter-Säcke hinweg konnte sie die Bundesstraße sehen und einen Teil des Jeeps. Er stand noch da. Sie sah die Uniform, die roten Streifen, die Beine lässig übereinander geschlagen, gegen den Kotflügel gelehnt. Reglos. Sie konnte seinen Kopf nicht sehen, die Arkaden verdeckten ihn. Trotzdem wusste sie, dass er es war. In diesem Moment ließ er den rechten Arm sinken. Carla sah, dass er ein Funkgerät in der Hand hielt.

Sie rannte los. Ihre Schritte hallten zwischen den hohen Mauern. Denk nach, sagte sie sich, gibt es hier irgendjemanden, der dir helfen kann, irgendjemand, der dich und Anna versteckt oder von hier wegbringt – aber sie kannte hier keinen. Wer würde ihr glauben? Ihr fiel niemand ein.

Sie hatte die Hälfte des Weges bis zur Kirche zurückgelegt, als plötzlich, wie aus dem Nichts, der Hund von vorhin wieder auftauchte. Er rannte erwartungsvoll neben ihr her und wedelte mit dem Schwanz. Er schien spielen zu wollen.

»Hau ab!«, zischte Carla ihm zu. Doch der Hund rannte fröhlich bellend weiter. Scheiße, dachte Carla, bloß kein Aufsehen. Sie presste die Tüte mit den Kleidern an sich.

»Hau ab!« Diesmal brüllte sie. Er schnappte nach ihrem Bein und sie trat zu, mit aller Kraft, sie erwischte ihn an der Schnauze. Er heulte auf, zog den Schwanz ein. Sie erreichte den Eingang der Kirche, sah sich noch einmal um. Der Hund verzog sich. Sonst war niemand zu sehen. Keine Passanten, keine Polizisten. Nur am rechten oberen Ende des Kirchplatzes, in Richtung Theater, zog eine Kehrmaschine ihre Bahn. Sie schoss gelbe

Lichtgarben durch den Nieselregen. Der Hund trottete ihr langsam entgegen. Vom Berg herunter kroch der Nebel auf Pieve zu. Carla zog die schwere Tür auf und trat in die Kirche. Sie sprang über die Kordel und eilte die Stufen der Kanzel nach oben.

Anna schien sich während ihrer Abwesenheit nicht bewegt zu haben. Sie kauerte noch immer auf dem Boden der Kanzel, den Rücken an den kalten Stein der Balustrade gepresst. Sie schaute kaum auf, als Carla ihr die Plastiktüte mit den Kleidern entgegenstreckte.

»Zieh das an. Bitte!«

Anna reagierte nicht.

»Anna! Wir müssen hier weg!« Carla leerte die Plastiktüte aus. Die Kleider fielen auf den Boden der Kanzel.

»Zieh das an und dann los.«

Aber das Mädchen reagierte nicht. Carla spürte, dass ihre Kräfte schwanden. Sie kniete sich zu Anna.

»Hör zu: Die Polizisten haben uns den Weg abgeschnitten. Ich weiß nicht, wo wir hingehen können, aber wir müssen hier weg. Ich will dir helfen, aber das geht nur, wenn du mitmachst.«

Sie sah Anna in die Augen. Und plötzlich griff das Mädchen nach den Kleidern und begann sich anzuziehen. Schweigend. Und langsam. Viel zu langsam.

»Soll ich dir helfen?« Carla bemühte sich, ihre Stimme nicht allzu ungeduldig klingen zu lassen. Anna nickte, also half sie ihr.

Mehr um ihre Gedanken zu ordnen als zu Anna, sagte sie:

»Es gibt hier nur eine einzige Straße, und die Polizisten haben sie an beiden Seiten von Pieve abgesperrt. Ich weiß nicht, wie wir hier wegkommen.«

Stille. Jesus mit ausgebreiteten Armen. Direkt über ihnen.

»Es gibt noch einen anderen Weg.« Annas Stimme war undeutlich, sie zog sich gerade den Kapuzenpulli über den Kopf.

Carla konnte ihr Gesicht nicht sehen. Sie glaubte, nicht recht verstanden zu haben, doch dann tauchte Annas Kopf wieder auf. Die Kapuze bedeckte ihre Haare. Der Pulli war blau. Ein Surfer tobte auf einer Welle, die quer über Annas Brust rollte.

»Was für ein Weg, Anna?«

Anna streckte ihre Hand nach Carla aus und sagte: »Komm mit. Ich zeig ihn dir.«

BETREFF: Stasi
VON: Marc Burth <marc.burth@web.de>
AN: Martin Maurer <martinmaurer@yahoo.com>
DATUM: 26.3.10 02:37:01

Lieber Martin,

den Erkenntnissen der Stasi zufolge waren westdeutsche Nachrichtendienste (die Landesämter für Verfassungsschutz Bayerns, Baden Württembergs und Nordrhein-Westfalens) am 26.9.1980 bereits 22 Stunden VOR dem Oktoberfest-Attentat im Großraum München in Stellung gegangen. Wussten sie, dass etwas passieren würde? Wussten sie, was passieren würde? Warum haben sie es dann nicht verhindert? Lauter Fragen, keine Antworten.

Grüße
Marc

Lenzari, Freitag, 4. Juni 2010, 18:35 Uhr

Sie fanden Mario nicht. Sie hatten das ganze Haus auf den Kopf gestellt, aber sie fanden ihn nicht. Jetzt standen sie in Marios Schlafzimmer im zweiten Stock des Hauses. Die Fensterläden waren geschlossen. Es war dunkel hier drin, dunkel und feucht. Fabrizio sah sich um: Das Bett war ungemacht. Die Wolldecke über dem Bettlaken hatte Löcher. Eine nackte Glühbirne hing von der Decke herab. An der Wand über dem Kopfende des Bettes hing ein Kreuz aus Messing, daneben der Kalender eines Baumaschinenherstellers: Auf der Motorhaube eines Baggers räkelte sich ein Mädchen im roten Bikini. Der Kalender war von 2005.

Das Schlimme war nicht, dass die Menschen, in deren Leben er eindrang, zumeist Opfer eines Verbrechens geworden waren, das Schlimme war die Trostlosigkeit ihrer Leben, die Fabrizio anwehte. Was, dachte er, würde wohl jemand denken, der eines Tages durch seine Wohnung ging und versuchte, sich ein Bild von seinem, Fabrizios, Leben zu machen. Würde der dieselbe Trostlosigkeit empfinden wie er in diesem Augenblick? Vielleicht sollte er künftig immer dafür sorgen, dass ein Strauß frischer Blumen im Zimmer stand.

Das Telefon lag auf dem Nachttisch, der rechts neben dem Bett stand. Cesare nahm es auf und hielt es sich ans Ohr. Dann schüttelte er den Kopf.

»Wir werden im ganzen Ort kein funktionierendes Telefon finden.« Cesare flüsterte. »Jemand hat das Netz lahmgelegt.«

Wahrscheinlich hat Cesare recht, dachte Fabrizio, bei den mittelalterlichen Telefonleitungen hier oben geht das mit dem Taschenmesser. Er ging hinüber zum Fenster und spähte durch einen Schlitz des Fensterladens nach draußen. Cesare trat zu ihm, entriegelte den Fensterladen und öffnete ihn vorsichtig. Von hier aus konnten sie direkt ins Schlafzimmer des Marokkaners sehen. Die Läden waren nicht vorgezogen. Der Fernsehapparat lief, aber sie konnten von ihrer Position aus die Bilder nicht erkennen. Der bläuliche Schein der Mattscheibe war die einzige Lichtquelle im Zimmer. Das Bett stand links vom Fenster, ob dort jemand saß oder lag, war ebenfalls nicht zu sehen.

»Gehen wir rüber«, flüsterte Cesare.

Die Tür zum Haus des Marokkaners war nicht beschädigt oder aufgebrochen, das sahen sie sofort. Sie war geschlossen. Fabrizio holte sein Schlüsselbund hervor und suchte nach dem richtigen Schlüssel. Er hatte ihn noch nie gebraucht. Wenn sie ihre wöchentlichen Kontrollen beim Marokkaner machten, klopften sie immer, wie höfliche Besucher, und der Marokkaner kam dann runter und öffnete. Er hatte noch nie Ärger gemacht, war immer kooperativ gewesen. Fabrizio hatte ihn stets als gutmütig und freundlich eingeschätzt, ein bisschen beschränkt vielleicht, was aber auch daran liegen konnte, dass sein Italienisch nicht besonders gut war. Der Schlüssel passte. Cesare richtete seine Waffe auf die Tür und nickte ihm auffordernd zu. Fabrizio drehte den Schlüssel im Schloss. Die Tür klemmte. Er zog sie zu sich heran, jetzt ließ sie sich öffnen. Mit gezogenen Waffen betraten die beiden Carabinieri die Diele. Die Schuhe an der Wand, der Gestank der Ratten, alles war wie immer. Sie gingen die Treppe nach oben, langsam, darauf bedacht, kein Geräusch zu machen. Als sie den ersten Stock erreicht hatten, wartete Fabrizio, bis sich seine Atmung beruhigt hatte, und lauschte. Abgesehen von der Stimme aus dem Fernseher war kein Geräusch zu hören. Er schob sich langsam mit dem Oberkörper nach vorn und spähte in die Küche. In der Spüle stand ein Sieb, randvoll mit Nudeln. Sie hatten bereits eine dunkle Färbung angenommen. Dann erst bemerkte er die Fliegen, die über die Nudeln krabbelten. Ab und zu erhob sich eine in die Luft, um Sekunden später wieder auf dem Nudelberg Platz zu nehmen. Auf dem Tisch an der Wand stand ein geöffnetes Glas mit Tomatensauce. Es war noch halb voll. In der Küche war der Marokkaner nicht, also wandten sie sich um. Cesare nickte Fabrizio zu, dann stürmten sie mit gezogenen Waffen in den Raum mit dem Fernseher. Fabrizio erkannte sofort, dass der Marokkaner nicht da war, trotzdem überprüften sie den Schrank und sahen unter dem Bett nach. Mehr Möglichkeiten, sich zu verstecken, gab es hier nicht. Der Raum war verlassen und mutete noch trostloser an als sonst. Das Bett war ungemacht, die Stimme aus dem Fernseher dröhnte in Fabrizios Ohren. Während Cesare sich umsah, griff Fabrizio nach der Fernbedienung, die neben dem Bett auf dem Nachttisch lag. Der Mann auf dem Bildschirm trug eine schwarze Strickmütze auf dem Kopf und eine olivgrüne Uniformjacke. Er saß auf einem Sofa. Rechts neben ihm lehnte eine Kalaschnikow an der Wand. Der Gesichtsausdruck des Mannes passte nicht zu der Aggressivität, mit der er sprach, er sah gleichmütig aus, entrückt, fast als meditiere er. Sein Gesicht war eine Maske, die den Hass in die Welt hinausspie. Fabrizio stellte den Ton leiser.

»Hör dir das mal an.« Cesare trat zu ihm. Er hatte einen Zeitungsartikel in der Hand. »Hier geht's um das Schächten, das muslimische Opferritual.« Der Artikel war aus dem *Secolo* herausgerissen worden. »Zunächst«, las Cesare vor, »muss das Tier durch gutes Zureden und Anbieten von Essen oder Trinken beruhigt werden. Erst wenn das Tier ruhig und entspannt ist, darf zum Schnitt angesetzt werden, der mit einem scharfen Messer schnell und professionell ...«

»Ce?« Fabrizios Stimme klang brüchig. Cesare sah auf, er kniff die Lippen zusammen und sah Fabrizio fragend an. Zum ersten Mal bemerkte Fabrizio die Altersflecken auf dem Handrücken seines Kollegen. Er schüttelte den Kopf.

»Nichts. Lies weiter.«

»… der mit einem scharfen Messer schnell und professionell ausgeführt werden muss und mit einem einzigen Zug die Luftröhre, die Speiseröhre und die beiden Halsschlagadern durchtrennen soll.«

Stille.

»Der Kuchen, den Elisa Noè essen musste … Meinst du, das gehörte zum Opferritual?« Er war ein hilfloser Mann mit einem verwachsenen Rücken. Er verstand das alles nicht.

»Hier ist noch was.«

Cesare reichte Fabrizio ein Blatt Papier. Es war schmutzig und verknittert. Links oben waren arabische Schriftzeichen zu sehen, daneben in lateinischen Buchstaben das Wort »Dschihad«.

»Wo hast du das her?«

»Lag unterm Bett, zusammen mit dem Zeitungsausschnitt.« Cesare holte sein Handy hervor, drückte schnell ein paar Tasten.

»Schau dir das an!« Auf dem Display war das Foto zu sehen, das Cesare von der Wand in Elisa Noès Haus gemacht hatte, von den arabischen Schriftzeichen, die mit Blut an die Wand gemalt worden waren. Sie waren identisch mit den Schriftzeichen auf dem Papier.

»Der Mörder hat …«, Fabrizio versuchte seine Gedanken zu ordnen, »… der Mörder hat ›Dschihad – Heiliger Krieg‹ an die Wand geschrieben.«

»Lies weiter.« Cesare reichte Fabrizio das schmutzige Blatt

Papier. Es waren Sätze auf Italienisch, mit ungelenker Schrift in Großbuchstaben geschrieben.

»Tötet die Ungläubigen, wo immer ihr sie findet«, las Fabrizio laut vor. Seine Stimme zitterte. »Greift sie, belagert sie und lauert ihnen auf jedem Weg auf … Doch der Lohn derer, welche sich gegen Allah und seine Gesandten empören und sich bestreben, nur Verderben auf der Erde anzurichten, wird sein: dass sie getötet oder gekreuzigt oder ihnen die Hände und Füße an entgegengesetzten Seiten abgehauen werden.«

Unter dem Text stand -9:5.

»Was sollen die Zahlen?«, fragte Fabrizio.

»Die bezeichnen wahrscheinlich die Stellen im Koran …«

»Das sind Koransuren?« Fabrizio starrte auf die Worte. Die Buchstaben verschwammen vor seinen Augen.

»Sieht so aus, als hätten wir den Marokkaner falsch eingeschätzt.« Cesare blickte Fabrizio durchdringend an.

»Glaubst du wirklich, dass er …«

»Eindeutiger geht's nicht, oder?«

Fabrizio schwieg. Cesare hatte sicher recht. Eindeutigere Indizien für die Täterschaft des Marokkaners ließen sich kaum denken.

»Aber warum? Was hat er für ein Motiv?«

»Das fragen wir ihn, wenn wir ihn haben.« Cesare nahm Fabrizio das Papier aus der Hand.

»Und was ist mit der Fußfessel? Warum hat die keinen Alarm ausgelöst?«

Cesare zuckte die Achseln.

»Keine Ahnung.

»Was machen wir, Ce?«

Einen Moment schien Cesare zu zögern, aber dann sagte er mit fester Stimme: »Ich werde hier im Haus nach weiteren Spuren suchen, vielleicht finde ich ja was, das uns zum Marokkaner führt ...«

»Und ich?«

»Ich möchte, dass du versuchst, das Auto zum Laufen zu bringen.«

»Ich bin kein Mechaniker.«

»Wir müssen hier weg, Fabi«, Cesares Stimme klang beschwörend, »das hier ist zu groß für uns. Wir schaffen das nicht allein.«

Fabrizio nickte.

»Okay.« Er wandte sich zum Gehen. Der bärtige Mann im Fernseher schickte noch immer ungerührt seine Hassbotschaften in den Äther. Fabrizio hatte die Tür fast erreicht, als er sich noch einmal zu Cesare umdrehte.

»Ich kann mir nicht vorstellen, dass der Marokkaner das allein gemacht hat.«

»Ich auch nicht«, sagte Cesare.

Laigueglia, Montag, 22. Februar 2010, 15:30 Uhr

Anna winkte ihm vom Piratenschiff aus zu. Marc winkte zurück und nahm einen Schluck Capuccino. Am Nebentisch saßen drei Damen um die sechzig und unterhielten sich seit einer halben Stunde über die Frage, welche Zutaten in eine echte Minestrone gehörten. Es ging hoch her; Einigung schien nicht in Sicht. Marc schloss die Augen und wandte sein Gesicht der Sonne zu, die in wenigen Minuten hinter dem gegenüberliegenden Haus verschwinden würde. Dann würde er den Platz wechseln müssen, denn im Schatten war es zu kalt. Sein Handy klingelte. Es war Klaus.

»Na?«, sagte Klaus nur, und Marc wusste, dass sich sein Freund wieder in einer seiner manischen Phasen befand.

»Heinz Lembke? Waffenfunde in der Lüneburger Heide? Schon gelesen?«

»Ich sitze gerade am Meer, Klaus, und trinke Cappuccino…«

»Du hast Nerven. Googeln sollst du!«

»Ich kann nicht googeln. Conny ist krank. Ich muss auf Anna aufpassen. Was ist denn los?«

»Hier stimmt ja gar nichts!« Klaus klang sehr aufgeregt. »Nach dem Oktoberfest-Attentat gab es Hinweise darauf, dass der Sprengstoff aus dem Waffenversteck eines gewissen Heinz Lembke stammte, Rechtsradikaler und Förster, super Kombination übrigens.« Klaus kicherte.

»Magst du mir nicht einfach den Link schicken, die Sonne ist gleich weg…«

»Hier kannst du auf dem Bürgersteig Schlittschuh fahren. Verlange nicht, dass ich dich bedaure.«

»Klaus! Mir wird kalt! Ich ruf dich nachher zurück … am besten, wenn ich mich mit dem Marokkaner getroffen habe.«

»Unbedingt. Also pass auf: Heinz Lembke ist verhaftet worden. Erst wollte er keine Aussage machen, und am Tag nachdem er angekündigt hatte, jetzt doch aussagen zu wollen, hat man ihn tot in seiner Zelle aufgefunden. Erhängt.«

Der Schatten kroch über den Tisch, auf Marcs Brust zu. Ihn fröstelte.

»Hallo? Bist du noch da?«

»Ja. Hat sich Kersting noch mal bei dir gemeldet?«

»Nein. Bis jetzt nicht … Marc!« Klaus' Stimme klang plötzlich unsicher. »Die Behörden sind dem Hinweis auf die Waffenverstecke überhaupt nicht nachgegangen. Warum nicht?«

Aus dem Augenwinkel sah Marc, dass Anna eilig vom Piratenschiff kletterte. Am Horizont steuerte ein träger Tanker auf Nizza zu.

»Papa!« Annas Stimme überschlug sich, während sie über den Strand rannte.

»Klaus, ich ruf dich heute Abend zurück, okay?«

»Alles klar. Ich schick dir den Link. Bis dann. Tschüss.« Er legte auf.

»Komm schnell!« Anna hatte das Café erreicht.

»Was ist denn los?«

»Ich muss dir was zeigen!« Sie zerrte an Marcs Arm. Die Damen am Nachbartisch ließen für einen Moment Minestrone Minestrone sein und betrachteten Anna wohlwollend.

»Che bella bimba!«

»Bella biondina!« Sie schienen sich gegenseitig in ihrem Lob übertreffen zu wollen.

»Was sagen die?«, fragte Anna.

»Dass du hübsch bist.« Anna lächelte den Damen schüchtern zu und löste dadurch erneut Begeisterung aus. Das war doch sehr anders als in Berlin, dachte Marc, wo man von älteren Damen günstigstenfalls Erziehungstipps zu hören bekam.

»Komm jetzt.« Anna hatte die Damen bereits wieder vergessen und zerrte an Marcs Arm. Er zahlte und folgte Anna, die aufgeregt vorneweg rannte, an den Strand. Als er bei ihr angekommen war, nahm sie seine Hand. Sie zeigte auf einen Mann, der etwa zehn Meter entfernt von ihnen den Strand entlangging. Er hatte ihnen den Rücken zugewandt und hinkte leicht, die ganze Gestalt schien in sich krumm. Er trug eine blaue Regenjacke und grüne Gummistiefel. Marc meinte, ihn schon am Strand gesehen zu haben. Er war einer der Fischer. Jetzt drehte der Mann sich um, blieb stehen und pfiff durch die Zähne, als rufe er seinen Hund. Aber hinter dem Mann war kein Hund, sondern eine junge Möwe. Sie hatte noch braunes Gefieder und wirkte verspielt. Wenn eine Welle auf sie zukam, schlug sie aufgeregt mit den Flügeln und wich mit tänzelnden Schritten aus. Der Fischer betrachtete die Möwe liebevoll.

»Bippo! Vieni!«, rief er.

Dann drehte er sich um und ging langsam weiter. Die Möwe eilte ihm hinterher.

»Drollig«, sagte Marc.

»Was hat er gerufen?«, fragte Anna.

»Komm, Bippo!«

»Bippo?«

»So heißt wohl die Möwe.« Sie sahen dem Fischer und der Möwe nach.

»Ist die zahm?«, fragte Anna.

»Keine Ahnung, was die ist.« Marc sah aufs Meer hinaus. Der Tanker war verschwunden, hinter den Horizont gekippt wahrscheinlich.

»Komm Schatz, lass uns mal nach Hause.«

Er handelte zweimal Rutschen und einmal Wippen mit seiner Tochter aus, und weil der Lebensmittelladen nach der Siesta gerade wieder öffnete, kauften sie danach noch zwei Liter Milch ein. Dann gingen sie durch den zugigen Durchgang, der hinauf zur Via Aurelia führte. Marc nahm Anna bei der Hand. Die Stelle war gefährlich, ein Schritt zu weit, und man stand vor der Kühlerhaube eines der Autos, die sich selbst in den Wintermonaten zahlreich über die Küstenstraße schoben.

»Los!«, rief Marc, als sich eine Lücke zwischen den Autos auftat. Sie flitzten über den Zebrastreifen. Auf der anderen Straßenseite stand ein grüner Glascontainer. Anna entdeckte die Blumenvase mit den Nelken als Erste. Sie stand auf einem Mauerabsatz. An die Mauer unterhalb der Vase war mit Klebestreifen ein Foto geheftet. Es war mit Plastikfolie gegen Regen geschützt und zeigte ein fröhlich lachendes Mädchen. Darunter stand: Valeria, 23 Aprile 2003 – 17 Gennaio 2010. Jemand hatte mit schwarzem Filzstift auf die Plastikfolie geschrieben: »Perché?«

»Was steht da?« Annas Stimme war leise. Oder der Verkehr, der in ihrem Rücken über die Via Aurelia tobte, war so laut.

»›Perché‹ heißt ›warum‹?«, erklärte Marc und legte instinktiv den Arm um die Schulter seiner Tochter. Er wunderte sich, dass sie nicht nachfragte. Anna sagte kein Wort, bis sie in Lenzari angekommen waren.

Sie spielten Uno, aßen zu Abend, und kurz vor 20 Uhr verließ Marc das Haus. Es hatte geregnet. Die Luft hatte sich spürbar erwärmt. Marc ging den schmalen Durchgang hinauf zur Dorfstraße. Dort blieb er einen Moment stehen und lauschte. In der Stille war überlaut das Rauschen des Wassers zu hören, das sich über den Rücken des schlafenden Hundes seinen Weg hinunter ins Tal suchte. Die Schneeschmelze hatte eingesetzt.

Um 20:02 Uhr klopfte Marc an die Tür des Marokkaners. Es dauerte nicht lange, dann hörte er Schritte im Haus. Die Tür wurde geöffnet. Im Schein der nackten Glühlampe wirkte das Gesicht des Marokkaners noch schmaler, die Wangen noch eingefallener als vor drei Wochen. Er hatte tiefe Schatten unter den Augen. Marc trat in die Diele und registrierte, dass der Marokkaner einen gehetzten Blick nach draußen warf, nach rechts und links, bevor er die Tür wieder schloss. Er drehte sich um und wies mit einer Kopfbewegung nach oben, also ging Marc durch den Gestank der Ratten hindurch zur Treppe. Sie setzten sich an den Tisch in der Küche. Es war eiskalt hier drin, schäbig und kaum eingerichtet, aber es war auffallend sauber. Der Marokkaner schien sich auf seinen Besuch vorbereitet zu haben. Er goss Tee in zwei Gläser. Seine Hand zitterte leicht. Tee tropfte auf den Tisch und bildete zwei gleich große Lachen. Marc umfasste sein Glas mit beiden Händen, die Wärme tat gut. Der Marokkaner wischte mit einem Lappen über den Tisch.

»Danke, dass Sie gekommen sind«, sagte er und setzte sich Marc gegenüber auf einen Stuhl, der aussah, als breche er bald zusammen.

»Ich dachte, Sie wollten nicht mit mir reden.« Marc war irritiert. Sämtliche Versuche, mit dem Mann Kontakt aufzunehmen, waren gescheitert, weil der Marokkaner nicht reagiert hatte – und jetzt war er Marc plötzlich dankbar für seine Hartnäckigkeit?

»Ich hatte Angst«, sagte der Marokkaner, »sie haben mich bedroht.«

»Wer sind ›sie‹?«

»Zwei Männer waren bei mir, vor etwa zwei Wochen.«

»Ich weiß, ich habe sie auf Video aufgenommen.«

Der Marokkaner sah Marc erstaunt an, und Marc erzählte, dass er sich überlegt hatte, wie er dem Marokkaner helfen könnte, dass er auf die Idee mit der Videokamera gekommen war und dass die beiden Männer ihm beim Joggen entgegengekommen waren. In einem A6 mit deutschem Kennzeichen. Der Marokkaner lauschte ihm atemlos.

»Verstehen Sie jetzt, warum ich Sie so dringend sprechen wollte?« Marc nippte an seinem Tee.

Der Marokkaner nickte.

»Ja, ich verstehe.«

Marc holte das Schwarz-Weiß-Foto aus seiner Jackentasche und legte es vor dem Marokkaner auf den Tisch.

»Was ist das?« Der Marokkaner beugte sich über das Foto. Marc sagte nichts. Er beobachtete das Gesicht seines Gegenübers gespannt. Es dauerte nur ein paar Sekunden, bis der Marokkaner wieder aufschaute. Seine Augen waren weit aufgerissen, er schien vollkommen verwirrt zu sein. Sein Zeigefinger hämmerte auf den Mann hinter Rudolf Hochhausen ein.

»Das ist er!«, sagte er mit heiserer Stimme. »Das ist einer der beiden Männer, die bei mir waren.«

Okay, dachte Marc, wir sind auf der richtigen Spur.

»Wer sind die anderen beiden?« Der Marokkaner deutete auf den Verteidigungsminister und seinen Berater. Da der Marokkaner mit den Namen nichts anzufangen wusste, erklärte ihm Marc kurz, wer die beiden waren, welche Funktion sie innehatten.

»Ich verstehe das alles nicht.« Der Marokkaner schüttelte den Kopf. Seine Stimme war sehr leise. Marc beugte sich zu ihm vor.

»Bitte erzählen Sie mir ganz genau, was die beiden Männer bei Ihnen gemacht haben«, sagte er, »was wollten sie von Ihnen?« Der Marokkaner erzählte, die beiden Männer hätten plötzlich vor ihm gestanden. Er habe im Bett gelegen und ferngesehen, als sie reinkamen.

»Wie sind sie ins Haus gekommen?«

»Ich weiß es nicht, mit einem Schlüssel wahrscheinlich. Ich hatte die Haustür jedenfalls abgeschlossen.«

Marc nickte. Auf dem Video hatte es auch so ausgesehen, als schließe der Schnauzbart die Tür mit einem Schlüssel auf.

»Haben Sie die Männer vorher schon einmal gesehen?«

»Nein.« Der Marokkaner schüttelte den Kopf.

»Es waren nicht die beiden, die Sie zusammengeschlagen haben?«

»Nein. Das waren andere.«

»Die Männer standen eine ganze Weile einfach nur schweigend da«, erzählte der Marokkaner weiter, »und sahen sich im Zimmer um. Ich hatte furchtbare Angst, habe mich nicht getraut, etwas zu sagen. Schließlich hat der eine, der Blonde, in die Innentasche seiner Jacke gegriffen. Er hat eine kleine Plastiktüte rausgeholt und hochgehalten. Ein weißes Pulver war darin.«

»Was für Pulver?«, fragte Marc.

»Irgendwelche Drogen, ganz klar. Der Blonde hat ausgeholt, wie beim Bowlen, und die Plastiktüte ist über den Fußboden gerutscht bis unters Bett.« Der Marokkaner machte eine Pause und starrte mit düsterer Miene sein Teeglas an.

»Und dann?« Marc war ungeduldig.

»Dann hat sich der mit dem Schnurrbart aufs Bett gesetzt ... ans Fußende. Er hat mir gesagt, wenn ich mitspiele, kann er dafür sorgen, dass ich bald entlassen werde.«

»Was meinte er mit ›mitspielen‹?«

»Und falls ich nicht mitspiele«, fuhr der Marokkaner fort, »würden die Carabinieri eine große Menge Drogen bei mir finden, und ich komme hier nie mehr raus.« Der Marokkaner trank einen Schluck Tee. Keiner von beiden sagte etwas. Jetzt erst bemerkte Marc, dass der Wasserhahn tropfte. Er räusperte sich.

»Was meinte er mit ›mitspielen‹?«

Der Marokkaner zuckte die Achseln. »Keine Ahnung, das hat er nicht gesagt.«

»Er hat sonst nichts weiter gesagt?«

»Doch. Er hat gesagt, wenn ich irgendjemandem von dem Gespräch erzähle, bringen sie mich um.« Der Marokkaner sah ihn an. In seinem Blick hielten sich Angst und Trotz die Waage, doch schließlich gewann die Angst die Überhand. Plötzlich wurde Marc klar, warum der Marokkaner so lange gezögert hatte, mit ihm zu sprechen. Er begriff, dass sich der Marokkaner ihm soeben ausgeliefert hatte. Wenn all das stimmte – und im Augenblick gab es keinen Grund, an der Aussage des Marokkaners zu zweifeln –, trug er jetzt die Verantwortung für das Leben dieses Mannes. Und ich kenne nicht einmal seinen Namen, dachte Marc. Aber er fragte ihn nicht danach.

Eine halbe Stunde später verließ er das Haus des Marokkaners. Er hatte gehofft, noch mehr Informationen über die beiden Männer zu bekommen, aber der Marokkaner hatte ihm nur immer wieder dasselbe erzählt. Schließlich hatte Marc aufgegeben. Er beschloss, noch eine Runde durchs Dorf zu gehen. Er musste nachdenken. Wenn es stimmte, was der Marokkaner ihm berichtet hatte, war er hier in eine völlig undurchsichtige Sache geraten, eine Sache, deren Dimension er noch nicht überschauen konnte, eine Sache, die ihm Angst machte. Seit seinem Besuch bei Hans Kersting in Berlin begleitete ihn diese Angst. Zwischendurch hatte er immer wieder das Bedürfnis gehabt, sich Augen und Ohren zuzuhalten. Nichts hören, nichts sehen. Aber nach dem Gespräch mit dem Marokkaner wurde ihm klar, dass er keine Wahl hatte. Er konnte nicht so tun, als gehe ihn das alles nichts an.

Der untere Dorfteil von Lenzari lag hinter ihm, der obere war von hier aus noch nicht zu sehen. Er hatte den Teil der Straße erreicht, der unbeleuchtet war. Er zuckte vor der Dunkelheit zurück wie vor einem Spinnennetz. Jetzt hörte er das Rauschen des Baches, der von rechts den Berghang hinunterschoss, unter der Straße hindurchgeleitet wurde und auf der anderen Seite als Wasserfall talwärts stürzte. Durch die Schneeschmelze führte er dreimal so viel Wasser wie sonst. Was wäre, wenn er Conny alles erzählte? Sie würden sofort abreisen, keine Frage. Conny würde nicht einen Tag länger an einem Ort bleiben, an dem Menschen mit dem Tod bedroht wurden. Er auch nicht – unter normalen Umständen. Aber das waren längst keine normalen Umstände mehr. Der Marokkaner hatte sich ihm anvertraut. Wenn es stimmte, was er sagte, war er damit ein enormes Risiko eingegangen. Marc konnte ihn nicht im Stich lassen.

Nach fünf Minuten hatte er die Rechtskurve hinter sich gelassen, der Berghang zu seiner Linken gab nun den Blick frei auf die erste Straßenlaterne des Oberdorfs. Marc musste an ein Foto denken, das er vor Jahren in der Zeitung gesehen hatte, ein Junge und ein Mädchen, von hinten fotografiert, Hand in Hand gingen sie durch den Wald, der nach ihnen zu greifen schien, auf ein Licht zu, aber dieses Licht verhieß nicht Rettung, sondern Verderben. Das Foto hatte sich ihm eingebrannt, er hatte vorher noch nie so ein Licht gesehen. Es war ein böses Licht. Unter dem Foto stand: »Nichts wird gut werden.« Als er das Oberdorf von Lenzari erreicht hatte, als er in das Licht der ersten Straßenlaterne trat, war Marc entschlossen, Conny nichts von seinem Gespräch mit dem Marokkaner zu erzählen und auch nichts von dem, was er jetzt vorhatte.

Pieve di Teco, Freitag, 4. Juni 2010, 18:46 Uhr

Anna ging mit schnellen Schritten auf das Tor in der Stadtmauer zu. Sie ging denselben Weg zurück, auf dem sie hergekommen waren. Carla folgte ihr. Annas Apathie, ihre Angst schienen wie weggeblasen zu sein. Carla hatte keine Fragen gestellt. Sie war einfach nur froh gewesen, dass Anna mitzog. Und dass sie ganz offensichtlich einen Fluchtweg wusste. Sie mussten aus Pieve raus. Sie mussten weg von den Carabinieri, die sie verfolgten, weg von dem Mann mit den grauen Augen.

Auf dem Parkplatz herrschte jetzt reges Treiben, die Leute verstauten ihre Einkäufe in den Kofferräumen, Autos fuhren vom Parkplatz, die meisten nach rechts in Richtung Hauptstraße; in wenigen Minuten schlossen die Geschäfte. Der Nebel griff nach den ersten Häusern am Berghang oberhalb von Pieve.

Anna wandte sich ebenfalls nach rechts.

»Wo gehen wir hin, Anna?«

Aber Anna schwieg und ging mit schnellen Schritten weiter. Die falschen Steine auf ihren neuen Schuhen glitzerten. Die Straße führte in einem Bogen um das Zentrum von Pieve herum und traf am Ortseingang wieder auf die Einkaufsstraße mit den Arkaden. Dort durften sie nicht hin. Das war zu gefährlich. Irgendwo dort musste der zweite Carabinieri-Jeep stehen, der das Tal zum Meer hin abriegelte.

Etwa hundert Meter vor ihnen entdeckte Carla einen grünen Altglascontainer. Dahinter zweigte eine Straße ab. Sie führte den Berg hinauf, direkt in den Nebel. Auf diese Straße schien Anna zuzusteuern.

Jetzt bloß kein Aufsehen erregen! Carla schaute sich um, konnte nirgendwo einen Polizisten entdecken. Gut. Weiter. Noch etwa siebzig Meter bis zum Altglascontainer. Diese siebzig Meter waren die gefährlichsten. Würde man sie jetzt entdecken, säßen sie in der Falle, hier gab es keine Möglichkeit zu fliehen oder sich zu verstecken. Von unten, von der Hauptstraße her, knatterte eine Vespa auf sie zu, ihr Auspuff stieß eine stinkende Abgaswolke aus, und plötzlich tauchte aus dieser Wolke heraus ein Polizeiwagen auf. Carla blieb fast das Herz stehen. Was jetzt? Anna packen und losrennen? Drei Meter vor ihnen stand ein geparkter Wagen am Straßenrand. Sollten sie dahinter in Deckung gehen? Nein, das würde erst recht die Aufmerksamkeit der Polizisten erregen. Der Polizeiwagen war hellblau, es waren normale Polizisten, keine Carabinieri. Anna schien das Polizeiauto gar nicht bemerkt zu haben. Carla entschied sich, einfach weiterzugehen – und zu hoffen. Jetzt war der hellblaue Wagen direkt neben ihnen. Carla bemühte sich, unauffällig geradeaus zu schauen.

Verdammt, Anna, nicht so schnell! Das ist verdächtig! Sie hatte das Gefühl, dass der Beifahrer sie anstarrte, dann war der Wagen vorbeigefahren; er war jetzt hinter ihnen, Carla hörte, wie der Motor aufheulte, als der Fahrer einen Gang runterschaltete. Sie wagte nicht, sich umzudrehen. Jeden Moment erwartete sie, das Quietschen von Bremsen zu hören, das Öffnen der Autotür, eine Stimme, die sie aufforderte, stehenzubleiben – aber nichts dergleichen geschah. Als sie sich traute, den Kopf zu wenden, war der Polizeiwagen bereits um die Kurve verschwunden. Carla atmete tief durch. Noch vierzig Meter bis zum Altglascontainer. Das wütende Bellen eines Hundes drang an ihr Ohr, sie schaute sich um. Es dauerte einen Moment, bis sie den Hund entdeckte: Er stand auf dem Balkon eines verwahrlosten Mehrfamilienhauses auf der rechten Straßenseite. Immer wieder sprang er hoch und legte die Vorderbeine auf die Balustrade des Balkons. Sie erreichten den Altglascontainer. Eine alte Frau stand davor. Sie holte mit zitternder Hand eine einzige leere Flasche aus ihrer Einkaufstasche und steckte sie in das Loch des Containers. Die Flasche machte fast kein Geräusch, als sie hineinfiel. Sie zersplitterte nicht. Anna bog nach links in die Straße ab, die den Berg hinaufführte.

»Wohin gehen wir, Anna? Ich muss das wissen. Nicht dass wir ihnen in die Falle laufen.«

»Nach Lenzari.«

Carla war verblüfft.

»Diese Straße führt nach Lenzari?«, fragte sie vorsichtshalber noch einmal, »bist du sicher?«

Anna nickte entschieden mit dem Kopf, ohne sie anzusehen. Sie stapfte einfach weiter mit ihren kleinen, schnellen Schritten, und Carla folgte ihr.

Erst nach etwa hundert Metern, als sie die erste Kurve erreicht hatten, drehte sie sich um. Noch immer waren keine Carabinieri zu sehen.

»Was ist?«, fragte Anna, »gehen wir weiter?« Ihre Stimme klang ungeduldig.

Carla lächelte ihr zu. Sie gingen weiter.

»Du musst mir jetzt genau erzählen, wie es in Lenzari aussieht.«

Anna beschrieb ihr den Ort, so gut sie konnte. Nach einigem Nachfragen hatte Carla ein ziemlich klares Bild von dem Dorf. Sie holte ihr Handy aus der Tasche. »Ich rufe jetzt einen Freund an. Er soll uns oben abholen.«

Anna reagierte nicht. Carla drückte Lucas Nummer. Nach zweimal Klingeln ging er ran.

»Hey! Schaffen wir's noch ins Kino?«

Carla versuchte ihm den Sachverhalt klarzumachen, ohne hysterisch zu klingen. Aus Annas Erzählung hatte sie geschlossen, dass sie mindestens zwei Stunden für den Aufstieg brauchen würden. Jetzt war es 19 Uhr. Vor 21 Uhr würden sie nicht in Lenzari sein. Luca würde es mit dem Auto in einer halben Stunde schaffen. Carla sagte ihm, er solle um 20:30 Uhr losfahren, und dass er auf keinen Fall die Bundesstraße 28 benutzen dürfe. Er müsse das Tal so früh wie möglich verlassen und oben am Berg entlangfahren, über Aquila und Gavenola und wie die

Käffer alle hießen. Luca unterbrach sie besorgt und wollte genau wissen, was los war.

»Bitte, Luca«, Carla atmete schwer, die Straße war steil. »Ich erkläre dir alles später. Wir treffen uns bei der Kapelle am Ortsausgang.«

»Okay«, sagte Luca, »bis gleich.«

»Sei vorsichtig!«, fügte sie noch hinzu, aber Luca hatte bereits aufgelegt.

Hinter der nächsten Kurve stand der Nebel. Carla nahm Anna bei der Hand, und sie traten in den Nebel wie in ein unheimliches Haus.

Lenzari, Freitag, 4. Juni 2010, 18:53 Uhr

Fabrizio zog die Tür mit dem Maschendraht hinter sich zu. Der Rattengestank hatte sich in seiner Nase festgesetzt. Er klebte fest wie Elisa Noès Blut an der Wand. Dschihad. Vor ihm auf der Straße, im Krater eines Schlaglochs, lag etwas. Fabrizio blieb stehen. Es war ein Stück Papier, bunt und aufgeweicht. Er bückte sich und hob es auf. Darauf war das verschwommene Bild einer Kreuzspinne zu sehen, ein Tattoo, das Kinder sich mit Spucke auf den Arm klebten. Marios Katze huschte an ihm vorbei, das Fell noch immer voller Blut, und sprang mit einem eleganten Satz auf die steinerne Viehtränke, da, wo die Straße nach links abknickte. Da, wo das Haus der Deutschen stand. Fabrizio steckte die Kreuzspinne mit der linken Hand in die Jackentasche. In der Rechten hielt er noch immer die Pistole. Lenzari war kein Dorf mehr, Lenzari war ein einziger großer Tatort. Hinter jeder dieser Mauern erwartete die Polizisten mit großer Wahrscheinlichkeit etwas ähnlich Grauenvolles wie im Haus von Elisa Noè. Es fiel ihm schwer, es zu glauben, aber alles deutete darauf hin, dass Lenzari zu einem Schlachtfeld des Heiligen Krieges geworden war. Was für ein Wahnsinn!

Mit langsamen Schritten ging Fabrizio weiter durch den Nebel. Und langsam, ganz langsam, wurde ihm die Dimension des Ganzen bewusst: Wenn das hier an die Öffentlichkeit kommt, dachte er, wenn die Menschen erfahren, dass der Marokkaner, wahrscheinlich zusammen mit anderen fanatischen Muslimen, die Bewohner eines ganzen Dorfes abgeschlachtet hat ... Was dann? Wie würde die Öffentlichkeit reagieren? Wie die Politiker? Es war noch nicht lange her, da hatten zwei Ladenbesitzer einen jungen Schwarzen durch ganz Mailand gejagt und schließlich erschossen. Der Schwarze hatte sie mit einer Spielzeugwaffe bedroht und eine Dose Cola gestohlen. Cesare und er mussten hier mit größter Sorgfalt vorgehen, das wurde ihm in diesem Moment klar. Sie hatten eine unglaubliche Verantwortung.

Als Fabrizio die Viehtränke erreichte, sprang die Katze mit dem blutverschmierten Fell herunter und verschwand um die Häuserecke herum in den Durchgang, der hinunterführte zur Haustür der Deutschen. Fabrizio spähte um die Ecke. Trotz des Nebels konnte er sehen, wie die Katze die Haustür mit ihrem geschmeidigen Körper aufdrückte und im Innern des Hauses verschwand. Die Tür musste nur angelehnt gewesen sein. Fabrizio umfasste seine Waffe mit beiden Händen und folgte der Katze. Langsam, Schritt für Schritt. Auf dem Boden waren noch schwach die Umrisse eines mit Kreide aufgemalten Himmel- und Höllespiels zu sehen. Er hatte das Fenster zur Wohnküche erreicht. Das Haus war in den Berghang hineingebaut, weshalb das Fenstersims nur etwa dreißig Zentimeter über dem Niveau des betonierten Durchgangs lag. Auf dem Fenstersims stand ein Unterteller. Er sah dreckig aus, verschmiert, erst beim zweiten Hinsehen erkannte Fabrizio, dass es sich um die Reste von Katzenfutter handelte. Offenbar hatten die Deutschen die Dorfkatzen gefüttert. Er schob sich langsam vor und spähte durch das Fenster in die Wohnküche. Über Herd und Spüle brannten zwei Deckenlampen. Auf dem großen Esstisch in der Mitte herrschte Chaos. Er konnte nicht genau erkennen, was da alles herumstand. Fabrizio ging am Fenster vorbei an der Hauswand entlang bis zur Haustür. Die Waffe hielt er mit beiden Händen umklammert. Er drückte die Tür mit dem Ellenbogen auf und richtete den Lauf der Waffe ins Innere des Hauses. Die antike Tür, die die Diele und den rechten Teil der Wohnküche voneinander trennte, stand offen, sodass Fabrizio durch die große Glastür in den Garten schauen konnte. Durch diese Glastür mussten die Computerdiebe ins Haus gekommen sein. Jetzt war sie geschlossen. Fabrizio betrat die Diele. Auf der Kommode stand eine Ikeatasche. Badesachen waren darin. Eine Taucherbrille und ein Kinderbadeanzug mit Erdbeeren drauf. Fabrizio ging weiter, er musste den Kopf einziehen, um sich nicht an dem niedrigen Türsturz zu stoßen. Er trat in die Wohnküche und ging am Kühlschrank vorbei zum hinteren Teil des Raums. Neben dem Kühlschrank sah er eine Kiste mit Lebensmitteln. Überall standen Tüten und Kartons herum. Auf dem Tisch lagen Wäschestapel, eine Tüte mit Obst. Es herrschte totales Durcheinander. Mit einem Mal wurde Fabrizio klar, was hier los war: Die Deutschen waren offensichtlich mitten im Aufbruch gewesen.

Du musst weiter, sagte er sich, du musst das Auto reparieren. Er wandte sich um und ging mit schnellen Schritten durch den Raum zurück in die Diele, zögerte kurz, entschied sich dann aber, zunächst das Haus abzusuchen. Jetzt war er schon mal hier. Also stieg er die Treppe nach oben. Der kleine Raum rechts war offenbar als Büro genutzt worden. Der Tisch war mit Papieren bedeckt. Auch auf dem Sofa an der Wand lagen Bücher und Papierstapel. Sonst konnte er nichts Auffälliges entdecken. Er wandte sich nach links und trat in das Durchgangszimmer. Auf dem Boden standen ein Koffer und eine fertig gepackte Reisetasche. Fabrizio öffnete eine Tür. Dahinter lag das Kinderzimmer. Die Fensterläden waren vorgezogen. Plötzlich hörte er hinter sich eine Stimme. Er fuhr herum und riss die Waffe hoch. Die Stimme kam aus dem gegenüberliegenden Zimmer. Fabrizio versuchte sich zu sammeln. Er lauschte. Er kannte diese Stimme. Er kannte sie gut. Es war Cesares Stimme. Aber Cesare konnte nicht hier sein.

Arma di Taggia, Dienstag, 2. März 2010, 17:35 Uhr

Weltuntergangsstimmung. Der Regen trommelte aufs Autodach, die Scheibenwischer kamen kaum noch hinterher. Im letzten Augenblick entdeckte Marc das grüne Autobahnschild: GENOVA. Er setzte den Blinker. Die Straße führte in einem weiten Bogen hinauf zur A 10, die Genua mit Ventimiglia verband. Über dem Meer standen Wolken, die aussahen wie geballte Fäuste.

Sie kamen aus dem Tal der Hexen und fuhren zurück nach Lenzari. Conny und Anna hatten die Bottega di Angela-Maria in Triora nahezu leergekauft, den Laden der selbsternannten Hexe Angela-Maria, einer sympathischen und geschäftstüchtigen Mittfünfzigerin. Das Auto war vollgestopft mit Hexenkräutern und Tinkturen, die nun eine Geruchsallianz eingingen, die nicht bekömmlich war. Marc war übel. Er ließ trotz der Geschwindigkeit die Fensterscheibe ein Stück herunter. Der Fahrtwind tat gut. Gut auch, dass sie noch zwei Flaschen »Latte di Lumaca« eingekauft hatten. Die Schneckenmilch, ein Likör auf Grappabasis, der Angela-Maria überregionalen Ruhm eingebracht hatte, half angeblich gegen jede Art von Unwohlsein.

Viel schlimmer als das körperliche Unwohlsein aber war etwas anderes. Und dagegen, das wusste Marc, würde keine Schneckenmilch helfen: Es waren seine Gedanken, die ihm keine Ruhe mehr ließen. Sie kreisten nur noch um den Marokkaner und den Mann mit dem Schnauzbart.

»Kann Angela-Maria wirklich hexen?«, wollte Anna wissen. »Vielleicht«, sagte Conny und rieb mit der Hand über die Scheibe, als könne sie die Regentropfen am Fenster von innen wegwischen.

Er war Connys Fragen ausgewichen. Sie hatte ein paarmal angesetzt und nach dem Oktoberfest-Attentat gefragt, aber er hatte sie mit vagen Aussagen abgespeist. Irgendwann hatte Conny unwillig den Kopf geschüttelt und den Raum verlassen. Sie hatten seither nicht mehr über den Marokkaner gesprochen. Dafür hatte er in den folgenden Tagen mehrmals mit Klaus und Hans Kersting telefoniert. Sie hatten hin und her überlegt, sogar kurz erwogen, doch die Polizei einzuschalten, diesen Gedanken dann aber wieder verworfen. Sie mussten erst noch mehr wissen, durften den Marokkaner auf keinen Fall in Gefahr bringen. Der Gedanke, jemanden durch einen Anruf bei der Polizei zu gefährden, schien absurd, aber er war nach den aktuellen Erkenntnissen nicht ganz auszuschließen. Das war beängstigend. Alle waren gleichermaßen ratlos. Dann hatte

Marc ihnen seinen Plan erläutert, und sie hatten zögernd zugestimmt. Nicht weil der Plan so brillant war, vermutete Marc, sondern weil ihnen nichts Besseres einfiel.

In einem Tunnel kurz vor Imperia überholte sie ein Ferrari mit monegassischem Nummernschild. Das Röhren des Motors hallte von den Tunnelwänden wider.

»Die haben alle Hexen umgebracht?« Anna sah Conny fassungslos an.

»Die waren ja nicht wirklich Hexen.« Mit großer Geduld versuchte Conny ihrer Tochter zu vermitteln, was es mit der Hexenverfolgung und der Inquisition auf sich hatte. Es war immer wieder sehr dünnes Eis, auf das man sich mit solchen Gesprächen begab.

»Aber wenn die keine Hexen waren, warum hat man sie dann umgebracht?«

Marc und Conny tauschten einen Blick, Conny schnitt eine Grimasse und wischte sich mit der Hand über die Stirn, langsam kam sie ins Schwitzen.

»Weißt du«, bemühte sich Conny weiter, »es gibt immer wieder Menschen, denen es nicht gefällt, was andere Menschen machen ...«

»Was denn zum Beispiel?«

»Wie sie leben, was sie denken ... und dann sagen sie eben, die machen böse Dinge, das sind böse Hexen, die müssen wir einsperren.«

»Obwohl sie gar nicht böse sind?«

»Ja.«

»Gemein.«

»Ja.«

Um kurz vor sieben erreichten sie Lenzari. Der Regen hatte nachgelassen, aber auch hier musste es bis vor Kurzem noch gegossen haben, denn vor ihrer Haustür rauschte ein Sturzbach bergab. Marc schloss auf. Den aufgeweichten Zettel auf dem Dielenboden entdeckte er erst, als er sich bereits die Schuhe ausgezogen hatte. Draußen patschten Conny und Anna kichernd durch das Wasser. Marc hob den Zettel auf. Die mit blauem Kugelschreiber geschriebenen Buchstaben waren zerlaufen, trotzdem gelang es Marc, den in ordentlicher Handschrift auf Italienisch verfassten Satz zu entziffern: »Wir haben Post für Sie angenommen. Grüße Massimo.«

Endlich, das musste die Sendung sein, die er seit Tagen erwartete. Er zog sich sofort die durchnässten Schuhe wieder an und trat nach draußen.

»Ich fahr noch mal schnell hoch zu Massimo und Sandra«, rief er Conny zu und wedelte erklärend mit dem aufgeweichten Zettel. »Sie haben Post für uns.«

»Ich komm mit.« Anna hakte sich bei Marc unter.

»Okay«, sagte Conny. »Ich kümmer mich ums Essen. Wie wär's mit Lasagne?«

»Lasagne wär super!« Marc hob Conny hoch und küsste sie. Sie wehrte sich und kreischte. Er ließ sie los. Als sie auf dem Boden aufkam, spritzte es, und eine kleine Fontäne ergoss sich über Marcs Hose.

»Ätsch«, grinste Conny, »das kommt davon.«

Marc und Anna zogen los.

»Darf ich in den Kofferraum?«, fragte Anna, als sie beim Auto angekommen waren.

»Von mir aus«, sagte Marc.

Es dauerte einen Moment, bis er erkannte, dass die kleine Gestalt mit dem Regenschirm, die sich mühsam die steile Straße hinaufkämpfte, Elisa Noè war. Sie hatte die scharfe Rechtskurve fast erreicht, befand sich auf halbem Weg zwischen Unter- und Oberdorf. Marc fuhr im Schritttempo neben ihr her und ließ die Fensterscheibe der Beifahrertür herunter. Elisa Noè sah prüfend ins Auto.

»Soll ich Sie ein Stück mitnehmen, Signora?«, fragte Marc.

Sie wirkte verängstigt, doch als sie Marc erkannte, ging ein Lächeln über ihr Gesicht. Sie blieb stehen. Marc hielt den Wagen an. Elisa Noè stand unsicher davor. Marc sah ihr an, dass sie sich unwohl fühlte und bereute sein Angebot fast. Aber hätte er einfach an ihr vorbeifahren sollen? Schließlich lächelte Elisa Noè scheu, nickte und stieg ins Auto, aber Marc konnte sich des Eindrucks nicht erwehren, dass sie das nur tat, weil sie nicht wagte, sein Angebot abzulehnen.

»Hallo!«, rief Anna von hinten. Elisa Noè erschrak, sie hatte Anna noch nicht bemerkt, dann lachte sie bemüht, und alle lachten mit. Aber es war kein befreiendes Lachen. Marc gab Gas. Da sich Elisa Noè nicht angeschnallt hatte, meldete sich der Bordcomputer mit einem penetranten Piepen. Das Anschnallzeichen leuchtete auf. Elisa Noè schien das Piepen nicht zu bemerken, sie versuchte, Konversation zu machen, wollte von Anna wissen, ob sie Antonios Hasen mal wieder besucht habe. Da Anna sie nicht verstand, musste Marc übersetzen. Er konnte sich nicht konzentrieren, das Piepen machte ihn wahnsinnig, aber er wagte nicht, Elisa Noè darauf hinzuweisen, dass sie sich anschnallen müsste. Es war ihm unmöglich, dieser Frau Anweisungen zu geben. Sie brachen hier in eine Welt ein, in der sie nichts verloren hatten. Er schämte sich ganz plötzlich für das teure Auto, das er fuhr.

»Was hat sie gesagt?«, krähte Anna von hinten.

»Die Hasen …«

»Was ist mit denen?«

Das Piepen schien immer lauter zu werden. Elisa Noè hatte sich mit der rechten Hand am Haltegriff über der Tür festgeklammert. Fuhr er zu schnell? Endlich hatten sie das Oberdorf erreicht. Links am Hang tauchte das Haus von Massimo und Sandra auf.

»Soll ich Sie noch irgendwo hinfahren?«

Aber Elisa Noè schüttelte den Kopf. Sie schien froh zu sein, aus dem Wagen rauszukommen.

»Was ist denn jetzt mit den Kaninchen?« Anna brüllte, um den Bordcomputer zu übertönen.

»Ich erklär's dir gleich!«, rief Marc nach hinten. Er parkte den Wagen am Straßenrand und schaltete den Motor aus.

»Grazie Mille!«, sagte Frau Noè. Marc stieg aus, ging eilig um das Auto herum und half ihr beim Aussteigen. Sie bedankte sich noch einmal überschwänglich. Dann verabschiedeten sie sich, und Marc versprach, bald mit Conny und Anna zum Kaffee vorbeizukommen.

»Was war mit den Kaninchen?«, fragte Anna, als sie die Stufen zum Haus von Massimo und Sandra hinaufstiegen.

»Ich weiß es nicht mehr«, sagte Marc, »ich hab nicht zugehört.«

»Was hast du denn gemacht?« Anna klang erstaunt.

»Ich habe mich geschämt«, sagte Marc.

Es war die erwartete Sendung. Aus Höflichkeit trank Marc ein Glas Wein mit Massimo und Sandra, aber das Gespräch rauschte an ihm vorbei. Er war mit den Gedanken woanders. Anna spielte mit der Katze. Sein Handy klingelte. Es war Nick, der ihm mitteilte, dass Nivea den Dreh verschoben hatte. Wahrscheinlich brauchte es seine Zeit, um den Superwuschel Ivory im Haus durchzusetzen, vermutete er. Marc lachte höflich über den Witz.

Nick versprach ihn zu benachrichtigen, sobald der Drehtermin feststand.

Noch am selben Abend installierte er die beiden Wanzen im Haus des Marokkaners. Eine in der Küche, eine im Schlafzimmer. Er erklärte dem Marokkaner noch einmal genau, wie das Abhörgerät technisch funktionierte: Es schaltete sich nur bei Geräuschen ab einer bestimmten Lautstärke ein, ansonsten war es im Stand-by-Modus. Marc konnte bei sich zu Hause live mithören und alles, was im Haus des Marokkaners gesprochen wurde, aufzeichnen. Es war die einzige Möglichkeit, an die Beweise zu kommen, die sie benötigten, um dem Marokkaner zu helfen. Ohne Beweise würde ihnen diese Geschichte niemand glauben. Als die Wanzen angebracht waren, fragte er den Marokkaner noch einmal, ob er sicher sei, ob er sich das gut überlegt habe. Der Marokkaner sah ihn an. Seine Augen waren leer. Er nickte nur. Er sagte nichts.

Hoffentlich tun wir das Richtige, dachte Marc, als er die Tür mit der verblichenen 1 hinter sich zuzog und auf die regennasse Straße trat. Hoffentlich.

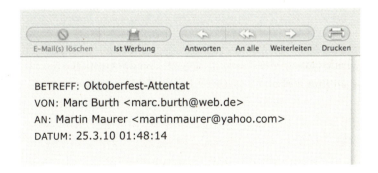

BETREFF: Oktoberfest-Attentat
VON: Marc Burth <marc.burth@web.de>
AN: Martin Maurer <martinmaurer@yahoo.com>
DATUM: 25.3.10 01:48:14

Hallo Martin,
schau mal:

"Lange habe ich darum gekämpft, um endlich zu erfahren, wer oder welche [Attentäter] es wirklich waren. Ich musste jedoch lernen, dass man mir darauf nie eine ehrliche Antwort geben wird. [...] Ich habe die Erfahrung gemacht, dass man sich nur Ärger einhandelt, wenn man insistiert."

– *Ignaz Platzer, Vater von zwei kleinen Kindern, die beim Bombenattentat auf das Oktoberfest starben: Süddeutsche Zeitung, München, 27. September 1996, S. 39*

"Bewusst oder unbewusst wurden alle Spuren und Zeugenaussagen, die der Einzeltätertheorie widersprechen, nicht richtig gewürdigt oder beiseite geschoben. Die offizielle Version ist ein politisch erwünschtes Ermittlungsergebnis, damit keine Zusammenarbeit zwischen Köhler und anderen rechtsradikalen Personen und Strukturen nachgewiesen wird."

– *Werner Dietrich, der als Rechtsanwalt mehrerer Attentatsopfer für eine Wiederaufnahme der Ermittlungen eintrat.*

Die Zitate stammen von der Wikipedia-Seite zum Oktoberfest-Attentat. Am meisten Kopfzerbrechen bereitet mir momentan nicht die Monstrosität der Fakten, die wir zusammentragen, sondern die Tatsache, dass diese Fakten seit Langem bekannt sind – und trotzdem in der öffentlichen Wahrnehmung so gut wie keine Rolle spielen. Was ist mit unseren Medien los? Was mit unserem Rechtssystem?

Grüße
Marc

Lenzari, Freitag, 4. Juni 2010, 19:23 Uhr

Plötzlich zog Anna ihre Hand zurück. Ohne Kommentar. Nachdem sie etwa zwanzig Minuten Hand in Hand nebeneinander hergegangen waren. Carla warf ihr einen prüfenden Blick zu, aber Anna wirkte abwesend. Sie steckte ihre Hand in die Hosentasche und stapfte schweigend weiter. Noch waren sie auf einer geteerten Straße, die zwar steil war, aber doch eine richtige Straße. Anna hatte ihr erzählt, dass die Straße bald in einen Feldweg und schließlich in einen Trampelpfad übergehen würde. Wie sollten sie sich im Wald zurechtfinden, wenn der Nebel noch dichter wurde? Wenn es vielleicht sogar dunkel wurde? Eines nach dem anderen, wies sich Carla zurecht, versuch nicht, Probleme zu lösen, die noch gar nicht da sind. Sie kamen an einem einsam gelegenen Haus vorbei. Kein Licht war zu sehen, es war nur ein weiterer Schatten im Nebel. Dahinter ging die Teerstraße in eine Schotterpiste über. Vom Berghang über ihnen, irgendwo aus dem Nebel, drang das Geräusch einer Motorsäge an ihr Ohr. Immer mehr dunkle Schatten säumten die Straße. Bäume. Der Wald wurde dichter. Ihr Handy klingelte. Es war Luca. »Ich muss wissen, was bei euch los ist«, sagte er. »Ich dreh sonst durch vor Sorge.«

Carla musste lächeln. Süß. Sie versuchte, ihm so kurz und präzise wie möglich zu schildern, wie die Lage war. Darauf herrschte Schweigen am anderen Ende.

»Hast du mich verstanden?«, hakte Carla nach und war selber erschrocken über den aggressiven Ton ihrer Stimme. Sie kochte innerlich und wusste nicht warum.

»Meinst du nicht …«, er zögerte, »und wenn das alles … ein Missverständnis ist?«

Jetzt wusste sie, woher die Wut kam. Nackt hatte sie vor dem

Schreibtisch gestanden, und halb besinnungslos vor Angst hatte sie alles getan, was der Mann mit den grauen Augen von ihr verlangte. Sie hatte die Erklärung unterschrieben: Sie war gut behandelt worden in Bolzaneto, sie wollte keinen Anwalt und auch keine Angehörigen kontaktieren. Man hatte sie ins Krankenhaus gebracht und festgestellt, dass zwei Rippen gebrochen waren. Sie war eine Nacht im Krankenhaus geblieben, dann hatte man sie gehen lassen. Sie konnte nicht sagen, wie sie zum Bahnhof gekommen war. Sie hatte sich in den Zug nach Padua gesetzt. Nach Hause, sie wollte nur noch nach Hause.

Es dauerte eine ganze Weile, bis sie die grauenvollen Erlebnisse in ihrem Kopf so weit geordnet hatte, dass sie darüber sprechen konnte. Sie erzählte ihren Eltern und ihren engsten Freunden, was ihr während des G8-Gipfels in Genua widerfahren war. Man hörte ihr zu, man sah sie irritiert an, aber sie wusste, dass man ihr nicht glaubte. Sie konnte es nicht fassen: Ihre Eltern, ihre Freunde glaubten ihr nicht! Sie beteuerten zwar das Gegenteil, aber Carla wusste, dass sie logen. Sie sah es ihnen an. Irgendwann erzählte sie nichts mehr. Als in den Medien nach und nach Berichte erschienen, die alle ihre Erzählungen bestätigten, änderte das nichts. Man schien das zur Kenntnis zu nehmen wie die Fußballergebnisse des letzten Spieltags. Keine Empörung. Eher ein genervtes Abwinken. Als wolle man mit so etwas nicht belästigt werden. Das war die prägende Erfahrung nach dem Horror von Genua: Sie hatte das Gefühl, die anderen damit zu belästigen, dass ihr etwas Grauenhaftes passiert war. Ihr Grundvertrauen in die Demokratie und ins Leben war an diesem Wochenende in Genua zerstört worden, aber wenn sie ihren Freunden davon berichtete, hatte sie das Gefühl, bestenfalls bemitleidet zu werden. Sie galt als traumatisiert, als nicht ganz ernst zu nehmen. Das machte sie wahnsinnig.

»Das ist kein Missverständnis!«, brüllte sie ins Telefon, »die sind hinter uns her!« Sie zitterte vor Wut. Lucas beschwichtigende Worte drangen nicht bis zu ihr. Ein Schwarm Vögel flatterte auf, wahrscheinlich aufgeschreckt durch ihre laute Stimme. Sie durchpflügten als dunkle Schatten den Nebel über ihren Köpfen.

»Ich will, dass du mir vertraust! Ich will, dass du mir hilfst!« Sie beendete das Telefonat. Zitternd stand sie mitten auf der Straße. Die Motorsäge wütete noch immer. Jetzt erst bemerkte sie, dass sie weinte. Sie wischte sich die Tränen weg und sah sich um. Der Nebel. Die Schatten. Wo war Anna?

»Anna?«

Keine Antwort. Dann hörte sie das Schluchzen. Sie fuhr herum. Rechts am Wegrand, auf einem Baumstamm, saß Anna. Sie hatte die verschränkten Arme zwischen die Knie und ihren Oberkörper gepresst, der weit nach vorne gesunken war. Es sah aus, als krümme sie sich vor Schmerzen. Diese Schmerzen mussten irgendwo in der Magengegend sitzen.

Carla wischte sich noch einmal über die Wangen, obwohl alle Tränen bereits fort waren. Sie musste jetzt stark sein. Sie ging zu Anna hinüber, setzte sich neben sie auf den Baumstamm und legte ihr den Arm um die Schultern. Hätte einer von ihren Freunden ihr einfach mal den Arm um die Schultern gelegt, schoss es ihr durch den Kopf, mehr hätte es gar nicht gebraucht.

»Was ist los, Anna?« Ihre Stimme klang behutsam, sie zitterte nicht mehr. Anna schaute auf. Ihr Gesicht war nass von den Tränen.

»Papa hat mich angebrüllt«, schluchzte sie. »Er hat geschrien, dass ich verschwinden soll.«

Carla fröstelte. Der Berg strahlte eine Kälte aus, die zunahm, je näher man dem Boden kam.

Lenzari, Freitag, 4. Juni 2010, 19:06 Uhr

Mechanisch, wie von einem unsichtbaren Drahtseil gezogen, ging Fabrizio auf das Zimmer zu, aus dem Cesares Stimme kam. Lass dich nicht irremachen, sagte er sich, Cesare kann nicht hier sein, Cesare ist im Haus des Marokkaners.

Und doch hörte er seine Stimme. Laut und deutlich. Es klang, als telefoniere er. Die Zimmertür stand einen Spaltbreit offen, zwanzig Zentimeter vielleicht, von seiner Position aus konnte er einen Stuhl erkennen, ein Stück weiß getünchter Wand und einen Teil eines Fensters. Die Läden waren geschlossen. Er setzte jeden Schritt mit Vorsicht. Warum pirschte er sich an Cesare heran wie an einen Verbrecher? Es war der Klang von Cesares Stimme. Aus irgendeinem Grund spürte er die Gefahr. Er hatte die Tür fast erreicht, beinahe wäre er über die Treppenstufen gestolpert. Das Zimmer lag höher als der Salon. Er stieg die zwei Stufen hinauf, sein Herz raste. Noch immer die Stimme. Noch verstand er die einzelnen Worte nicht. Langsam schob er die Tür auf; als sie leise ächzte, erschrak er und hielt inne, aber Cesare schien nichts gehört zu haben. Er sprach unverändert weiter. Langsam verstand Fabrizio die Worte, einzelne Satzfetzen:

»Wir nehmen sie in Empfang ... keine Sorge ... alles wie geplant ... bis jetzt keinen Verdacht, nein ... Ich werde ihn ausschalten, Sie können sich auf mich verlassen, Delta 2.«

Die Tür stand jetzt offen. Die Läden aller drei Fenster waren geschlossen. Das Zimmer lag im Dämmerlicht vor ihm. Es war leer. Kein Cesare. Fabrizio ließ die Waffe sinken.

»Verstanden, over.«

Nur Cesares Stimme war noch im Raum.

Auf dem Tisch vor dem gegenüberliegenden Fenster stand ein Laptop. Wie in Trance bewegte Fabrizio sich darauf zu, starrte ihn an. Jetzt herrschte Ruhe. Er musste das eben Gehörte einordnen. Irgendwie. Aber ihm fehlte ein Koordinatensystem. Mit wem hatte Cesare gesprochen? Fabrizio entdeckte eine Audiodatei auf dem Bildschirm und drückte auf Play. Zunächst passierte nichts, dann sprang ihn eine Stimme an, aber nicht Cesares, das war Arabisch, eine Stimme aus dem Fernseher, aus dem Fernseher des Marokkaners wohl. Warum war die aufgenommen worden? Weiterspulen. Play drücken. Wieder eine Fernsehstimme. Weiter. Play. Gebrüll. Schläge. »Scheiß Araber!« Eine Stimme voller Hass. Gewinsel. »Nein! Aufhören! Bitte!« Das war eine andere Stimme. Gepolter, etwas fiel zu Boden. Ein fürchterlicher Schrei. Fabrizio drückte auf Stop, seine Beine gaben nach, er stützte sich mit beiden Händen auf der Tischplatte ab. In seinem Kopf herrschte Tumult, unmöglich, da auf einmal Ordnung zu schaffen, er musste in kleinen, konzentrierten Schritten vorangehen. Er musste zunächst wissen, was mit Cesare los war. Mit wem hatte er gesprochen? Fabrizio spulte vor, fand schließlich den Anfang der Aufzeichnung von Cesares Stimme. Fabrizio lauschte, hörte sich das ganze Gespräch konzentriert an. Er spulte zurück und hörte es sich ein zweites Mal an. Um sicherzugehen.

Cesare hatte ihn belogen. Er hatte Funkkontakt. Mit jemandem, dessen Stimme nicht zu hören war. Cesare musste verkabelt sein. Wahrscheinlich hatte er einen Empfänger im Ohr und das Mikro auf seiner Brust befestigt. Fabrizio musste davon ausgehen, dass Delta 2 die ganze Zeit mitgehört hatte. Delta 2 – das klang offiziell, war aber kein Code, den Fabrizio kannte. Ihre Zentrale war es nicht, soviel war sicher. Wenn Cesare Funkkontakt hatte, warum hatte er dann nicht sofort Verstärkung geholt? Stattdessen hatte er ihn, Fabrizio, durch das ganze Dorf geführt, vorgeblich auf der Suche nach einem Telefon. Warum? Er hatte Delta 2 gesagt, dass er »sie« in Empfang nehmen werde. Und er hatte gesagt, er werde »ihn« ausschalten.

Entsetzen, Angst und Verunsicherung stürzten sich wie rasende Dämonen auf ihn. Fabrizio starrte die Maserung des Holztisches an, bis die Formen verschwammen und er meinte, eine Fratze zu erkennen. Wenn er das hier überstehen wollte, musste er die Dämonen abschütteln. Schnell. Er richtete sich auf, so kerzengerade, wie es sein verkrümmter Rücken zuließ.

Mit ruhigen, sicheren Bewegungen schloss er das Programm und schaltete den Laptop aus.

Du hast jetzt zwei Möglichkeiten: Entweder du gehst zurück zu ihm und tust so, als hättest du keine Ahnung ...

Er zog den Stecker aus der Steckdose und löste das Kabel vom Computer.

... oder du gehst nicht zurück zu ihm, sondern du überwachst ab jetzt jeden Schritt, den er tut.

Er wickelte das Kabel ordentlich auf und schloss den Deckel des Laptops. Er nahm den Laptop in die eine, das Kabel in die andere Hand und ging zum Kleiderschrank neben der Tür. Er öffnete ihn. Der Schrank war vollgestopft mit Kleidung. Teils Männer-, teils Frauenkleider. Fabrizio stand einen Moment davor und starrte hinein.

Du musst unberechenbar sein für ihn. Das verschafft dir den entscheidenden Vorteil ...

Er schob den Laptop unter einen Stapel T-Shirts und zupfte den Stoff so zurecht, dass der silberne Metallrahmen des Rechners nicht mehr zu sehen war. Sein Blick fiel auf einen grauen Kapuzenpulli und eine Jeans.

Du musst ihn verunsichern. Dann macht er Fehler.

Er zog die Uniformjacke aus und löste den oberen Hemdknopf. Er wunderte sich, wie ruhig seine Hände waren, als er das Hemd aufknöpfte. Kein Zittern. Nichts. Er löste das Pistolenhalfter und legte Hemd, Uniformjacke und Hose säuberlich zusammen. Dann legte er alles in ein Fach im Schrank. Ein Fach mit Männerkleidern. Er zog die Jeans an. Die Hosenbeine waren ein wenig zu kurz, aber obenrum passte sie. Dann streifte er den Kapuzenpulli über und betrachtete sich einen Moment lang im Spiegel an der Innenseite der Tür. Er zog die Kapuze über seine dunklen Haare und war zufrieden. So würde er im Nebel kaum zu erkennen sein. Er griff nach der Pistole und steckte sie sich in den Hosenbund.

Okay.

Er war bereit. Er schloss die Schranktür und verließ das Zimmer.

Lenzari, Dienstag, 6. April 2010, 12:30 Uhr

»Manno! Wann kommt denn mal wieder was?« Anna stapfte missgelaunt über die steile Schotterpiste.

»Vielleicht ist der Berg hier zu hoch für den Osterhasen«, gab Conny zu bedenken.

»Der kriegt hier bestimmt keine Luft mehr«, schnaufte Marc.

»Pfff«, machte Anna und warf ihre Haare zurück. Letzte Weihnachten war ihr bereits klar geworden, dass es nicht der Weihnachtsmann war, der die Geschenke unter den Baum legte. Als allerdings heute Morgen das erste Osterei im Wald aufgetaucht war, war Anna doch ziemlich verblüfft gewesen. Der Osterhase stellte sich deutlich geschickter an als der Weihnachtsmann.

Sie hatten das Haus gegen 10 Uhr verlassen. Der Regen, der das gesamte Osterwochenende über Lenzari niedergegangen war, hatte endlich aufgehört, und sie konnten ihren Osterspaziergang nachholen. Sie waren die Straße nach Gazzo ein Stück entlanggegangen und hatten das Schaf mit dem kaputten Bein besucht. Es wurde getrennt von der Herde auf einem umzäunten Areal rechts der Straße gehalten. Anna gab ihm Gras zu fressen.

Dann waren sie dem Wegweiser mit der Aufschrift »Madonna della Neve« nach links in den Wald gefolgt. Von da an verlief der Weg mehr oder weniger steil bergauf. Marc war vorausgegangen und hatte immer wieder ein Osterei oder einen Schokoladenhasen versteckt. Der schmale Pfad hatte sie zunächst durch einen Kastanienwald geführt, der immer wieder von kleinen Lichtungen durchbrochen war. Ein angenehmer Wind hatte nach und nach die letzten Wolken vertrieben, und jetzt, da sie den Rücken des schlafenden Hundes fast erreicht hatten, schien die Sonne so warm, dass sie auf dem steilen Weg gehörig ins Schwitzen kamen.

»Oben an der Kirche machen wir Picknick«, sagte Conny. Anna jubelte, sie hatte ein Ei entdeckt. Marc beobachtete, wie sie mit leuchtenden Augen zu Conny eilte und ihr den Fund entgegenstreckte.

Vier Wochen waren vergangen, seit er die Wanzen im Haus des Marokkaners angebracht hatte. Bereits einen Tag später war es zwischen Marc und dem Marokkaner fast zum Streit gekommen: Das sensible Aufnahmegerät sprang an, sobald der Marokkaner den Fernseher einschaltete. Der Fernsehton überdeckte jedes andere Geräusch. Marc versuchte vergeblich, den Marokkaner dazu zu bringen, den Ton wenigstens leise zu stellen, doch dem schien es wichtiger zu sein, in Ruhe fernsehen zu können, als diejenigen zu überführen, die sein Leben bedrohten. Marc konnte nur den Kopf schütteln über so viel kindische Sturheit. Er konnte den Marokkaner schließlich dazu überreden, die Carabinieri aus Pieve zu bitten, ihm bei ihrem nächsten Besuch einen Kopfhörer mitzubringen. Er selber hätte ihm keinen geben können, ohne das Risiko einzugehen, dass die Polizisten von dem Kontakt zwischen ihm und dem Marokkaner erführen. Die Carabinieri waren so freundlich, der Bitte des Marokkaners nachzukommen. Mit dem Kopfhörer war das Fernsehton-Problem gelöst.

Seither hatte das Aufnahmegerät die wöchentlichen Gespräche mit den Carabinieri aufgezeichnet, die seitens der Polizisten immer auf dieselbe freundlich-professionelle Weise geführt wurden. Der Mann mit dem Schnauzbart und sein Begleiter waren nicht wieder aufgetaucht, ebenso wenig wie irgendwelche mysteriösen Schläger mit Polizeifunkgeräten. Die Kamera, mit der Marc weiterhin die Straße vor dem Haus des Marokkaners überwachte, zeigte mehrmals täglich »Hund«, immer pinkelnd, jedes Mal an eine andere Hauswand, als wollte er sichergehen, dass keine zu kurz kam. Nosferatu, der aus seinem Haus trat, in den Himmel schaute, sich eine Zigarette anzündete. Das war's. Mehr war in diesen vier Wochen nicht passiert.

Um kurz vor eins hatten sie die Kapelle Madonna della Neve erreicht. Sie befanden sich auf dem Rücken des schlafenden Hundes, auf etwa neunhundert Metern Höhe. Das Panorama war atemberaubend. Im Nordwesten hob sich, wie auf Glas gehaucht, die Silhouette der Seealpen vom weiten Himmel ab. Marc bereute, den Reiseführer nicht mitgenommen zu haben, er mochte Landkarten, er fand es gut, sich ins Verhältnis setzen zu können.

»Was ist denn das da im Meer?« Anna hatte die Augen zusammengekniffen und die Hand darübergelegt, damit die Sonne sie nicht blendete. Sie zeigte in Richtung Albenga. Marc folgte ihrem ausgestreckten Zeigefinger. Anna hatte recht. Weit draußen im Meer und nur zu erkennen, wenn man sich ganz darauf konzentrierte, schwamm ein Schatten.

»Weißt du, was das ist?« Marc war plötzlich aufgeregt.
»Nö ... vielleicht ein Schiff?«
»Das ist Korsika!«
»Wo ist Korsika?«, schaltete sich Conny ein, die dabei war, den Rucksack auszupacken. Sie kam zu Marc und Anna. Alle starrten den Schatten auf dem Meer an. Marc wurde plötzlich feierlich zu Mute. Er legte Conny den rechten und Anna den linken Arm um die Schulter und sagte:
»Eines Tages wird all das euch gehören!«
»Quatschkopp!«, prustete Conny.

Nachdem sie eine Weile diskutiert hatten, ob sie lieber mit Blick aufs Meer oder auf die Berge speisen sollten, breiteten sie schließlich die Wolldecke aus und picknickten. Mit Blick auf Korsika.

Anna wollte wissen, ob es auf Korsika einen Osterhasen gebe und wenn ja, wie er da wohl hingekommen sei. Mit dem Schiff? Mit dem Flugzeug? Dürfen Osterhasen überhaupt fliegen? Und wenn ja – im Gepäckraum? Marc beobachtete seine Tochter. Ihre Augen blitzten, ein paar zarte Sommersprossen sprenkelten die leicht gebräunte Haut. Sie strotzte nur so vor Gesundheit. Es war richtig gewesen, hierzubleiben. Es war richtig gewesen, sich nicht von den unheimlichen Geschehnissen in Lenzari schrecken zu lassen. Irgendwann war der Frühling eingekehrt. In den Orten am Meer war sofort eine entspannte Urlaubsatmosphäre entstanden. Sie waren fast jeden Tag nach Laigueglia gefahren, hatten sich ins Café Molo gesetzt und in die Sonne geblinzelt, während Anna auf dem Spielplatz herumtobte. Sie hatten dem Fischer zugeschaut, der die Möwe Bippo spazieren führte, und seit klar war, dass der Nivea-Spot nicht vor Mai gedreht werden würde, hatte Marc sich ganz der Urlaubsstimmung hingegeben. Dass sich beim Marokkaner absolut nichts tat, dass weder die Kamera noch die Wanzen irgendetwas Verdächtiges einfingen, begünstigte das sanfte Hinübergleiten in den Zustand wohliger Entspannung. Mit dem stärker werdenden Sonnenlicht verblassten die unheimlichen Geschehnisse nach und nach. Und Marc ließ das zu.

Bis vor zwei Wochen noch hatte er fast täglich mit Klaus telefoniert. Sie hatten sich die Köpfe heißgeredet, hatten Theorien zum Oktoberfest-Attentat aufgestellt und wieder verworfen. Klaus war im Internet auf die Vermutung gestoßen, die mysteriöse Geheimarmee GLADIO habe etwas mit dem Oktoberfest-Anschlag zu tun. Marc hatte ihn ausgelacht und ihn eindringlich darum gebeten, seinen Verstand doch bitte eingeschaltet zu lassen, mit absurden Verschwörungstheorien kämen sie hier nicht weiter. Doch als Klaus ihm die Links zum Thema GLADIO schickte, war Marc ins Grübeln gekommen: Die Geheimarmeen hatte es tatsächlich gegeben. Sie waren nach dem zweiten Weltkrieg von der CIA und dem britischen militärischen Geheimdienst MI6 eingerichtet worden und existierten unter verschiedenen Decknamen – die italienische Geheimarmee hatte den Decknamen GLADIO, die deutsche nannte sich »Stay-behind-Organisation« – in allen Ländern Europas westlich des eisernen Vorhangs. Sie wurden durch die Abteilung für verdeckte Kriegsführung der NATO koordiniert und sollten für den Fall einer sowjetischen Invasion als Guerilla-Armee zur Verfügung stehen, die hinter den feindlichen Linien operieren konnte.

Den Parlamenten und der Bevölkerung wurde die Existenz der Geheimarmeen vorenthalten. Erst 1990, nach dem Ende des kalten Krieges, war die Sache ans Licht gekommen. In Italien, Belgien und der Schweiz waren die Geheimarmeen parlamentarisch untersucht worden. In Deutschland allerdings hatte eine solche Untersuchung bis heute nicht stattgefunden.

Marc war fassungslos, dass er davon noch nie etwas gehört hatte. Klaus, der nun wirklich politisch interessiert war, brummelte zwar irgendwas von »schon mal von gelesen ... irgendwie«, musste aber letztlich ebenfalls einräumen, dass ihm die Sache in diesem Ausmaß neu war.

Sie recherchierten nächtelang im Internet, Klaus in Berlin, Marc in Lenzari, hatten das Telefon neben sich auf dem Tisch liegen, schrieben E-Mails und riefen einander an, sobald sie eine neue Entdeckung gemacht hatten. Die Telefonrechnung für den März würde horrend werden, aber egal. Alle Medien hatten 1990 von der unheimlichen Enthüllung berichtet. »Das blutige Schwert der CIA«, titelte der Spiegel am 19. November 1990. Der SPD-Abgeordnete Hermann Scheer hatte von einer Art Ku-Klux-Klan gesprochen und eine juristische Aufarbeitung durch den Generalbundesanwalt gefordert, »weil die Existenz einer bewaffneten militärischen Geheimorganisation außerhalb jeglicher Kontrolle durch Regierung oder Parlament mit der Verfassung nicht vereinbar ist und deshalb nach dem Strafrecht verfolgt werden muss«. Aber es geschah nichts.

»1990«, sagte Klaus, »da war Deutschland mitten im Wiedervereinigungstaumel. So erstaunlich ist es nicht, dass sich da keiner mit Geheimarmeen aus dem kalten Krieg befassen wollte.«

Aber die Parlamente Italiens, Belgiens und der Schweiz beschäftigten sich damit. Und nach und nach kamen immer mehr Details ans Tageslicht, die allesamt unglaublich klangen, aber inzwischen als gesichert galten: Die Offiziere des geheimen Netzwerks wurden unter der Leitung amerikanischer und britischer Spezialeinheiten, den Green Berets und dem Special Air Service, kurz SAS, ausgebildet. Das Personal wurde vor allem unter Rechtsextremen rekrutiert. In Deutschland waren ehemalige Mitglieder der SS darunter. Die Logik dahinter war klar: Man wollte verlässliche Männer mit einer klar antikommunistischen Grundhaltung. Es stellte sich aber heraus: Die Geheimarmeen warteten nicht einfach nur auf die Invasion Westeuropas durch sowjetische Truppen und drehten Däumchen, sondern kamen tatsächlich zum Einsatz. Und zwar, um kommunistische und sozialistische Kräfte im eigenen Land zu bekämpfen. Nach Ansicht der geheimen Kriegsstrategen in Washington und London waren die damals starken kommunistischen Parteien und Bewegungen in den Demokratien Westeuropas die reale und akute Gefahr, gegen die man mit allen Mitteln vorgehen musste.

Mehrere Tage war Marc wie elektrisiert gewesen, wobei er nicht genau sagen konnte, was ihn stärker erschütterte – die ungeheuerlichen Fakten selbst oder die Tatsache, dass er von alldem noch nie etwas gehört hatte. Conny war er in diesen Tagen gehörig auf den Wecker gegangen. Er hatte sie ziemlich überfordert mit seinem plötzlichen Mitteilungsbedürfnis. Als er ihr am Frühstückstisch einen Artikel über die Rolle der griechischen Geheimarmee beim Militärputsch von 1967 und der Etablierung der Obristen-Junta vorlesen wollte, hatte sie ihm klipp und klar zu verstehen gegeben, dass es jetzt genug sei. Sie wolle nichts mehr hören von irgendwelchen Geheimarmeen, und sie habe auch keine Lust mehr, sich anzusehen, wie er vor ihren Augen zum Verschwörungstheoretiker mutiere. Und überhaupt wolle sie erst mal in Ruhe Kaffee trinken.

Er hatte dann vor sich hingemurmelt, dass Heinz Lembke, der rechtsextreme Förster, sehr wahrscheinlich ein Stay-behind-Mann war, und dass der Oktoberfestsprengstoff aus einem Waffendepot eben dieses Heinz Lembke stamme, der, als er aussagen wollte, erhängt in seiner Zelle aufgefunden worden war; und dass man das sogar auf Wikipedia nachlesen könne und dass es einfach ungeheuerlich sei, dass der Sache niemand nachgehe. Da war Conny in schallendes Gelächter ausgebrochen: »Du klingst wie Mel Gibson in diesem Film ... in dem er diesen paranoiden Taxifahrer spielt und versucht, Julia Roberts von seinen Verschwörungstheorien zu überzeugen.«

Sie meinte *Fletcher's Visionen*.

»Aber am Ende stellt sich heraus, dass er recht hatte!« Marc war wütend. Conny sah ihn mitleidig an und kicherte noch immer.

»Mel Gibson hatte recht!«, rief Marc, »er war nämlich Opfer des Mind-Control-Projekts der CIA.«

Conny prustete vor Lachen.

»Das gab's wirklich!« Seine Stimme war viel zu laut. Ihn beschlich das Gefühl, sich gerade ziemlich lächerlich zu machen. Er war wortlos aufgestanden, Conny hatte ihm noch versöhnlich hinterhergerufen, er solle doch nicht beleidigt sein, aber es war zu spät. Er *war* beleidigt.

Er hatte sich dann hinter den Schreibtisch im ersten Stock gesetzt und eine Weile auf die gegenüberliegende Bergseite gestarrt. Das zarte Grün des Waldes wirkte beruhigend auf ihn. Dort drüben, mitten im Wald, lag ein schlossartiges Gebäude. Ein viereckiger Turm mit Zinnen obendrauf. Grüne Fensterläden, die immer geschlossen waren. Er würde mal versuchen herauszufinden, wem das Gebäude gehörte, beschloss er. Und dann hatte er nachgedacht. Über das Oktoberfest-Attentat, über GLADIO und darüber, ob es gefährlich war, so daherzureden wie Mel Gibson in *Fletcher's Visionen*. Er hatte zum Telefon gegriffen und Klaus angerufen. Er erklärte Klaus, dass sie sofort aufhören mussten, herumzuspekulieren, sie würden sich vollkommen lächerlich machen. Der einzige Weg, in der Sache weiterzukommen, war herauszufinden, was der Schnauzbart vorhatte. Alles andere war Spekulation und führte ins verminte Gelände der Verschwörungstheorien. Klaus antwortete nicht.

»Klaus?«

»Wieso weckst du mich mitten in der Nacht?« Klaus klang verkatert. Marc schaute auf die Uhr. Es war kurz nach halb neun. Viel zu früh für Klaus.

»Sorry«, sagte er, »mir war nicht klar, dass es noch so früh ...«

»Ich mach mir 'nen Kaffee und ruf zurück.«

Zehn Minuten später klingelte das Telefon. Klaus klang jetzt munter. Er wirkte konzentriert.

»Eine ernst zu nehmende Zeugin hat unseren Mann in der Nähe der Theresienwiese gesehen«, sagte er, »kurz bevor die Bombe hochging. Es gibt ein Foto, auf dem unser Mann zusammen mit Rudolf Hochhausen zu sehen ist. Das sind Spuren, denen wir nachgehen müssen. Es ist völlig in Ordnung, Hypothesen aufzustellen, jede seriöse Polizeiarbeit funktioniert so. Was ist das Problem?«

»Das Problem ist, dass wir ...« Marc suchte nach den richtigen Worten, »dass wir daherreden wie durchgeknallte Verschwörungstheoretiker. Wir müssen aufpassen, dass wir uns nicht vergaloppieren.«

Nach einer kurzen Pause sagte Klaus: »Die Frage ist doch, liegt es an uns, dass das alles so verrückt klingt, oder liegt es am Gegenstand unserer Untersuchung?«

»Und wenn doch alles mit rechten Dingen zugegangen ist? Wenn Gundolf Köhler tatsächlich ein Einzeltäter war? Wenn Polizei und Justiz korrekt gearbeitet haben?«

»Und wenn der Mann, der im Audi einer international operierenden Söldnerfirma unterwegs ist und deinen Marokkaner bedroht hat, einfach nur ein italienischer Wies'nbesucher war?« Klaus' Stimme klang spöttisch.

»Mann, Klaus! Ist es nicht trotzdem möglich, dass alles … dass alles in Ordnung ist?«

»Das halte ich für sehr, sehr unwahrscheinlich«, sagte Klaus nüchtern, und Marc wusste, dass er recht hatte. Es lag nicht an ihnen, dass ihre Theorien verrückt klangen, es lag daran, dass die Sache selbst verrückt war, dass hier ganz offensichtlich Dinge vertuscht worden waren, dass die wahren Hintermänner des Oktoberfest-Attentats nicht ermittelt werden sollten. Bis heute nicht. Trotzdem, da war sich Marc sicher, würden ihnen Spekulationen nicht weiterhelfen. Das Oktoberfest-Attentat war Geschichte. Das war das eine. Das andere war die Tatsache, dass jetzt und hier, keine fünfzig Meter von ihm entfernt, ein völlig verängstigter Häftling saß, der geschlagen und bedroht worden war. Das war sehr konkret.

»Wir müssen dem Marokkaner helfen, Klaus. Darum geht's.«

»Ich fürchte, es geht nicht mehr nur darum.«

Einen Moment lang herrschte Schweigen. Marc wusste nicht, was er sagen sollte.

»Pass auf dich auf«, sagte Klaus, bevor er auflegte.

Gegen 15 Uhr machten sie sich an den Abstieg. Der Boden war durch die starken Regenfälle der letzten Tage aufgeweicht und glitschig. Das machte sich jetzt, beim Abstieg, erst so richtig bemerkbar. Als sie etwa drei Viertel der Strecke hinter sich gebracht hatten, verlor Anna plötzlich den Halt. Sie stolperte über eine Wurzel und fiel.

»Anna!« Conny schrie entsetzt auf. Marc war nicht schnell genug bei seiner Tochter, um verhindern zu können, dass sie vor seinen Augen den steilen Hang hinunterstürzte. Sie hatte sich instinktiv zusammengerollt, um ihren Kopf zu schützen. An dieser Stelle war der Hang voller Felsen, die überall durch den Waldboden brachen.

Marc war wie gelähmt. Conny neben ihm schrie wie am Spieß, aber sie konnten beide nichts anderes tun, als ihrer Tochter zuzusehen, die wie ein Gummiball in die Tiefe kullerte.

»Bitte, bitte, bitte!« Marc schickte ein Stoßgebet in den Himmel. Da unten stand eine Brombeerhecke. Mannshoch. Mit voller Wucht schoss Anna in die Hecke und blieb bewegungslos liegen.

»Anna!«

Sie reagierte nicht. Marc und Conny stürmten den Hang hinunter, so schnell es das starke Gefälle zuließ.

»Sie bewegt sich nicht!« Connys Stimme kippte über.

Bäume verstellten ihm den Blick. Er konnte seine Tochter nicht sehen.

»Marc! Sie bewegt sich nicht!«

Noch fünfzehn Meter. Sie lag auf dem Rücken. Er konnte ihr Gesicht nicht erkennen, nur dass ihre Jacke zerfetzt war, das sah er.

Noch zehn Meter. Sie bewegte sich nicht.

»ANNA!«, schrie Marc. Jetzt war er bei ihr. Er ließ sich auf die Knie fallen, hörte Connys Schritte hinter sich, ihren keuchenden Atem. Er drehte Annas Kopf zu sich, sah in ihr Gesicht. Es war voller Blut. Ihre Augen waren geöffnet. Als sie Marc erblickte, lächelte sie.

Das Blut stammte von einem Kratzer an der Stirn, der sich aber als nicht schlimm herausstellte und schon kurz darauf aufhörte zu bluten. Ein paar Hautabschürfungen, an Ellbogen und Knien, ein paar Prellungen, das war's. Anna hatte riesiges Glück gehabt. Conny hatte Marc noch was von »inneren Verletzungen« und »Krankenhaus« und »nachschauen lassen« ins Ohr gezischt, aber als Anna zehn Minuten später wieder fröhlich lachend den Berg hinunterstapfte, schien auch Conny beruhigt zu sein.

Sie hatten die Straße nach Gazzo fast erreicht, als sie den Mann sahen. Er saß auf einem Baumstumpf etwa zwei Meter oberhalb des Weges und schien sie noch nicht bemerkt zu haben. Er trug ein rotes Ferrari-Basecap auf dem Kopf und ein kariertes Hemd unter einem labbrigen Wollpulli, der überall Löcher hatte. Und er redete unablässig vor sich hin. Er hatte etwas in der linken Hand, das Marc nicht erkennen konnte. Seine rechte Hand vollführte kurze, ruckartige Bewegungen, als würde sie von Krämpfen geschüttelt. Erst als er direkt vor ihm stand, sah Marc, dass der Mann an einem Stück Holz herumschnitzte. Er schnitzte eine Schlange. Marc musste nur einen kurzen Blick auf das Tier werfen, um zu wissen, dass dieser Mann all die Kreaturen hergestellt hatte, die er und Anna in dem verfallenen Haus im Wald gesehen hatten.

»Der Mann hat deinen Hund geschnitzt«, flüsterte er Anna zu. Sie sah den Mann erstaunt an, aber als sie die hölzerne Schlange in seiner Hand erblickte, verstand sie.

»Kennt ihr den Mann?« Conny wirkte irritiert.

Plötzlich hielt der Mann inne und sah auf. Er schielte. Als Marc den Mann grüßte, ging ein Lächeln über sein Gesicht. Es war dieses Lächeln, das Marc verriet, dass der Mann geistig verwirrt sein musste. Er hatte fast keine Zähne mehr im Mund

und begann in einer Sprache auf sie einzureden, die Marc nicht verstand. Es war der lokale Dialekt, den er hin und wieder bei älteren Leuten gehört hatte, eine Sprache für sich, die mit Italienisch nur entfernt etwas zu tun hatte. Sie klang wie eine Mischung aus Portugiesisch und Rätoromanisch, gespickt mit vielen Umlauten. Marc hatte es schnell aufgegeben, irgendetwas verstehen zu wollen.

»Sagst du ihm, dass ich seinen Hund habe?«, flüsterte Anna Marc zu.

Aber Marc fühlte sich unwohl in der Anwesenheit dieses Mannes. Er wusste nicht, was bei ihm ankam, verstand nicht, was der Mann ihm sagen wollte. Die Vorstellung, diesem Mann Dinge erklären zu müssen, die sein Geist nicht würde fassen können, war ihm unangenehm. Er wollte weiter. Er machte ein paar Bemerkungen über das Wetter, grüßte höflich und zog Anna mit sich. Der Mann erhob sich, riss sich das Basecap vom Kopf und wedelte damit in der Luft herum, als verscheuche er Mücken. Er winkte. Und er lachte.

»Darf ich den Hund behalten«, flüsterte Anna, »was hat der Mann geantwortet?« Sie sah Marc erwartungsvoll an.

»Ich hab ihn nicht gefragt, Schatz.«

»Warum?«

»Weil ich glaube, dass er mich nicht verstanden hätte. Er ist geistig behindert.«

»Darf ich mal erfahren, woher ihr den kennt?«, hakte Conny nach, und Anna erzählte ihr in aller Ausführlichkeit von dem verfallenen Haus mit den geschnitzten Kreaturen.

Sie hatten die Straße nach Gazzo erreicht und kamen wieder am Schaf mit dem kranken Bein vorbei. Als das Schaf sie wahrnahm, kam es auf sie zugehumpelt. Anna sah das Schaf gedankenverloren an.

»Ein geistig Behinderter«, begann sie vorsichtig, »würde der das Schaf jetzt auch sehen können?«

»Klar«, sagte Conny. »Ein geistig Behinderter ist ja nicht blind.«

»Aber vielleicht würde er nicht wissen, dass es ein Schaf ist«, gab Marc zu bedenken.

Anna überlegte. »Vielleicht denkt er, dass das Schaf ein Hund ist.«

»Vielleicht«, sagte Marc.

Das Schaf blökte.

Anna fing an zu kichern. »Dann würde er aber ganz schön staunen, wenn sein Hund plötzlich Mäh macht, statt zu bellen.«

Da klingelte Marcs Handy. Er ging ein paar Schritte zur Seite. »Unbekannte Rufnummer« zeigte das Display an. Marc nahm ab.

»Spreche ich mit Signor Burth?« Der Anrufer sprach Italienisch. Marc spürte eine plötzliche Anspannung.

»Ja«, sagte er, »das ist richtig.«

»Ich würde Sie gerne treffen.«

»Wer sind Sie?«

Kurzes Zögern am anderen Ende. »Ich heiße Gianni ... Giovanni Bertone ... Passt es Ihnen morgen?«

»Worum geht's denn?«

»Fahren Sie auf der Bundesstraße 28 Richtung Piemont und biegen dann links ab nach Mendatica. Kurz vor Mendatica werde ich Sie erwarten. In einem weißen Opel Corsa.«

»Können Sie mir bitte sagen, worum es ...« Aber der Mann ließ Marc nicht ausreden.

»Fahren Sie mir dann einfach hinterher. Morgen, 10 Uhr, okay?«

»Sie müssen mir schon sagen, worum es geht.«

Für einen Moment herrschte Stille am anderen Ende. Dann sagte der Anrufer:

»Es geht um den Mann, den Sie suchen. Den Mann mit dem Schnauzbart.«

Marc wollte etwas sagen, aber er brachte kein Wort heraus.

»Mendatica, 10 Uhr«, hakte der Anrufer nach. »Ich warte in einem weißen Corsa auf Sie.«

»Gut«, sagte Marc, »ich werde da sein.« Aber der Anrufer hatte bereits aufgelegt.

Marc steckte das Handy weg. Das Schaf blökte erneut.

»Wer war das?«, Conny hatte sich zu ihm umgewandt und sah ihn forschend an.

»Ich weiß es nicht«, sagte Marc. »Jemand, der sich morgen mit mir treffen will.«

Der Schatten des schlafenden Hundes kroch über sie hinweg, den Hang hinunter. Bald würde die Sonne hinter dem Berg verschwinden. Marc fröstelte.

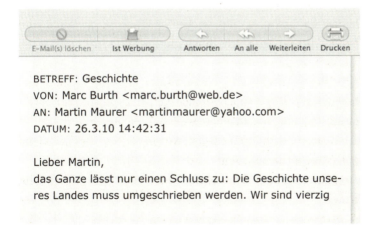

BETREFF: Geschichte
VON: Marc Burth <marc.burth@web.de>
AN: Martin Maurer <martinmaurer@yahoo.com>
DATUM: 26.3.10 14:42:31

Lieber Martin,
das Ganze lässt nur einen Schluss zu: Die Geschichte unseres Landes muss umgeschrieben werden. Wir sind vierzig

> Jahre lang belogen worden und werden es immer noch.
> Grüße
> Marc

Lenzari, Freitag, 4. Juni 2010, 19:15 Uhr

Fabrizio öffnete die Glastür, die zum Garten hinausführte. Der Boden des Gartens bestand aus groben Felssteinen. Auch hier waren, trotz der Feuchtigkeit, noch die Reste von Kreidezeichnungen zu sehen. Fabrizio meinte ein Schloss zu erkennen, mit Zinnen und wehender Fahne. Der Garten war durch eine Steinmauer umgrenzt. Rechts wurde Brennholz aufbewahrt. Ein Dach mit fünf Reihen Ziegeln schützte das Holz vor Nässe.

Insgesamt, schätzte Fabrizio, war der Garten zwanzig Quadratmeter groß. Er lag etwa zwei Meter über der Straße, die hinunterführte nach Vessalico. Der Geruch von Lavendel, ein blühender Oleander, ein Lorbeerbaum links an der Wand zum Nachbarhaus, dem Haus von Antonio, dessen Leiche keine hundert Meter von hier entfernt in der Abwasserrinne lag. Fabrizio stolperte über etwas. Es war ein Kinderrechen mit Holzstiel und knallroten Metallzinken. Als er das Gartentor erreicht hatte, hielt er einen Moment inne. Eine Steintreppe führte hinunter zur Straße. In beide Richtungen konnte Fabrizio etwa zehn Meter weit sehen. Dann verloren sich die Straße und die ganze Welt im Nebel. Er entriegelte das Gartentor und stieg die Treppe hinunter. Die Stille war überwältigend. Kein Fahrzeug war unterwegs, keine Motorsäge war im Wald zu hören. Die

Welt um Fabrizio herum schien ausgelöscht worden zu sein. Er war froh, den Asphalt unter seinen Füßen zu spüren. Der Boden war fest, er gab nicht nach. Meter für Meter näherte sich Fabrizio dem Kirchplatz. Dort stand der Wagen.

Er versuchte gar nicht erst, den Schaden zu beheben. Er musste den Wagen wegschaffen, bevor Cesare hier auftauchte, und das konnte jeden Moment passieren. Fabrizio öffnete die Fahrertür und nahm hinter dem Steuer Platz. Er steckte den Zündschlüssel ins Schloss, um zu verhindern, dass die Lenkradsperre einrastete. Dann trat er mit dem linken Fuß auf die Kupplung und schaltete in den Leerlauf. Nachdem er die Handbremse gelöst hatte, stieg er aus, ging zum Heck des Wagens und schob ihn an. Mit aller Kraft. Es ging leichter als erwartet. Das Gelände war abschüssig genug, und der Alfa begann sofort zu rollen. Fabrizio setzte sich wieder hinters Steuer und lenkte den Wagen an dem leer stehenden Haus vorbei auf die Straße, die hinunter ins Tal führte. Lenkung und Bremsen waren mit ausgeschaltetem Motor schwerer zu bedienen, und Fabrizio musste seine ganze Kraft und Konzentration aufwenden. Geräuschlos glitt der Wagen durch den Nebel. Vor Antonios Haus, keine zwei Meter oberhalb der Straße, meinte Fabrizio eine Gestalt zu erkennen und erschrak. Es war aber nur Antonios Arbeitshose, die zum Trocknen an einer Wäscheleine hing.

Die Straße machte eine scharfe Biegung nach rechts, Fabrizio nahm die Handbremse zu Hilfe und steuerte den Alfa behutsam durch die Kurve. Die Häuser von Lenzari lagen jetzt in seinem Rücken. Den Verlauf der Straße konnte er wegen des Nebels nicht erkennen, das war aber auch nicht notwendig. Er kannte die Strecke gut genug und wusste, dass es nun eine ganze Weile geradeaus ging. Es war das längste Stück gerader

Strecke, das die Straße zu bieten hatte. Er ließ den Wagen laufen, der schnell Tempo aufnahm.

Als die Schatten der ersten Olivenbäume links der Straße auftauchten, bremste Fabrizio ab. Er lehnte sich vor und spähte angestrengt durch die Windschutzscheibe. Hinter den Olivenbäumen konnte er einen weiteren Schatten erkennen. Das musste der Schuppen sein. Jetzt durfte er nicht mehr bremsen. Er lenkte nach rechts, um die volle Breite der schmalen Straße nutzen zu können, dann schlug er das Steuer scharf ein. Der Wagen schoss nach links und fuhr holpernd über den Feldweg, der mit leichter Steigung zum Schuppen hinaufführte. Fabrizio zog die Handbremse an. Der Alfa stand perfekt. Um zu fliehen, würde er lediglich die Handbremse lösen und ihn auf die Straße zurückrollen lassen müssen. Von Lenzari aus war die Sicht auf den Wagen durch den Schuppen verwehrt. Selbst bei gutem Wetter wäre er von oben nicht zu sehen gewesen. Gleich hinter dem Schuppen begann der Wald, und die Straße machte eine Haarnadelkurve nach links, sodass der Wagen auch vor jedem, der von unten die Straße hinauffuhr, verborgen war. Fabrizios Blick fiel auf das Funkgerät – es war aussichtslos, er war nicht in der Lage, es zu reparieren. Er zog das Handy aus der Tasche. Es hatte noch immer keinen Empfang, auch hier nicht. Er war auf sich allein gestellt.

Fabrizio öffnete die Tür und stieg aus dem Wagen.

Lenzari, Mittwoch, 7. April 2010, 5:48 Uhr

Marc schreckte aus dem Schlaf hoch. Der Albtraum, der ihn eben noch in den Klauen gehalten hatte, zog sich zurück, tosend und gurgelnd, wie eine Riesenwelle. Stille und Dunkelheit um ihn herum, als wäre nichts geschehen. Sein T-Shirt und das Laken waren schweißnass. Neben ihm lag Conny und atmete ruhig. Er warf einen Blick auf die Digitalziffern des Weckers und versuchte erst gar nicht, wieder einzuschlafen. Er richtete sich im Bett auf. Was hatte er bloß geträumt? Aber die Bilder waren nicht mehr abrufbar, sie hatten sich in die Schreckenskammern seines Unterbewusstseins zurückgezogen.

Er stand auf und ging hinunter in die Küche. Es war noch dunkel. Er machte Licht, holte die Kaffeedose vom Regal und füllte den Einsatz der Schraubkanne. Lavazza crema e gusto, randvoll. Er hielt den Schalter am Herd so lange gedrückt, bis die bläuliche Gasflamme mit einem Geräusch aus der Düse schoss, das sich anhörte wie der Flügelschlag eines großen Vogels. Dann stellte er die Caffettiera auf die Flamme.

Conny hatte es ganz unmöglich gefunden, sich mit einem völlig Unbekannten zu treffen, geradezu fahrlässig. Und sie hatte recht, das musste Marc zugeben, aber es war zu spät. Er hatte den Vorschlag akzeptiert. Er hatte keine Telefonnummer von diesem Bertone, er konnte ihn nicht zurückrufen.

Ein gurgelndes Geräusch, Kaffeeduft. Marc nahm die Kanne vom Herd und schenkte sich ein. Er umfasste die Tasse mit beiden Händen. Morgens war es noch immer empfindlich kühl im Haus. Aber sie hatten entschieden, nicht mehr zu heizen. Es war Frühling, da heizte man nicht mehr. Marc ging hinüber zur Glastür, die zum Garten führte. Hinter dem Kakibaum wurde der Himmel allmählich hell. Marc nahm einen Schluck Kaffee. Was, wenn er einfach nicht hinginge, überlegt er. So, wie Conny es vorgeschlagen hatte. Dann würde sich Bertone noch einmal melden, vorausgesetzt natürlich, es war ihm wichtig genug, aber davon ging Marc aus. Der Mann hatte nicht so geklungen, als wolle er mit ihm Pilze sammeln oder so was. Dann könnte Marc ihn all das fragen, was er bei dem Anruf gestern versäumt hatte. Er war einfach überrumpelt worden. Er schaute nach oben. Dunkle Wolkenfetzen waren in regelmäßigen Abständen über den Morgenhimmel verteilt, als leide er an einem Ausschlag.

Als Conny gegen 8 Uhr in die Küche kam, saß Marc am Tisch vor der Tür zum Garten und studierte die Landkarte. Mendatica lag auf fast achthundert Metern Höhe direkt an der Grenze zum Piemont. Er würde nach Vessalico hinunter und dann auf die Bundesstraße, die Statale 28, fahren. Etwa zehn Kilometer hinter Pieve, kurz vor Acquetico, würde er von der Statale 28 nach links abbiegen müssen.

»Du willst fahren?«, fragte Conny.

Als Marc nickte, ging sie wortlos an ihm vorbei zum Herd. Er hörte, wie sie die Kanne aufschraubte und den Einsatz mehrmals gegen den Rand des Mülleimers schlug, um den Kaffeesatz zu lösen. Marc stand auf und ging zu ihr. Conny war gerade dabei, Kaffeepulver in den Einsatz zu füllen.

»Es geht nicht anders«, sagte er, »ich muss wissen, was der Mann von mir will. Ich hoffe du verstehst …«

»Weißt du was?« Conny wandte sich zu ihm um und sah ihn ernst an, »ich hab' überhaupt keine Lust auf diese Rollenverteilung.«

»Wie meinst du das?« Marc war verwirrt.

»Ich weiß nicht, was hier läuft. Was ich mitbekomme, macht mir Angst. Aber ich hasse diese Rollenverteilung: Vatti spielt den Krieger, und Mutti steht am Herd und macht die Spielverderberin. Das will ich nicht.«

»Ich weiß«, sagte Marc. Er sah sie nachdenklich an. Conny erwiderte seinen Blick.

»Du bist erwachsen. Du musst wissen, was du tust.«

»Leider weiß ich es nicht. Aber das ist vielleicht eine Chance, es herauszufinden.«

»Dann mach es. Dann fahr da hin.« Sie ging auf ihn zu und baute sich vor ihm auf.

»Aber wehe, dir passiert was!«

»Was ist dann?«

»Dann bin ich sauer ... mein Krieger.« Sie klang nicht spöttisch. Sie klang liebevoll. Und besorgt.

Sie küssten sich.

Um kurz nach neun stieg er ins Auto. Er glaubte nicht, dass er viel länger als eine halbe Stunde brauchen würde, aber er wollte auf keinen Fall zu spät kommen.

Er fuhr an Antonios Haus vorbei. Der Lorbeerbaum dahinter gehörte bereits zum Garten ihres Hauses, und plötzlich entdeckte er Anna, die sich im Schlafanzug über die Gartentür beugte und ihm aufgeregt zuwinkte. Er hupte dreimal, ließ das Fenster herunter und winkte zurück.

Etwa auf halber Strecke zwischen Lenzari und Vessalico ging ein Mann mitten auf der Fahrbahn. Es war der geistig Behinderte, den sie gestern im Wald getroffen hatten. Marc erkannte ihn an der roten Ferrari-Kappe. Der Mann hatte ihm den Rücken zugewandt und ging mit schnellen Schritten bergab. Er hatte einen Wanderstock in der Hand und schien das Motorgeräusch nicht zu hören. Marc überlegte, ob er hupen sollte, ließ es dann aber bleiben. Er wollte ihn nicht erschrecken. Er war nur noch knapp zehn Meter hinter dem Mann, aber der schien ihn immer noch nicht zu hören. Marc fuhr noch etwas näher an ihn heran und beugte sich aus dem Fenster. Und jetzt hörte er, dass der Mann sang. Es hörte sich nach einem Volkslied an.

»Signore!«, rief Marc.

Der Mann drehte sich um und sprang erschrocken zur Seite. Marc winkte ihm grüßend zu, als er an ihm vorbeifuhr, aber er schien ihn nicht zu erkennen. Im Rückspiegel konnte Marc sehen, dass der Mann die Lippen bewegte. Entweder sang er wieder – oder er verfluchte Marc.

An der Ortseinfahrt von Vessalico kam ihm der blaue Linienbus entgegen, der zwischen Pieve und Albenga verkehrte. Die Straße war zu eng. Sie kamen nicht aneinander vorbei. Marc setzte zurück und ließ den Bus passieren. In einem Hauseingang, direkt an der Straße, standen drei dunkelhaarige Männer. Sie trugen Trainingsanzüge und Badelatschen und rauchten. Albaner wahrscheinlich. Sie beobachteten Marcs Ausweichmanöver mit ausdruckslosen Gesichtern.

Um kurz nach halb zehn hatte er Pieve erreicht. Links der Straße sah er die Carabinieri-Wache. Die italienische Nationalflagge wehte über dem Flachdach des Gebäudes. Davor stand ein Motorrad. Eine Moto Guzzi. Sie sah gepflegt aus. Ihre Chromteile blitzten in der Sonne.

Hinter Pieve ging es steil bergauf. Das Tal wurde enger. Die Bundesstraße 28 wirkte plötzlich wie eine hochalpine Passstraße. Eine Fliege setzte sich aufs Armaturenbrett. Flog auf. Setzte sich wieder. Flog auf. Montegrosso. Fast hätte er den Wegweiser übersehen. Er setzte schnell den Blinker und bog ab. Die Straße folgte dem Flussbett der Arroscia. Ein Lastwagen mit Baumaterial fuhr vor ihm und nahm ihm die Sicht. Aber es war undenkbar, auf dieser schmalen Straße zu überholen. 9:53 Uhr! Er würde zu spät kommen. Die Straße zog sich, und dieser verdammte Laster schlich um jede Kurve. Das Handy klingelte. Er sah auf dem Display, dass es Klaus war, und ließ es klingeln. Gestern Abend hatte er das Telefon bereits in der Hand gehabt und wollte Klaus anrufen, um ihm von dem bevorstehenden Treffen zu berichten. Er hatte es dann aber sein lassen. Er würde ihn zurückrufen, nachdem er mit Bertone gesprochen hatte. Die Fliege gab keine Ruhe. Sie machte ihn wahnsinnig. Endlich bog der Lastwagen links nach Montegrosso ab. Marc fuhr geradeaus weiter. Vor ihm, wie auf einer Terrasse hoch über dem Tal, lag Mendatica. Die Straße schraubte sich in engen Serpentinen nach oben. Eine Ape kam ihm entgegen. Sie hatte Holz geladen.

Um 10:06 Uhr sah er den weißen Opel Corsa. Er stand in einer Bucht am Straßenrand. Marc betätigte die Lichthupe. Der Fahrer, den Marc aus der Entfernung nicht erkennen konnte, gab Gas, und der Corsa fuhr auf die Straße. Marc verringerte den Abstand. Der Corsa war alt und über und über mit Lehm bespritzt. Auf dem Heck klebte ein ausgeblichener Aufkleber von Sampdoria Genua. Marc versuchte, einen Blick auf den Fahrer zu erhaschen, aber das Einzige, was er sicher sagen konnte, war, dass der Mann eine Glatze oder kurz rasierte Haare hatte. Und vom Rückspiegel des Corsas baumelte ein Rosenkranz, das konnte Marc ebenfalls erkennen. Plötzlich, kurz vor dem Ortseingang, bog der Corsa nach links in einen Feldweg ab. Der Boden war hier noch immer aufgeweicht. In den Spurrillen stand das Wasser. Der Feldweg führte unterhalb von Mendatica auf ein Waldstück zu. Am steilen Hang über dem Weg stand eine Herde Schafe im Matsch. Kein bisschen Grün war zu sehen. Sie fuhren langsam, der Weg ließ kein schnelleres Tempo zu. Der Glatzkopf im Corsa beugte sich nach vorne, schien etwas aus der Mittelkonsole herauszufummeln ... Zigaretten. Er steckte sich eine Zigarette an. Marc konnte den Rauch sehen, den der Mann ausblies. Er hüllte den Rosenkranz ein. Wie Weihrauch, dachte Marc. Plötzlich fing der Rosenkranz wie wild an zu baumeln. Der Corsa rumpelte durch eine tiefe Pfütze. Marc bremste und versuchte, die Pfütze zu umfahren. Mendatica lag jetzt hinter ihnen. Am Berghang über ihnen, aber in weiter Entfernung, waren noch ein paar Häuser zu sehen, Hütten eher, vielleicht auch nur Ställe.

Sie waren noch etwa zweihundert Meter von dem Waldstück entfernt, als sich der Himmel verfinsterte. Sie waren in den Schatten des Monte Frontè eingetaucht, der mächtig über ihnen stand. Der Glatzkopf kurbelte das Seitenfenster hinunter und warf die Zigarettenkippe hinaus. Marc konnte erkennen, dass der Mann ein graues Sweatshirt trug, dessen Bund er hochgeschoben hatte, sodass sein nackter Unterarm zu sehen war. Irgendetwas daran irritierte Marc. Auf dem Unterarm war ein Fleck – nein, es war eine Tätowierung.

Jetzt hatten sie den Wald erreicht. Wo wollte der Mann hin? Hier war nichts. Marc bemerkte überall an den Bäumen verrostete Schilder mit dem Hinweis »Jagen verboten!« Der Corsa bog nach rechts ab. Marc folgte ihm. Auf beiden Seiten des schmalen Weges standen dichte Nadelbäume und mannshohe Farne. Nach etwa hundert Metern erreichten sie eine Lichtung. Marc meinte, auf einer Müllhalde angekommen zu sein: Überall lagen verrostete Metallteile herum, Plastik, Schrott. Aber es war keine Müllhalde, es war ein Gehöft. Marc sah zwei Gebäude, das eine – das größere – musste das Wohnhaus sein. Es war zweistöckig und dem Verfall nahe. Überall war der Putz vom Mauerwerk gebrochen. Die Scheiben waren zum Teil eingeschlagen, manche Fenster waren mit Brettern vernagelt, aber hinter dreien, die noch intakt zu sein schienen, hingen Gardinen. Wohnte da noch jemand? Das zweite Gebäude stand dahinter, im rechten Winkel zum Wohngebäude und musste einmal die Scheune gewesen sein.

Der Corsa fuhr auf die Scheune zu und hielt neben einem alten Kühlschrank, auf dem etwas stand, das Marc zunächst nicht erkennen konnte. Dann sah er, dass es eine Babyschale fürs Auto war, mit völlig zerfetztem Bezug. Daraus erhob sich mit aufgeregtem Krächzen ein Rabe und flog mit kräftigen Flügelschlägen über die Baumwipfel davon. Marc sah aus dem Fenster. Ringsum dichter Nadelwald. Hinter den beiden Gebäuden der steile Berghang, bis obenhin bewaldet. Marc musste sich eingestehen, dass er jegliche Orientierung verloren hatte. Er hätte nicht einmal mehr sagen können, aus welcher Richtung sie gekommen waren. Er parkte hinter dem Corsa und schaltete den Motor aus. Die Fahrertür des Corsas öffnete sich – und Marc stockte der Atem. Der Mann hatte sich eine Sturmhaube über den Kopf gezogen, mit Öffnungen für Augen und Mund. Er war groß, etwa 1,90 Meter und breitschultrig. Unter dem grauen Sweatshirt war ein leichter Bauchansatz auszumachen. Die Ärmel des Sweatshirts hatte der Mann jetzt nach unten gezogen, die Tätowierung war nicht mehr zu sehen. Er trug Jeans und schwarze Schnürstiefel. Er kam auf Marc zu. Was sollte diese Sturmhaube? Marc spürte die Angst. Sie kam in Wellen. Noch fünf Schritte, und der Mann war bei ihm.

Abhauen! Du musst hier weg! Dreh den Zündschlüssel und fahr los!

Aber die Angst presste ihn in den Sitz. Er saß da wie gelähmt, als der Mann gegen die Fensterscheibe klopfte.

»Komm!«, rief der Mann, »steig aus!«

Marc ließ die Fensterscheibe einen Spaltbreit herunter.

»Warum die Maske?« rief er dem Mann zu. *La maschera*. Ihm fiel kein besseres italienisches Wort ein. Mit Sturmhauben hatte er noch nie zu tun gehabt.

»Die ist zu unserer Sicherheit«, antwortete der Mann.

»*Unsere* Sicherheit?«

»Ja. Für deine und meine. Los jetzt. Komm mit.« Der Mann wandte sich um und ging in Richtung Scheune. Marc zog den Zündschlüssel ab, öffnete die Tür und stieg aus. Es war kühl, und es herrschte totale Stille. Und es stank. Nach Müll und Exkrementen. Der Mann war zehn Meter vor ihm. Er ging auf das große, offen stehende Tor an der Längsseite der Scheune zu und verschwand darin, ohne sich nach Marc umzusehen. Marc folgte ihm. Auf dem Boden, neben einem prall gefüllten schwarzen Müllsack, lag der Kadaver eines Vogels. Er war halb verwest.

Die Scheune war baufällig. Das Dach hatte große Löcher. Marcs Augen brauchten einen Moment, um sich an das Dämmerlicht zu gewöhnen. An der anderen Wand der Scheune, dem Tor gegenüber, stand der Mann mit der Sturmhaube und winkte Marc zu.

»Hierher! Willst du was trinken?«

Da standen ein Tisch, ein Lehnsessel und zwei Stühle. Sogar einen Kühlschrank gab es, der offensichtlich in Betrieb war, denn der Mann öffnete die Tür und holte ein Bier heraus.

»Auch ein Bier?«

Marc fragte nach einem Glas Wasser. Der Mann stellte wortlos eine Flasche Wasser und ein Glas auf den Tisch. Marc sah sich um. Der hintere Teil der Scheune war voller Gerümpel. Kisten, mit Plastikplanen bedeckt, Bretter, Baumaterial. Ein großer Stapel Feuerholz, aufgeschichtet, ihnen gegenüber auf der linken Seite der Scheune. Ein Kinderplastikball mit einer aufgedruckten Weltkugel lag in der Mitte des Raumes.

»Wo sind wir hier?«, fragte Marc.

»Bei Freunden.« Der Mann hielt plötzlich einen Leatherman in der Hand, eines jener Multifunktionsmesser, die gleichzeitig Werkzeug waren, und öffnete damit die Bierflasche.

»Setz dich.« Er wies auf die Sitzgelegenheiten. Marc setzte sich auf einen der Stühle. Der Mann blieb stehen und trank einen Schluck Bier. Über dem Tisch hingen drei Geweihe an der Wand, Rotwild, vermutete Marc. Zwei Bücher lagen auf dem Tisch. Marc konnte die Titel erkennen: *War Dogs*, hieß das eine. Das sagt ihm nichts. Das andere war *Pinocchio*.

»Was kannst du mir über den Schnauzbart sagen?«, fragte der Mann unvermittelt und sah Marc durch die Augenschlitze in der Sturmhaube an. Marc musste vorsichtig sein. Er hatte keine Ahnung, wen er vor sich hatte.

»Wen meinen Sie?«

»Du weißt genau, wen ich meine.« Seine Stimme klang aggressiv.

»Hören Sie«, sagte Marc, »falls Sie derjenige sind, der mich gestern angerufen hat …« Er hielt inne und sah den Mann prüfend an.

»Ja. Ich habe Sie angerufen.« Er klang ungeduldig.

»Sie haben mir am Telefon gesagt«, fuhr Marc fort, »dass Sie Informationen über diesen Mann haben, den Sie ›Schnauzbart‹ nennen.«

»Ja. Hab ich.«

»Ich bin hierhergekommen, um mich mit Ihnen zu treffen. Sie zeigen mir ihr Gesicht nicht, und Sie heißen mit Sicherheit nicht Gianni Bertone …«

Der Mann schüttelte nur den Kopf.

»Also möchte ich jetzt von Ihnen erst mal ein paar Dinge wissen.«

»Bitte. Frag.«

»Wer sind Sie?«

»Das kann ich dir nicht sagen.«

»Sie werden sicher verstehen, dass ich wissen muss, mit wem ich es zu tun habe, sonst kann ich Ihnen auch nichts sagen.«

Der Mann schien einen Moment nachzudenken, dann setzte er sich Marc gegenüber in den Sessel und stellte die Bierflasche auf den Tisch.

»Sagt dir der Name Fabrizio Quattrocchi etwas?«, fragte er dann.

Marc war sicher, den Namen schon mal gehört zu haben, konnte ihn aber augenblicklich nicht einordnen.

»Nein«, sagte er deshalb. »Wer ist das?«

»Fabrizio Quattrocchi ist ein Held, zumindest in Italien. Kurz bevor sie ihn hingerichtet haben, hat er seinen Mördern zugerufen: ›Ich zeige euch, wie ein Italiener stirbt‹, und er wollte sich die Kapuze abstreifen, die sie ihm über den Kopf gezogen hatten, weil er dem Tod ins Gesicht sehen wollte. Aber sie haben es ihm nicht erlaubt. Bastardi!«

Jetzt dämmerte es Marc. Eine Geiselnahme im Irak. Das Video mit der Hinrichtung Quattrocchis war damals um die Welt gegangen.

»Ich glaube, ich erinnere mich«, sagte er, »wann war das?«

»Das war 2004. Am 14. April 2004 haben sie ihn in der Nähe von Falludscha umgebracht. Genickschuss. Dreitausend Kilometer von zu Hause.« Der Mann saß einen Moment lang im Sessel und starrte vor sich hin. Marc beobachtete ihn. Sein rechtes Bein war unaufhörlich in Bewegung. Der Mann schien es nicht zu bemerken. Er hatte braune Augen und große, kräftige Hände mit kurzen Fingernägeln, die aussahen, als knabbere er an ihnen herum. »Fabrizio war mein Freund. Wir haben in

Genua im gleichen Viertel gewohnt, in San Martino, haben gemeinsam Kampfsport gemacht, und als ich 2003 in den Irak bin, war klar, dass er nachkommen würde.«

»Was haben Sie im Irak gemacht?«

»Ich habe für eine amerikanische Sicherheitsfirma gearbeitet.«

»Als Söldner?«

»Als Private Contractor. Oder Söldner. Wie du willst. Mir ist das inzwischen scheißegal. Mein Job war, die einen zu schützen und die anderen umzubringen.« Er machte eine Pause, starrte seine Finger an.

»Und Fabrizio Quattrocchi?«, fragte Marc.

»Ich bin schuld, dass er in den Irak ist.« Plötzlich zitterte seine Stimme. »Fabrizio war kein Söldner ... er war ein guter Kampfsportler, aber er war kein Soldat. Ich habe ihm erzählt, wie viel Geld man dort verdienen kann, und er brauchte Geld. Er wollte seine Freundin heiraten ...«

Der Mann verlor sich in Anekdoten. Er erzählte von der Bäckerei, dem Familienbetrieb in San Martino, in dem Fabrizio arbeitete, von Fabrizios Familie, von seiner Freundin, und Marc sah, dass er Tränen in den Augen hatte.

Was für eine absurde Situation! Marc hatte das Gefühl, er müsste hinübergehen und den Söldner mit der Sturmhaube tröstend in den Arm nehmen.

Durch vorsichtiges Nachfragen gelang es Marc, den Fokus wieder auf die Geschehnisse im Irak zu richten. Er erfuhr, dass Quattrochi im November 2003 in den Irak kam, aber für eine andere, eine italienische Sicherheitsfirma arbeitete, und dass er sehr wahrscheinlich eher als Personenschützer eingesetzt wurde und weniger in direkte Kampfhandlungen involviert war, aber genau konnte der Mann das nicht sagen. Er hatte seinen

Freund Quattrocchi nur noch ein einziges Mal getroffen, in Bagdad, kurz vor dessen Entführung, und da hatten sie sich kaum über ihre Jobs unterhalten. Sie hatten sich hauptsächlich betrunken.

»Und dann kam der 14. April 2004.« Der Mann schien sich wieder gefangen zu haben. Er beugte sich nach vorn, stützte die Ellbogen auf den Knien ab. Sein Körper war ruhig, nur die Ballen seiner gefalteten Hände rieben unaufhörlich aneinander. »Ich bekam den Befehl, jemanden vom US-Military-Camp Falludscha abzuholen. Ein Fahrjob. Ein Name wurde mir nicht genannt, aber das war nicht ungewöhnlich. Ungewöhnlich war allerdings, dass ich allein war. Normalerweise macht man Personenschutz zu dritt. Ein Fahrer und zwei bewaffnete Männer. Egal. Ich hab den Mann um 19 Uhr abgeholt. Es war ein Italiener. Er nannte seinen Namen nicht.« Er machte eine bedeutungsvolle Pause und sah Marc auffordernd an. Plötzlich war Marc klar, um wen es ging.

»Der Schnauzbart?«, fragte er schnell.

»Ja«, nickte der Mann, »der Schnauzbart.«

Marc war verwirrt, aber er versuchte, sich auf den Bericht des Mannes zu konzentrieren.

»Wir fuhren durch Falludscha, es herrschte Chaos. Operation Vigilant Resolve war gerade beendet, die Amis zogen ab, aber überall wurde noch geschossen. Der Mann schien sich gut auszukennen und sagte mir, wo ich hinfahren sollte. Wir landeten auf einem verlassenen Fabrikgelände. Staub, Dreck, ein paar kaputte Plastikstühle. Er befahl mir zu halten, sagte, ich solle warten, und stieg aus. Er ging um ein Gebäude herum und verschwand aus meinem Blickfeld. Und plötzlich standen die beiden vor dem Wagen und glotzten mich an.«

»Die beiden?«

»Zwei Kinder. Ein Junge und ein Mädchen, vielleicht sechs, sieben Jahre alt, völlig zerlumpt. Ich dachte sofort: Scheiße, jetzt gibt's Ärger.«

»Sind zwei Kinder so bedrohlich?«

Der Mann hielt inne und sah Marc direkt in die Augen.

»Im Irak springen Typen rum, die auf alles ballern, was arabisch aussieht und sich bewegt. Ich hab mit dem Schnauzbart nicht viel gesprochen, aber ich wusste sofort, dass er einer von der Sorte war. Wenn er sich von den Kindern gestört gefühlt hätte, hätte er sie erschossen.«

»Sie wollen damit sagen, der Schnauzbart ist ein Psychopath?«

»Dort herrscht Krieg, da sind die Psychopathen nicht zu unterscheiden von Männern, die eine Mission haben.«

Marc betrachtete den Mann. Hatte er einen Psychopathen vor sich oder einen Mann mit einer Mission? Oder beides? Er wusste nicht, was er sagen sollte. Der Mann erzählte weiter:

»Ich habe versucht, die Kinder dazu zu bringen, dass sie verschwinden. Ich konnte ein paar Worte auf Arabisch, Freund, keine Angst, solche Sachen. Die Scheiße war, die liefen in die falsche Richtung, genau dahin, wo der Schnauzbart verschwunden war. Ich bin ausgestiegen und ihnen nach. Ich habe um die Ecke geschaut. Die Kinder hatten sich hinter irgendwelchen Mülltonnen versteckt. Sie saßen in der Falle: Keine fünf Meter von ihnen entfernt stand der Schnauzbart, von der anderen Seite kam ich. Sie müssen Todesangst gehabt haben. Der Schnauzbart hatte sie noch nicht bemerkt. Zum Glück. Ich sah, dass er mit einem anderen Mann sprach. Auf Italienisch. Der Schnauzbart drückte dem anderen eine Videokamera in die Hand, und ich konnte verstehen, was er ihm sagte, es waren zwei Worte: Erschießt ihn.«

Ein Vogel verirrte sich in die Scheune und flatterte nervös umher, auf der Suche nach einem Ausweg. Der Mann mit der Sturmhaube sah dem Vogel zu. Sein Körper war plötzlich angespannt, als mache der Vogel ihm Angst. Marc versuchte, seine Gedanken zu ordnen.

»Und Sie glauben, dass das der Auftrag war, Fabrizio Quattrocchi umzubringen?«

»Ja.« Der Mann nickte. Seine Hände umklammerten die Armlehnen des Sessels. Er verfolgte noch immer die Flugbahn des Vogels.

»Aber die Geiselnehmer, das waren doch Islamisten, oder?«

»Die ›Grünen Brigaden des Propheten‹, ja. Sie forderten, dass Italien seine Truppen abzieht.«

»Das passt doch alles nicht zusammen, was Sie da erzählen.«

»Seit sechs Jahren versuche ich herauszufinden, wie das zusammenpasst«, sagte der Mann.

Der Vogel flatterte auf das geöffnete Tor zu und verschwand nach draußen.

»Jetzt bist du dran.« Der Mann lehnte sich erwartungsvoll nach vorn.

»Eines noch: Was ist mit den Kindern passiert? Auf dem Hof in Falludscha?«

»Ich habe ihnen zu verstehen gegeben, dass sie zu mir kommen sollen. Aus irgendeinem Grund haben sie mir vertraut. Ich hab sie dann da rausgeschleust.«

»Der Schnauzbart hat sie nicht entdeckt?«

»Die Kinder nicht und mich auch nicht«, sagte der Mann, »sonst säße ich jetzt nicht hier. Und jetzt erzähl endlich.«

Marc versuchte sich zu konzentrieren und die Geschehnisse in Lenzari möglichst präzise wiederzugeben, aber es gelang ihm nicht gut. Zu viele unklare Gedanken schossen durch seinen Kopf. Er berichtete vom Foto mit Verteidigungsminister Hochhausen, von dem A6, der auf eine deutsche Sicherheitsfirma zugelassen war, und vom Oktoberfest-Attentat, und je länger er sprach, desto stärker wurde sein Widerwille gegen all das. Könnte er doch einen sauberen Schnitt machen, sich einfach nicht mehr damit befassen, ab morgen nur noch mit Conny und Anna am Strand rumtoben und dann zurück nach Berlin, als wäre nichts gewesen. Aber er wusste, dass das nicht ging. Er hing mittendrin in dieser Sache, die er immer weniger verstand und die ihm, mit jedem neuen Detail, mehr über den Kopf zu wachsen drohte.

Der Mann mit der Sturmhaube stellte ein paar Fragen, die klar und präzise waren. Er fragte nach dem Namen der deutschen Sicherheitsfirma, schnappte sich Stift und Papier und schrieb ihn auf. Schließlich schien er erfahren zu haben, was er wissen wollte. Sie saßen einander schweigend gegenüber. Jeder mit seinen Gedanken beschäftigt und mit dem Versuch, die Puzzleteile irgendwie zusammenzubringen.

Marc verspürte nicht die geringste Lust, sich mit dem Mann zu verbünden. Möglich, dass seine Hinweise hilfreich waren, um etwas über den Schnauzbart herauszubekommen. Genausogut möglich, sogar wahrscheinlicher, dass der Mann ein Spinner war, ein paranoider Söldner, traumatisiert vielleicht, der seinen Freund verloren hatte und darüber nicht hinwegkam. Ein armes Schwein. Auch wenn Marc diesen Ort am liebsten sofort verlassen hätte, eine Frage musste er dem Mann noch stellen:

»Woher haben Sie meine Telefonnummer? Woher wissen Sie, dass wir nach demselben Mann suchen?«

Marcs Gegenüber griff in seine Hosentasche und holte ein zerknittertes Foto hervor. Er legte es auf den Tisch. Marc zog es zu sich. Es war das Foto des Schnauzbarts, der mit seinem

Begleiter vom Haus des Marokkaners aus auf die Kamera zugeht. Das Still von Marcs Videokamera.

»Wo haben Sie das her?«

»Von deinem Journalistenfreund.«

»Von Klaus?« Marc war perplex. Einen kurzen Moment zögerte der Mann. »Ja«, sagte er dann, »genau.«

»Was haben Sie mit Klaus zu tun?«, fragte Marc.

»Nichts. Er hat das Foto wild durch die Gegend geschickt, und irgendwann landete es bei mir. Über ein paar Ecken.«

Sollte er das glauben? War das plausibel?

»Ihr solltet vorsichtiger sein«, fügte der Mann mit der Sturmhaube noch hinzu.

War Dogs – in kreischend roten Lettern. Das Buch sah zerlesen aus. Genug, er wollte raus hier.

Marc stand auf und reichte dem Mann die Hand, aber es war keine verbindende Geste; es war eine Geste der Abwehr: Auf Nimmerwiedersehen.

»Melden Sie sich, wenn Sie etwas herausgefunden haben?«, fragte Marc.

Der Mann nickte. Er blieb sitzen.

Als Marc aus dem Schatten des Monte Frontè fuhr, traf ihn das Licht der Sonne wie ein Schlag. Geblendet kniff er die Augen zusammen. Während er den Wagen über den Feldweg steuerte, fischte er im Handschuhfach nach der Sonnenbrille. Plötzlich klingelte das Handy. Es war Conny.

»Gott sei Dank«, sagte sie, als er sich meldete. Sie hatte es schon mehrmals versucht, und er war nicht rangegangen. Sie war voller Sorge gewesen. Er erklärte ihr, dass er das Handy im Auto hatte liegen lassen, während er mit dem Mann gesprochen hatte.

»Und?«, fragte Conny.

»Ich muss mit dir reden«, sagte Marc. »Ich brauche deinen Rat.«

Im Wald zwischen Pieve und Lenzari, Freitag, 4. Juni 2010, 19:45 Uhr

Sie hatten lange nebeneinander auf dem Baumstamm gesessen. Wie lange, vermochte Carla nicht zu sagen. Sie war hin und her gerissen: Sie durften Luca da oben nicht warten lassen, und sie mussten weiterhin damit rechnen, verfolgt zu werden. Deshalb mussten sie sich beeilen. Andererseits war es am Wichtigsten, dass Anna durchhielt. Es nützte nichts, wenn sie auf halbem Wege schlapp machte. Und wie sie da so heulend neben ihr auf dem Baustamm saß, hatte Carla große Befürchtungen, dass Anna wieder in die alte Apathie verfiel, dass ihr zwischenzeitlicher Elan nur ein Strohfeuer war. Deshalb nahm sie sich Zeit für Anna. Sie hörte ihr zu, ließ sie weinen und versuchte sie zu trösten. Und sie wollte die Chance nutzen, um herauszufinden, was in Lenzari passiert war. Denn zum ersten Mal hatte Anna von sich aus etwas erzählt, auch wenn es nur das Detail war, dass ihr Vater sie weggeschickt hatte. Carla musste mehr wissen.

»Was hast du dann gemacht, als dein Papa gesagt hat, du sollst weggehen?«

»Er hat mich angeschrien!« Anna klang immer noch fassungslos.

»Und dann?«

»›Verschwinde!‹, hat er gebrüllt.«

»Und dann?«

Schweigen. Carla musste es anders versuchen:

»Und was ist vorher passiert? Warum war denn dein Papa so böse?«

Anna beugte sich nach vorn und hob etwas vom Boden auf. Einen Tannenzapfen.

»Guck mal«, sagte sie und hielt Carla das dreckverkrustete Ding vor die Nase. Gut, dachte Carla, dann nicht. Lieber nicht insistieren. Sie sprachen über Tannenzapfen, darüber, dass man sie gut zum Anfeuern des Kamins nutzen konnte, und Carla verriet Anna, dass Tannenzapfen auf Italienisch »pigna« hieß und weiblich war.

»Eine Tannenzapfen?« Anna sah Carla verwirrt an. »Hä?« Dann erhellte ein Lächeln ihr Gesicht, und Carla war froh. Die Krise schien überwunden zu sein.

»Sollen wir weiter gehen?«, fragte sie, und Anna nickte.

Als die Schotterpiste endete, holte Carla ihr Handy aus der Tasche und schaute aufs Display. Es war kurz nach acht. In einer halben Stunde würde Luca losfahren.

»Kannst du noch, Anna?«, fragte sie.

Anna nickte. Sie stapfte voraus, Carla folgte ihr. Eine beängstigende Stille herrschte im Wald. Ab und zu knackte es im Unterholz. Es herrschte Dämmerlicht, und der Nebel ließ nicht zu, dass man weiter als zehn Meter sehen konnte. Sie durften unter keinen Umständen von diesem Weg abkommen. Jetzt durfte nichts schiefgehen. Oben würde Luca auf sie warten. Mit einem Auto. Sie würden einsteigen und losfahren. Und dann ... dann würden sie weitersehen. Zum ersten Mal seit Stunden hatte Carla das Gefühl, einen Plan zu haben, der tatsächlich funktionieren könnte. Davor war alles chaotisch gewesen. Sie war von Situation zu Situation gesprungen wie von Fels zu Fels über einen reißenden Fluss. Nur mit viel Glück war sie nicht hineingestürzt und von den Fluten fortgerissen worden. Aber das, was sie jetzt vorhatten, das könnte klappen. Noch war ihnen niemand auf den Fersen. Ein Verfolger müsste sie eigentlich schon längst eingeholt haben. Sie kamen nicht besonders schnell voran, und sie hatten lange auf dem Baumstamm gesessen. Sie warf einen Blick auf die schmale Gestalt vor sich, die tapfer Schritt für Schritt bergauf stapfte. Es schien wieder zu gehen. Anna hatte sich gefangen. Hoffte sie.

Ein Knacken im Unterholz ließ sie zusammenzucken. Die Geräusche erschienen überlaut. Anna zeigte keine Reaktion. Hatte sie nichts gehört?

Sie stapften weiter. Der Weg wurde immer steiler. Plötzlich blieb Anna stehen, wandte sich zu Carla um. »Ich habe Durst«, sagte sie. Verdammt, sie hätte eine Flasche Wasser besorgen müssen, dachte Carla. Sie hatte nur die Kleider für Anna im Kopf gehabt, aber Wasser wäre genauso wichtig gewesen.

»Tut mir leid, Anna, ich habe kein Wasser. Ich fürchte, du musst warten, bis wir oben sind.«

Anna drehte sich wortlos um und ging weiter. Carla fuhr sich mit der Zunge über die Lippen. Sie hatte ebenfalls Durst.

»Bald kommen wir an das Haus mit den Tieren«, sagte Anna.
»Welche Tiere?«
»Holztiere. Die hat Enzo geschnitzt.«
»Wer ist Enzo?«
»Ein behinderter Mann.«
»Lebt Enzo in dem Haus?«
»Nee, ich glaub nicht«, Anna zögerte, »ich glaub, da sind nur die Tiere.«

Plötzlich klingelte das Handy. Wieder erschrak Carla. Es war nicht ihr Handy, es war das von Annas Vater. Sie fischte es aus der Tasche. Klaus ruft an, zeigte das Display. Anna war stehen geblieben und hatte sich zu Carla umgedreht.

»Kennst du einen Klaus?«, fragte Carla schnell.

»Das ist unser Nachbar in Berlin, ein Freund von Papa.«

Carla nickte Anna zu und nahm das Gespräch an.

Sie hörte an seiner Reaktion, dass es diesen Klaus völlig irritierte, eine ihm fremde Frau am Telefon zu haben. Wahrscheinlich wusste er noch überhaupt nicht, dass etwas passiert war.

»Wer sind Sie?«, fragte er.

»Mein Name ist Carla Vazzoler.«

Eine kurze Pause am anderen Ende. Dann:

»Warum haben Sie Marcs Handy?« Klaus' Stimme klang irgendwie gequält. Oder abwesend, dachte Carla.

»Man hat mich als Übersetzerin ins Krankenhaus gerufen…« Sie stockte. Für einen Moment herrschte Schweigen. Jetzt musst du fragen, dachte Carla, jetzt musst du irgendwas sagen wie: Oh Gott! Was ist denn passiert? Aber Klaus fragte: »Und wo sind Sie jetzt?«

Falsche Reaktion, dachte Carla und spürte die aufsteigende Angst. Das konnte nur bedeuten, dass Klaus bereits wusste, dass etwas passiert war, sonst hätte er nachfragen müssen. Warum hat er nicht gefragt, wer von der Familie seines Freundes im Krankenhaus lag? Wie eine Schnecke, deren Fühler man berührt hatte, zog Carla sich in ihr Haus zurück. Plötzlich meinte sie, andere Stimmen im Hintergrund zu vernehmen. War Klaus nicht allein? Ihr Unbehagen wuchs. Irgendwas stimmte da nicht.

»Wissen Sie, wo Marc Burth ist?« Klaus' Stimme klang unsicher und überhaupt – was waren das für Fragen? Du musst mich nach dem Krankenhaus fragen, dachte sie. Du musst fragen, ob jemand verletzt ist, wer verletzt ist. Du hättest von Anfang an ganz anders fragen müssen ...

»Ich weiß leider gar nichts«, sagte sie. »Ich versuche mir hier selbst gerade ein Bild zu machen.«

Wieder die Stimmen. Leise, aber eindeutig.

»Sind Sie nicht allein?«, fragte sie geradeheraus.

»Nein«, sagte Klaus, »die Polizei ist hier.« Seine Stimme klang mechanisch. »Marc wird ... gesucht.« Er stockte. »Er soll jemanden umgebracht haben.«

Lenzari, Mittwoch, 7. April 2010, 21:20 Uhr

Marc hatte Conny in groben Zügen von seinem Treffen in Mendatica berichtet, aber erst als Anna eingeschlafen war, kamen sie dazu, sich in Ruhe zu unterhalten. Als Conny nach unten in die Küche kam, hatte Marc eine Kerze angezündet, eine Flasche Barbera geöffnet und zwei Gläser gefüllt.

»Was gibt's zu feiern?«, fragte Conny. Aber Marc war nicht nach Feiern zumute. Er bat sie, ihm zuzuhören. Er hatte sich eine Liste gemacht, auf der er chronologisch jedes Detail eingetragen hatte, das in irgendeinem Zusammenhang mit dem Marokkaner stand.

»Ich bin völlig verloren in dieser Geschichte«, sagte Marc, »ich weiß überhaupt nicht mehr, was ich denken soll. Ich würde gerne alles noch mal mit dir durchsprechen.«

»Kannst du haben«, sagte Conny.

Sie gingen jedes Detail zusammen durch, angefangen an dem Abend, als sie die Schreie aus dem Babyfon gehört hatten, und versuchten die Fakten von den Spekulationen zu trennen.

Fakt war, dass der Mann mit dem Schnauzbart beim Marokkaner gewesen war, und zwar am 9. Februar von 17:25 bis 17:37 Uhr, dokumentiert durch Marcs Kamera. Was im Haus des Marokkaners besprochen worden war, wusste Marc nur aus Berichten des Marokkaners. Der Schnauzbart hatte den Marokkaner aufgefordert zu kooperieren, ohne dass klar war, worin diese Kooperation bestehen sollte. Und er hatte gedroht, den Marokkaner umzubringen, falls der irgendjemandem von ihrem Gespräch erzählte. Das musste natürlich nicht stimmen. Sie ließen es erst mal beiseite. Sie wollten nur die Fakten sammeln. Fakt war auch der A6. Der Wagen mit dem deutschen Kennzeichen FDS-S 3888 war zugelassen auf die Sicherheitsfirma Telos Security Services, mit Firmensitz in Freudenstadt im Schwarzwald.

Es gab ein Foto, aufgenommen vermutlich Ende der Siebziger-, Anfang der Achtzigerjahre, das den Schnauzbart zusammen mit Verteidigungsminister Hochhausen und seinem Berater Wolfgang Stein zeigte. Aus diesem Foto allein ließen sich erst einmal keine weiteren Schlüsse ziehen.

Dann gab es die Aussage einer Zeugin, der Exfrau des Journalisten Kersting nämlich, sie habe den Schnauzbart kurz vor der Explosion der Oktoberfest-Bombe in der Nähe des Tatorts gesehen. Der schwarze Fiat 128, in dem der Mann laut dieser Aussage gesessen hatte, war Stasi-Unterlagen zufolge aktenkundig. Die Insassen waren polizeilich überprüft und danach freigelassen worden.

»Das ist dreißig Jahre her«, schaltete sich Conny ein, »ist es überhaupt möglich, jemanden nach so langer Zeit wiederzuerkennen, von dem man nur dieses eine Foto hat?«

»Sie behauptet es. Ich denke, was die Aussage von Kerstings Exfrau angeht, gibt es drei Möglichkeiten: Erstens, sie hat sich getäuscht und den Mann nach fast dreißig Jahren einfach verwechselt, was sehr gut möglich ist.«

»Dann kann man die ganze Oktoberfest-Nummer vergessen.«

»Ja.«

»Wär' mir recht, ehrlich gesagt.«

»Mir auch.«

»Und zweitens?«

»Die Frau hat sich richtig erinnert. Dann kann die Anwesenheit des Mannes in der Nähe des Oktoberfests immer noch ein Zufall sein, und der Mann hat nichts mit dem Attentat zu tun. Diese Variante wird gestützt durch die Polizeiakten. Der Mann ist von den Ermittlern überprüft und freigelassen worden.«

»Das steht so in den Ermittlungsakten?« Conny klang verblüfft.

»In den Stasi-Akten über die Ermittlung. Aber es sieht so aus, als hätten der Stasi die Akten der SOKO Theresienwiese vorgelegen.«

»Immer ganz vorne dabei, was?«

»Na ja, irgendwann dann ja nicht mehr.«

»Und die dritte Variante?«

»Die Frau hat sich richtig erinnert und der Mann hat etwas mit dem Oktoberfest-Attentat zu tun. Dann hat die Polizei einen Täter oder Tatbeteiligten überprüft und ihn anschließend laufen lassen. Damit wären wir mitten drin im Rätsel um die Ermittlungen zum Oktoberfest-Attentat und die Hinweise darauf, dass Zeugenaussagen manipuliert und wichtige Ermittlungen nicht eingeleitet worden sind. Der ganze Oktoberfest-Komplex ist ein Feld für sich. Da wird's dann ganz wild.«

»Ach?«, fragte Conny spöttisch, »und was ist es bis jetzt?«

Marc verzog das Gesicht. Er hatte sich die ganze Zeit über Notizen gemacht. Jetzt sah er von seinem Zettel auf.

»Gibt es noch eine vierte Variante?«, fragte er und nahm einen Schluck Wein. Conny schnappte sich Marcs Zettel und überflog seine Notizen.

»Sauklaue«, grummelte sie, und dann schüttelte sie entschieden den Kopf. »Nein. Es gibt nur diese drei Möglichkeiten.« Sie war hellwach und konzentriert. Marc war unendlich froh um ihre Unterstützung.

»Und damit kommen wir zum Söldner mit der Sturmhaube auf dem Kopf…«

»Ich kann manchmal einfach nicht fassen, worüber wir uns hier unterhalten«, sagte Conny.

»Ich auch nicht, glaub's mir.«

»Mir macht das Angst, Marc.«

Ihm machte es auch Angst. Aber das sagte er ihr nicht. Stattdessen nahm er ihre Hand.

»Okay«, Connys Ton war wieder sachlich. »Der Söldner.« Sie sah Marc neugierig an. Er liebte sie.

»Auch was den Söldner angeht, gibt es meiner Meinung nach drei Möglichkeiten«, fuhr Marc fort. »Erstens, er ist total wahnsinnig und wir können alles vergessen, was er erzählt hat. Zweitens…«

»Glaubst du das?«, unterbrach ihn Conny. Marc sah sie fragend an.

»Was meinst du?«

»Glaubst du, dass der Mann völlig wahnsinnig ist und sich die ganze Geschichte mit Falludscha und Hinterhof und Kindern und Schießt-ihn-tot… dass er sich das alles ausgedacht hat?«

»Wär' doch möglich, oder?«

»Glaub ich nicht.« Sie klang entschieden. »Klar gibt's Spinner, aber die erzählen so 'ne Geschichte dann nach zehn Bier im Freundeskreis, um die Kumpels zu beeindrucken. Er hat dir nicht einmal sein Gesicht gezeigt. Angeber gehen anders vor.«

Darauf fiel Marc nichts ein. Er zuckte die Achseln.

»Okay. Damit sind wir bei Möglichkeit Nummer zwei: Alles, was der Mann erzählt hat, stimmt. Er war im Irak, und er hat den Schnauzbart dort gesehen. Und der Schnauzbart hat den Befehl gegeben, Fabrizio Quattrocchi zu erschießen.«

»In dem Fall«, sagte Conny nüchtern, »sollten wir sofort unsere Sachen packen und hier verschwinden.«

Marc sagte nichts. Er wusste, dass sie recht hatte.

»Und Möglichkeit Nummer drei?«, fragte Conny.

»Nur Teile seiner Aussage stimmen. Er war im Irak, und er hat auch den Mann mit dem Schnauzbart dort getroffen, aber er hat vielleicht etwas ganz anderes mit ihm am Laufen. Und er sucht Informationen über ihn zusammen.«

»Aber grundsätzlich bleibt es bei einer privaten Rachegeschichte, ob es nun um Fabrizio Quattro ... Formaggi ... Stazioni ... geht oder nicht.«

»Quattrocchi.«

»Wie auch immer.«

»Oder«, der Gedanke kam Marc jetzt erst, »es ist keine private Geschichte, sondern eine offizielle.« Schützten nicht gerade Polizisten ihre Identität, wenn sie in bestimmten Zusammenhängen tätig waren?

»Du meinst«, nahm Conny seinen Gedanken auf, »der Mann war ein verdeckter Ermittler und ...«

»Verdeckt war er auf jeden Fall. Zumindest sein Kopf.«

Aber Conny lachte nicht. Sie fuhr fort:

»Das würde heißen, die Polizei wäre dem Schnauzbart auf den Fersen, hätte Wind davon bekommen, dass du was über ihn weißt ...«

»Na ja, wissen kann man wirklich nicht sagen.«

»Egal«, Conny klang resolut, »sie wollten herausfinden, was du über ihn weißt, sagen wir mal so.«

Sie sahen sich an.

»Könnte auch sein, oder?«, fragte Conny.

Marc zuckte die Achseln. »Keine Ahnung. Klar, könnte sein. Könnte aber alles auch ganz anders sein. Ich blick einfach nicht mehr durch.«

»Es gibt sogar noch eine Möglichkeit«, Conny war nicht mehr zu stoppen. Das Detektivspielen schien ihr richtig Spaß zu machen.

»Was, wenn der Söldner und der Schnauzbart unter einer Decke stecken? Wenn sie irgendwie Wind davon bekommen haben, dass du etwas weißt. Und jetzt versuchen sie herauszufinden, was genau das ist. Und im Gegenzug erzählt er dir irgendeine Räuberpistole aus dem Irak.«

»Dann hätten wir jetzt erst recht ein Problem«, sagte Marc.

»Jap«, sagte Conny und nahm einen Schluck Wein.

Sie gingen es noch einmal durch und kamen zu dem Schluss, dass die einzige Variante, die einigermaßen beruhigend erschien, die erste war: die nämlich, dass der Mann ein Spinner war, der Unsinn erzählte. Leider war diese Variante, da waren sich Conny und Marc ebenfalls einig, die am wenigsten wahrscheinliche.

Plötzlich knarzte das Babyfon. Dann schrie Anna. Ein Albtraum offenbar. Conny ging nach oben, und Marc starrte in die Kerzenflamme, während er zuhörte, wie Conny Anna wieder zum Einschlafen brachte.

Als Conny zehn Minuten später wieder am Tisch saß, überlegten sie gemeinsam, welche Konsequenzen sie aus alldem zu ziehen hatten. Marc erzählte Conny, dass es Phasen gegeben hatte, in denen er dachte, es sei besser, sie da ganz rauszuhalten. Aber jetzt war ihm klar geworden, dass er die anstehenden Entscheidungen mit ihr zusammen treffen musste. Er bat Conny um ihre Meinung. Sie dachte einen Moment nach. Marc sah sie erwartungsvoll an. Ihre Pupillen waren im Halbdunkel des Raums riesig, und die Spitze einer Haarsträhne hatte sich in ihrem Mundwinkel verfangen.

Conny wählte ihre Worte mit Bedacht:

»Ich glaube, man kann das drehen und wenden wie man will: Wir sind hier in eine verdammt unheimliche Geschichte geraten.«

»Und was sollen wir jetzt machen?«, fragte Marc.

»Wir sollten zurückfahren nach Berlin.«

Marc sah sie schweigend an. Er hatte gewusst, dass sie das sagen würde. Schließlich hakte Conny nach:

»Oder siehst du das anders?«

»Nein«, sagte er, »du hast recht. Spätestens seit gestern ist mir klar, dass das mindestens drei Nummern zu groß ist. Das einzige Problem, das ich habe, ist ...«

»Der Marokkaner«, ergänzte Conny. Es klang nicht spöttisch oder vorwurfsvoll. Es war eine Feststellung.

»Ja.« Marc nickte. »Wenn wir jetzt unsere Sachen packen und losfahren und dem Marokkaner irgendetwas passiert ... Ich glaube, ich würde mir das nie verzeihen. Er hat sich mir anvertraut. Und ich habe ihm versprochen, dass ich ihm helfe. Ich kann hier nicht einfach weg.« Während er das sagte, wurde Marc bewusst, dass das nicht die ganze Wahrheit war. Da war etwas, was ihn davon abhielt, sofort abzureisen: Seine Neugier. Er wollte wissen, wie all diese Puzzleteile zusammenpassten. Aber das sagte er Conny nicht. Er schwieg und sah sie gespannt an.

»Ich habe gestern mit meinen Eltern telefoniert.« Connys Stimme klang sachlich. »Sie wollen nach Lenzari kommen, wenn du Ende Mai zum Drehen in Berlin bist. Und danach fahren wir nach Hause. Was meinst du?«

Marc fühlte eine plötzliche Erleichterung. Es war genau das, was er sich erhofft hatte – einen Plan, eine klare Vorgabe. Wenn der Schnauzbart in den sechs Wochen nicht mehr in Lenzari auftauchte, okay, dann hatte Marc immerhin sein Wort gehalten, und getan, was in seiner Macht stand. Mehr konnte er nicht für den Marokkaner tun. Und falls der Schnauzbart auftauchte, hoffte Marc, anschließend genügend Beweise in der Hand zu haben, um dem Marokkaner helfen zu können. Punkt. Basta. In beiden Fällen würde er mit gutem Gewissen wieder nach Berlin abreisen können. Diese sechs Wochen kamen ihm plötzlich vor wie der perfekte Zeitraum überhaupt, und als gutes und richtiges Ziel stand am Ende: Weg hier. Zurück nach Berlin.

»Wenn ich dich nicht hätte«, sagte er.

Sie zog die rechte Augenbraue hoch.

»Kannste mal sehen.«

Er küsste sie.

BETREFF: Oktoberfest-Attentat
VON: Marc Burth <marc.burth@web.de>
AN: Martin Maurer <martinmaurer@yahoo.com>
DATUM: 07.04.10 11:37:04

Lieber Martin,

leite dir hier mal die Mail eines befreundeten Kameramanns weiter. Wusstest du, dass der BR etwas zum Thema Oktoberfest-Attentat plant?

Lieber Marc,

ich lag ja im Herbst 1980 im Krankenhaus zusammen mit ein paar Opfern des Anschlags; ich mit Blinddarmentfernung und die anderen Kinder mit abgerissenen Beinen.
Das werde ich nie vergessen.
Ich habe gehört, dass die Produktionsfirma Dreamtool was zum Oktoberfest-Attentat entwickelt. Soll ein Zweiteiler werden. Wahrscheinlich zum dreißigsten Jahrestag 2010.

Hab ich überhaupt nichts von mitbekommen. Wäre sehr spannend zu sehen, wie öffentlich-rechtlich mit dem Thema umgegangen wird.

LG Marc

Lenzari, Donnerstag, 8. April 2010, 6:35 Uhr

Er stellte die Kaffeetasse auf dem Schreibtisch ab und startete den Laptop. Während der Computer hochfuhr, nippte er am Kaffee. Das tat gut. Er hatte Kopfschmerzen, zu viel Wein erwischt gestern. Er warf einen Blick auf das schlossartige Gebäude im Wald gegenüber. Die Fensterläden waren auch heute geschlossen. Immer waren diese Fensterläden dicht. Er gab den Namen Fabrizio Quattrocchi bei Google ein. Einer der ersten Treffer, »Esecuzione Fabrizio Quattrocchi«, führte ihn zu einem Video. Er klickte es an: Ein Mann kniete in einem Erdloch. Er trug eine Jeans, ein olivfarbenes T-Shirt und eine blaue Kapuze oder ein Tuch um den Kopf, das war nicht genau zu erkennen. Die Schatten zweier Personen erstreckten sich über das ganze Bild. Eine dieser Personen hielt eine Videokamera und filmte die Szene. Quattrocchi – der Mann im Erdloch – fragte auf Italienisch, ob er die Kapuze abnehmen dürfe: »Posso levarlo?« Seine Stimme klang ruhig und sachlich. Die Kamera zoomte an ihn heran. Jetzt erkannte Marc, dass Quattrocchi an den Handgelenken gefesselt war. »Posso levarlo?« Eine Stimme antwortete ihm auf Italienisch: »No.« Dazwischen waren immer wieder arabische Sätze zu hören. Und dann kamen die Worte: »Vi faccio vedere come muore un italiano« – ich zeige euch, wie ein Italiener stirbt. Dann brach das Video ab.

Die eigentliche Exekution, las Marc ein paar Links später, hatte auch die Redaktion von Al-Jazira, der das Video zugespielt worden war, nicht zeigen wollen. Es sei zu grausam, hieß die Begründung.

Marc las weiter, englische, deutsche, italienische Zeitungsberichte. Er fand heraus, dass die Nachricht von Quattrocchis Hinrichtung während einer Fernsehshow verbreitet worden war. Vier Millionen Italiener saßen am Abend des 14. April 2004 vor den Fernsehgeräten und sahen die populäre Fernsehshow »Porta a Porta«. Zu Gast bei Moderator Bruno Vespa waren Außenminister Frattini und Angehörige dreier der vier im Irak festgehaltenen Geiseln. Nur von Fabrizio Quattrocchi war kein Angehöriger im Studio. Um kurz nach Mitternacht bestätigte

Frattini, der in der Zwischenzeit informiert worden war, Quattrocchis Tod. Wie sich später herausstellte, waren Quattrocchis Angehörige nicht informiert worden. Sie erfuhren die Nachricht durch die Fernsehshow.

Die Empörung in Italien war groß. Marc fand etliche Artikel, in denen darüber spekuliert wurde, wer wann welche Information hatte. Ein Journalist versuchte zu belegen, dass die ganze »Porta a Porta«-Sendung eine Inszenierung war, und behauptete, dass sowohl Außenminister Frattini als auch Gastgeber Vespa von Anfang an über Quattrocchis Tod informiert gewesen waren.

Auch über das Video, das die Hinrichtung zeigte, gab es Spekulationen: Als 2006 auf RAI 1 ein Teil des Videos mit den berühmt gewordenen Worten »Ich zeige euch, wie ein Italiener stirbt« ausgestrahlt wurde, meldete Staatssekretärin Margherita Boniver Zweifel an der Echtheit des Videos an. Sie hatte im Mai 2004 während eines Besuchs in Quatar das Video gesehen, das Al-Jazira zugespielt worden war. Dieses Video, so die Staatssekretärin, sei »anders« gewesen, als das 2006 von der RAI ausgestrahlte. Auf dem Video von 2004 seien weder arabische Stimmen zu hören, noch die beiden Schatten zu sehen gewesen.

Eine Folge der nationalen Empörung war, dass selbst linke Parteien, die das italienische Engagement im Irak zuvor scharf kritisiert hatten, sich jetzt hinter Ministerpräsident Berlusconi und seine Entscheidung stellten, keine Truppen aus dem Irak abzuziehen.

Marc stellte eine Liste von Links zusammen und schickte sie an Klaus' E-Mail-Adresse und, wie er es immer machte, wenn ihm etwas wichtig erschien, auch an Hans Kersting. Inzwischen war der Kaffee kalt geworden. Marc stand auf und ging nach unten, um neuen aufzusetzen.

Um kurz nach neun, nachdem er mit seiner Tochter bereits einige Partien Schwarzer Peter nach Annas Regeln gespielt hatte (wer am Ende den Schwarzen Peter hat, hat gewonnen), ging er unter die Dusche. Um 9:16 Uhr, er hatte das Gesicht voller Rasierschaum, klingelte das Telefon. Es war Klaus. Er klang aufgeregt.

»Was geht denn jetzt ab?«, war sein erster Satz. Es gelang Marc, ihn zu vertrösten. Er rasierte sich fertig, zog sich an und ging ins Arbeitszimmer. Dann rief er Klaus zurück. Detailliert erzählte er ihm von dem Treffen mit dem Söldner in Mendatica. Klaus hörte zu und unterbrach ihn erstaunlich selten. Normalerweise hatte er für alles eine Erklärung parat. Aber jetzt wirkte er verblüfft und nachdenklich. Er murmelte zwar etwas von: »Wir wussten ja, dass der Schnauzbart irgendwas mit Sicherheitsfirmen am Hut hat, Telos Security und so ... passt ja irgendwie ...« Aber wie die Ereignisse von Falludscha mit dem Marokkaner in Lenzari und dem Oktoberfest-Attentat zusammenhängen könnten, darauf wusste auch Klaus keine Antwort.

Marc erzählte ihm, dass der Söldner gesagt habe, das Foto des Schnauzbarts, das Video Still, habe er von Klaus bekommen, wenn auch über Umwege.

»Was soll denn der Quatsch?« Klaus war perplex. »Ich habe keine Kontakte nach Italien ... nicht mal über Umwege.«

»Aber du hast das Foto doch ordentlich rumgeschickt, oder? Da ist es doch in Zeiten grenzenloser Datenströme durchaus denkbar, dass es über ein paar Ecken in Italien gelandet ist.«

»Denkbar ist alles«, sagte Klaus. »Ich gehe der Sache nach. Ich weiß ja, wem ich die Fotos geschickt habe. Ich hake bei jedem einzelnen nach.«

»Auf jeden Fall sollten wir künftig vorsichtiger sein«, sagte Marc.

Sie stellten noch ein paar Theorien auf, den Schnauzbart betreffend, verwarfen sie aber sofort allesamt wieder.

»Bleibst du an dem Söldner dran?«, fragte Klaus.

»Ja«, antwortete Marc. Er hatte keine Lust, seinem Freund zu erklären, dass er hoffte, nie mehr mit diesem Menschen zu tun zu haben. Er hatte sich selbst gefragt, was eigentlich die Aversion gegen diesen Mann bei ihm ausgelöst hatte. Er war zu dem Ergebnis gekommen, dass ihm durch den Mann mit der Sturmhaube und den zerkauten Fingernägeln bewusst geworden war, wie dünn die Kruste der Zivilisation war, die Barbarei und Unmenschlichkeit bedeckte. Sie konnte jederzeit aufbrechen. Überall. Diesen Gedanken wollte er aber nicht mit Klaus besprechen. Nicht jetzt. Nicht am Telefon. Deshalb war er froh, dass Klaus sich mit dem einfachen Ja zufrieden gab und nach vorn blickte:

»Wie geht's jetzt weiter?«, wollte er wissen.

Marc berichtete ihm, was er gestern mit Conny beschlossen hatte: Dass sie noch sechs Wochen in Lenzari bleiben und dann nach Berlin zurückkehren würden.

Als sie das Gespräch beendeten, war es kurz nach zehn. Es war ein schöner, sonniger Tag. Als Marc nach unten kam, hatten Conny und Anna bereits beschlossen, dass sie ans Meer fahren würden.

Lenzari, Freitag, 4. Juni 2010, 19:32 Uhr

Von diesem Teil der Straße aus gesehen, wirkte Lenzari wie eine Festung. Fabrizio ging mit schnellen Schritten geradewegs darauf zu. Langsam wurden die Umrisse der Häuser deutlicher sichtbar. Die letzte Kurve. Links konnte Fabrizio die Treppe ausmachen, die hinauf zum Garten der Deutschen führte. Auf der rechten Straßenseite, etwa zehn Meter vor ihm, mehr zu erahnen als zu sehen, stand das Ortseingangsschild von Lenzari. Fabrizio blieb stehen. Sein Atem ging schnell. Er musste jetzt vorsichtig sein. Und leise. Sehr wahrscheinlich suchte Cesare bereits nach ihm. Es gab nur eine Möglichkeit, herauszufinden, was für ein Spiel Cesare spielte. Er musste ihn beschatten, musste jeden seiner Schritte verfolgen – und vor allem musste er unentdeckt bleiben. Zum ersten Mal an diesem Tag war Fabrizio froh um den Nebel. Er überlegte fieberhaft. Was hatte Cesare als Erstes getan, nachdem er das Haus des Marokkaners verlassen hatte? Lange war er dort mit Sicherheit nicht mehr geblieben. Dass er nach weiteren Indizien suchen wollte, war vorgeschoben. Es war nur darum gegangen, Fabrizio loszuwerden und sich mit Delta 2 in Verbindung zu setzen. Fabrizio konnte noch immer nicht fassen, dass sein Vorgesetzter und Kollege, dem er blind vertraut hatte, dass der … was eigentlich? Cesare hatte ihn hintergangen. Das war sicher. Er hatte Funkkontakt. Aber mit wem?

Plötzlich hörte er ein Geräusch und zuckte zusammen. Es war von links oben gekommen, vom Haus der Deutschen. Er hielt den Atem an und lauschte. Nichts. Dann ein weiteres Geräusch, lauter diesmal, ein Schaben, wie wenn Metall über eine harte Oberfläche kratzt. Plötzlich wusste Fabrizio, woher das Geräusch kam: Es war der Kinderrechen, der oben im Garten lag. Jemand war dagegen gestoßen, und die Zinken des Rechens waren über den Steinboden geschrammt.

Schnell jetzt!

Mit zwei Sätzen hatte Fabrizio die Mauer des talwärts gelegenen Nachbarhauses erreicht. Es war ein Ferienhaus, das einem Bauunternehmer aus Turin gehörte und im Moment unbewohnt war. Er drückte sich mit dem Rücken gegen die efeubewachsene Mauer und verharrte einen Moment. Dann beugte er sich langsam vor, sah die Treppenstufen, die hinauf zum Garten führten, die Mauer, das Gartentor – und in dem Moment trat Cesare aus dem Nebel und stützte sich auf die Mauerbrüstung. Fabrizio hielt den Atem an. Cesares Blick folgte dem Verlauf der Straße, nach oben zunächst, dann talwärts – Fabrizio presste sich gegen die Mauer. Als er sich wieder vorsichtig nach vorn beugte, sah er, dass Cesare die Uniformmütze abgenommen hatte und sich mit der rechten Hand mehrmals über Stirn und Haare fuhr. Er kannte diese Geste. Immer wenn Cesare erschöpft war oder nicht mehr weiterwusste, fuhr er sich so über den Kopf.

Einen Moment lang blieb Cesare an der Mauer stehen und starrte in den Nebel. Dann setzte er die Uniformmütze wieder auf und ging zum Haus zurück. Er verschwand aus Fabrizios Blickfeld. Ein paar Minuten wartete Fabrizio noch ab. Gerade als er sich von der Mauer lösen wollte, hörte er Cesares Stimme. Er musste unten im Haus sein, wahrscheinlich stand die Terrassentür noch offen. Und wahrscheinlich sprach er wieder mit Delta 2. Bestimmt meldete er gerade, dass sein Kollege verschwunden war. Leider konnte er nicht verstehen, was Cesare sagte.

Fabrizio zog sich die Kapuze der Jacke tief ins Gesicht und rannte los. So schnell und so geräuschlos er konnte, hastete er die Straße hinauf zum Kirchplatz. Auf dem Weg vom Schuppen unten an der Straße hinauf nach Lenzari hatte er Zeit genug gehabt, sich zu überlegen, wie er vorgehen würde.

Er überquerte den Kirchplatz. Von hier unten war Elisa Noès toter Körper nichts als ein Schatten, aber die grauenhaften Bilder aus dem Zimmer da oben hatten sich in Fabrizios Hirn gebrannt. Das Blut an der Wand und auf dem Boden, das schwarze Tape … Er musste herausfinden, was hier passiert war. Fabrizio warf einen Blick über die Schulter. Noch war kein Cesare zu sehen. Also hastete er weiter, ein paar Meter den Weg hoch, der zwischen Elisa Noès Haus und der Kirche hinaufführte zur Kapelle im Oberdorf. Er erreichte die Garage, in der Elisa Noè ihr Feuerholz aufbewahrte, und ging hinter einem verrosteten Bettgestell in Deckung. Dieser Ort war ideal. Egal ob man hinunter nach Vessalico oder hinauf ins Oberdorf wollte – man musste an Elisa Noès Haus vorbei. Mit einer Ausnahme: Man kam durch den Garten der Deutschen oder über den schmalen Gang an ihrem Haus vorbei zur Straße hinunter nach Vessalico. Selbst diesen Teil der Straße würde man unter normalen Umständen von der Garage aus sehen können, allerdings nicht bei diesem Nebel. Aber Fabrizio glaubte nicht, dass Cesare sich ohne Auto auf den Weg ins Tal machen würde. Fabrizio versuchte sich noch einmal das mysteriöse Gespräch in Erinnerung zu rufen, das er im Haus der Deutschen mitgehört hatte. Ganz ohne Zweifel hatte Cesare Anweisungen von Delta 2 bekommen. »Wir nehmen sie in Empfang«, hatte Cesare geantwortet. Und dass er »ihn« ausschalten wolle. Wer auch immer »sie« und dieser »er« waren, den es auszuschalten galt – Fabrizio war überzeugt, dass Cesare hier oben noch etwas zu erledigen hatte.

Ich werde jeden deiner Schritte überwachen.

Zwei Stockwerke über ihm hing Elisa Noè mit auseinandergerissenen Beinen wie ein Hampelmann an einer Leiter. In einem Meer von Blut. Plötzlich spürte Fabrizio eine ungeheure Wut in sich aufsteigen. *Du wirst mich zur Lösung dieses Rätsels führen. Ob du willst oder nicht.*

Genua, Donnerstag, 20. Mai 2010, 11:50 Uhr

»Schaut mal«, rief Anna begeistert, »der Sägefisch sieht aus, als würde er lächeln.«

Sie hatte recht, fand Marc, der Sägefisch lächelte. »Obwohl der doch keinen Grund zum Lachen hat, eingesperrt, wie er ist.«

Conny rammte ihm den Ellbogen in die Rippen und blitzte ihn böse an.

»Ist doch wahr«, brummte er. Er mochte nun mal keine Aquarien. Er mochte auch keine Zoos. Er wollte keine eingesperrten Tiere sehen. Aber nachdem Anna lange genug gequengelt und Conny ihm zu verstehen gegeben hatte, dass es eine Schande sei, sich monatelang in der Nähe des zweitgrößten Aquariums Europas aufzuhalten, ohne es je besucht zu haben, hatte er sich breitschlagen lassen. Einen Ausflug nach Genua wollten sie sowieso machen. Was soll's, dachte er, dann schau ich mir eben ein paar Fische an.

»Was sind eure Lieblingstiere?«, wollte Anna wissen. »Meine sind die Robben ... nein, die Delfine.«

»Der Mandarinfisch«, sagte Conny, »den fand ich toll.«

»Ich auch ... und die Clownsfische.« Anna wandte sich an Marc. »Und du Papa?«

»Die Quallen.«

»Selber Qualle«, sagte Conny. Sie gingen weiter zu den Haien.

Selbst Marc musste zugeben, dass dies ein außergewöhnlich schönes Aquarium war. Es war 1992 vom Genueser Stararchitekten Renzo Piano in den Porto Antico gebaut worden und war zu dieser Zeit das größte Aquarium Europas. Das hatte er im Reiseführer gelesen. Das Gebäude sah aus wie ein großes Schiff, das im Altstadthafen vor Anker lag. Als sie das Aquarium gegen 14 Uhr verließen, reichte die Schlange vor der Kasse bis zur Sopraelevata Aldo Moro, der Hochstraße, die die Genueser Altstadt vom Hafen trennte.

In einer Pizzeria an der Piazza delle Erbe bekamen sie noch ein Mittagessen. Als sie die Pizzeria um kurz nach drei verließen, waren sie die letzten Gäste. Die Altstadtgassen lagen verwaist da, vor den meisten Geschäften waren schwere, eiserne Rollläden heruntergelassen. Es war Siesta-Zeit. Erst in einer Stunde würde die Stadt wieder zum Leben erwachen. Zwei Straßen weiter lag San Donato, eine Kirche aus dem 12. Jahrhundert mit einem achteckigen, wunderschönen Campanile, der weithin sichtbar war. Sie gingen die Via San Donato entlang und gelangten gegenüber dem Palozzo Ducale aus dem Gassengewirr wieder ins Freie. Das Gefühl hatten sie zumindest. Sie befanden sich auf der Rückseite des Doms San Lorenzo. Als sie die Frontseite mit den drei gotischen Portalen erreicht hatten, stürmte Anna sofort auf einen der beiden Löwen zu, die die Kirchentreppe flankierten. Conny machte ein Foto von Anna auf dem Löwen. Eine Gruppe Kinder – jedes mit einem Rucksack auf dem Rücken – stand vor dem rechten Portal und ließ sich von einer hübschen Frau, die um die dreißig sein mochte, etwas erklären. Eine Schulklasse mit ihrer Lehrerin, mutmaßte Marc. Anna und Conny kamen wieder zu ihm.

»Wollen wir mal hören, was die Frau sagt?«

Anna nickte. Sie traten zu der Gruppe. Die Frau deutete immer wieder auf etwas im Mauerwerk neben dem Portal und redete aufgeregt und sehr schnell auf die Kinder ein.

»Was ist denn da?«, fragte Anna. Sie mussten noch weiter nach vorn gehen, um zu erkennen, worauf die Frau zeigte: Es war die Skulptur eines kleinen, schlafenden Hundes, die neben der wuchtigen Erhabenheit des gotischen Portals vollkommen fehl am Platz zu sein schien. Marc versuchte den Erläuterungen der Lehrerin zu folgen: Eine Legende besagte, dass einer der Steinmetze, die im 14. Jahrhundert an der Vollendung der Kathedrale arbeiteten, einen Hund hatte, den er sehr liebte. Doch eines Tages war der Hund verschwunden. Damit er nie vergessen würde, hatte der Steinmetz seinen Hund hier am Kirchenportal verewigt.

Marc erzählte Anna die Geschichte. Sie war hingerissen. Als die Schulklasse weiterzog, hatten sie Gelegenheit, sich den schlafenden Hund in aller Ruhe anzusehen. Er hatte sich leicht eingerollt, der Kopf ruhte auf den Vorderbeinen.

»Der hat ja richtig glänzendes Fell«, stellte Anna fest. Es stimmte, der Stein sah aus wie poliert.

»Das liegt daran, dass ihn seit siebenhundert Jahren jeden Tag ganz viele Menschen streicheln«, sagte Conny.

»Dann geht's ihm eigentlich gut, oder?« Anna sah den Hund nachdenklich an.

»Bestimmt«, sagte Marc.

Sie beschlossen den Zug zu nehmen, der um 16:55 Uhr vom Bahnhof Principe abfuhr. Um kurz vor sechs würden sie in Albenga ankommen, wo sie das Auto stehen gelassen hatten.

Die Geschäfte hatten bereits wieder geöffnet, als sie sich in Richtung Bahnhof aufmachten. Mithilfe des Stadtplans, den Marc bei ihrer Ankunft in der Touristeninformation mitgenommen hatte, hofften sie, sich durch das Gewirr der Altstadtgassen bis zum Bahnhof durchfinden zu können. Je weiter sie sich vom Porto Antico entfernten, umso ärmlicher und düsterer wurden die Gassen. Nichts war mehr zu sehen von der Pracht und dem Luxus der Geschäfte rund um den Dom. Die Bevölkerung war hier ausschließlich schwarz. Das Leben spielte sich draußen vor den Häusern ab. Die Frauen trugen bunte Gewänder,

Kinder spielten Fußball. Genua wirkte hier nicht mehr besonders europäisch.

»Das sind doch hier alles Illegale, oder?«, flüsterte Conny.

»Ja. Sehr wahrscheinlich.«

Sie redeten nicht mehr viel. Zu bedrückend wirkten diese trostlosen Gassen, in die kaum Tageslicht kam, weil die Häuser so hoch waren. Es stank nach Urin.

Plötzlich blieb Anna stehen. Rechts ging eine noch schmalere Gasse ab. Die Dächer der fünfstöckigen Miethäuser berührten sich fast. An einer Hauswand, etwa drei Meter von ihnen entfernt, lehnte ein Mädchen, keine achtzehn Jahre alt, schätzte Marc. Sie trug ein rotes Stretchminikleid und hochhackige Schuhe, die ziemlich abgewetzt aussahen. Wie in Zeitlupe glitt sie an der Wand nach unten, ihre Augen fielen immer wieder zu. Plötzlich riss sie die Augen weit auf, Marc sah nur weiß, keine Pupillen, sie richtete sich auf, doch schon fielen ihr die Augen wieder zu und sie rutschte an der Wand hinunter. Zweimal wiederholte sich das.

»Was hat die?«, fragte Anna.

Das Mädchen war offensichtlich eine mit Drogen vollgepumpte minderjährige Prostituierte.

»Die ist einfach müde, Anna«, sagte Marc.

»Guck mal, da vorn ist ein lustiger Laden.« Conny versuchte Anna abzulenken und ging auf den Laden zu, während Marc noch immer das Mädchen ansah: Ihr Kleid war hoch gerutscht. Er konnte sehen, dass ihre Oberschenkel voller Narben waren. Scheiße, dachte Marc. Scheiße.

In dem »lustigen Laden« suchte sich Anna eine schreiend bunte Plastikhandtasche aus und fünf Kindertattoos, die sie hineintun konnte: eine Prinzessin, einen Ritter, einen Pinguin, einen Delfin und eine Kreuzspinne.

Als sie am Bahnhof ankamen, atmeten sie auf. Es war 16:35 Uhr. Sie hatten in Albenga Rückfahrttickets gekauft und gingen direkt zum Bahnsteig.

Nachdem sie den Containerhafen hinter sich gelassen hatten, fuhr der Zug durch Industriebrachen, die kein Ende nehmen wollten. Verrostete Stahlkolosse standen herum wie vergessenes Riesenspielzeug.

»Was waren das mal für Dinger?«, fragte Anna.

Aber weder Marc noch Conny hatten eine Idee, welchen Zweck diese Bauten einmal gehabt haben könnten.

»Eigentlich haben wir jetzt doch alles ganz gut im Griff, oder?« Conny betrachtete noch immer die Stahlmonster da draußen.

Ja. Das fand Marc auch. Eigentlich war alles Wesentliche geklärt. Übermorgen, am Samstag, würden sie nach Nizza fahren. Connys Eltern würden gegen 11:30 Uhr am Terminal 2 ankommen. Das gab ihnen Zeit, um in Ruhe gemeinsam Mittag zu essen. Er mochte Connys Eltern und freute sich auf das Wiedersehen. Um 15:15 Uhr ging Marcs Flug nach Berlin Schönefeld. Für die Woche nach Pfingsten war der Drehtermin anberaumt. Am Donnerstag, dem 3. Juni, würde Marc wieder nach Lenzari zurückkommen. Dann würden sie ihre Sachen packen, das Auto volladen und zusammen nach Berlin fahren. Auf dem Weg würden sie bei Marcs Eltern in Süddeutschland Rast machen. Auch seine Eltern sollten schließlich zu ihrem Recht kommen und Anna endlich einmal wieder sehen.

Marc hatte sich innerlich schon von Lenzari verabschiedet. Seit letzter Woche beschäftigte er sich intensiv mit dem bevorstehenden Dreh. Nick hatte ihm, weil Juri keine Zeit hatte, einen neuen Assistenten an die Seite gestellt, mit dem er noch nie gearbeitet hatte. Er war unzufrieden gewesen mit dieser Entscheidung und hatte Nick das wissen lassen. Nick hatte ihm mehrmals versichert, dass Steven, so der Name des neuen Assistenten, ein »super Typ« sei und Marc bestimmt »riesigen Spaß« mit ihm haben werde.

Marc hatte seine Zweifel.

»Steven. Ist der Engländer?«, hatte er Nick gefragt.

Aber Steven war kein Engländer. Er war aus Spremberg bei Cottbus.

Für alle, auch für Anna, war es okay, sich so langsam wieder nach Berlin aufzumachen.

Bei dem Marokkaner hatte sich nichts mehr getan. Alles war ruhig geblieben, und Marc begann sich mit dem Gedanken abzufinden, dass er nie aufklären würde, was in Lenzari wirklich abgelaufen war. Aber er fand es auch nicht so schlimm. Es gab wichtigere Dinge. Seine Familie zum Beispiel.

Als sie um kurz nach halb sieben auf dem Platz vor der Kirche parkten, war Elisa Noè gerade dabei, auf der Veranda Wäsche aufzuhängen. Sie winkte ihnen zu, sie mögen doch kurz hochkommen.

»Eigentlich kann ich nicht mehr«, sagte Conny leise.

»Och, bitte!« Anna wusste, dass sie Eistee bekommen würde und mit dem Plastikherd von Elisa Noès Enkelin spielen durfte.

»Komm. Fünf Minuten«, sagte Marc. Also gingen sie nach oben. Elisa Noè war ihnen mit der Zeit allen sehr ans Herz gewachsen. Für Anna war sie eine Art Ersatzoma geworden. Anna erzählte ihr vom Sägefisch und den Clownfischen und der Pizza boscaiola, die sie in Genua gegessen hatte, und zeigte ihr die neue Handtasche mit den Tattoos, und Marc stand vor der Herausforderung, das alles zu übersetzen. Plötzlich hörten sie von oberhalb Gesang. »Das ist Enzo«, sagte Elisa Noè. Sie erzählte ihnen, Enzo leide an »Melancholie«, wie sie es ausdrückte. Er verlasse manchmal monatelang sein Haus nicht, und wenn er dann auftauche, wandere er meist ruhelos durch die Gegend. Marc wurde klar, dass Elisa Noè von dem geistig Behinderten sprach. Offenbar war Enzo schwer depressiv.

»Ich hab ihn in den letzten Wochen oft mit Nosferatu …« Marc biss sich auf die Lippen. »Ich habe ihn oft mit Mario zusammen gesehen.« Die beiden waren, abgesehen von den Carabinieri aus Pieve, die einzigen Menschen, die seine Kamera vor dem Haus des Marokkaners aufgenommen hatte. Aber das erzählte er Elisa Noè nicht. Die beiden Männer hatten auf der Treppe von Marios Haus gesessen und sich unterhalten. Oft hatten sie auch schweigend nebeneinander gehockt und eine Zigarette geraucht.

»Ja«, sagte Elisa Noè, »Mario ist so etwas wie sein bester Freund. Sein einziger.«

Doch bevor Marc weitere Fragen stellen konnte, klingelte sein Handy. »Unbekannter Anrufer« zeigte das Display an. Marc entschuldigte sich, stand auf und ging ein wenig beiseite. Er nahm das Gespräch an.

»Hallo?«

Nichts. Rauschen. Dann eine gehetzte Stimme:

»Pronto?«

»Ja … ich bin dran. Hallo? Wer ist denn …«

»Schnell! Du musst dir etwas aufschreiben!«

»Moment.« Marc war verwirrt. Er kramte nach einem Kugelschreiber. »Mit wem spreche ich denn?«

»Gianni Bertone. Bist du so weit?«

»Ja.«

Marc notierte mechanisch die Telefonnummer, die ihm Bertone durchgab. Er war völlig überrumpelt. Immer wieder wurde die Verbindung unterbrochen.

»Wo sind Sie denn?«

»Im Auto. Scheißtunnel!«

»Was ist das für eine Nummer?«, fragte Marc, als er sie endlich notiert hatte.

Plötzlich war Panik in Bertones Stimme.

»Versprich mir, dass du an der Sache dranbleibst, ja?«

»Können Sie mir nicht ein bisschen mehr dazu …«

Ein dumpfer Knall. Glas splitterte. Marc zuckte zusammen. Was war das für ein Knall gewesen?

»Hallo?«, rief er in den Hörer. Er hörte es poltern, offenbar war Bertones Handy zu Boden gefallen. Dann ein Schlag. Er hörte etwas zersplittern und ein Geräusch wie von einer Fräse, Metall auf Metall … Die Verbindung brach ab.

»Hallo?«, rief Marc noch einmal ins Handy, und plötzlich wusste er, wo er so einen dumpfen Knall schon mal gehört hatte. Er kannte dieses Geräusch aus Filmen. So hörten sich Schüsse aus Waffen an, die mit einem Schalldämpfer ausgerüstet waren.

Betreff: Terrorjahre
Von: Marc Burth <marc.burth@web.de>
An: Martin Maurer <martinmaurer@yahoo.com>
Datum: 11.04.10 02:03:43

Hallo Martin,

hast Du gesehen, was Regine Igel ihrem Buch *Terrorjahre* vorangestellt hat?
"Wie Traumata die Seele eines Individuums nachhaltig beschädigen, führen sie auch zur Beschädigung der Seele einer Nation. Wie das Ahnen um die Existenz eines Familiengeheimnisses das Individuum, lässt das Ahnen um die Existenz eines nationalen Geheimnisses eine ganze Nation nicht zur Ruhe kommen."

Grüße
Marc

**Im Wald zwischen Pieve und Lenzari,
Freitag, 4. Juni 2010, 20:13 Uhr**

Sie hatte das Handy ans Ohr gepresst.

»Was wissen Sie über den ...« Carlas Blick fiel auf Anna. In ihrer Anwesenheit wollte sie das Wort »Mord« nicht aussprechen.

»Was wissen Sie darüber?«

»Nichts. Ich weiß gar nichts. Ich bin völlig ... fassungslos.«

Genauso klingst du auch.

»Hallo? Sind Sie noch dran?« Klaus' Stimme hatte einen merkwürdigen Hall.

Carla überlegte fieberhaft. Konnte Klaus Informationen haben, die ihr weiterhelfen würden? Er hatte nicht so geklungen.

»Hallo? Warum sagen Sie nichts?«

Er klang eher so, als habe er überhaupt keine Ahnung, was da lief. Und vor allem: Die Polizei war bei ihm. DIE POLIZEI. Als nächstes würden sie wissen wollen, wo Anna war. Sie durfte kein Risiko eingehen. Entschlossen drückte sie die Aus-Taste und verstaute das Handy wieder in ihrer Tasche. Anna stand vor ihr und sah sie durchdringend an. Sie schien das Gespräch genau verfolgt zu haben. Aber sie sagte nichts. Sie stellte keine Fragen. Das verwirrte Carla so sehr, dass sie von sich aus zu einer Erklärung ansetzte.

»Klaus wollte einfach mal hören ... wie's euch so geht.«

Anna stand starr vor ihr. Plötzlich traten ihr Tränen in die Augen.

Scheiße, dachte Carla. Bitte nicht.

»Komm, Anna!« Carla streckte dem Kind die Hand entgegen und lächelte ihr zu, obwohl es sie viel Kraft kostete.

Annas Vater hat einen Mord begangen! Was war hier los, verdammt noch mal?

»Du wolltest mir doch die Tiere zeigen.«

»Welche Tiere denn?« Eine Träne lief ihr die Wange hinunter. Jetzt erst bemerkte Carla, dass Annas Gesicht ganz schmutzig war.

»Na die Holztiere, die geschnitzten.«

Wortlos drehte Anna sich um und ging weiter.

Gott sei Dank.

Das Gelände wurde immer steiler. Anna rutschte aus.

»Vorsicht!« Carla packte sie schnell am Oberarm und hielt sie fest.

Das Telefon klingelte erneut. Sie schaute aufs Display: Klaus. Die ließen nicht locker. Aber sie wollte das Handy nicht einfach ausschalten. Sie hoffte immer noch, dass vielleicht ein Anruf kommen würde, der Licht ins Dunkel brächte – von wem auch immer. *Annas Vater hat jemanden umgebracht.*

Vergiss es, entschied sie. Du hast jetzt keine Zeit, dir darüber Gedanken zu machen. Wir müssen uns erst in Sicherheit bringen, das ist das Wichtigste. Sie suchte nach der richtigen Taste, um das Handy leise zu stellen, fand sie nicht und steckte es entnervt in die Tasche zurück.

Begleitet vom Klingeln des Handys stiegen sie den Berg hinauf. Der Weg führte durch eine Art Schlucht, links und rechts bildete der Berghang einen natürlichen Wall. Immer mehr Felsen brachen durch den Waldboden. Im Nebel sahen sie aus wie stumme Gestalten, die Spalier standen. Wie Wächter, die sie beobachteten, die jeden ihrer Schritte …

Die Kreditkarte! Es war kein Zufall, dass meine Kreditkarte nicht funktioniert hat.

Carla fühlte sich plötzlich, als habe ihr jemand einen Mantel aus Blei um die Schultern gelegt. Sie hatten sich ihre Daten besorgt und ihre Kreditkarte sperren lassen. Das war das Erste, was sie getan hatten. Carla spürte, wie Panik in ihr aufstieg. Und natürlich hörten sie ihre Telefonate ab – und hatten längst ihr Handy geortet. Ihre Gedanken überschlugen sich. Deshalb waren keine Verfolger hinter ihnen her. Sie wussten die ganze Zeit, wo sie waren. Sie brauchten nicht mühsam hinter ihnen herzukraxeln. Sie wussten, dass Luca oben auf sie wartete. Sie hatten das Telefonat ja verfolgt. Carla blieb unvermittelt stehen. Sie hatte plötzlich das Gefühl, keinen Schritt mehr weitergehen zu können. Sie wusste plötzlich nicht mehr, wie Gehen funktionierte.

Reiß dich zusammen! Denk nach. Was bedeutet das?

Das Klingeln des Telefons zerrte an ihren Nerven. Und plötzlich wurde ihr klar, dass mit an Sicherheit grenzender Wahrscheinlichkeit auch das Telefon von Annas Vater geortet worden war und abgehört wurde. Es war immerhin das Handy eines Mannes, der unter Mordverdacht stand.

Anna wandte sich zu Carla um und musterte sie.

»Warum gehst du eigentlich nie ran?«

Der Mann mit den grauen Augen wusste die ganze Zeit über jeden ihrer Schritte Bescheid. Das hieß, sie musste davon ausgehen, dass da oben nicht nur Luca auf sie wartete. Sie spürte, wie sich ihr Magen verkrampfte.

»Du-hu. Warum gehst du nicht ans Telefon?«

Weil ich mich nicht mehr traue, die Dinger anzufassen, dachte Carla. Wie war das technisch? Wenn sie die Handys ausschaltete, waren sie dann noch zu orten? Sie glaubte ja. Irgendwas hatte sie darüber mal gelesen. Sie würde sie zerstören müssen, wegwerfen. Sie kamen ihr plötzlich vor wie böse Lebewesen, die sie ertränken musste. Aber andererseits – sie musste die Möglichkeit haben, mit Luca in Verbindung zu bleiben.

Endlich hörte das Klingeln auf.

Und war es jetzt nicht ohnehin egal? Sie wussten sowieso, wo sie hinwollten. Da oben auf dem Berg gab es nur einen einzigen Ort, und das war Lenzari.

»Was denkst du gerade?« Anna sah sie besorgt an.

Reiß dich zusammen!

»Ich habe gerade überlegt ... was wir als Nächstes machen.«

»Wir gehen doch jetzt zu dem Haus mit den Tieren.« Annas Stimme klang irritiert.

Gab es eine Alternative? Konnten sie statt nach Lenzari irgendwo anders hin? In diesem Gelände querfeldein zu gehen, war unmöglich. Nicht mit einem Kind. Nicht mit einem Kind in Annas Zustand. Sie konnten nur auf diesem Weg bleiben – und der führte nach Lenzari. Sonst nirgendwohin.

»Genau.« Sagte sie zu Anna. »Wir gehen jetzt zum Haus mit den Tieren. Und dann weiter.«
Sie hatten keine Wahl.
»Wir müssen jetzt sehr, sehr vorsichtig sein, Anna.«

Lenzari, Donnerstag, 20. Mai 2010, 19:25 Uhr

Anna saß am Tisch vor der Veranda und malte. Das Wasser fing an zu kochen. Conny riss die Spaghettipackung auf und schüttete den Inhalt in den Kochtopf.

»Wenn du wirklich einen Schuss gehört hast, dann musst du das der Polizei melden.«

»Ja. Eigentlich schon.« Marc flüsterte. Er wollte nicht, dass Anna das Gespräch mitbekam.

»Aber?« Conny rührte die Nudeln um. Aber er hatte sich bereits entschieden, es nicht zu tun. Er hatte Angst vor den Fragen, die man ihm stellen würde. Er würde sie nicht beantworten können. Denn wie sollte er den Kontakt zu dem Mann erklären, ohne die ganze Geschichte zu erzählen? Und die hörte sich nun wirklich nicht besonders plausibel an. Am Ende wäre er es, der sich verdächtig machte. Und er musste immer noch damit rechnen, den Marokkaner zu gefährden, wenn er die Geschichte jemandem erzählte. Nein, er würde sich morgen früh gleich die Zeitungen besorgen. Da würde bestimmt etwas über den Mord stehen. Falls die Polizei sich bis dahin nicht ohnehin schon bei ihm gemeldet hatte, denn die Ermittler würden sicher schnell herausfinden, mit wem das Opfer zuletzt telefoniert hatte. Dann müsste er sich allerdings genau überlegen, was er ihnen sagte. Und was nicht. Falls es tatsächlich ein Mord war. Vielleicht hatte er sich ja getäuscht. Dann war es ohnehin besser, keine schlafenden Hunde zu wecken.

Oh Gott, wie sollte er sich jemals wieder aus diesem Gestrüpp befreien?

»Oder hast du doch Zweifel, ob das wirklich ein Schuss war?«

Ja, verdammt. Ich habe Zweifel. Ich zweifle mittlerweile an allem!

»Du glaubst mir nicht.« Marcs Stimme war voller Empörung.

»Quatsch! Klar glaub ich dir.« Conny wandte sich zu ihm um. Sie ging zum Tisch und setzte sich Marc gegenüber auf den roten Stuhl. Warum nahm er ihr das nicht ab? Sie blies sich die Haare aus dem Gesicht, sagte aber nichts. Er beobachtete ihre Hände. Sie zog den Kerzenständer mit der halb heruntergebrannten Kerze zu sich und begann, die Wachstropfen zu zerkrümeln.

»Sag mal was.«

»Ich denke nach.« Sie schaute ihn nicht an. Plötzlich hatte sich ein Graben zwischen ihnen aufgetan. Und Marc hatte keine Ahnung, wie er zu überbrücken war.

Er hatte versucht, sich den Schock nach dem Telefonat nicht allzu deutlich anmerken zu lassen. Aber natürlich hatte Conny ihm sofort angesehen, dass etwas nicht stimmte. Sie hatten sich von Elisa Noè verabschiedet, so rasch das eben möglich war, ohne furchtbar unhöflich zu sein.

»Was war das denn?«, hatte Conny gefragt, als sie unterwegs zum Haus waren. Anna war bereits vorausgelaufen, weil sie die Kaninchen besuchen wollte.

Marc hatte ihr von dem Telefonat erzählt und von dem Schuss, den er gehört zu haben glaubte.

In dem Moment war es passiert, dachte Marc, das war der Knackpunkt gewesen. Sie hatte ihn auf eine Weise angeschaut …

so hatte sie ihn zum letzten Mal vor zwei Jahren angesehen, als sie ihn verdächtigte, eine Affäre mit ihrer Freundin Sylvia zu haben. All das Wohlwollen, das Einverständnis, das immer die Grundlage für ihren Umgang miteinander gebildet hatte, war plötzlich fort gewesen. Zurückgeblieben waren Misstrauen und eine kühle Reserviertheit. All das hatte er jetzt in ihrem Blick wiederentdeckt. Ausgerechnet jetzt, wo er ihren klaren Kopf und ihre Rückendeckung so sehr brauchte wie noch nie. Sie war zu Anna gegangen und hatte mit ihr zusammen die Kaninchen gefüttert, während Marc fassungslos vor dem Gebäude mit dem Loch im Dach stehen geblieben war und ihnen zugeschaut hatte.

»Du glaubst mir nicht.« Er schenkte sich ein Glas Bier ein.

»Jetzt hör doch mal auf!«, fauchte sie ihn an. Und dann, wieder beherrscht: »Ich hatte so gehofft, wir könnten das hier über die Zeit bringen.«

Sie knetete immer noch am Wachs der Kerze herum.

»Ich dachte, es ist klar, dass wir uns da nicht weiter einmischen. Ich dachte, wir haben noch ein paar unbeschwerte Tage und …« Sie sah ihn an. Die Reserviertheit und das Misstrauen waren verschwunden. Sie sah bekümmert aus.

»Ich will nicht, dass wir noch tiefer in etwas hineingezogen werden, das wir nicht mehr kontrollieren können, verstehst du?«

»Ja«, sagte Marc. Das konnte er verstehen.

»Das Problem ist nur, dass wir nicht drum herumkommen, dass gerade jemand umgebracht worden ist.«

»Siehst du, und da steige ich aus.« Connys Stimme klang wieder kühl.

»Ich weigere mich zu glauben, dass hier auf offener Straße Leute umgebracht werden. Und wenn ja, will ich damit nichts zu tun haben.«

»Sag ich doch die ganze Zeit: Du glaubst mir nicht.«

»Aber nicht weil ich dir nicht glauben *kann*, sondern weil ich dir nicht glauben *möchte*. Wenn ich anfange das zu glauben, zieht es mir den Boden unter den Füßen weg, und das kann ich mir nicht leisten.« Conny warf einen Blick auf die Uhr. Sie stand auf und ging zum Herd.

»Entschuldige bitte, aber deine philosophischen Überlegungen helfen hier nicht besonders.«

»Mir schon«, sagte Conny, schnappte sich eine Gabel und fischte damit ein paar Spaghetti aus dem Wasser. Sie kostete sie und rief dann mit vollem Mund: »Pasta ist fertig!«

»Juhu!« Anna kam angerannt und breitete ihre Bilder auf dem Tisch aus. Auffallend viele stachelige Fische schwammen durch die Bilder.

»Sägefische«, erklärte Anna stolz.

»Räum sie doch mal bitte weg, deine Sägefische«, sagte Conny und stellte jedem einen Teller Pasta mit Pesto Genovese auf den Tisch.

Sie reichten einander die Hände: »Piep-piep-piep, wir haben uns alle lieb, jeder isst, so viel er kann, nur nicht seinen Nebenmann!«

Während sie aßen, unterhielten sich Conny und Anna über den Unterschied zwischen Fischen und Säugetieren und darüber, was Delfine waren; Marc hing seinen Gedanken nach. Erst jetzt glaubte er zu verstehen, worum es Conny eigentlich ging: Um die pragmatische Seite des Ganzen. Sie war für ihre Familie verantwortlich, sie hatte dafür zu sorgen, dass Anna keine Angst bekam. Wenn Conny zuließe, dass ihr der Boden unter den Füßen weggezogen wurde, wie sie es formuliert hatte, war sie für niemanden mehr eine Hilfe. Für Marc nicht und auch für Anna nicht, und das durfte nicht sein. Sie hatte völlig recht.

Er hatte Conny schon viel zu sehr in die ganze Geschichte hineingezogen. Er durfte ihr keine Vorwürfe machen, dass sie sich weigerte, ihm noch weiter zu folgen. Im Gegenteil, er musste ihr dankbar dafür sein, dass sie sich bemühte, eine gewisse Normalität zu bewahren.

Er versuchte wieder analytisch an die Sache heranzugehen. Es gab zwei Möglichkeiten: Entweder, er hatte sich getäuscht und es hatte den Schuss nicht gegeben ... was dann? Dann war er am Telefon Zeuge eines Autounfalls geworden? Marc verwarf den Gedanken sofort wieder. Nein, Bertone, oder wie immer der Mann wirklich hieß, hatte gehetzt geklungen. Marc war sich sicher, dass der Mann wusste, dass er verfolgt wurde. Auch die Aufforderung, weiter an dem Schnauzbart dranzubleiben, deutete ganz darauf hin, dass er geahnt hatte, was passieren würde. So grauenhaft es klang: Der Mann hatte während des Telefonates gewusst, dass man ihn umbringen würde. Anders war sein Verhalten nicht zu erklären.

Was bedeutete das für sie hier in Lenzari? Waren sie in Gefahr? Mussten sie Angst haben? Keine Ahnung, er wusste ja noch immer nicht, worum es eigentlich ging. Wenn sie jetzt voller Panik ihre Sachen packten und nach Berlin fuhren – änderte sich dann etwas? Waren sie in Berlin sicherer als hier? Sicher vor wem eigentlich?

»Und Wale?«
»Sind auch Säugetiere.«
»Und Quallen?«, fragte Marc und suchte Connys Blick. Sie sah ihn an – und lächelte.

Nach dem Essen ging er nach oben ins Arbeitszimmer und schaltete den Computer ein. Er checkte im Moment mindestens einmal täglich seine E-Mails. So kurz vor Drehbeginn kamen immer noch Anmerkungen und Ergänzungen von allen Seiten. Aber die mussten noch warten. Was sollten sie tun? Was war nach dieser neuen Wendung am Vernünftigsten? Sollten sie Connys Eltern absagen, morgen mit Sack und Pack ins Auto steigen und nach Berlin zurückfahren? Oder wäre das blinder Aktionismus?

Er stand auf und trat ans Fenster, und da kam ihm ein Gedanke, der gleichzeitig beunruhigend und erleichternd war: Vielleicht war er tatsächlich kurz davor, etwas herauszufinden. Vielleicht war er gerade dabei, ohne selbst zu wissen warum, zur Gefahr für bestimmte Leute zu werden. Mit Sicherheit spielte diese Telefonnummer dabei eine Rolle. Er war im Besitz dieser Telefonnummer. Wenn hier tatsächlich jemand gefährdet sein sollte, dann war er das. Also war es nur gut, wenn Conny und Anna nicht mit nach Berlin kamen. Sie waren am sichersten, wenn sie sich nicht in seiner Nähe aufhielten. Die Entscheidung war richtig, alles so zu machen wie geplant. Und natürlich musste er Conny von jetzt an da raushalten. Das war eine absolute Notwendigkeit. Er durfte sie nicht noch mehr in Gefahr bringen.

Eine getigerte Katze, die Marc noch nie zuvor gesehen hatte, balancierte über die Gartenmauer.

Er wandte sich um, fischte den Zettel mit der Telefonnummer aus seiner Hosentasche und entfaltete ihn auf dem Tisch. Es war eine Berliner Telefonnummer. Marc hatte schon beim Notieren gestutzt, aber bis jetzt war er nicht dazu gekommen, sich darüber Gedanken zu machen. Er starrte die Zahlen an, die er in der Eile aufs Papier gekritzelt hatte. Bertone hatte ihm auch die Vorwahl nach Deutschland mitdiktiert. Warum eine Berliner Nummer? Was sollte das?

Als er nach dem Telefonhörer griff, spürte er, wie sein Herz schneller schlug. Er presste den Hörer ans Ohr und tippte die Nummer ein. Es klingelte einmal, zweimal – dann wurde abgehoben.

»Ristorante Il Pellegrino. Was kann ich für sie tun?«, fragte eine aufgeräumte weibliche Stimme. Marc stammelte irgendwas von wegen verwählt und legte auf.

Als er sich wieder etwas gefasst hatte, gab er »ristorante il pellegrino berlin« bei Google ein und wurde sofort fündig. Das Restaurant war in Charlottenburg. Bleibtreustraße. Gute Lage. Sah gediegen aus, gehobene Preisklasse, gut gemachte, unaufdringliche Website. Ein italienisches Restaurant in Berlin? Vielleicht hatte er die falsche Nummer notiert oder Bertone hatte sie ihm in der Aufregung falsch genannt.

Es klopfte an der Tür, gleich darauf stürmte Anna herein, um ihm gute Nacht zu sagen. Er nahm seine Tochter in die Arme und drückte sie. Im Türrahmen erschien Conny und sah den beiden lächelnd zu.

»Gute Nacht, mein Sägefisch.«

»Gute Nacht ... du Qualle«, antwortete Anna, sprang von seinem Schoß und eilte an Conny vorbei aus dem Raum. Conny hatte die Telefonnummer auf dem Tisch entdeckt.

»Hast du schon angerufen?«, fragte sie.

»Ja. Ein italienisches Restaurant in der Bleibtreustraße.«

»Was soll das denn?« Conny verzog das Gesicht.

»Wenn ich das wüsste«, sagte Marc.

Conny blieb noch einen Moment unschlüssig im Türrahmen stehen. Aus dem Badezimmer rief Anna nach ihr. Conny bedeutete ihm mit einer Geste, dass sie später reden würden. Dann wandte sie sich um und zog die Tür hinter sich zu. Ja, dachte Marc, wir reden später. Aber nur noch über uns, nicht mehr über diese mysteriöse Geschichte.

Marc griff erneut zum Telefon und rief Klaus an. Er erzählte ihm, was heute passiert war, und bat ihn, soviel Informationen wie möglich über das Restaurant Il Pellegrino zusammenzutragen. Sie verabredeten sich für Samstag. Er legte auf und hob den Hörer gleich wieder ab, um Hans Kersting anzurufen.

Nachdem Anna eingeschlafen war, setzten sich Marc und Conny mit einer Flasche Wein auf die Dachterrasse und redeten. Der Graben zwischen ihnen schloss sich, bis kaum mehr als eine hauchdünne Narbe übrig blieb. Die Luft war angenehm warm, und alle Sterne dieses Universums schienen sich am Himmel über ihnen zusammengerottet zu haben.

Pieve di Teco, Freitag, 21. Mai 2010, 9:15 Uhr

Marc parkte den Wagen auf dem Parkplatz hinter der Stadtmauer. Ein paar Kinder tobten über die Rasenfläche vor der Grundschule. Früh am Morgen hatte es geregnet. Jetzt riss der Himmel auf. Marc sprang über zwei Pfützen, die sich in den Schlaglöchern der Straße gesammelt hatten, und ging durch das Tor in der Stadtmauer. Das Kopfsteinpflaster war rutschig. Er ging an der Kirche vorbei zu den Arkaden. Die Geschäfte hatten bereits geöffnet, aber es waren noch kaum Passanten unterwegs. Pieve wirkte friedlich und verschlafen. Der Zeitungsladen lag auf der linken Seite des Corso Mario Ponzoni, ziemlich genau in der Mitte des Arkadengangs. Als er das Geschäft betrat, waren zwei Kundinnen gerade dabei, ihre Lottoscheine auszufüllen. Sie unterhielten sich lautstark mit der Besitzerin des Ladens, einer Mittfünfzigerin mit dunkelrot gefärbten Haaren und einer Brille, die ihr, von einer Goldkette gehalten, über der Brust baumelte. »Buon giorno!«, rief Marc grüßend in den Raum. Die Damen grüßten zurück und nickten ihm freundlich zu. Marc trat ans Zeitungsregal und überlegte kurz, dann schnappte er sich eine Repubblica, von der er wusste, dass sie eine Regionalausgabe hatte, und ein Exemplar des Secolo XIX, der Zeitung für Ligurien.

Die Dame hinter dem Verkaufstresen setzte ihre Brille auf und gab umständlich den Preis in die Kasse ein, während sie sich weiter mit den beiden Lottospielerinnen unterhielt.

Marc versuchte sich seine Ungeduld nicht anmerken zu lassen. Eine Plauderei über das Wetter blockte er allerdings ab. Die Zeitungen kosteten 2 Euro. Er legte das Geld auf den Tresen und verließ den Laden.

Es war halb zehn, als er das Café Da Maria auf der gegenüberliegenden Straßenseite betrat. Nur ein Tisch war besetzt: Zwei Männer um die siebzig saßen in der Nähe des Tresens und unterhielten sich mit dem Wirt. Marc grüßte und setzte sich ans Fenster. Er bestellte einen Capuccino und ein Cornetto. Dann nahm er sich die Repubblica vor. Mehrere Seiten Euro-Krise, klar. Wo war der Regionalteil? Er blätterte hastig weiter und stieß auf die Ankündigung einer 3-D-Rekonstruktion des Bombenanschlags auf die Piazza della Loggia in Brescia, bei dem am 28. Mai 1974 acht Menschen getötet und über hundert verletzt worden waren. Nächsten Freitag war der Jahrestag des schrecklichen Ereignisses. Aber eine 3-D-Rekonstruktion war schon eine merkwürdige Art des Gedenkens, fand Marc. Er blätterte weiter. Eine Hausfrau aus Savona mit zwei kleinen Kindern wurde vermisst. Ein Kampfhund hatte eine Rentnerin fast totgebissen – und da war sie, die Meldung, die er gesucht hatte: Aus bisher ungeklärter Ursache hatte ein Verkehrsteilnehmer die Kontrolle über seinen Wagen verloren. Er hatte auf der Via

Aurelia, in der Nähe von Imperia, die Leitplanke durchbrochen und war zehn Meter in die Tiefe gestürzt. Der Fahrer konnte nur noch tot geborgen werden. Wegen der Bergungsarbeiten war es zu Verkehrsbehinderungen gekommen. Das war alles.

»Lassen Sie es sich schmecken«, sagte der Wirt und stellte Capuccino und Cornetto vor Marc auf den Tisch.

Marc lehnte sich zurück und starrte sein Cornetto an. »Aus bisher ungeklärter Ursache«. Mehr stand da nicht. Also ein Unfall. Sollte er sich doch getäuscht haben? Er nahm das Secolo XIX zur Hand. Die Meldung stand auf der dritten Seite. Sie hatte exakt den gleichen Wortlaut wie die in der Repubblica. Auf der Straße vor dem Café hielt ein weißer Lieferwagen. Der Fahrer sprang heraus und öffnete die Seitentür. Marc sah, dass der Wagen Obst und Gemüse geladen hatte. Wahrscheinlich für den Lebensmittelladen nebenan. Marc wandte sich wieder seinem Cornetto zu. Als er es zur Hälfte aufgegessen hatte, wusste er, was er tun würde.

Die Carabinieri-Station lag ein wenig zurückgesetzt auf der linken Seite der Hauptstraße. Das schmiedeeiserne Tor quietschte leise, als er es öffnete. Nach zwei Metern machte der asphaltierte Weg einen scharfen Knick nach rechts und führte durch einen gepflegten Garten zum Eingang des eingeschossigen Gebäudes. Zwei Palmen, einen Oleanderstrauch und wild wuchernde Bougainvillea vermochte Marc zu identifizieren. Die anderen Sträucher und Blumen waren ihm unbekannt. Die Eingangstür war geschlossen. Er rüttelte daran, nichts zu machen. Da sah er die moderne Klingelanlage im Mauerwerk links des Türrahmens. Er schaute nach oben und entdeckte die Kamera. Der gesamte Eingangsbereich war videoüberwacht. Er drückte auf die Klingel, und kurz darauf surrte der Türöffner. Im Inneren des Gebäudes war alles funktional und hatte den Charme einer gewöhnlichen Amtsstube. Nichts war mehr übrig von dem schmucken Eindruck, den das Gebäude von außen gemacht hatte. Marc trat in einen Vorraum, an dessen Wänden Plastikstühle standen. Der Steinboden war uneben und ausgetreten. Die Regale waren vollgepackt mit Informationsmaterial. An den Wänden, die dringend einen neuen Anstrich vertragen hätten, hingen Steckbriefe gesuchter Verbrecher. Auf jeder Seite des Raumes gingen zwei Türen ab. Die erste auf der rechten Seite öffnete sich, und der ältere der beiden Carabinieri, die Marc von seinen Kameraaufzeichnungen in Lenzari kannte, betrat den Raum. Marc konnte gerade noch den Impuls unterdrücken, den Carabiniere zu begrüßen wie einen alten Bekannten. Der Mann hatte die Uniformjacke ausgezogen und die Ärmel des blauen Hemdes hochgekrempelt.

»Was wünschen Sie?«, fragte er.

Irgendetwas irritierte Marc an dem Mann. Er musterte ihn möglichst unauffällig, bis er herausgefunden hatte, was es war: Es waren seine Augen. Sie waren feucht und leicht gerötet. Es schien, als habe der Mann geweint.

»Bitte, was kann ich für Sie tun?« Seine Stimme klang jetzt gereizt.

Marc zeigte ihm die Unfallnachricht in der Zeitung und gab den unbedarften Touristen: Gerade habe er diese Meldung entdeckt und könne sich nun überhaupt nicht mehr beruhigen. Gestern habe er mit seiner Familie einen weißen Opel Corsa überholt, genau auf dem Streckenabschnitt hinter Imperia, wo der Unfall passiert war. Der Fahrer des Corsas war ihnen aufgefallen, weil er wild gestikulierend in sein Handy gesprochen hatte. Und nun lasse ihn der Gedanke nicht los, ob sie möglicherweise das Unfallopfer in den letzten Minuten seines Lebens beobachtet hatten. Das sei ein grauenhafter Gedanke, und er würde so gerne Gewissheit haben.

»Können Sie mir da vielleicht weiterhelfen?«

»Wie stellen Sie sich das vor?«, fragte der Carabiniere. »Wir haben den Unfall nicht untersucht. Das waren die Kollegen in Imperia.«

Marc meinte beobachtet zu haben, dass der Carabiniere sich während seiner Erzählung nach und nach entspannt hatte. Offenbar schien er der Meinung zu sein, einen harmlosen Spinner vor sich zu haben, der schlimmstenfalls ein wenig Arbeit machen würde.

»Könnten Sie vielleicht …«, fragte Marc, »könnten Sie vielleicht mal bei Ihren Kollegen in Imperia anfragen, ob der Wagen des Unfallopfers ein weißer Opel Corsa war? Und ob man das Handy des Mannes gefunden hat …«

Die Augen des Carabiniere verengten sich zu schmalen Schlitzen.

»Und ob der Mann identifiziert worden ist?«

Gleich wirft er mich raus, dachte Marc. Aber der Carabiniere zuckte nur mit den Achseln und seufzte. Es klang resigniert. Er wandte sich um und winkte Marc, dass er ihm folgen solle.

»Ich kann Ihnen natürlich keine persönlichen Angaben zu dem Unfallopfer machen«, sagte er, während sie sein Büro betraten und er sich auf den Stuhl hinter dem Schreibtisch fallen ließ.

»Aber wegen des Corsas und des Handys kann ich nachfragen. Falls Sie das beruhigt.«

»Ja«, sagte Marc, »das würde mir sehr helfen, vielen Dank.«

Er ließ seinen Blick durch den Raum wandern. Am Fenster stand ein zweiter Schreibtisch, dem ersten genau gegenüber. Er war penibel aufgeräumt. Vier Motorradmodelle standen in regelmäßigen Abständen nebeneinander an der oberen Tischkante. Alles Moto Guzzis.

»Nehmen Sie doch Platz.« Der Carabiniere zeigte auf einen der beiden Besucherstühle vor seinem Schreibtisch. Sie hatten beide grüne, abgewetzte Stoffbezüge. Der Carabiniere griff nach dem Telefonhörer und drückte eine Taste. Während Marc sich setzte, erhaschte er einen Blick auf das Foto, das in einem Rahmen auf dem Schreibtisch des Carabiniere stand. Es zeigte ein kleines, lachendes Mädchen. Marc durchzuckte es wie ein Blitz: Dieses Foto kannte er. Er musste nur kurz überlegen, dann wusste er, wo er es gesehen hatte: An der Steinmauer in Laigueglia, beim Zebrastreifen, der über die Via Aurelia führte. Das in Plastikfolie gepackte Foto, auf das jemand mit Filzstift das Wort »Perché?« – Warum? geschrieben hatte.

Der Carabiniere legte den Hörer auf. Marc hätte ihn gerne gefragt, was mit dem Mädchen auf dem Foto geschehen war. Aber er tat es nicht. Der Carabiniere wandte sich an Marc:

»Also.« Er sprach gedehnt. »Der Wagen war ein weißer Opel Corsa.«

Er war es, dachte Marc, es war der Söldner.

»Aber ein Handy«, fuhr der Carabiniere fort, »ist am Unfallort nicht gefunden worden.«

»Sind Sie sicher?«

»Ich habe extra bei den Kollegen nachgefragt. Vielleicht haben Sie doch einen anderen Wagen beobachtet.«

Es war der Söldner. Sie haben ihn umgebracht und sein Handy an sich genommen.

»Beruhigt Sie das ein wenig?« Der Carabiniere lächelte ihm freundlich zu.

Sie haben ihn umgebracht. Warum wird sein Tod als Verkehrsunfall ausgegeben? Wie ist das möglich?

»Wie hieß der Mann?«, fragte Marc.

»Tut mir leid, das kann ich Ihnen wirklich nicht sagen.« Das Misstrauen war dem Carabiniere jetzt deutlich anzumerken. Marc bedankte sich schnell für die Mühe, die der Mann sich gemacht hatte. Er verabschiedete sich von ihm und verließ die Wache.

Als er nach Hause kam, waren Conny und Anna im Garten. Sie gossen die Blumen. Er legte Conny die Zeitungsmeldung vor und berichtete von seinem Besuch auf der Carabinieri-Wache.

»Ich habe mich getäuscht«, sagte er, »es war ein Unfall. Ganz ohne Zweifel ... wahrscheinlich fange ich schon langsam an zu spinnen.« Er versuchte zu lachen, aber es wurde eher eine Grimasse.

Connys Blick verriet ihm, dass sie ihm nicht glaubte. Aber sie sagte: »Dann ist ja gut.«

Dabei beließen sie es.

»Ich schlage vor, ich packe, und dann gehen wir nach Laigueglia Fisch essen. Was meint ihr?«

»Super!«, rief Anna und goss eine weitere Kanne Wasser über den Oleander.

Lenzari, Freitag, 4. Juni 2010, 19:53 Uhr

Fabrizio kauerte hinter dem Bettgestell und starrte in den Nebel. Seine Knie schmerzten. Der Betonboden war hart. Er hatte die Pistole aus dem Hosenbund genommen und neben sich auf den Boden gelegt. Seine Beretta 92 FS. Er nahm sie in die Hand, überprüfte – zum zweiten Mal innerhalb von fünf Minuten – das Magazin. Fünfzehn Neun-Millimeter-Patronen. Es war noch immer voll. Logisch. Was hatte er erwartet? Er legte die Waffe zurück auf den Boden.

Was macht Cesare bloß so lange?

Er spähte nach links. Da unten, keine zwanzig Meter von ihm entfernt, musste Antonio liegen. Für einen Moment meinte Fabrizio die Blutlache zu erkennen, die sich unterhalb von Antonios Leiche ausgebreitet hatte. Das konnte aber auch täuschen.

Ein Geräusch ließ ihn zusammenfahren. Er griff nach der Beretta. Es schien von der anderen Seite der Kirche herzukommen. Da führte ein Trampelpfad in die Schlucht hinunter und versandete irgendwo im Wald. Fabrizio lauschte. Jetzt war nichts mehr zu hören. Aber die Anspannung blieb. Er behielt die Waffe in der Hand.

Denk nach! Du musst wissen, womit du es zu tun hast, wenn du eine Chance haben willst.

Plötzlich durchfuhr ihn ein Gedanke wie ein Schmerz:

War es möglich, dass Cesare von Anfang an gewusst hatte, was hier oben passiert war? Er musste an den schwarzen A6 mit dem deutschen Kennzeichen denken. Den hätten sie eigentlich verfolgen und anhalten müssen, so offensichtlich wie der den Verkehr gefährdet hatte. Aber Cesare hatte ihm befohlen, weiterzufahren. Und obwohl sie vor ein paar Tagen bereits alles mit den Deutschen geklärt hatten und sie keinerlei neue Erkenntnisse in Sachen Computerdiebstahl vorweisen konnten, hatte Cesare darauf bestanden, noch einmal nach Lenzari hochzufahren, um mit den Deutschen zu sprechen. War das nur ein Vorwand gewesen, um ihn hierherzulocken? Fabrizio spürte ein Kribbeln in den Beinen. Sie drohten einzuschlafen.

Schnell setzte er sich auf, streckte die Beine von sich und bewegte die Füße auf und ab.

Dieser Vermutung lagen ja gleich zwei vollkommen unglaubliche Prämissen zugrunde – Nummer eins: Cesare wusste von dem Gemetzel hier oben. Allein das war schon irrwitzig genug. Und Nummer zwei: Wenn er es wusste, war es von Anfang an nur darum gegangen, ihn durch das Schlachtfeld in Lenzari zu führen. Cesare hatte ihn an die Hand genommen, wie ein Fremdenführer den Touristen, und hatte ihn durch diesen Albtraum aus Blut und Gewalt geführt.

Denk nach. Du darfst keine voreiligen Schlüsse ziehen.

Fabrizio überprüfte noch einmal jeden Schritt, den sie gemacht hatten: Die Ankunft hier oben, die Glocken. Der Funkspruch kam ihm in den Sinn. Er war bereits aus dem Wagen ausgestiegen, als er den Funkspruch gehört hatte. Da hatte das Funkgerät noch funktioniert. Cesare war zu diesem Zeitpunkt bereits im Nebel verschwunden gewesen. Er hatte gesagt, er wolle die Glocken ausschalten. Nachdem Fabrizio Elisa Noès kaputte Brille gefunden hatte, hatte er nach Cesare gerufen. Er hatte keine Antwort erhalten, das wusste er noch, dann hatte er sich umgedreht – und da war Cesare am Wagen gestanden und die Fahrertür war geöffnet gewesen. Er habe nach Werkzeug gesucht, um die Glocken auszuschalten, hatte er behauptet. Das war eine Lüge gewesen. Cesare selbst hatte Zündung und Funkgerät sabotiert. Je länger Fabrizio darüber nachdachte, umso klarer wurde ihm, dass es so gewesen sein musste. Aber warum? Ganz offensichtlich wollte Cesare sichergehen, dass keine Verstärkung geholt werden konnte. Deshalb hatte er das Funkgerät zerstört. Was er sich allerdings nicht erklären konnte, war, warum Cesare den Wagen lahmgelegt hatte. Und auch die Handys blieben ein Rätsel. Cesare hatte ja wohl kaum davon ausgehen können, dass sie beide keinen Empfang haben würden. Fabrizio spürte, dass er sich der Tür näherte, hinter der die Lösung des Rätsels verborgen war. Aber die Tür war noch verschlossen. Alles drehte sich um Cesare. Er musste an ihm dranbleiben.

Da war das Geräusch wieder. Er umklammerte die Waffe, so fest, dass die Knöchel seiner rechten Hand weiß hervortraten – und dann sah er einen kleinen Hund. Er trabte von der Kirche her über den Platz. Er hatte etwas im Maul, das Fabrizio nicht erkennen konnte. Es sah aus wie ein Stück rohes Fleisch. Der Hund watschelte gemächlich nach rechts. Fabrizio beobachtete ihn. Die Gegenwart eines lebendigen Wesens wirkte beruhigend. Er sah ihm nach. Der Hund hatte einen lustigen Gang. Fast musste Fabrizio lächeln. Umso heftiger packte ihn das Entsetzen, als ihm klar wurde, was der Hund da im Maul gehabt hatte: eine menschliche Hand.

Fabrizios Magen drehte sich um. Er hatte das Gefühl, sich übergeben zu müssen.

Plötzlich hörte er aufgeregtes Bellen. Dann einen Schuss. Das Bellen ging in jämmerliches Jaulen über. Noch ein Schuss. Dann herrschte Stille.

Kurz darauf ging Cesare über den Kirchplatz. Er hatte die Uniformmütze tief in die Stirn gezogen, sodass Fabrizio sein Gesicht nicht sehen konnte. Aber er sah seinen Gang und seine Körperhaltung. Cesare wirkte entschlossen wie lange nicht. Er schien kein bisschen verwundert zu sein, dass der Wagen nicht mehr auf seinem Platz stand. Ohne zu zögern kam er auf den schmalen Durchgang zwischen Kirche und Felswand zu. Er war jetzt keine fünf Meter von Fabrizios Versteck entfernt. Fabrizio konnte von oben einen kreisrunden Fleck auf Cesares Uniformmütze erkennen, bevor sein Kollege im Durchgang verschwand. Dahinter lag Antonios Leiche. Was wollte Cesare da? Er konnte von seinem Versteck aus nicht sehen, was Cesare tat, die Felswand versperrte den Blick. Es dauerte nur drei Minuten, bis Cesare zurückkam. Er ging geradewegs auf die Kirchentür zu. Jetzt erst sah Fabrizio, dass er ein Schlüsselbund in der Hand hielt. Der Kirchenschlüssel. Er musste ihn aus der Tasche des toten Antonio geholt haben. Er steckte ihn ins Schloss und öffnete die Tür. Sie ächzte leise. Cesare verschwand im Inneren der Kirche. Die Tür ließ er offen.

Was will er da drin?

Fabrizio überlegte einen Moment lang, ob er hinuntergehen und versuchen sollte, einen Blick in die Kirche zu werfen. Nein. Zu gefährlich. Er würde hier warten und irgendwann …

Da hörte er Cesares Stimme. Es war bloß ein Murmeln. Fabrizio konnte die Worte nicht genau verstehen, aber er erkannte sie trotzdem. Und konnte sie mitsprechen.

Dein Wille geschehe, wie im Himmel, so auf Erden … und vergib uns unsere Schuld …

Cesare betete. Er betete das Vaterunser und zwei Ave Maria, dann hörte Fabrizio seine Schritte auf dem Steinfußboden. Cesare kam aus der Kirche, drehte sich um und verschloss die Tür hinter sich. Er wirkte dabei, als verschließe er die Tür seines Büros, um Feierabend zu machen, dachte Fabrizio. Vollkommen selbstverständlich und alltäglich wirkten seine Bewegungen – Cesare schien überhaupt keine Angst zu haben. Er ging durch Lenzari wie durch sein Wohnzimmer, als gehe es ihn nichts an, dass hier Menschen bestialisch ermordet worden waren. Rechnete er nicht damit, dass Fabrizio versuchen würde, herauszufinden, was hier los war?

Cesare wandte sich nach rechts und ging die Hauptstraße entlang, die hinaufführte ins Oberdorf. Fabrizio konnte sich nicht erklären, warum Cesare nicht die Abkürzung zwischen Elisa Noès Haus und der Kirche nahm. Was hatte er vor? Fabrizio wartete ab, bis Cesare aus seinem Blickfeld verschwunden war. Dann stand er auf, steckte die Beretta zurück in den Hosenbund und folgte ihm.

Berlin, Samstag, 22. Mai 2010, 17:45 Uhr

Der Regen prasselte gegen die Scheiben, als das Flugzeug von der Landebahn abbog, um seine Parkposition anzusteuern. Marc schielte über den am Fenster sitzenden Reihennachbarn hinweg nach draußen. Der bleierne Himmel und der Asphalt des Flughafens Schönefeld gingen nahtlos ineinander über. In einiger Entfernung sah er zwei Flughafenangestellte in neongelber Regenkleidung. Sie wirkten verloren in all dem Grau.

Marc hatte, wie immer, dafür gesorgt, dass er einen Gangplatz bekam. Er hasste es, am Fenster zu sitzen, da fühlte er sich wie eingemauert. Fenster interessierten ihn nicht. Nicht im Flugzeug, da gab es sowieso nichts zu sehen, fand er. Erst jetzt wieder, nach der Landung. Es schüttete wie aus Kübeln. In Nizza war der Himmel blau gewesen, bei angenehmen vierundzwanzig Grad. Conny und Anna hatten ihn zur Sicherheitskontrolle gebracht. Er war froh gewesen, dass Connys Eltern es vorgezogen hatten, im Flughafenrestaurant zu warten, so konnte er sich in Ruhe von Conny und Anna verabschieden. Es war ihm schwergefallen diesmal, und er hatte gehofft, dass Conny seine feuchten Augen nicht bemerkte. Er hatte Anna hochgehoben und gedrückt, bis sie aufgeschrien und mit vorwurfsvoller Stimme gesagt hatte: »Aua, du tust mir weh!«

Ein Ruck ging durch die Maschine. Das Flugzeug hatte seine Parkposition eingenommen. Die Anschnallzeichen erloschen, und als hätten sie seit dem Abflug auf diesen Moment gewartet, schossen die Passagiere von ihren Sitzen auf. Es ist ein eingeübtes Spiel, dachte Marc. Wer als Erster steht, gewinnt.

Er nahm den Airport-Express um 18:19 Uhr und stieg eine knappe halbe Stunde später am Alex in die U2 um. Kaum hatten sich die Türen der U-Bahn hinter ihm geschlossen, meldete eine Lautsprecherstimme, dass diese Linie aufgrund von Bauarbeiten nur bis zur Haltestelle Senefelder Platz verkehre, und verwies auf den Schienenersatzverkehr.

Ich bin wieder in Berlin, dachte Marc. Wie schön.

Er erklärte zwei verstörten italienischen Touristen die Sachlage. Als sie verstanden hatten, dass die U-Bahn wegen Bauarbeiten nicht weiterfuhr, lachten sie und winkten ab. Sie schienen das während ihres Berlinaufenthaltes schon öfter erlebt zu haben.

Als Marc aus der U-Bahnstation ins Freie trat, regnete es noch immer in Strömen. Und es war kühl. Marc fröstelte. An der Ersatzhaltestelle auf der Schönhauser Allee stand bereits eine Menschenmenge, die auf den Bus in Richtung Pankow wartete. Marc musste nur eine Haltestelle weiter. Er warf einen letzten prüfenden Blick auf die wartenden Menschen, dann zog er sich die Kapuze seiner Jacke über den Kopf und ging zu Fuß.

Schon einige Meter bevor er die Haustür erreichte, bemerkte er, dass sie offenstand. Jemand hatte die Falle des Schließmechanismus festgestellt. Schon wieder. Er schob die Tür auf und trat in den Hausflur. Es knallte, als hinter ihm die Türfalle auf den Metallrahmen des Schlosses prallte. Marc wandte sich um. Jeder konnte hier reinspazieren. Einfach so. Das ging nicht.

Du musst sofort dem Hausmeister Bescheid sagen.

Er klingelte an Klaus' Tür. Gleich darauf hörte er Schritte und Klaus öffnete. Er trug eine schlecht sitzende Jogginghose. An den roten Flecken auf den Oberschenkeln ließ sich ablesen, dass sich Klaus wohl hauptsächlich von Spaghetti mit Tomatensauce und Dosenravioli ernährte. Er sah aus, als sei er gerade aus dem Bett gekrochen, und starrte Marc entsetzt an.

»So kommst du hier aber nicht rein.«

Erst jetzt realisierte Marc, dass er völlig durchnässt war.

»Danke für den warmen Empfang.«

Er ging an Klaus vorbei in die Wohnung.

»Ich hab gerade gewischt«, protestierte Klaus. Aber als Marc in schallendes Gelächter ausbrach, schwieg er und schloss mit finsterer Miene die Tür.

»Hast du die Nummer vom Hausmeister?«, fragte Marc. Er stellte seine Tasche ab und zog die klatschnasse Jacke aus.

»Wieso?«

»Weil die Haustür nicht schließt.«

»Die schließt nie. Weißt du doch.«

»Ich will aber, dass sie schließt.«

Klaus sah seinen Freund genau an.

»Alles klar bei dir?« Er klang besorgt.

»Ja, alles klar«, sagte Marc. »Ich will nur, dass der Hausmeister seinen Job macht und die Tür repariert. Das ist alles.«

»Okay, ich such mal die Nummer.« Klaus schlurfte in Richtung Küche. »Aber was den Hausmeister angeht, würde ich mir keine Illusionen machen. Es ist Samstagabend. Der sitzt schon seit Stunden in der Kneipe.«

»Muss er eben noch mal aufstehen«, knurrte Marc und öffnete den Reißverschluss seiner Tasche. »Ich zieh mir mal was Trockenes an.«

»Besser isses!«, rief Klaus aus der Küche.

Während Klaus die Telefonnummer suchte, duschte Marc und zog sich frische Sachen an. Kurz vor halb neun hatte Klaus die Nummer gefunden, zu seiner Verblüffung nicht in der Küche, sondern unterm Bett. Marc rief die mobile Notfallnummer an. Keine Antwort. Nicht mal eine Mailbox.

»Siehste«, sagte Klaus.

Nach einigem hin und her entschieden sie, ins Café Eckstein zu gehen, das inzwischen nicht mehr Eckstein sondern »Butter« hieß, was sie aber beide ignorierten. Dort, so hofften sie, würde selbst am Samstagabend einigermaßen Ruhe herrschen, sodass sie sich unterhalten konnten. Außerdem gab es da Jarosover Bier. Marc war froh, dass Klaus von sich aus auf die Idee kam, die Jogginghose gegen eine Jeans einzutauschen.

Sie hatten sich eben an einen Tisch ganz hinten in der Ecke gesetzt und zwei Bier bestellt, als Marcs Handy klingelte. Es war Hans Kersting. Er klang aufgeregt und fragte, wann sie vorbeikommen könnten.

Marc verspürte nicht die geringste Lust, bei dem Wetter noch einmal durch die ganze Stadt zu fahren, aber er hörte Kersting an, dass es dringend war.

»Sofort«, sagte er, »wir trinken nur schnell unser Bier aus.«

»Gut.« Kersting klang erleichtert.

Während der S-Bahnfahrt berichtete Marc mit gedämpfter Stimme von den Zeitungsmeldungen zu Bertones Tod, in denen von einem Unfall die Rede war, und dass der Carabiniere in Pieve das bestätigt hatte.

»Und er hat mir gesagt, dass sie kein Handy bei Bertone gefunden haben. Er hat extra mit seinen Kollegen telefoniert, die vor Ort waren.«

»Der Wagen ist zehn Meter in die Tiefe gestürzt, nicht?«

»Ja.«

»Da kann das Handy doch was weiß ich wo gelandet sein. Vielleicht haben sie es tatsächlich nicht gefunden. Da muss gar nichts groß dahinterstecken.«

»Klaus, der Mann ist umgebracht worden. Mit einer Waffe mit Schalldämpfer. Aber die Polizei sagt, es war ein Unfall. Klingt das für dich, als würde nichts dahinterstecken?«

Klaus sah ihn ratlos an. Dann fragte er:

»Du hast den Schuss gehört, ja? Bist du dir sicher?«

»Ich bin dieses Telefonat ungefähr einhundert Mal im Kopf durchgegangen«, sagte Marc, »ich komme zu keinem anderen Ergebnis.«

»Das heißt«, Klaus Stimme klang belegt, »die italienische Polizei vertuscht einen Mord.«

Marc sah sich erschrocken um. Es war nicht die Art von Gespräch, die man in einer S-Bahn führen sollte. Aber das Partyvolk und die Touristen um sie herum schienen sich nicht für sie zu interessieren.

Um kurz vor zehn klingelten sie an Kerstings Haustür. Kersting öffnete und empfing sie freundlich, aber Marc erkannte sofort, dass er angespannt war. Sie setzten sich wie bei ihrem letzten Besuch an den Tisch im Wohnzimmer. Diesmal brannte kein Feuer im Kamin. Auf dem Tisch stand ein Laptop, links daneben lagen Papiere, auf denen Kersting sich Notizen gemacht hatte, und rechts davon ein dicker Leitz-Ordner.

»Was möchten Sie trinken?«, fragte Kersting. Klaus nahm ein Bier, Marc ein Glas Wasser, er hatte plötzlich das Gefühl, hier einen klaren Kopf zu brauchen. Er berichtete Kersting von den neuesten Entwicklungen in Sachen Bertone, von seiner Vermutung, dass der Söldner umgebracht worden war, und dem ungeheuerlichen Verdacht, dass dieser Mord vertuscht werden sollte. Kersting hörte aufmerksam zu und schenkte sich ein Glas Wasser ein.

»Ich fürchte, Sie könnten recht haben«, sagte er schließlich und sah Marc ernst an.

»Erzählen Sie«, sagte Marc, »was haben Sie herausgefunden?«

Kersting deutete auf den Rechner.

»Setzen Sie sich doch bitte so hin, dass Sie den Monitor gut sehen können. Ich muss Ihnen ein paar Sachen zeigen.«

Als sie Platz genommen hatten, wandte sich Kersting zunächst an Marc:

»In dem Moment, als Sie das Restaurant Il Pellegrino erwähnten, wusste ich, dass mir der Name schon mal untergekommen war, aber es hat eine Weile gedauert, bis ich mich erinnerte, in welchem Zusammenhang.«

Marc nippte an seinem Wasser.

»Dann fiel mir ein«, fuhr Kersting fort, »dass ein alter Freund und Journalistenkollege vor ein paar Jahren an einer Story dran war, die ihn damals sehr beschäftigte. Kurz vor dem entscheidenden Durchbruch hat ihm die Redaktionsleitung signalisiert, dass sie den Artikel nicht drucken würden. Zu wenig Belege, zu viel Mutmaßung, kurzum: kein seriöser Journalismus. Das hat meinen Freund damals in eine tiefe Krise gestürzt. Er hatte das Gefühl, dass das Thema von oben nicht gewollt wurde, obwohl sie es ihm gegenüber anders begründeten und er das natürlich nicht beweisen konnte.«

»Eine Story über ein italienisches Restaurant in Charlottenburg?«, fragte Marc ungläubig.

»Nicht über das Restaurant. Über seinen Besitzer.«

»Mafia?« Klaus sah Kersting gespannt an.

Kersting lächelte.

»Nein, nicht die Mafia«, sagte er und wurde sofort wieder ernst. »Obwohl mir das ehrlich gesagt lieber wäre, dann hätten wir es nämlich mit gewöhnlichen Kriminellen zu tun.«

Kersting nahm den Leitz-Ordner in die Hand und klappte ihn auf.

»Mein Freund hat mir netterweise sein gesamtes Recherchematerial zur Verfügung gestellt.«

Er blätterte in den Unterlagen, und als er gefunden hatte, was er suchte, fuhr er fort:

»Der Besitzer des Restaurants, Salvatore Cecchino, ist seit 1982 in Berlin. 1983 hat er das Il Pellegrino eröffnet, zunächst in der Uhlandstraße. 1990 hat der Umzug in die jetzigen, wesentlich größeren Räumlichkeiten in der Bleibtreustraße stattgefunden. Von da an hat Cecchino etwa alle drei Jahre ein neues Restaurant eröffnet. Er war sehr schnell nach der Wende auch im Ostteil der Stadt präsent und profitierte enorm von der Entwicklung der Stadtteile Mitte und Prenzlauer Berg.«

»Sprich, der Mann ist ein erfolgreicher Unternehmer«, warf Marc ein.

»Allerdings. Zumindest, was diesen Teil seiner Biografie angeht. Der erste Teil liest sich nämlich ganz anders.« Wieder blätterte Kersting in den Unterlagen.

»Da heißt unser Mann noch Carlo Ranieri, geboren am 15. April 1942 in Mantua. Noch als Schüler schließt er sich der rechtsextremen Avanguardia Nazionale und ihrem Gründer Stefano Delle Chiaie an. Vom 3. bis zum 5. Mai 1965 besucht er, zusammen mit Delle Chiaie, eine Tagung in Rom. Die Tagung findet im vornehmen Hotel Parco dei Principi statt und ist organisiert vom ›Pollio-Institut für strategische Angelegenheiten‹, das wiederum vom Generalstab des Militärs ins Leben gerufen wurde.«

Marc lauschte mit wachsender Spannung. Kersting blätterte weiter.

»Versammelt sind Parlamentarier der neofaschistischen Partei MSI, außerparlamentarische, neonazistische Gruppen wie Ordine Nuovo und die genannte Avanguardia Nazionale, Richter, Wirtschaftsmanager, Journalisten und Armeegeneräle, unter ihnen auch ein späterer NATO-General.«

»Eine Versammlung Rechtsradikaler.« Klaus wirkte hochkonzentriert, er schien mittlerweile sogar sein Bier vergessen zu haben.

»Und worum ging's bei der Tagung?«, fragte Marc.

»Es ging um die Frage, mit welchen Mitteln man dem immer stärker werdenden Kommunismus in Italien entgegentreten sollte.«

Marc und Klaus wechselten einen Blick, aber sagten nichts. Kersting sprach weiter:

»Zwischen 1965 und 1968 hält sich Ranieri oft und manchmal sogar monatelang in Deutschland auf, reist nach München und Frankfurt. Was er dabei genau macht, ist unklar. Er ist inzwischen als Student der Mathematik an der Universität Mailand eingeschrieben.

Ende der Sechzigerjahre unternimmt er zusammen mit anderen neofaschistischen Studenten eine Reise nach Athen. Die Reise wird finanziert von der griechischen Militärjunta. Von dieser Reise kehrt Ranieri als Anarchist nach Italien zurück. Er lässt sich Haare und Bart wachsen, verkehrt in verschiedenen anarchistischen Kreisen, zuletzt im ›Zirkel 22. März‹. Dessen Gründer Pietro Valpreda galt zunächst als Hauptverdächtiger für den Bombenanschlag auf der Piazza Fontana in Mailand, bei dem am 12. Dezember 1969 sechzehn Menschen getötet und neunzig verletzt worden sind, bis sich in einem ewig dauernden Gerichtsverfahren herausstellte, dass der Anschlag auf das Konto von Rechtsextremisten der Ordine Nuovo ging.«

Kersting nahm einen Schluck Wasser. Für einen Moment herrschte Schweigen.

»Über Ranieri weiß man allerdings inzwischen«, fuhr Kersting fort, »dass sein ideologischer Wandel ein rein äußerlicher war. Er hat gezielt versucht, linke Gruppen zu radikalisieren und zu Gewalttaten zu motivieren, um deren Ideen zu diskreditieren.«

»Ein Agent provocateur«, sagte Klaus.

»Aber in welchem Auftrag?« Marc versuchte krampfhaft, den Überblick zu behalten.

»Das ist unklar. Aber es wird vielleicht deutlicher, wenn man sich ansieht, wie es mit Ranieri weiterging. Nach dem Piazza-Fontana-Attentat wurde er, zusammen mit Valpreda und anderen Anarchisten festgenommen, aber im Gegensatz zu diesen schon bald wieder auf freien Fuß gesetzt. Seine Spur verliert sich zunächst. Erst 1972 taucht er wieder auf. Und zwar unter dem Namen Robert Tourneur. Offiziell ist er jetzt Journalist. Er arbeitet für die Presseagentur Aginter Press mit Sitz in Lissabon.«

Kersting holte ein Papier aus einer Klarsichtfolie des Leitz-Ordners.

»Hier ist sein Presseausweis.« Er reichte das Papier an Marc weiter. Es war eine Schwarz-Weiß-Kopie. Das Gesicht auf dem Foto war schlecht zu erkennen. Der Mann trug eine Hornbrille und kurzes, akkurat gescheiteltes Haar. Er hatte eine scharfe Nase und einen Oberlippenbart. Marc reichte den Ausweis an Klaus weiter.

»Zur Aginter Press muss man wissen«, fuhr Kersting fort, »dass sie nur nach außen hin eine Presseagentur war. Sie war Tarnung für eine bestens ausgerüstete, internationale antikommunistische Struktur zur Koordination rechtsterroristischer Aktivitäten.«

»Das klingt doch alles völlig irre«, entfuhr es Klaus. Er nahm einen großen Schluck Bier.

»Ja«, sagte Kersting, »aber so war es.«

»Stimmt das denn alles?«, hakte Marc nach, »ich meine, diese Aginter-Press-Geschichte zum Beispiel, lässt sich das nachprüfen?«

»Das ist das eigentlich Erstaunliche daran«, sagte Kersting. »Das ist alles überhaupt kein Geheimnis. Alle Fakten kursieren seit Langem. Es gibt sogar Zeitungsberichte darüber.« Kersting beugte sich vor und aktivierte den Computer.

»Schauen Sie selbst.«

Er loggte sich bei der Nachrichtenagentur ASP ein. Marc und Klaus sahen ihm gespannt über die Schulter. Kersting gab »Aginter Press« im Suchfenster ein. Die Anfrage ergab fünf Treffer; ein englischer, zwei französische und zwei italienische Artikel wurden angezeigt.

»Und auf Deutsch?«, fragte Klaus.

»Gibt es nichts«, sagte Kersting und klickte den englischen Artikel an. Marc überflog ihn:

Aginter Press was a world-wide operating anti-communist mercenary organisation, set up in Lisbon, Portugal in September 1966.
It trained its members in covert action techniques amounting to terrorism, including infiltration and counter-insurgency, silent assassinations and bombings.

»Was heißt ›mercenary‹?«, fragte Klaus.

»Söldner«, antwortete Kersting.

Eine weltweit operierende, antikommunistische Söldnerorganisation also. Marc las weiter:

Head of Aginter Press was anti-communist activist Yves Guérin-Sérac, former officer of the French Armed Forces and veteran of the Indochina War (1945–54), the Korean War (1950–1953) and the Algerian War (1954–1962). Another founding member of Aginter Press was the Italian neo-fascist terrorist Stefano Delle Chiaie ...

»Hier steht was über Stefano Delle Chiaie!«, rief Marc.

»Den schauen wir uns gleich noch mal genauer an«, sagte Kersting, »aber schauen Sie bitte erst mal hier unten. Da taucht nämlich ein zweiter wichtiger Name auf.«

Er zeigte auf einen Abschnitt mit der Überschrift: »1969 Piazza Fontana Bombing«.

»Das ist das Attentat, bei dem Carlo Ranieri eine wichtige Rolle gespielt haben soll, oder?« Klaus starrte konzentriert auf den Computer.

»Genau.« Kersting scrollte die Seite hinunter, sodass sie den Text besser lesen konnten:

Judge Guido Salvini, who was in charge of the investigations concerning the 1969 Piazza Fontana bombing, explained that:

"In these investigations data has emerged which confirmed the links between Aginter Press, Ordine Nuovo and Avanguardia Nazionale. It has emerged that Guido Giannettini, one of the neo-fascists responsible of the bombing, had contacts with Guérin-Sérac in Portugal ever since 1964. It has emerged that instructors of Aginter Press came to Rome between 1967 and 1968 and instructed the militant members of Avanguardia Nazionale in the use of explosives."

»Das heißt«, fasste Marc zusammen, »die italienischen Ermittlungen zum Piazza-Fontana-Attentat haben ergeben, dass es Kontakte zwischen Aginter Press und den rechtsextremen Organisationen Ordine Nuovo und Avanguardia Nazionale gab, dass zweitens ein gewisser Guido Giannettini verantwortlich für das Attentat war und seit 1964 Kontakte zu Guérin-Sérac in Portugal hatte ...«

»Dieser Giannettini«, unterbrach Kersting, »ist neben Delle Chiaie der zweite wichtige Mann im Umfeld von Aginter Press. Diese beiden Namen müssen wir uns merken.« Seine Stimme zitterte leicht. »Jetzt schauen Sie mal ...« Seine Finger flogen über die Tastatur. Er gab den Namen Stefano Delle Chiaie im Suchfenster ein. Diesmal erschienen auch Artikel auf Deutsch. Kersting klickte den ersten an:

Stefano Delle Chiaie, geboren am 13. September 1936 in Caserta, ist ein italienischer Neofaschist und Terrorist. Er war Mitglied der Terrororganisation Ordine Nuovo und gründete 1960 die rechtsextreme außerparlamentarische Bewegung Avanguardia Nazionale ...

»Jetzt schauen Sie mal, was hier steht, unter ›Faschistisch motivierte Anschläge‹.« Kersting scrollte hinunter und sie lasen:

1987 wurde Delle Chiaie in Caracas verhaftet und an Italien ausgeliefert, um sich dort vor Gericht für seine Rolle beim

Anschlag auf die Landwirtschaftsbank an der Piazza Fontana in Mailand am 12. Dezember 1969 zu verantworten. Das Assisengericht von Catanzaro sprach ihn allerdings frei. Bis heute steht in dieser Angelegenheit ein Gerichtsurteil aus. Ihm wurde auch eine Mittäterschaft am Anschlag von Bologna 1980 zur Last gelegt. Er wurde jedoch, nach einer Verurteilung in erster Instanz, in der Berufungsverhandlung freigesprochen.

»Der Mann hatte also überall seine Finger mit im Spiel, wo es um rechten Terrorismus ging«, sagte Klaus.

»Der Anschlag auf den Bahnhof von Bologna am 2. August 1980 war das schlimmste dieser Attentate. Fünfundachtzig Menschen sind getötet und über zweihundert verletzt worden.« Kersting scrollte weiter nach unten.

»Jetzt schauen Sie sich bitte noch diesen letzten Abschnitt an.«

Die Überschrift lautete: »Woher kam das Geld?«.

Nach unseren Recherchen erhielt Delle Chiaie finanzielle Zuwendungen über verschiedene politische Stiftungen, wobei der deutsche Verteidigungsminister Rudolf Hochhausen und sein Berater Wolfgang Stein eine zentrale Rolle gespielt haben sollen.

Marc starrte auf den Bildschirm. Er konnte es nicht fassen.

»Was sagen Sie jetzt?«, fragte Kersting. Aber Marc konnte nichts sagen. Er hatte das Gefühl, nicht mehr klar denken zu können.

»Rudolf Hochhausen und Wolfgang Stein?« Klaus klang genauso verwirrt. »Die auf unserem Foto?«

Kersting kramte das Schwarz-Weiß-Foto unter den Papieren hervor und legte es auf den Tisch neben den Rechner.

»Genau. Die auf dem Foto mit dem Schnauzbart.«

Er klickte einen weiteren Artikel an.

»Diese Reportage ist 1993 erschienen«, sagte Kersting. »Nun schauen sie sich das mal an.« Die Überschrift des Artikels lautete: »Der Carlos der Faschisten«. Ein Foto zeigte Stefano Delle Chiaie, wie er mit einer Zigarette in der Hand an einem Bistrotisch saß. »Nach Meinung von italienischen Staatsanwälten«, las Marc, »genießt Stefano Delle Chiaie noch immer politische Protektion.«

»Hier unten geht's um den ›Neofaschisten und Aginter-Agenten‹ Guido Giannettini.« Kersting wies auf die entsprechende Textstelle. Von Giannettini als dem Drahtzieher des Piazza-Fontana-Attentats war die Rede. »Giannettini war Delle Chiaies Verbindungsmann zu den Geheimdiensten.« Und ein paar Zeilen weiter: »Giannettini war ein Mann der CIA und des Bundesnachrichtendienstes.«

»Das gibt's doch nicht!«, entfuhr es Marc.

»Hast du dir die Fotos angesehen?« Klaus deutete auf den Bildschirm. Ein Foto zeigte Giannettini kurz vor dem Anschlag 1969 beim Besuch des Münchner Rüstungskonzerns Krauss-Maffei. Ein zweites beim Besuch der Heeresoffiziersschule in Hamburg. Er sei sogar im Verteidigungsministerium empfangen worden, ergänzte der Text weiter. Dann ging es um die Verbindung der Aginter Press zu Rudolf Hochhausen. Eine Abbildung zeigte Spendenquittungen über 100.000 Mark. Das Geld sollte der Verteidigungsminister an die Aginter Press gezahlt haben. Es stammte wahrscheinlich aus einem Etat des BND.

Als Marc den Artikel zuende gelesen hatte, fühlte er sich, als sei ein Tornado über ihn hinweggefegt.

»Noch jemand etwas zu trinken?«, fragte Kersting.
»Ja, bitte!«, sagten Marc und Klaus gleichzeitig.

Kersting kam mit einer Flasche teuer aussehenden Grappas und drei Gläsern zurück.
　Er hielt die Grappa-Flasche in die Höhe.
　»Ich dachte, das ist jetzt vielleicht das Richtige.« Als Marc und Klaus nickten, schenkte er die Gläser voll.
　Der Grappa tat gut.
　Bald schon drehte sich das Gespräch um die Frage, warum dieser Zeitungsartikel keinen Skandal ausgelöst hatte und warum das Thema nicht von anderen Medien aufgegriffen worden war.
　»Ich bin mir gar nicht sicher«, sagte Kersting, »ob das tatsächliche Ausmaß des Skandals begriffen worden ist. Das Problem ist ja nicht, dass Rudolf Hochhausen eine finstere Terrortruppe finanziert. Zumal man mit dieser Truppe in Deutschland bisher nicht allzu viel verbindet. Die Aginter Press scheint zunächst kein deutsches Problem zu sein...«
　»Aber dass ein Verteidigungsminister die finanziert haben soll, ist doch ungeheuerlich!«, protestierte Klaus.
　»Der eigentliche Skandal liegt aber in dem beiläufigen Satz, dass die Gelder ›wahrscheinlich aus einem Etat des BND stammen‹.« Kersting drehte das leere Grappaglas in der Hand. »Dann geht es nicht mehr nur um die Verfehlung eines einzelnen Politikers, dann haben wir es mit einem System zu tun: Es geht um Terrorismus, der mit Steuergeldern finanziert wurde.«
　Kerstings Worte standen im Raum wie Gewitterwolken. Marc versuchte seine Gedanken zu ordnen. Sie waren in einem Sumpf gelandet, einem Sumpf aus Geheimdiensten, Terrorismus und Politik, in einer Geschichte, die über dreißig Jahre her

war. Aber es gab eine Verbindung ins Jahr 2010. Die Geschehnisse in Lenzari hatten etwas mit dieser alten Geschichte zu tun, so schwindelerregend der Gedanke auch war. Es ging um den Mann mit dem Schnauzbart. Welche Rolle spielte er? Darüber konnte man Vermutungen anstellen. Man konnte spekulieren. Aber das würde sie keinen Schritt weiterbringen. Sie brauchten Fakten. Sie brauchten Beweise.

Alle drei waren sich darüber einig, dass ihnen im Moment nur ein Mann weiterhelfen konnte: Carlo Ranieri beziehungsweise Salvatore Cecchino, Besitzer des Restaurants Il Pellegrino in der Bleibtreustraße.

Morgen, Sonntag, war Marc mit Nick verabredet. Sie müssten den Dreh vorbereiten, und Marc fürchtete, dass es spät werden könnte, deshalb verabredeten sie sich für Montagabend im Restaurant Il Pellegrino. Kersting wollte einen Tisch reservieren.

Sie standen bereits an der Tür und verabschiedeten sich von Kersting, als Marc sich entschied, den beiden von seinen Überlegungen zu erzählen, die ihn seit der Ermordung von Bertone beschäftigten:

»Ich habe Angst«, sagte er, »ich habe Angst, dass wir uns in Gefahr begeben, und ich habe natürlich Angst um meine Familie. Ich überlege die ganze Zeit, ob es eine Möglichkeit gibt, aus dieser Sache rauszukommen, ohne dass wir die Helden spielen müssen. Ich bin kein Held. Ich mache Werbung für Hautcreme.«

Klaus lachte.

Zu Marcs Erleichterung sagte Kersting sofort, dass er darüber ebenfalls schon nachgedacht habe.

»Aber ich habe keine Idee, an wen wir uns in diesem Stadium unserer Recherchen wenden könnten. Wir haben einen marokkanischen Häftling, der behauptet, der Schnauzbart habe ihn bedroht. Wir haben eine Zeugin, die den Schnauzbart am Abend des Oktoberfest-Attentats in Wies'n-Nähe gesehen haben will. Und es gibt einen Söldner, der behauptet, den Mann im Irak gesehen zu haben, wo er den Auftrag erteilt habe, eine italienische Geisel hinzurichten. Wir glauben weiterhin, dass besagter Söldner ermordet worden ist und dass die italienische Polizei diesen Mord vertuscht. Und diese Thesen untermauern wir mit einem Artikel über einen Verteidigungsminister als Terrorfinanzier.« Kersting sah Marc bedauernd an.

»Was meinen Sie wohl, was man uns auf der Polizeiwache sagen würde?«

»Außerdem«, ergänzte Klaus, »müsste man den deutschen Polizeibeamten klarmachen, dass sie nichts von alledem an ihre italienischen Kollegen weitergeben dürften, weil wir die nicht nur verdächtigen, einen Mord zu vertuschen, sondern weil wir außerdem glauben, dass sie nachts ihre Häftlinge halb totprügeln.«

Klaus und Kersting lachten, aber Marc war überhaupt nicht zum Lachen zumute.

»Herrgott«, sagte er wütend, »ich weiß doch genau, wie das klingt! Aber es ist nun mal so. Ich versuche nur einen Weg zu finden …«

»Die Situation ist grotesk.« Kersting war wieder ganz ernst. »Es gibt kein klares Verbrechen. Wir können nicht zur Polizei gehen. Ihre Überlegungen waren völlig richtig: Erst wenn es gelingt zu beweisen, dass der Schnauzbart den Marokkaner bedroht oder sonst etwas Finsteres im Schilde führt, können wir die Behörden einschalten. Alles andere ist Spekulation. Dafür sind in unserem demokratischen System die Journalisten zuständig. Die müssen recherchieren und im Schlamm wühlen und hoffen, dass sie etwas Brauchbares zutage fördern.« Er sah von Marc zu Klaus und ergänzte: »Und die Journalisten sind wir. Wir müssen genauso weitermachen wie bisher. Ich sehe keine andere Möglichkeit.«

In der S-Bahn wechselten Marc und Klaus kaum ein Wort. Marc fühlte sich, als habe er einen Boxkampf über zwölf Runden hinter sich gebracht. Es war weit nach Mitternacht. Die S-Bahn war voll.

»So was kennt man doch eigentlich nur von Horst Mahler«, murmelte Klaus plötzlich vor sich hin. Es war eher ein laut ausgesprochener Gedanke, als der Einstieg in ein Gespräch, aber Marc fragte trotzdem nach:

»Wie meinst du das?«

»Na das, was Kersting über diesen Ranieri erzählt hat, diese abrupten Wechsel der Weltanschauung. Von extrem rechts nach extrem links …«

»Bei Mahler war's aber andersrum«, warf Marc ein.

»Nein, das stimmt nicht«, sagte Klaus, »Mahler kommt aus einer extrem rechten Ecke, das ist nur nicht so bekannt, der ist von rechts nach links und wieder zurück nach rechts gewechselt.«

Marc zuckte mit den Schultern und schwieg. Er war müde.

Als sie über den Kollwitzplatz nach Hause gingen, hatte der Regen nachgelassen.

Die Haustür stand immer noch offen. Logisch.

»Morgen ist der Hausmeister dran.« Marc blitzte die Türfalle böse an.

»Pfingstwochenende,« diagnostizierte Klaus. »Kein Hausmeister in ganz Berlin rührt da einen Finger.

»Scheiß auf Pfingsten«, knurrte Marc.

»Viel Glück«, spottete Klaus.

Er lud Marc ein, noch auf ein letztes Bier mit reinzukommen. Aber Marc winkte ab.

»Ich muss ins Bett, ich bin völlig im Eimer.«

Er holte seine Tasche aus Klaus' Wohnung und ging nach oben. Eine Viertelstunde später lag er im Bett. Aber er konnte lange nicht einschlafen.

Im Wald zwischen Pieve und Lenzari,
Freitag, 4. Juni 2010, 20:25 Uhr

Das Haus lag jetzt direkt vor ihnen. Merkwürdig schief sah es aus. Wie ein mitten im Wald gestrandetes Schiff, dachte Carla. Anna, die zwei Meter vor ihr herging, schien es noch nicht bemerkt zu haben, jedenfalls reagierte sie nicht. Aber sie steuerte zielstrebig darauf zu. Carla warf einen kurzen Blick auf das Display ihres Handys: kurz vor halb neun. Sie waren spät dran. Sie durften sich hier nicht lange aufhalten. Sie mussten weiter, Luca wartete.

Das Haus war dicht mit Efeu und anderen Kletterpflanzen bewachsen. Auf dem Boden vor dem Haus lag Müll: Plastikflaschen, Papiertaschentücher, eine Bananenschale. Anna ging an der rechten Seite des Hauses vorbei. Sie sagte noch immer kein Wort. Carla folgte ihr. Der Eingang schien auf der anderen, dem Berg zugewandten Seite zu liegen. Als Carla um die Ecke bog, war Anna verschwunden. Sie schien wie vom Erdboden verschluckt zu sein. Panik befiel sie.

Anna ist fort.

Ich bin völlig allein hier in diesem Wald.

Sie konnte nicht sagen, welchen der beiden Gedanken sie schrecklicher fand.

Beruhige dich. Anna ist ins Haus gegangen. Du darfst jetzt nicht die Nerven verlieren.

Carla war noch zwei Meter vom Eingang entfernt, als sie Anna wimmern hörte.

Mit zwei Sätzen hatte sie die Öffnung im Mauerwerk erreicht. Sie zog den Kopf ein und trat ins Gebäude. Spinnweben legten sich wie ein Netz über ihre Haare. Sie wischte sie hektisch weg, während sie versuchte, sich an die Dunkelheit zu gewöhnen, die im Inneren des verfallenen Hauses herrschte. Mitten im Raum, drei Schritte von ihr entfernt, stand Anna. Sie hatte ihr den Rücken zugewandt. Ihre Schultern zuckten, ihr ganzer Körper schien zu vibrieren. Sie wollte Anna ansprechen, aber es gelang ihr nicht, sie brachte kein Wort über die Lippen. Sie ging auf sie zu. Erst jetzt sah sie die Matratze in der Ecke des Raumes. Auf der Matratze lag ein Mann. Er lag auf dem Bauch, sein Gesicht war zur Wand gedreht. Er hatte eine Glatze und auffallend abstehende Ohren. Der rechte Arm war leicht angewinkelt, die Hand berührte das Mauerwerk. Den linken Arm hatte er an den Körper gepresst. Jetzt sah Carla, dass seine linke Hand fehlte. Der Mann trug eine graue Flanellhose. Aus dem rechten Hosenbein ragte ein blutiger Stumpf. Die ganze Matratze war blutgetränkt. Carla wurde übel. Ruckartig wandte sie sich ab. Jetzt erst bemerkte sie die Holzkreaturen auf dem Mauerwerk. Die Tiere, von denen Anna gesprochen hatte. Um die hundert Stück. Sie kauerten auf den Vorsprüngen der Feldsteine und schienen über den Mann auf der Matratze zu wachen. Die Kreaturen hielten Totenwache.

Hier war etwas Furchtbares geschehen.

Du musst dafür sorgen, dass Anna und dir so etwas nicht passiert.
»Anna«, presste sie hervor und legte ihr den Arm um die Schulter. Aber Anna reagierte nicht. Carla sah sie an. Annas Blick war erloschen. Sie war wieder in dem Zustand, in dem Carla sie vor ein paar Stunden im Krankenhaus vorgefunden hatte.

Dann war es sowieso egal, dann musste sie keine Rücksicht nehmen. Schlimmer konnte es nicht werden.

Sie packte Anna an den Schultern und zog sie zur Seite, wobei sie versuchte, das Mädchen so zu positionieren, dass es den Mann auf der Matratze nicht mehr sehen konnte. Sie versuchte ihre Stimme ruhig und souverän klingen zu lassen:

»Kennst du den Mann, Anna?«

Keine Reaktion.

»Anna, es ist wichtig! Ich muss verstehen, was hier läuft. Sag mir bitte, wer der Mann ist.«

Keine Reaktion.

»Ist das Enzo?«

Annas Lippen bewegten sich leicht, aus ihrem Mund kam ein Wort, das sich anhörte wie »Nosferatu«.

Hm. So kam sie nicht weiter.

»Ich muss wissen, was in Lenzari passiert ist, Anna.«

Keine Reaktion.

»Wenn wir beide, du und ich, eine Chance haben wollen, muss ich das wissen, verstehst du?«

Keine Reaktion. Carla sah dem Kind in die Augen. Wenn man durch die Augen in die Seele eines Menschen sehen kann, dachte Carla, dann hat da drin jemand das Licht ausgeknipst.

»Du hast von Männern erzählt, von Männern ohne Gesichter. Was waren das für Männer?« Sie versuchte ihre Stimme leicht klingen zu lassen, unbeschwert.

»Diese Männer hatten doch nicht wirklich keine Gesichter, oder?« Ihr gelang sogar so etwas wie ein amüsiertes Lachen.

»Das gibt's doch nicht. Jeder hat ein Gesicht.«

Ihr kam eine Idee.

»Hatten die vielleicht etwas über ihre Gesichter gezogen? Hatten die Männer Masken auf, Anna?«

Annas Blick blieb ausdruckslos, aber Carla schien es, als habe sie genickt. Sie wiederholte ihre Frage.

»Haben die Männer Masken getragen, Anna?«

Da hörte sie ein Geräusch. Das Knacken eines Zweiges. Carla fuhr herum. Wieder ein Knacken, das Rascheln von Laub. Jemand war im Wald. Ganz in ihrer Nähe. Er bewegte sich auf das Haus zu. Sie packte Anna und zog sie zur Mauerwand neben dem Eingang.

»Pscht!«, zischte sie Anna zu und presste sich mit dem Rücken gegen das Mauerwerk. Links neben ihr, auf Augenhöhe, stand ein dreibeiniges Wesen mit verkrümmtem Rücken und einem riesigen Kopf. Jetzt hörte sie Schritte. Sie kamen näher. An der Mauer neben dem Eingang, keine fünfzig Zentimeter von ihr entfernt, lehnte ein Stock. Den hatte sie beim Eintreten nicht bemerkt. Es war ein Wanderstock mit einer Spitze aus Metall am unteren Ende. Carla packte den Stock und umklammerte ihn mit beiden Händen. Er fühlte sich massiv an. Der Unbekannte war jetzt vor dem Eingang angekommen. Sie konnte seinen Atem hören. Als er einen Fuß über die Schwelle gesetzt hatte, holte Carla aus und stieß ihm den Stock mit aller Kraft in den Magen. Es gab ein schmatzendes Geräusch. Der Unbekannte brüllte auf vor Schmerz und kippte wie ein nasser Sack in den Raum. Er presste sich die Hände auf den blutenden Bauch und wand sich brüllend auf dem Boden.

Sei still!

Carla holte aus und begann auf den Mann einzuschlagen. Er heulte auf, schrie um Hilfe.

Du sollst still sein!

Sie sah nicht, wo sie hinschlug. Manchmal traf der Stock auf etwas Weiches. Manchmal auf etwas Hartes. Einmal zersplitterte etwas unter ihrem Schlag, und hin und wieder ertönte dieses schmatzende Geräusch. Aber das Gebrüll hörte nicht auf.

Wann

Ein Schlag.

bist

Ein Schlag.

du

Ein Schlag.

endlich

Ein Schlag.

still!

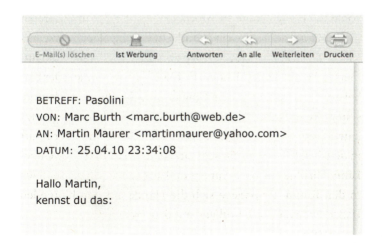

BETREFF: Pasolini
VON: Marc Burth <marc.burth@web.de>
AN: Martin Maurer <martinmaurer@yahoo.com>
DATUM: 25.04.10 23:34:08

Hallo Martin,
kennst du das:

"Ich weiß.
Ich kenne die Namen der Verantwortlichen des Blutbades von Mailand vom 12. Dezember 1969.
Ich kenne die Namen der Verantwortlichen des Blutbades von Brescia und von Bologna in den ersten Monaten des Jahres 1974.
Ich kenne die Namen der Gruppen, die die Macht innehaben, die mithilfe der CIA einen antikommunistischen Kreuzzug zur Erstickung von '68 kreiert haben.
Ich kenne die Namen derjenigen, die zwischen zwei Messen die Anweisungen gegeben haben und alten Generälen, jungen Neofaschisten und Neonazis und gewöhnlichen Kriminellen bis heute und vielleicht für immer politische Deckung zugesichert haben.
Ich kenne die Namen der ernsthaften und gewichtigen Personen, die hinter all dem stehen.
Ich kenne all diese Namen und kenne alle Tatsachen (Anschläge auf Institutionen, Blutbäder), deren sie sich schuldig gemacht haben.
Doch ich habe keine Beweise. Ich habe nicht einmal Anhaltspunkte.
Ich weiß, weil ich ein Intellektueller bin, ein Schriftsteller, der versucht, all das zu verfolgen, was geschieht, all das kennenzulernen, was darüber geschrieben wird, sich all das vorzustellen, was man nicht weiß oder verschwiegen wird; jemand, der auch fernliegende Fakten miteinander verknüpft, der die Einzelteile und Bruchstücke eines zusammenhängenden politischen Gesamtbildes miteinander verbindet, der dort Logik einsetzt, wo Willkür, Wahnsinn und Geheimnis herrschen ..."

Das schrieb Pier Paolo Pasolini am 14. November 1974 im Corriere della Sera. Am 2. November 1975 wird er in Ostia

zu Tode geprügelt und mehrfach mit einem Auto überfahren. Der siebzehnjährige Stricher Pino Pelosi gesteht den Mord. Er wird zu lebenslanger Haft verurteilt.
Im Mai 2005 meldete sich Pelosi in einem TV-Interview zu Wort. Er zieht sein Geständnis zurück, gibt an, bloß als Lockvogel gedient, Pasolini aber nicht erschlagen zu haben. Dies hätten drei Männer mit südlichem Akzent erledigt, Faschisten. Er habe sein Geständnis nur abgelegt, weil er selber und seine Familie massiv bedroht worden seien.

In diesem Sinne. LG Marc

Berlin, Pfingstmontag, 24. Mai 2010, 8:45 Uhr

Penetrantes Klingeln riss Marc aus dem Schlaf. Er schaute auf den Wecker und stöhnte. Er ließ sich zurück ins Kissen fallen, doch das Klingeln hörte nicht auf. Fluchend erhob er sich, schlich ins Bad und zog sich den Morgenmantel über, den ihm Conny vor drei Jahren zum Geburtstag geschenkt hatte. Er hatte sich über das Geschenk gefreut, dann aber sehr schnell festgestellt, dass es in seinem Leben für Morgenmäntel keinen rechten Platz gab. Das war eher etwas für die immer frisch geduschten Familien in seinen Werbespots. Für Menschen mit Zeit und Muße. Aber jetzt war der Morgenmantel genau das Richtige.
»Ich komme ja!«, brüllte er die Tür an. Er riss sie auf. Im Treppenhaus stand Klaus in Jogginghose und hielt ihm eine Papiertüte vor die Nase.
»Brötchen!«

Und schon war er an ihm vorbei. Marc schloss die Tür und folgte Klaus in die Küche.

»Auch 'nen Kaffee?«, fragte Klaus, während er Tassen und Teller aus dem Schrank zerrte.

»Wieso bist du überhaupt schon wach, Klaus?« Marc setzte sich stöhnend an den Tisch.

»Wieso sollte ich nicht wach sein?« Klaus tat so, als sei die Frage völlig absurd. Während er Kaffee aufsetzte und die Brötchen aus der Tüte holte, schimpfte er darüber, dass es in der Nachbarschaft zehn Sushi- und acht Designerläden gebe, aber kein Geschäft, in dem man einfach mal Milch kaufen konnte. Marc wusste, dass dies eines von Klaus' Lieblingsthemen war und entschied sich für die innere Emigration. Zumindest bis der Kaffee fertig war. Er dachte an die Drehvorbereitungen mit Nick gestern. Sie hatten lange gedauert, er war erst gegen 3 Uhr morgens ins Bett gekommen. Er hatte endlich Steven kennengelernt, seinen Kameraassistenten. Schien tatsächlich ein netter Typ zu sein. Alle nannten ihn »Miele«, weil er aus irgendeinem Grund bis jetzt immer nur Werbung für Haushaltsgeräte gemacht hatte.

»Du kannst deinem Schicksal nicht entkommen«, hatte Steven achselzuckend bemerkt. Er machte einen ziemlich kompetenten Eindruck. Überhaupt schien der Dreh gut vorbereitet zu sein. Nick hatte ihm auch gleich die Schlüssel für den Mietwagen in die Hand gedrückt, einen nagelneuen Mercedes-E-Klasse-Kombi, mit dem sie ihre Kameraausrüstung transportieren sollten. Sie konnten während des gesamten Drehs über den Wagen verfügen. Marc reichte den Schlüssel sofort an Steven weiter.

»Assi fährt, wa?«, hatte Steven gegrummelt und den Schlüssel eingesteckt.

Sie waren nach Rheinsberg gefahren zur Motivbesichtigung. Ein geräumiges Landhaus, riesiger Garten, See davor. Die Beleuchter waren bereits beim Aufbauen. Er hatte kurz mit Ronny gesprochen, dem Oberbeleuchter, den er gut kannte. Es sah so aus, als würde es ein relativ entspannter Dreh werden. Allerdings stellte sich auch heraus, dass ihre schicke E-Klasse eine überempfindliche Alarmanlage hatte, die immer wieder grundlos ansprang.

»Kann ich mit leben«, sagte Steven. Sie hatten vereinbart, dass Steven ihn morgen um 6 Uhr abholen würde.

»Wenn sie am Prenzlauer Berg die Kehrwoche einführen, bin ich hier weg.« Klaus stellte zwei Tassen Kaffee auf den Tisch.

»Keine Sorge, das dauert noch«, sagte Marc. Nach einer halben Tasse Kaffee ging es ihm bedeutend besser.

»Wo ist dein Rechner?«, fragte Klaus.

»In Italien.«

Klaus bestand darauf, ihm etwas im Netz zu zeigen, also gingen sie ins Schlafzimmer, wo der alte PC stand. Marc schaltete ihn an.

Klaus erzählte ihm, er habe die Liste mit Journalisten abtelefoniert, denen er ein Foto des Schnauzbarts geschickt hatte. Keiner wollte das Foto weitergeleitet haben.

Er setzte sich an den Rechner und begann die Tastatur zu bearbeiten.

»Aber Matthias hat so komisch rumgedruckst«, erzählte Klaus. »Er hat auffallend oft betont, dass er keinerlei Kontakte nach Italien habe.«

»Wer ist Matthias?«

»Den kenn ich noch vom Studium. Wir haben irgendwann den Kontakt verloren. Er hat sich damals sehr für Militärkram interessiert, und ich wusste, dass er sich als freier Journalist mit

Geheimdiensten beschäftigt hat. Aber ich wusste nicht, dass er auch für das Essener Institut für Terrorismusforschung und Sicherheitspolitik arbeitet. Hier, schau mal.«

Er hatte die Website des IFTUS geöffnet. Marc las:

> Das Institut arbeitet als unabhängige Analyse- und Beratungseinrichtung mit kompetenten Partnern. Wir legen Wert auf Meinungsvielfalt und Offenheit. Der Verzicht auf entsprechende institutionelle Bindungen sichert und stärkt dabei unsere Unabhängigkeit in Analyse und Beratung.
>
> Unsere Zielgruppen:
> Die Zielgruppen des Institutes umfassen Vertreter von Politik und Medien, der Wissenschaft, der Wirtschaft und Industrie sowie dem Bereich der Sicherheit und Sicherheitspolitik. Es ist grundsätzlich offen für alle thematisch Interessierten.

»Offiziell informieren sie die Medien und die Öffentlichkeit über alles, was mit Terrorismus und Sicherheitsfragen zusammenhängt.« Klaus klickte auf »Unsere Herausforderungen«. Sie lasen:

> Fragen und Herausforderungen, mit denen wir uns zu Beginn des 21. Jahrhunderts beschäftigen:
> Aktuelle Krisenregionen
> Ursachen von Instabilität
> Neue Konfliktkonstellationen
> Extremistische Entwicklungen
> Gewalt als Kommunikationsinstrument
> Friedenskonsolidierung und Entwicklung
> Gefährdungslagen und Bekämpfungsstrategien

Neue Herausforderungen für die Innere Sicherheit
Gegenwart und Zukunft des internationalen Terrorismus
Die Hintergründe des islamistischen Netzwerkterrorismus

»Und was ist das Problem?«, fragte Marc.

»Das Problem ist«, sagte Klaus, »dass man ernsthaft daran zweifeln muss, ob die wirklich institutionell so ungebunden sind, wie sie behaupten.«

»Wie meinst du das?«

»Sie sagen von sich, dass sie die Arbeit ihres Vorgängerinstituts, des Instituts für Terrorismusforschung in Bonn, weiterführen wollen. Wenn man bedenkt, dass das vom Leiter des Hamburger Verfassungsschutzes Horchem geführt worden ist, kann man wohl sagen, dass hier die Geheimdienste Medienarbeit machen.«

»Hm.«

»Ja. Mehr fällt mir dazu im Moment auch nicht ein.«

»Aber warum sollte dieser Matthias dem Söldner das Foto weiterleiten?«

Darauf fiel ihnen beiden keine Antwort ein. Sie gingen zurück in die Küche. Gegen zwölf verabschiedete sich Klaus. Sie verabredeten sich für 19 Uhr, um zusammen nach Charlottenburg zu fahren. Kersting hatte den Tisch auf 20 Uhr bestellt.

Als sie das Restaurant Il Pellegrino pünktlich um acht betraten, war Kersting bereits da. Er winkte ihnen von einem Tisch auf der rechten Seite des Raumes aus zu. Marc sah sich um: Ein geschwungener Bartresen, der an den Bug eines Schiffes erinnerte, teilte den Raum in zwei Teile, sodass er trotz seiner Größe gemütlich wirkte. An den Wänden hingen großformatige Filmfotos in Schwarz-Weiß. Marc erkannte Marcello Mastroianni in *8 ½* und Clara Calamai in *Ossessione*. Ein Kellner nahm sie in Empfang und führte sie zu Kersting. Sie entschieden sich für Prosecco-Aperol als Aperitif und einen gemischten Antipasti-Teller, den sie sich teilen wollten. Marc hatte überhaupt keinen Hunger und den anderen beiden schien es ähnlich zu gehen. Trotzdem bestellten sie auch gleich noch das Hauptgericht. Sie waren alle angespannt, und die Versuche, eine unbefangene Plauderei aufrechtzuerhalten, scheiterten. Sie waren nicht zum Essen und zum Plaudern hier. Sie hatten sich bei ihrem letzten Treffen bereits überlegt, wie sie vorgehen wollten. Als der Kellner den Antipasti-Teller auf den Tisch stellte, winkte Marc ihn heran und fragte, ob es möglich sei, mit Signor Cecchino zu sprechen. Den Kellner schien die Frage nicht sonderlich zu überraschen, jedenfalls ließ er sich nichts anmerken. Er versprach nachzufragen und verschwand in Richtung Bar. Während Marc in den Antipasti herumstocherte, konnte er beobachten, wie der Kellner mit einem Mann hinter dem Tresen sprach. Er war um die vierzig, schätzte Marc, und erinnerte ihn an Luca Toni. Er schien der Saalchef zu sein. Sie unterhielten sich mit gedämpfter Stimme, der Saalchef warf einen Blick in ihre Richtung und setzte sich dann in Bewegung.

»Was kann ich für Sie tun, Signori?« Er lächelte höflich, als er an ihren Tisch trat und schaute von einem zum anderen.

»Wie gesagt, wir würden gerne mit dem Padrone sprechen«, wiederholte Marc sein Anliegen. »Ist das möglich?«

»Worum geht es denn?«

Marc holte das Foto des Schnauzbarts hervor und reichte es dem Saalchef.

»Es geht um diesen Mann.«

Der Saalchef betrachtete das Foto ohne erkennbare Reaktion.

»Ich werde nachfragen«, sagte er. »Darf ich das Foto mitnehmen?«

»Ja, bitte«, sagte Marc.

Der Saalchef wandte sich um und ging links am Tresen vorbei. Sie konnten von ihrem Platz aus nicht sehen, wohin.

Und er blieb verschwunden.

Der Kellner servierte den Hauptgang. Marc hatte Saltimbocca alla romana mit Rosmarinkartoffeln bestellt, aber nach den Antipasti bereits das Gefühl gehabt, keinen Bissen mehr herunterzubekommen. Obwohl das Essen gut war, wenn auch nicht vergleichbar mit dem, was er aus Ligurien gewohnt war.

»Was macht der denn so lange?« Klaus war nervös.

Sie hatten den Hauptgang zur Hälfte gegessen, als der Saalchef endlich wieder an ihren Tisch kam.

»Signor Cecchino erwartet Sie«, sagte er und fügte mit einem Blick auf ihre noch halb vollen Teller hinzu: »Aber essen Sie bitte in Ruhe auf.«

Aber sie wollten mit Cecchino reden, sonst nichts.

Der Saalchef führte sie an der Bar entlang durch den linken Teil des Raumes. Ein paar Gäste sahen irritiert von ihrem Essen auf, als die Karawane vorbeizog. Am Ende des Raumes lagen zwei Türen nebeneinander. Die eine führte zu den Toiletten, die zweite war mit »Privat« gekennzeichnet. Der Saalchef öffnete die letztere.

»Bitte folgen Sie mir.«

Sie traten in einen mit Teppich ausgelegten Flur. Alles war in Brauntönen gehalten. Das Licht war gedämpft. Als sich die Tür hinter ihnen schloss, waren die Geräusche aus dem Restaurant nicht mehr zu hören. Der Flur kam Marc ewig lang vor. Mehrere Türen gingen von ihm ab. Vor der zweiten Tür auf der rechten Seite blieb der Saalchef stehen. Er klopfte an.

»Venite!«, tönte es von drinnen.

Als sie den Raum betraten, verschlug es Marc den Atem: Die rechte Seite wurde beherrscht von einem mächtigen antiken Schreibtisch, der auf Löwentatzen stand. An der Wand dahinter hing ein Gemälde. Es zeigte muskelbepackte römische Legionäre, bereit, in die Schlacht zu ziehen. Die ganze Wand hing voller gerahmter Schwarz-Weiß-Fotos. Sie zeigten Männer in Uniformen, die Marc nicht kannte. Ein Offizier mit fleischigem Gesicht und Monokel fiel ihm auf. Den Uniformen nach zu urteilen, handelte es sich zum größten Teil um deutsche und italienische Soldaten aus dem zweiten Weltkrieg. Dazwischen hing ein Wimpel mit einem Wappen und der Aufschrift »Folgore« und links daneben ein Stück schwarzer Stoff, bestickt mit goldenen Lettern, ein Gedicht offenbar:

»Quando vedi la tua

verità fiorie sulle labbra

del tuo nemico, devi gioire

perché questo è il segno

della vittoria«

Marc übersetzte im Kopf und kam auf etwas wie: »Wenn du deine Wahrheit auf den Lippen deines Feindes blühen siehst, dann freue dich: Es ist das Zeichen des Sieges.«

Marc versuchte, sich so viele Details wie möglich einzuprägen.

Auch wenn er nicht alles zuordnen konnte, was er hier sah, war ihm doch vollkommen klar, welche Geisteshaltung diesen Raum durchwehte.

Der Mann mit den weißen Haaren, der sie von seinem Ledersessel hinter dem Schreibtisch aus mit einem gewissen Amüsement zu betrachten schien, erhob sich jetzt. Er nickte dem Saalchef zu, woraufhin der den Raum verließ und die Tür hinter sich schloss. Der Mann war über 1,80 Meter groß, schätzte Marc. Er trug eine randlose Brille, der Oberlippenbart war verschwunden, und das Einzige, was überhaupt noch an das Gesicht auf dem Aginter-Presseausweis erinnerte, war die scharfe Nase.

»Bitte. Nehmen Sie doch Platz.« Er deutete auf die drei Stühle, die vor dem Schreibtisch bereitgestellt worden waren. Als er selbst wieder hinter dem Tisch Platz genommen hatte, betrachtete er einen Moment lang das Foto des Schnauzbartes, das vor ihm lag.

»Und jetzt erzählen Sie mir bitte, woher sie das Foto haben.« Sein Deutsch war akzentfrei.

»Heißt das, Sie kennen den Mann?«, fragte Marc schnell. Die Augen seines Gegenübers verengten sich für einen Moment.

»Ja, ich kenne den Mann«, sagte er schließlich.

»Was wissen Sie über ihn?«, platzte Klaus heraus.

Der Mann musterte sie mit unverhohlener Überheblichkeit. Er nahm sie nicht ernst und versuchte erst gar nicht, das zu verbergen.

»Man beißt nicht in die Hand, die einen füttert«, sagte er.

»Wie meinen Sie das?«, fragte Kersting.

»So, wie ich es gesagt habe. Also: Woher haben Sie dieses Foto?«

Marc spürte, wie er innerlich zu kochen begann. Cecchino wollte sie aushorchen, das war alles. Er hatte keinerlei Interesse daran, Ihnen irgendetwas zu erzählen.

»Sagen Sie uns, was Sie über den Mann auf dem Foto wissen, dann erzähle ich Ihnen, woher ich das Foto habe.«

»Tja, dann tut es mir leid.« Cecchino erhob sich. Die Unterredung war beendet.

Marc versuchte, seine Stimme ruhig klingen zu lassen, als er sagte: »Wir haben uns über Sie erkundigt, Signor Ranieri …«

Marc machte eine Pause, um zu sehen, wie sein Gegenüber reagierte. Aber der sah ihn ohne erkennbare Gefühlsregung an.

»Sonst wären Sie sicher nicht hier. Und? Was haben Sie herausgefunden?«

Das gibt's doch nicht. War der Typ wirklich so cool?, dachte Marc. Er versuchte sich seine Verunsicherung nicht anmerken zu lassen: »Avanguardia Nazionale und Aginter-Press. Das Piazza-Fontana-Attentat und Stefano Delle Chiaie. Was uns jetzt noch interessieren würde, ist, warum Sie nach Berlin gekommen sind.«

»Weil das Umfeld für mich zum damaligen Zeitpunkt hier besser war. So, meine Herren. Für ausführlichere Erklärungen fehlt mir leider die Zeit.«

Marc tauschte einen Blick mit Kersting.

»Hören Sie, es ist außerordentlich wichtig, dass Sie uns etwas über den Mann auf dem Foto erzählen …« Kersting versuchte es noch einmal.

»Ja, das glaube ich gerne.« Cecchino lächelte. Er schien amüsiert zu sein. Aber plötzlich war das Lächeln verschwunden.

»Sagen Sie«, wandte er sich an Kersting, »Sie sind der Journalist, ja?«

Kersting schaute ihn verblüfft an.

»Woher wissen Sie das?«

»Sie haben Erkundigungen über mich eingeholt, und ich habe Erkundigungen über Sie eingeholt. Sie arbeiten mehr oder weniger für alle großen Tageszeitungen, ist das richtig?«

»Ja. Ich bin freier Journalist.«

Cecchino sah Kersting einen Moment lang prüfend an. Seine Selbstsicherheit hatte etwas stark Einschüchterndes. Marc musste zugeben, dass der Mann eine natürliche Autorität besaß.

»Dann gibt es vielleicht doch noch eine Möglichkeit, wie wir alle an die Informationen kommen, die wir gerne hätten. Aber ich kann Ihnen nichts versprechen.«

»Was heißt das?«, fragte Marc.

Aber Cecchino ignorierte ihn. Er sprach immer noch an Kersting gewandt weiter:

»Das lasse ich Sie wissen. Haben Sie vielleicht eine Karte?«

Kersting holte sein Portemonnaie hervor und reichte Cecchino seine Karte. Er nahm sie in Empfang und legte sie neben das Foto auf den Tisch.

»Das Foto hätte ich gerne wieder«, sagte Marc.

Wortlos nahm Cecchino das Foto auf. Er kam hinter dem Tisch hervor. Er hinkte leicht. Er reichte Marc das Foto und öffnete die Tür.

»Ich hoffe, das Essen hat Ihnen geschmeckt. Buona sera.«

Als sie an den Tisch zurückkamen, standen dort bereits eine Platte mit verschiedenen Käsesorten und drei Gläser Grappa. Sie setzten sich.

»Man beißt nicht in die Hand, die einen füttert«, äffte Klaus Cecchino nach. »Das nennt man abgeblitzt, was?«

»Dieser Satz war eine Frechheit«, brummte Marc, »das hieß: Ihr seid auf dem richtigen Weg, Jungs, tolle Recherche, aber ihr könnt mir gar nichts.«

»Ja«, Kersting klang verblüfft, »er schien erstaunlich wenig Angst davor zu haben, dass ihm seine Vergangenheit in die Quere kommen könnte.«

»Ich kann Faschisten nicht ausstehen«, sagte Marc.

Die Enttäuschung saß bei allen tief. Sie hatten sich von dem Treffen so viel mehr versprochen. Sie waren so kurz davor gewesen.

»Immerhin kennt er den Mann mit dem Schnauzbart«, sagte Klaus. »Das wissen wir schon mal.«

»Ja. Nützt uns bloß nix«, sagte Marc.

Sie berieten, wie sie nun weiter vorgehen wollten, aber sie kamen schnell zu dem Ergebnis, dass sie nichts in der Hand hatten. Sie waren vom Wohlwollen Cecchinos abhängig und konnten nur hoffen, dass es diese Möglichkeit, von der er gesprochen hatte, tatsächlich gab und er sich bei ihnen melden würde.

Sie tranken ihren Grappa, zahlten und verließen das Restaurant. Es hatte wieder zu regnen begonnen. Marc und Klaus verabschiedeten sich von Kersting, der am Ku'damm in ein Taxi stieg, und gingen durch den Regen zum Bahnhof Zoo.

Als sie zu Hause ankamen, war das Schloss repariert.

»Am Pfingstmontag!« Klaus konnte es kaum fassen.

Marc verabschiedete sich von Klaus mit der Begründung, er müsse morgen um 5:30 Uhr aufstehen.

Als er in die Wohnung kam, stellte er fest, dass jemand auf den Anrufbeantworter gesprochen hatte. Das Licht blinkte. Während er sich die Jacke auszog, drückte er auf Wiedergabe. Es war Conny, die aufgeregt berichtete, dass heute der Laptop ihres Vaters geklaut worden sei, und zwar – Gipfel der Dreistigkeit – während sie alle oben auf der Dachterrasse gesessen hatten. Marc sah auf die Uhr. Es war kurz nach elf. Konnte sein, dass sie bereits schliefen. Er beschloss, Conny morgen zurückzurufen.

Er ging ins Bad, zog sich aus und putzte die Zähne.

Was für ein Scheißabend, dachte er.

Dann legte er sich ins Bett. Doch kaum hatte er die Augen geschlossen, kamen die Bilder aus Cecchinos Büro: Die Männer in ihren Uniformen, die Legionäre, »Folgore«. Marc wühlte sich aus dem Bett und ging zum PC.

Als er zwei Stunden später wieder zurück ins Bett kroch, hatte er einige der Männer auf den Fotos identifiziert. Einer war mit Sicherheit »der schwarze Prinz« Junio Valerio Borghese, Gründer der faschistischen Fronte Nazionale. Der Mann mit dem Monokel war General Giovanni di Lorenzo, von 1955 bis 1962 Leiter des militärischen Geheimdienstes in Italien. Außerdem hatte in Cecchinos Arbeitszimmer ein Porträt von Hitler-Stellvertreter Admiral Dönitz gehangen. Marc hatte auch herausgefunden, woher der mit Goldbuchstaben gestickte Spruch stammte: Von Giorgio Almirante, dem Gründer und Anführer der neofaschistischen Partei Movimento Sociale Italiano. Als er »Folgore« bei Google eingab, landete er beim Wikipedia-Eintrag »Fallschirmjägerbrigade Folgore«. Dort stand:

Die Fallschirmjägerbrigade "Folgore" (dt. "Blitzschlag") untersteht truppendienstlich dem regionalen Führungskommando COMFOD 1 in Vittorio Veneto. Zwei ihrer Regimenter sind in das Spezialkräftekommando COFS des italienischen Generalstabs eingebunden.
Die Brigade hält Fallschirmjäger- und Spezialeinheiten bereit für nationale oder multinationale Friedens-, Schutz- und Evakuierungseinsätze oder für andere spezielle Operationen im Ausland sowie für Aufklärungsaufgaben und begrenzte Kampfeinsätze in Gebieten oder gegen feindliche Kräfte und Einrichtungen von strategischer Bedeutung.
Bei Bedarf übernimmt die Brigade auch Unterstützungs- und Sicherungsaufgaben im Auftrag ziviler Stellen.

»Was für eine Scheiße«, dachte Marc. Ihm war kalt. Er zog sich die Decke über den Kopf und schlief auf der Stelle ein.

Lenzari, Freitag, 4. Juni 2010, 20:35 Uhr

Es wurde dunkel. Es war den ganzen Tag nicht richtig hell gewesen, aber jetzt würde es bald Nacht werden. Das würde die Verfolgung von Cesare noch schwieriger machen.

Im Nebel konnte er ihn nicht sehen. Er hörte nur seine Schritte – und immer noch staunte er darüber, wie selbstverständlich Cesare hier auftrat. Er ging durch Lenzari wie ein Offizier über den Kasernenhof. Mit schnellen Schritten eilte er bergauf, so hörte es sich jedenfalls an. Und dann herrschte plötzlich Stille. Keine Schritte mehr.

Fabrizio verharrte mitten auf der Straße. Was sollte er jetzt tun? Das konnte eine Falle sein. Er hastete die Böschung rechts der Straße nach oben und ging hinter einem Olivenbaum in Deckung. Auch wenn er nicht weit sehen konnte, so hatte er von hier aus noch den besten Überblick. Wenn sich auf der Straße etwas tat, würde er das mitbekommen. Auf der gegenüberliegenden Straßenseite, vielleicht dreißig oder vierzig Meter entfernt, sah er einen Schatten im Nebel. Ein Haus. Das musste das Haus von Silvia und Vincenzo sein. War Cesare da drin verschwunden? Was konnte er da wollen? Sollte er versuchen, sich anzuschleichen?

Aber er entschied sich, hinter dem Baum sitzen zu bleiben, alles andere war zu gefährlich.

Er konnte nicht sagen, wie lange es dauerte, bis er die Schritte wieder hörte. Er wartete, bis Cesare einen guten Vorsprung hatte, dann erhob er sich aus dem nassen Gras und kletterte die Böschung hinunter.

Er achtete darauf, immer den gleichen Abstand beizubehalten. Er versuchte sich auf die Geräusche zu konzentrieren, die ihn umgaben. Wie ein Blinder, dachte er. Nur auf die Geräusche achten. Die scharfe Rechtskurve. Cesare musste schon bald die ersten Häuser des Oberdorfs erreicht haben.

Links der erste Laternenmast. Rechts Enzos Haus.

Jetzt machte die Straße eine leichte Linkskurve – und plötzlich konnte er die Schritte nicht mehr hören. Er hastete auf das Haus zu seiner Linken zu und presste sich mit dem Rücken an die Wand. Es dauerte nur ein paar Minuten, dann waren die Schritte wieder da. Fabrizio trat zurück auf die Straße. Sie führte nun geradewegs steil bergauf. Es dauerte einen Moment, bis er realisierte, dass da noch andere Geräusche waren. Da war ein Rauschen, das stetig anschwoll. Ein Rumpeln. Die Luft schien sich zu bewegen.

Plötzlich tauchte ein Schatten vor ihm auf. Er war riesenhaft. Aus dem Rauschen war ein Donnern geworden. Der Schatten raste auf ihn zu, mit einer unglaublichen Geschwindigkeit. Fabrizio warf sich mit einem Hechtsprung in den Straßengraben. Er spürte den Luftzug, als Traktor und Anhänger an ihm vorbeidonnerten. Es gab einen ohrenbetäubenden Knall, als sie gegen Enzos Haus krachten. Fabrizio richtete sich auf. Sein Herz raste und das rechte Handgelenk schmerzte.

Er fischte die Beretta aus dem Straßengraben und umfasste sie mit beiden Händen. Ein Schmerz durchzuckte ihn. Verdammte Hand! Geduckt eilte er die Straße hinunter. Der Anhänger hatte sich quer gestellt, und der Traktor hatte ihn mit voller Wucht in Enzos Haus gedrückt. Jetzt erst sah Fabrizio, dass sich etwas auf dem Fahrersitz des Traktors befand. Es war schwer zu erkennen, dass es sich dabei um einen Menschen handelte. Der Körper sah aus wie ein Streichholz, das jemand gedankenverloren in der Hand gehalten und, ohne es zu bemerken, mehrmals zerbrochen hatte. Als Fabrizio nahe genug an dem Traktor war, konnte er sehen, dass es Massimo war. Sein rechter Oberschenkel hatte sich unter dem Steuerrad verkeilt. Der Aufprall musste ihm das Rückgrat gebrochen haben. Aber da war er schon tot gewesen. Auch ihm hatte man die Kehle durchgeschnitten. Fabrizio musste nicht nachsehen, um zu wissen, dass ihm die linke Hand und der rechte Fuß fehlten.

Reiss dich zusammen! Du musst schnell wieder klar denken. Was ist passiert?

Der Traktor musste auf der Straße gestanden haben. Wahrscheinlich hatte Cesare die Handbremse gelöst. Das bedeutete aber, dass Cesare wusste, dass er hinter ihm her war. Und es bedeutete wohl auch ... dass Cesare ihn töten wollte.

Oder gab es noch eine andere Erklärung? Ja, dachte Fabrizio, es gab noch die Möglichkeit, dass ein dritter zuerst Cesare ausgeschaltet und dann die Handbremse des Traktors gelöst hatte.

Wer immer es war – was würde er als Nächstes tun? Würde er zurückkommen, um nachzusehen, ob sein Anschlag erfolgreich gewesen war?

Das hielt er für wahrscheinlich. Er musste hier auf ihn warten.

Für Massimo konnte er nichts mehr tun. Er wandte sich ab und lauschte in den Nebel. Cesares Schritte waren nicht mehr zu hören. Plötzlich gingen die Straßenlaternen an. Fabrizio erschrak.

Raus aus dem Licht!

Er sah sich fieberhaft um. Er brauchte ein Versteck. Links der Straße, etwas erhöht, lag ein unbebautes Grundstück, auf dem ein alter Fiat stand, ein Schrotthaufen. Das Grundstück war eingezäunt, aber der Zaun hatte Löcher. Fabrizio kletterte die Böschung nach oben und schlüpfte durch ein Loch im Zaun. Hinter dem Fiat ging er in Deckung. Er wartete mit angehaltenem Atem. Was ist mit den Hunden?, schoss es ihm plötzlich durch den Kopf. Hinter der Rechtskurve, die die Straße oben machte, vielleicht siebzig Meter Luftlinie von seinem Standort entfernt, stand ein Zwinger, in dem fünf Jagdhunde gehalten wurden. Warum schlugen die nicht an? Er wartete zehn Minuten, dann war er überzeugt, dass niemand kommen würde, um nachzusehen. Offenbar war es demjenigen nicht so wichtig, ob Fabrizio den Anschlag überlebt hatte oder nicht. Es wurde immer dunkler. Fabrizio stand auf und spähte nach oben in Richtung Berg. Die Straßenlaternen schlugen Schneisen in den Nebel. Die Straße war zum Präsentierteller geworden. Er musste sie meiden.

Fabrizio huschte in geduckter Haltung über das unbebaute Grundstück, bis er an eine Durchfahrt kam, die unterhalb des Hauses von Massimo und Sandra am Berghang entlangführte. Zu den Feldern. Von hier aus gelangte er in einem Halbkreis auf die Rückseite der Häuser, die die Straße säumten. Das Gelände war steil und Fabrizio atmete schwer. Hin und wieder konnte er zwischen den Häusern hindurch einen Blick auf die Straße werfen. Aber da war niemand zu sehen. Er näherte sich jetzt dem Ortsausgang, konnte bereits den Schatten des Waldes sehen, der sich vor ihm auftürmte. Wo war Cesare? Er hörte ein Blöken. Irgendwo musste ein Schaf sein. Und plötzlich hörte er eine Stimme:

»Fabrizio!«

Er zuckte zusammen und kauerte sich hinter die Wand des letzten Hauses von Lenzari. Die Stimme kam aus dem Wald vor ihm. Es war Cesares Stimme.

»Hierher Fabrizio! Jetzt kommt dein Einsatz!«

Das ist eine Falle! Er hat schon einmal versucht, dich umzubringen!

Welche Möglichkeiten hatte er? Er konnte hier sitzen bleiben und warten, bis Cesare nach ihm suchte, dann hatte er den Überraschungsmoment auf seiner Seite ...

»Fabrizio! Hier wartet jemand auf deine Hilfe!«

Für wie blöde hältst du mich, Ce?

Oder er konnte versuchen, sich durch den Wald an ihn ranzuschleichen. Allerdings war der Wald hier so dicht, er würde kaum unbemerkt an Cesare herankommen.

»Hilfe! Bitte helfen Sie mir ... er bringt mich sonst um!«

Das war nicht Cesare. Das war eine völlig verängstigte, verzweifelte Stimme. Eine Stimme, die er nicht kannte.

Verdammt, was ist da los?

Er hatte keine Wahl. Er trat aus der Deckung des Hauses und kletterte den Abhang hinunter zur Straße. Rechts hinter ihm lag die Kapelle. Schemenhaft konnte er sie erkennen.

»Hilfe! Bitte!« Wieder die unbekannte Stimme.

War das »er«? Cesare hatte gegenüber Delta 2 davon gesprochen, dass er jemanden ausschalten würde. War er das?

Mit gezogener Pistole tastete er sich Schritt für Schritt voran. Er ging auf der linken Seite der Straße, nah am Waldrand entlang, und versuchte kein Geräusch zu machen. Rechts ging es steil in die Schlucht hinunter. Die Straße war unbefestigt.

Jetzt konnte er durch den Nebel hindurch ein Auto erkennen. Es stand auf der rechten Straßenseite in einer Bucht. Die Frontseite zeigte in Richtung Lenzari. Es war ein alter VW-Golf. Vor der Kühlerhaube stand ein Mann mit erhobenen Händen. Etwa zwei Meter vor ihm stand Cesare. Er hatte die Waffe auf den Kopf des Mannes gerichtet. Der Mann entdeckte Fabrizio zuerst.

»Hilfe! Bitte helfen Sie mir.« Der Mann war jung. Höchstens Mitte zwanzig, schätzte Fabrizio. Er hatte Todesangst.

»Bist du endlich da«, sagte Cesare, ohne sich zu Fabrizio umzudrehen.

»Meine Waffe ist auf dich gerichtet, Ce. Wenn du dich bewegst, drücke ich ab.«

»Genau deshalb bist du hier«, sagte Cesare.

Der junge Mann zitterte am ganzen Körper.

»Was ist hier los, Cesare?« Fabrizio spürte, wie die Wut in ihm hochstieg.

»Du sollst deinen Job als Polizist machen und diesem Jungen helfen.«

»Das werde ich.«

Der junge Mann wimmerte leise.

»Gut«, sagte Cesare, »dann weißt du, was du zu tun hast. Ich zähle bis drei, dann erschieße ich ihn.«

Berlin, Montag, 31. Mai 2010, 15:30 Uhr

Sie saßen im Schnittraum und sichteten das Material, das sie bisher gedreht hatten. Alles war gut gegangen – nur das Wetter hatte nicht mitgemacht. Nick war mit den Nerven runter, denn das bedeutete, dass er das ganze Team noch mal zusammentrommeln musste, für eine Szene von ein paar Sekunden: Sie, im Superwuschel Ivory, tritt auf die Terrasse, im Hintergrund der See, alles ist in strahlendes Sonnenlicht getaucht – Cut. Marc hatte von seiner Seite alles dafür getan, um dem bleigrauen Himmel über Brandenburg so viel Licht abzutrotzen wie möglich, aber die Jungs in der Postproduktion hatten abgewinkt. Selbst sie würden es nicht schaffen, das nach einem Sommertag aussehen zu lassen. Also Nachdreh.

»Scheiße!«, schimpfte Nick, »es ist fast Juni! Ich dreh nur noch an der Côte d'Azur.«

Er verließ türeknallend den Raum.

»Produzent ist ein Scheißjob, was?« Cutter Christof steckte sich einen Butterkeks in den Mund.

»Nochmal Superwuschel?«, fragte er. Marc nickte. Sie gingen alle Takes noch mal durch, in denen das Model sich den Bademantel überzog. Plötzlich vibrierte Marcs Handy. Er hatte es auf lautlos gestellt. Es war Hans Kersting. Marc nickte Christof entschuldigend zu und ging schnell nach draußen. Dort nahm er das Gespräch an. Kersting erzählte ihm, dass sich ein Mann bei ihm gemeldet habe, der sich mit ihm treffen wolle. Er habe seinen Namen nicht genannt und darauf bestanden, sich mit Kersting allein zu treffen. Er wollte niemanden sonst dabei haben. Kersting hatte aber darauf bestanden, dass Marc auch dabei sein sollte, und der Mann hatte sich schließlich darauf eingelassen.

»Wann soll das Treffen stattfinden?« Marc war elektrisiert.

»Mittwochabend, 20 Uhr bei mir zu Hause«, sagte Kersting.

Marc war erleichtert. Das passte. Am Donnerstag ging sein Flug zurück nach Nizza.

»Hat er sonst noch was gesagt?«

»Er sagte, wir dürften das Gespräch nicht aufzeichnen. Keine Audio-, keine Videoaufnahmen. Nichts. Ich habe ihm mein Ehrenwort gegeben.«

Marc spürte, wie er sauer wurde. Er hatte die Schnauze voll von irgendwelchen Typen, die die Regeln diktierten. So kamen sie keinesfalls weiter. Und so würde er auch nie die Beweise in die Hand bekommen, die er brauchte, um dem Marokkaner zu helfen. Ohne Beweise geht diese Geschichte ewig so weiter, dachte er.

Ich will aber, dass sie aufhört. So schnell wie möglich.

»Marc? Sind Sie noch dran?«

»Ja«, beeilte Marc sich zu sagen. Er würde die Regeln nicht befolgen, ganz sicher nicht. Aber das durfte er Kersting nicht sagen.

»Sind Sie damit einverstanden?«, fragte Kersting.

»Ja«, sagte Marc, »ich versuche, um 19:30 Uhr bei Ihnen zu sein.«

Im Wald zwischen Pieve und Lenzari,
Freitag, 4. Juni 2010, 20:35 Uhr

Er schrie nicht mehr. Aber er atmete noch. Manchmal stöhnte er leise, und dann schwappte ihm Blut aus dem Mund.

Carla kniete neben ihm und hielt mit beiden Händen den Stock umklammert. Sie war erschöpft. Sie konnte nicht sagen, wie lange sie auf den Mann eingeprügelt hatte. Irgendwann hatte sie keine Kraft mehr gehabt und aufgegeben. Sie war schweißgebadet.

Wenigstens schreit er nicht mehr.

Rechts, an der Wand neben dem Eingang, kauerte Anna. Sie hatte die Knie bis ans Kinn hochgezogen. Ihr Gesicht war hinter dem Vorhang aus Haaren nicht zu sehen. Sie hielt die dreibeinige Kreatur mit dem verkrümmten Rücken und dem riesigen Kopf in der Hand und ließ sie vom linken Knie zum rechten hüpfen. Und zurück.

Hin und her.

Hin und her.

Hin und her.

Der Mann röchelte und spuckte Blut. Eine rote Ferrari-Mütze lag mitten im Raum. Sie musste dem Mann gehören.

Und plötzlich entdeckte Carla die Blumen auf dem Fußboden. Es waren Wiesenblumen, Gräser, Schafgarbe. Der Mann musste sie in der Hand gehabt und fallen gelassen haben.

Carla stand auf. Ihr ganzer Körper schmerzte. Sie ging zu Anna hinüber und hockte sich vor sie hin. Anna reagierte nicht. Nur ihre Hand bewegte sich. Die deformierte Kreatur hüpfte noch immer von einem Knie zum nächsten und wieder zurück.

Carla legte Anna die Hand auf den Unterarm. Das Mädchen erstarrte.

»Wir müssen weiter, Anna.«

Aber Anna reagierte nicht. Sie wandte das Gesicht ab. Carla konnte nicht sagen, wo sie hinsah, ob sie überhaupt etwas wahrnahm. Ihr Blick war vollkommen leer.

Carla versuchte noch ein paarmal, Anna zu einer Reaktion zu bewegen – erfolglos. Schließlich richtete sie sich auf und atmete einen Moment lang tief durch. Dann ging sie wieder in die Knie, mit dem Rücken zu Anna diesmal. Sie griff nach hinten und legte sich Annas Arme über die Schultern, dann umfasste sie von außen die Oberschenkel des Mädchens. Sie stand auf. Anna hing wie ein nasser Sack auf ihrem Rücken.

Carla achtete darauf, keine der Blumen zu zertreten. Sie stieg über die Beine des am Boden liegenden Mannes und verließ das verfallene Haus.

Dann kam das Zittern. Es befiel ihren Körper und war nicht unter Kontrolle zu bekommen. Carla blieb stehen und wartete, bis es vorbei war.

Es war dunkel geworden. Carla hatte keine Ahnung, wie lange sie bereits unterwegs waren. Irgendwann hatte sie das Gefühl gehabt, Anna werde mit jedem Schritt schwerer. Aber dieses Stadium war längst überschritten. Sie spürte Annas Gewicht nicht mehr. Auch keine Schmerzen. Und auch ihren eigenen pfeifenden Atem nahm sie nicht wahr. Vor ihr war der Weg. Das allein war wichtig. Den durfte sie nicht aus den Augen verlieren.

Anfangs, kurz hinter dem verfallenen Haus, hatte noch ein paarmal das Handy geklingelt. Mehrmals das von Annas Vater und einmal auch ihres, aber jetzt herrschte Ruhe. Nur das Rascheln des Laubs unter ihren Füßen und das Knacken, wenn sie auf Zweige trat. Einmal musste sie ein größeres Tier aufgeschreckt haben. Es hatte gekracht und geknallt im Unterholz.

Und plötzlich war der Wald zu Ende. Carla bemerkte es erst, als sie bereits auf der freien Fläche stand, bloß noch in Nebel und Dunkelheit gehüllt, und sich wunderte, wo die ganzen Bäume geblieben waren. Sie stand auf einem Feld, und wenn sie nicht alles täuschte, konnte sie vor sich Straßenlaternen erkennen. Falls sie sich nicht völlig verirrt hatte, musste das Lenzari sein. Sonst gab es hier oben nichts. Sie musste die Kapelle am Ortsausgang finden. Dahinter würde Luca auf sie warten.

»Anna, wir haben es geschafft«, wollte sie sagen, aber aus ihrer Kehle kam nur ein Krächzen.

Anna reagierte nicht. Carla umfasste Annas Oberschenkel und hievte sie ein Stück höher. Dann setzte sie sich in Bewegung, auf die Laternen zu. Sie stapfte über ein Kartoffelfeld, wie sie jetzt bemerkte. Die Erde war tief, jeder Schritt beschwerlich. Links daneben wuchs Mangold. Jetzt konnte sie ein Haus erkennen. Sie bewegte sich auf einen Durchgang zu, der zwischen dem Haus und einem unbebauten, mit einem Zaun umgebenen Grundstück zur Straße hinunterzuführen schien. Endlich. Gleich hatten sie es ...

Plötzlich stolperte sie über etwas. Sie verlor das Gleichgewicht und fiel der Länge nach hin. Sie spürte die feuchte Erde auf ihrer Wange. Tränen schossen ihr in die Augen. Sie konnte nicht mehr.

Sie musste die letzten Kraftreserven mobilisieren, um sich wieder aufzurichten. Anna kauerte neben ihr, die Knie an die Brust gezogen.

»Sorry, Anna. Ich bin gestolpert.«

Anna reagierte nicht.

»Alles okay?«

Was für eine Frage!

Und plötzlich sah sie, worüber sie gestolpert war: Vor ihr, zwischen den Kartoffelpflanzen, lag eine ältere Frau. Sie hatte eine Kittelschürze an. Der linke Fuß steckte in einem Gummistiefel. Der rechte fehlte.

Das Entsetzen begrub sie unter sich wie eine Lawine.

Weg hier! Nur weg!

Sie stolperte zu Anna und warf sie sich über den Rücken. Sie rannte und achtete dabei auf den Boden vor sich. Endlich erreichte sie den Durchgang. Sie konnte jetzt die Häuser sehen. Nirgendwo brannte Licht. Das Dorf schien völlig ausgestorben zu sein.

Sie versuchte sich zu orientieren, die einzige Lichtquelle waren die Straßenlaternen. Rechts auf dem umzäunten Gelände stand ein verrotteter Fiat. Der Durchgang traf in einer Kurve auf die Straße. Sie überlegte kurz. Am Ortsausgang, hatten sie gesagt. Sie musste bergauf. Mit schnellen Schritten hastete sie die Straße hoch. Linker Hand fiel ihr Blick auf eine Hütte – nein, es musste ein Hundezwinger sein. Er lag oberhalb der Straße, sodass sie die Kadaver der Hunde im Schein der Straßenlaterne gut sehen konnte. Sie lagen genau auf ihrer Augenhöhe. Sie waren blutüberströmt. Drei zählte sie, nein, vier. Dann wandte sie den Blick ab.

Sie hatte die Kapelle fast erreicht, als der Schuss fiel. Er war ohrenbetäubend laut und hallte durch das ganze Tal. Carla hastete weiter, bis sie die Kapelle erreicht hatte. An der Mauerwand setzte sie Anna ab und kauerte sich neben sie. Sie wagte nicht zu atmen. Jetzt kam die Panik.

Luca! Oh Gott, Luca!

Sie war unfähig, sich zu bewegen, etwas zu denken, in irgendeiner Form die Initiative zu ergreifen. Die Angst hielt sie fest im Griff.

Vollkommene Stille war wieder eingekehrt. Sie presste den Rücken gegen die Wand der Kapelle, bis es wehtat. Sie konnte nicht sagen, wie viel Zeit verging, bis der zweite Schuss fiel.

Berlin, Mittwoch, 2. Juni 2010, 19:20 Uhr

Er fuhr mit hundertdreißig über die AVUS in Richtung Potsdam. Hundert war die erlaubte Höchstgeschwindigkeit. Ausgerechnet heute war die Sonne herausgekommen, und sie hatten die Veranda-Szene nachgedreht. Um kurz nach sechs war der letzte Take im Kasten gewesen. Er hatte Steven mit dem ganzen Equipment am Drehort sitzen gelassen und war in den Mietwagen gesprungen. Nicht sehr kollegial, aber alternativlos. Er durfte auf keinen Fall zu spät bei Kersting erscheinen. Bei der Ausfahrt Hüttenweg fuhr er ab. Das Navi leitete ihn über die Onkel-Tom-Straße auf die Argentinische Allee und von dort zum Mexikoplatz. Um kurz nach halb acht bog er in die Beerenstraße ein. Er fand einen Parkplatz direkt vor Kerstings Haus, auf der gegenüberliegenden Straßenseite. Er schaltete den Motor aus und zog den Zündschlüssel ab. Dann holte er sein Handy aus der Mittelkonsole, stellte den Klingelton aus und steckte es in die Jackentasche. Lange hatte er darüber nachgedacht, mit welcher Kamera er das Treffen mit dem Unbekannten aufzeichnen sollte. Am Ende war er auf die einfachste aller Lösungen gekommen: das Handy. Es war am unverdächtigsten und gut zu handhaben. Und die Qualität der eingebauten Kamera war absolut in Ordnung. Wenn es irgendwann galt, Feinheiten aus dem Material herauszukitzeln, würde ein gutes Bildbearbeitungsprogramm den Rest erledigen. Er stieg aus und schloss den Wagen ab. Er hatte mit Nick ausgemacht, dass er morgen mit dem Wagen nach Schönefeld fahren und ihn dort bei der Autovermietung abgeben würde. Er ging die Kiesauffahrt hoch.

Er hatte noch ein paarmal hin und her überlegt, ob er Kersting nicht doch in seine Pläne einweihen sollte. Aber er war sicher, dass Kersting nicht wortbrüchig werden wollte. Das ließ sich mit seinem Journalistenethos nicht vereinbaren. So schätzte er ihn zumindest ein. Aber Marc war klar, dass er sich so etwas wie Ethos nicht mehr leisten konnte. Er wollte sich, den Marokkaner und nicht zuletzt seine Familie aus diesem Albtraum befreien. Und das ging nur, wenn er endlich Beweise in die Hand bekam.

Er ging die Treppe hinauf und klingelte an der Haustür.

Kersting hatte Knabberzeug auf den Tisch gestellt, was Marc irgendwie rührend fand.

Er sah sich unauffällig im Raum um, auf der Suche nach einem geeigneten Versteck für sein Kamerahandy.

»Hat sich der Faschist noch mal bei Ihnen gemeldet?«

»Nein«, sagte Kersting.

»Das heißt, wir haben überhaupt keine Ahnung, in welcher Beziehung unser unbekannter Besucher zu Signor Cecchino steht.«

»Nein.«

Das Bücherregal war perfekt. Dort standen nicht nur Bücher, sondern auch allerhand Krimskrams. Dazwischen würde das Handy nicht auffallen. Jetzt müsste er nur noch die Gelegenheit haben, es dort zu platzieren.

»Wie hat Klaus es aufgenommen?«, fragte Kersting.

»Och ... gut. Erstaunlich gefasst.« Das war eine glatte Lüge. Klaus hatte geschimpft wie ein Rohrspatz. Marc hatte ihn mit fünf Jarosover ruhigstellen müssen.

Kersting warf einen Blick über das Knabberzeug auf dem Tisch. Er wirkte fahrig. So nervös hatte Marc ihn noch nicht erlebt.

»Ich hol mal noch Getränke.« Kersting verschwand in Richtung Küche. Das war Marcs Chance. Er hastete zum Regal und legte das Handy mit der Längsseite auf ein Regalbrett. In aller Eile richtete er es so aus, dass der Tisch im Bild war. Dann drückte er auf Aufnahme. Er stellte eine Horde Kopffüßler um das Handy herum, etwa zehn Zentimeter hohe Holzfiguren mit lustigen Fratzen. Er hörte Kersting mit den Getränken zurückkommen, griff in die Schale mit Knabberzeug und tat so, als studiere er die Buchtitel.

Punkt 8 Uhr klingelte es. Kersting ging zur Tür, um aufzumachen. Marc blieb am Tisch stehen. Auch er war jetzt nervös. Sehr sogar. Er warf einen letzten Blick auf sein Handy. Man musste schon sehr genau hinsehen, um es zu entdecken. Kersting führte einen Mann herein, der sich misstrauisch umsah. Marc schätzte ihn auf Mitte siebzig. Er war nicht sehr groß und ging leicht gebeugt. Er trug einen dieser beigen Rentnerblousons über einem blauen Hemd. Und dieser Mann sollte ihnen ihre Fragen beantworten können? Marc war überzeugt, dass es sich hier um ein Missverständnis handeln musste.

»Guten Abend!« Der Mann streckte Marc die Hand entgegen. »Ich habe Herrn Kersting schon gesagt, dass mein Name keine Bedeutung hat für das, was ich Ihnen mitteilen möchte.«

Marc drückte dem Mann die Hand. Er war verblüfft. Kaum hatte der Mann zu reden begonnen, strahlte er eine erstaunliche Souveränität aus, die nicht zu seiner äußeren Erscheinung passte. Er hatte eine braune Aktenmappe aus Kunstleder dabei, die er auf den Tisch legte.

»Bitte, nehmen Sie doch Platz«, sagte Kersting.

»Ich kann mich auf Ihr Wort verlassen?«, begann der Mann, nachdem sie sich gesetzt hatten, »keine Aufzeichnungen irgendwelcher Art von diesem Gespräch.« Seine Stimme war plötzlich schneidend.

»Sie haben unser Wort«, sagte Kersting.

»Ja.« Marc nickte bekräftigend.

Der Mann sah Marc und Kersting einen Moment lang an.

»Gut«, sagte er dann, »ich kann mir vorstellen, dass Sie eine Menge Fragen an mich haben. Aber vielleicht beantworten sich die meisten von allein, wenn ich Ihnen erzähle, warum ich hier bin.«

Kersting fragte, ob der Mann etwas trinken wolle. Der lehnte brüsk ab. Die Frage schien ihn aus dem Konzept gebracht zu haben.

»Ich trage mich schon seit Längerem mit dem Gedanken, mich an die Presse zu wenden. Ich habe mich ein Leben lang nach bestem Wissen und Gewissen um dieses Land bemüht, und deshalb sehe ich es als meine Pflicht an, nicht weiter zu schweigen.« Seine Stimme zitterte leicht.

»Vor einem Monat ist mein Enkel Lukas in Afghanistan gefallen. Er ist vierundzwanzig Jahre alt geworden.«

Marc sah den Mann ungläubig an. Was wurde das? Er merkte, dass er die Geduld verlor. Er hatte plötzlich keine Lust mehr, sich die Probleme irgendwelcher Leute anzuhören. Er wollte sein Problem gelöst haben. Sonst nichts. Er zog also das Foto des Schnauzbarts hervor und legte es vor dem Mann auf den Tisch.

»Ich weiß nicht, worum es Ihnen geht«, sagte er, »aber ich muss wissen, wer dieser Mann ist. Können Sie mir dabei helfen oder nicht?«

Der Mann sah zunächst Marc, dann das Foto an.

»Ich weiß«, sagte er mit ruhiger Stimme, »ich kenne Ihr Anliegen. Ranieri hat mir davon erzählt.«

»Woher kennen Sie Ranieri?«, fragte Kersting.

»Ich habe ihn nach Berlin geholt.«

Marc und Kersting starrten den Mann ungläubig an. Er betrachtete noch immer das Foto.

»Wo ist das aufgenommen worden?«, fragte er dann.

Marc wurde sofort misstrauisch. Sollten sie wieder nur ausgehorcht werden? Würde der Mann aufstehen und gehen, wenn sie ihm nicht erzählten, was er über den Schnauzbart wissen wollte?

»Bitte erzählen zuerst Sie uns, was Sie über den Mann wissen, und dann werden wir Ihnen gerne ...«

Aber der Mann ließ ihn nicht ausreden.

»Hören Sie zu, junger Mann.« Er klang jetzt aggressiv. »Ich lehne mich hier sehr, sehr weit aus dem Fenster, indem ich mich mit Ihnen treffe. Ich bin bereit, Ihnen alles zu erzählen. Sie können sich nicht ansatzweise vorstellen, welches Risiko ich damit eingehe. Aber dafür erwarte ich Ihr Entgegenkommen.

Das ist das Mindeste. Also: Wo ist das Foto aufgenommen worden?«

Der Mann sah Marc mit stechendem Blick an. Nichts war mehr übrig vom harmlosen Rentner.

Marc sah Kersting an. Der nickte ihm kaum merklich zu. Was soll's, dachte Marc, wir müssen hier irgendwie weiterkommen. Er erzählte dem Mann von Lenzari, von dem Marokkaner, von Bertone, die ganze Geschichte, und als er fertig war, spürte er eine große Erleichterung. Er hatte plötzlich das Gefühl, eine riesige Last von sich abgeladen und an den Mann weitergegeben zu haben.

Da! Jetzt bist du dran. Mach was draus.

Der Mann hatte mit regloser Miene zugehört. Und jetzt saß er da und betrachtete schweigend das Foto. Marc wurde ungeduldig.

»Bitte: Was wissen Sie über den Mann mit dem Schnauzbart?«, fragte er.

Sein Gegenüber sah auf.

»Ich muss ausholen, sonst können Sie nicht verstehen, worum es hier geht«, sagte er.

»Bevor Sie ausholen«, unterbrach Kersting, »hätte ich eine Frage gerne noch geklärt: Warum haben Sie Ranieri damals nach Berlin geholt?«

»Er war in die Mühlen der italienischen Justiz geraten. Wir mussten verhindern, dass er vor Gericht aussagte.«

»Wer ist wir?«, fragte Kersting.

»In diesem Fall ›die Geheimdienste‹.«

»Was genau war Ihre Aufgabe?«, fragte Marc.

»Ich war so etwas wie ein Verbindungsmann zwischen der CIA und dem BND.«

»Wie Guido Giannettini?«, fragte Kersting.

»Nein, anders.« Ein feines Lächeln ging über das Gesicht des Mannes.

»In welchem Zusammenhang ist Ranieri in die Mühlen der Justiz geraten? Wegen des Piazza-Fontana-Attentats?«

»Nein, viel später. Aber wir verlieren uns zu sehr im Detail. Ich muss Ihnen, wie gesagt, erst ein paar generelle Dinge erklären, sonst verstehen Sie die Details nicht. Dazu müssen wir zurückgehen in die Zeit des Kalten Krieges. Der Schlüssel zum Verständnis dessen, was sich zwischen 1945 und 1990 in Europa abgespielt hat, heißt ›Strategie der Spannung‹. Diese Strategie sollte verhindern, dass eines der zum westlichen Machtblock gehörenden Länder kommunistisch wurde, um es mal vereinfacht auszudrücken. Der Grund liegt auf der Hand: Stellen Sie sich mal einen kommunistischen Verteidigungsminister in Italien oder in einem anderen westeuropäischen Land vor. Auf einen Schlag hätten alle militärischen Geheimnisse der NATO in Moskau auf dem Schreibtisch gelegen. Das hätte das Abkommen von Jalta in Gefahr gebracht. Und Sie dürfen nicht vergessen, dass es auch im Interesse der Sowjetregierung war, dass die Machtblöcke erhalten blieben. Es ging um Einfluss. Um Militärbasen. Um Geostrategie. Eine Veränderung der Machtverhältnisse hätte sehr wahrscheinlich Krieg bedeutet, und diese Katastrophe galt es zu verhindern. Das Problem war: Wie verhindert man in einem demokratischen System, dass die Leute links wählen? Wir konnten ja nicht gut die Panzer losschicken wie die Russen in Ungarn und später in der Tschechei.

Also blieb uns nur die verdeckte Kriegsführung.«

Der Mann zog den Teller mit Knabberzeug zu sich und nahm sich eine Handvoll Erdnussflips.

Marc saß wie paralysiert auf seinem Stuhl und starrte den Mann vor sich an, dessen Kiefer die Erdnussflips zermalmte.

Wen hatte er vor sich? Einen hohen Exgeheimdienstler? Einen Spinner?

Im Gegensatz zu Marc schien sich Kersting bereits wieder gefasst zu haben. Er klang ruhig und professionell, als er sagte: »Was Sie uns hier erzählen, riecht so sehr nach Verschwörungstheorie, dass keine Redaktion der Welt mir das abnehmen würde. Ich soll ja immerhin darüber schreiben, wenn ich Sie richtig verstanden habe?«

Der Mann nickte eifrig und kaute weiter. Er schob Kersting eines der auf dem Tisch stehenden Gläser zu.

»Jetzt hätte ich doch gerne einen Schluck Wasser!«

Während Kersting ihm Wasser einschenkte, sagte der Mann: »Natürlich. Ich verstehe Ihre Bedenken. Deshalb habe ich Ihnen eine paar Dokumente mitgebracht, die als Beweise ausreichen sollten.« Er tippte mit dem Zeigefinger auf seine Kunstledermappe.

Marc und Kersting versuchten sich ihre Verblüffung nicht anmerken zu lassen.

Der Mann fuhr fort: »Die Strategie der Spannung besagt im Grunde: Man lässt Attentate einfach geschehen oder inszeniert sie selbst und schiebt sie dann dem politischen Gegner – in unserem Fall waren das die Linken – in die Schuhe. Dadurch bewirkt man zwei Dinge: Die Ideen des Gegners werden diskreditiert, die Bewegung verliert an Rückhalt in der Bevölkerung, und die Leute verlangen nach mehr Sicherheit, nach einem starken Staat.«

»Das heißt, staatliche Stellen haben Terrorakte gegen die eigene Bevölkerung begangen. Ist es das, was sie sagen?« Marc starrte den Mann fassungslos an.

»In einigen Fällen ja«, sagte der Mann, »was aber nicht heißt, dass es keinen extremistischen Terror gibt. Den gibt es natürlich.

Die RAF zum Beispiel gab es. Die Frage ist nur, wie lange es sie gegeben hätte, wenn man ernsthaft daran interessiert gewesen wäre, ihr das Handwerk zu legen. Keine zwei Monate, vermute ich. Genau das Gleiche gilt im Übrigen für die Rechtsextremen. Es ist völlig egal, aus welcher Ecke der Terror kommt, solange er sich in die Strategie integrieren lässt.«

Eine Pause entstand. Marc hörte das Brummen des Kühlschranks aus der Küche.

»Bevor wir weiterreden: Ich muss einen Blick auf Ihre Unterlagen werfen, ja?«, sagte Kersting. »Ich muss wissen, woran ich bin.«

»Bitteschön.« Der Mann schob Kersting die Mappe zu. Während dieser die Mappe öffnete und die Papiere herausholte, versuchte Marc, sich zu sammeln.

»Wenn das stimmen sollte, was Sie uns hier erzählen, dann handelt es sich doch sicher um eines der bestgehüteten Geheimnisse, die man sich vorstellen kann.«

»Allerdings«, sagte der Mann. Ein gewisser Stolz war herauszuhören.

»Warum erzählen Sie uns davon? Sie brechen wahrscheinlich gerade Ihren Amtseid, der Sie zur Verschwiegenheit verpflichtet; Sie machen sich strafbar, vielleicht bringen Sie sich sogar in Gefahr? Immer vorausgesetzt, natürlich, es stimmt alles.«

Der Mann sah ihn ernst an.

»Es stimmt. Sie können sich darauf verlassen.«

»Warum tun Sie das?«, fragte Marc.

Der Mann neigte sich zu ihm nach vorn.

»Um Missverständnissen vorzubeugen: Ich bin nicht als reuiger Sünder hier, der kurz bevor er abtritt sein Gewissen erleichtern will, oder irgend so ein sentimentaler Quatsch. Ganz im

Gegenteil. Ich halte unsere Strategie immer noch für absolut richtig, und der Verlauf der Geschichte hat uns recht gegeben.«

»Und die vielen Opfer? Wie zynisch ist denn das?«

»Wir waren im Krieg, junger Mann. Es war ein kalter Krieg, aber ein Krieg, und wir haben dafür gesorgt, dass kein heißer Krieg daraus geworden ist. Mit Leichenbergen bis zum Himmel hoch. Wir haben dafür gesorgt, dass Europa und ganz besonders Deutschland prosperierte wie nie zuvor. Ich bin stolz darauf, meinen Teil dazu beigetragen zu haben.«

»Umso unverständlicher für mich, dass Sie jetzt mit uns reden.« Marc blieb skeptisch. Zu ungeheuerlich klang das alles. Auf der anderen Seite: Was hatte er denn erwartet? All die Spuren, denen sie bisher nachgegangen waren – musste das nicht zwangsläufig auf etwas Ungeheuerliches hinauslaufen? Er warf einen Blick hinüber zu Kersting. Der war ganz in das Studium der Papiere vertieft. Jetzt legte er sie auf den Tisch.

»Das ist ja unglaublich«, sagte er mit leiser Stimme. Alle Farbe war aus seinem Gesicht gewichen.

»Ich spreche aus einem einzigen Grund mit Ihnen«, der Mann sah jetzt sehr ernst aus, »ich habe eine Verantwortung gegenüber diesem Land. Deutschland befindet sich mitten im ›War on terror‹. Es ist ein fundamentaler Unterschied, ob Sie die Strategie der Spannung einsetzen, um einen Krieg zu verhindern, oder ob Sie mit dieser Strategie einen Krieg rechtfertigen. Die Leute müssen wissen, was gelaufen ist und was immer noch läuft, sonst kommt es zur Katastrophe. Davon bin ich überzeugt.«

Er griff wieder in die Schale mit Erdnussflips. Sein Kauen war das einzige Geräusch im Raum – bis draußen eine Auto-Alarmanlage losging. Marc wandte sich um und spähte aus dem Fenster. Es musste seine E-Klasse sein. Klar. Er erhob sich. »Entschuldigen Sie, ich muss das mal kurz ausschalten. Und wenn ich zurückkomme, reden wir über den Mann mit dem Schnauzbart, in Ordnung?«

Der Mann nickte. »Ja, das machen wir.«

Marc ging zur Tür. Er zog sie nicht zu, sondern lehnte sie nur an. Er ging die Treppe hinunter. Dann über den Innenhof. Seine Schritte knirschten im Kies, als er die Auffahrt zur Straße entlangging. Er war wie betäubt. Konnte es stimmen, was der Mann ihnen erzählt hatte? Oder steckte eine ganz andere Absicht dahinter? Noch hatten sie nicht über den Schnauzbart gesprochen – wollte der Mann sie mit seinen ungeheuerlichen Geschichten von ihm ablenken? War es überhaupt möglich, dass ein hoher Geheimdienstmann – denn das musste er sein, wenn er über solches Wissen verfügte – mit Journalisten plauderte und ihnen auch gleich noch Beweismaterial in die Hand drückte? Weil er es Deutschland gegenüber für seine Pflicht hielt? Das war doch völlig absurd.

Das Schlimme war, dass er mittlerweile einfach nicht mehr wusste, was er glauben sollte. Das Kreischen der Alarmanlage zerrte an seinen Nerven. Eine ältere Dame war aus dem Haus gegenüber getreten und sah sich verwirrt um. Marc gab ihr ein Zeichen, dass es sein Wagen war, der den Krawall veranstaltete. Sie nickte ihm zu und verschwand wieder im Haus. Marc stellte die Alarmanlage aus. Wohltuende Ruhe legte sich über die Straße. Es war immer noch hell, aber im Westen sorgten die untergehende Sonne und hoch aufgetürmte Wolkenberge für einen dramatischen Abendhimmel. Es war kühl. Viel zu kühl für Anfang Juni. Marc wandte sich um und ging wieder hinüber auf die andere Straßenseite. Er war sehr gespannt darauf, was der Mann ihnen gleich über den Schnauzbart erzählen würde. Das war es überhaupt! Anhand dessen, was der Mann über Ranieri und den Schnauzbart zu sagen hatte, würden sie sehr schnell feststellen können, ob er glaubwürdig war oder schlicht Unsinn erzählte.

Marc ging über den Innenhof und die Treppe nach oben. Er schob die angelehnte Haustür auf.

Als Marc ins Wohnzimmer kam, waren Kersting und der Mann verschwunden. Marc sah sich irritiert um: Der Stuhl, auf dem der Mann gesessen hatte, war zurückgeschoben worden. Er stand jetzt vor dem Kamin. Zwei Erdnussflips und ein paar Krümel lagen auf dem Tisch. Die Gläser, die Schale mit Knabberzeug, alles wie eben. Waren sie in einen anderen Raum gegangen?

»Hallo?«, rief Marc.

Nichts. Jetzt fiel ihm auf, dass die Papiere verschwunden waren, und die Aktenmappe des Mannes ebenfalls. Die Papiere hatten zuletzt an Kerstings Platz gelegen. Kersting hatte mit dem Rücken zum Bücherregal gesessen. Auch sein Stuhl war zurückgeschoben.

Marc machte zwei Schritte um den Tisch herum – und jetzt sah er Kersting. Er lag auf dem Boden vor dem Bücherregal. Er hatte eine klaffende Wunde in der Brust. Der Boden war voller Blut. Er war erstochen worden.

Oh Gott!

Marcs Beine waren plötzlich wie aus Gummi. Er hatte das Bedürfnis, sich zu setzen.

Und wenn der Mörder noch hier ist? Hier im Haus?

Er lauschte. Kein Geräusch. Nur das heftige Pochen seines Herzens.

Du musst raus hier, schnell!

Er wandte sich um und wollte schon losstürmen, als ihm das Handy einfiel. Er hastete zum Regal und achtete darauf, nicht in die Blutlache zu treten. Das Handy war noch da. Er schnappte es sich und riss dabei die Kopffüßler vom Regal. Sie fielen in die Blutlache auf dem Boden.

Marc rannte los.

Aus dem Haus.

Die Treppe hinunter.

Über den Innenhof.

Die Auffahrt entlang.

Zum Auto. Es war unverschlossen. Er war sicher, das Auto abgeschlossen zu haben, aber er hatte keine Zeit, sich darüber zu wundern. Er riss die Tür auf – und erstarrte. Auf dem Fahrersitz lag ein Jagdmesser. Seine Klinge war voller Blut. Vom Mexikoplatz her näherten sich Martinshörner.

Du musst hier weg!

Er warf die Tür des Wagens zu und rannte los.

Lenzari, Freitag, 4. Juni 2010, 21:15 Uhr

»Eins«, zählte Cesare. Er hatte die Waffe noch immer auf den jungen Mann gerichtet.

»Ce, bist du wahnsinnig? Hör auf damit!«

»Du sollst den Jungen retten! Drück endlich ab!«

»Nimm die Waffe runter!«

»Zwei.«

Der Junge wimmerte, seine Hände befanden sich auf Schulterhöhe, er schien nicht mehr die Kraft zu haben, sie über den Kopf zu halten.

»Ce«, Fabrizio versuchte seine Stimme ruhig klingen zu lassen, »wir legen jetzt beide die Waffen aus der Hand, ganz langsam ...«

»Schieß endlich!«, brüllte Cesare.

»Ich weiß, dass du das nicht …«

»Drei!«

Der Schuss knallte, und der Junge brach zusammen.

Fabrizio hielt die Waffe noch immer auf Cesare gerichtet. Aber seine Hände zitterten. Das Zittern war unkontrollierbar. Wie Schüttelfrost.

Cesare wandte sich zu ihm um. Die Hand mit der Waffe baumelte schlaff an seiner Seite. Er hatte Tränen in den Augen.

»Verdammter Idiot«, sagte er, »du hättest ihn retten müssen.«

Schau nicht zu dem toten Jungen. Nicht hinschauen!

»Du willst, dass ich dich umbringe«, sagte Fabrizio, »das wolltest du die ganze Zeit.«

SCHAU NICHT HIN!

»Was muss ich denn noch tun?« Cesare sah Fabrizio betrübt an.

Es war Hass, was in Fabrizio hochstieg, blanker Hass. Aber seine Stimme klang ruhig, als er auf Cesare einredete:

»Du glaubst, deine persönliche Tragödie hat die Ordnung der Dinge auf den Kopf gestellt, aber das stimmt nicht. Gut ist gut und Böse ist immer noch böse. Das hat sich auch nach Valerias Tod nicht geändert.«

Cesare sah Fabrizio müde an.

»Was muss ich noch tun, dass du endlich abdrückst?«

»Du musst mir sagen, was hier passiert ist.«

»Dazu bleibt keine Zeit, Fabrizio.«

Er tippte sich mit dem Finger auf die Brust.

»Du weißt, dass sie jedes Wort mithören. Sie werden nicht wollen, dass ich sie verrate. Wahrscheinlich sind sie schon unterwegs hierher. Sie sind unglaublich schnell. Wie der Wind so schnell.«

»Wer sind sie?«

»Sie werden dich töten, Fabrizio. Du wirst ihnen nicht entkommen.«

»Sag mir, wer sie sind!«

»Spezialisten.«

»Mit welchem Auftrag?«

»Der Bevölkerung zu helfen, die richtigen Entscheidungen zu treffen.«

»Militär? Polizei? Wer befehligt sie?«

»Sie tauchen in jeder beliebigen Uniform auf. Sie wechseln ihre Gestalt und ihr Äußeres, wie sie wollen. Aber ich bin mir ziemlich sicher, Fabrizio: Dir werden sie als Kollegen gegenübertreten. Sie werden Carabinieri-Uniformen tragen.«

Aus dem Wald, von Gazzo kommend, drangen Motorengeräusche zu ihnen.

»Das sind sie«, sagte Cesare, »mach schnell, Fabrizio.«

»Gehörst du zu ihnen?«

Cesare sah Fabrizio in die Augen – und richtete die Waffe auf ihn.

»Mach schnell.«

Fabrizio drückte ab.

Berlin, Mittwoch, 2. Juni 2010, 20:46 Uhr

Er rannte. Nach etwa vierhundert Metern war die Beerenstraße zu Ende. Er blieb stehen und drehte sich um. Sein Herz raste. In einiger Entfernung zuckten Blaulichter durch die Dämmerung. Die Polizei war unglaublich schnell da gewesen. Wie war das möglich?

Du hast keine Zeit zum Nachdenken. Du musst hier weg.

Er warf einen Blick auf das Straßenschild. Busseallee. Das sagte ihm nichts. Er kannte sich hier nicht aus. Von links näherte sich ein Mann, der einen Yorkshire-Terrier an der Leine führte. Rechts schien die Busseallee durch ein Waldstück zu führen. Er wandte sich nach rechts und begann wieder zu rennen. In den Wald hinein.

Was machst du jetzt?

Vor ein paar Monaten noch hätte er sich jetzt der Polizei gestellt, hätte versucht, seine Lage zu erklären, auch wenn sie noch so verworren war. Er hätte vollstes Vertrauen gehabt in die Institutionen dieses Staates. Er hätte darauf vertraut, dass man ihm helfen würde. Dieses Vertrauen war weg. Das war das Schlimmste.

Ein Trupp Radfahrer in voller Montur überholte ihn.

Er griff in die Innentasche seiner Jacke. Seine Papiere waren da. Gut. Er hatte um die fünfzig Euro in der linken und seinen Hausschlüssel in der rechten Hosentasche. Und er hatte das Handy. Erst jetzt realisierte er, dass er es noch immer in der rechten Hand hielt. Fest umklammert. Es war das Wichtigste, was er hatte. Mit der Kamera seines Handys hatte er den Mord an Hans Kersting gefilmt. Es war der Beweis, dass er unschuldig war. Für einen Moment war er versucht anzuhalten und sich die Aufnahme anzusehen. Doch plötzlich zuckten Lichter durch den Wald. Blaulichter. Sie kamen geräuschlos auf ihn zu, waren noch etwa hundert Meter entfernt.

Weg von der Straße!

Marc rannte nach rechts ins Unterholz, etwa zwanzig Meter, und ließ sich hinter einem Baum zu Boden fallen. Er lag auf dem Bauch und presste seinen Körper auf den Waldboden. Die Blaulichter schwappten wie Wellen über ihn hinweg. Es waren zwei Streifenwagen. Als sie verschwunden waren, rappelte er sich auf und hastete zurück zur Straße. Er hatte weiche Knie. Trotzdem rannte er weiter. Er musste hier weg. Er musste raus aus Berlin. Er musste zu Conny und Anna. Aber natürlich würde er seinen gebuchten Flug nicht wahrnehmen können. Wenn sie nicht heute Nacht schon in der Schliemannstraße auf ihn warteten, dann auf jeden Fall morgen am Flughafen. Nach Hause konnte er nicht. Mit Klaus Kontakt aufzunehmen war ebenfalls zu gefährlich. Er erreichte eine vierspurige Straße. Er blieb stehen und versuchte seinen Atem unter Kontrolle zu bekommen. Kein Mensch war zu sehen, kaum Verkehr. Und plötzlich wusste er, wie er vorgehen würde. Es barg ein gewisses Risiko, aber ihm fiel nichts Besseres ein. Er wählte Nicks Nummer. Nach dreimal Klingeln ging Nick ran. Marc lauschte. Er war aufs Äußerste gespannt.

»Ich habe keine Zeit!«, bellte Nick ins Telefon, »Roger Sterling hatte gerade einen Herzinfarkt.«

Gut. Nick schaute *Mad Men*. Er wusste von nichts. Die Polizei war noch nicht bei ihm gewesen.

»Nick, ich brauche deine Hilfe.«

Marc versuchte Nick ruhig und sachlich zu beschreiben, in was für einer Lage er sich befand. Es war nicht einfach, aber es gelang ihm. Dann piepte Marcs Handy.

»Nick, mein Akku ist gleich alle.«

»Was sage ich der Polizei, wenn die hier gleich auf der Matte steht?«

»Sag ihnen, du hast mich zuletzt gegen 6 Uhr gesehen, als ich überstürzt vom Drehort …« Piep-piep-piep. Schluss. Der Akku war leer. Egal. Marc wusste, dass Ecke Lottum-/Choriner Straße ein silberner BMW mit Zündschlüssel im Schloss auf ihn wartete. Gleich morgen früh würde Nick den Vertrag mit der Autovermietung verlängern.

Er steckte das Handy in seine Jackentasche und schaute links und rechts die Straße hinunter. Er brauchte eine U-Bahn, verdammt! Auf der anderen Straßenseite sah er ein knutschendes Pärchen. Er hastete über die Fahrbahn.

»Wo ist die nächste U-Bahn?«

Die beiden fuhren auseinander und sahen Marc erschrocken an. Sie waren vielleicht vierzehn oder fünfzehn, schätzte Marc. Der Junge balancierte eines jener Basecaps auf dem Kopf, die jeden Menschen in einen lächerlichen Wicht verwandelten.

»Ick weeß nich ... ick bin nich von hier«, stotterte er.

»Kennen Sie sich hier aus?«, fragte das Mädchen und zog an einer Zigarette. Sie hatte Fingernägel wie eine Pornodarstellerin.

»Nein.« *Sonst würde ich dich nicht fragen, Dumpfbacke!*

»Dann gehen Se am besten gradeaus, bis nüscht mehr geht, und dann links.«

»Danke«, rief Marc und eilte weiter.

»Ist aber S-Bahn!«, rief ihm das Mädchen nach. Marc hob die Hand zum Zeichen, dass das auch okay sei.

Zehn Minuten später hatte er den S-Bahnhof Zehlendorf erreicht. Erst als er sicher war, dass nirgendwo Polizei zu sehen war, löste er eine Fahrkarte – bloß keine Aufmerksamkeit erregen – und ging auf den Bahnsteig. Er ertappte sich dabei, wie er jeden genau musterte, der hinter ihm den Bahnsteig betrat.

Scheiße, du bist paranoid!

Das Schlimme war, dass er eben *nicht* paranoid war. Paranoid war nur, wer sich grundlos verfolgt fühlte. Er hingegen hatte Gründe.

Er hatte Kersting tot auf dem Boden und das blutige Messer auf dem Fahrersitz liegen sehen.

Die S1 fuhr in den Bahnhof ein. Marc stieg ein und ließ sich auf einen Sitz fallen.

Als die Türen sich geschlossen hatten und der Zug anfuhr, packte ihn das Entsetzen mit voller Wucht und nagelte ihn auf dem Sitz fest.

Erst als sie durch Schöneberg fuhren, hatte er das Gefühl, wieder einigermaßen klar denken zu können: Kersting war tot, der andere Mann verschwunden. Er hatte ihnen eine Falle gestellt. Er hatte herausfinden wollen, was sie über den Mann mit dem Schnauzbart wussten, dann hatte er Kersting umgebracht und versucht, Marc den Mord in die Schuhe zu schieben, indem er die Tatwaffe in seinem Wagen deponierte. Das würde auch erklären, warum die Polizei so schnell am Tatort war: Der Mann hatte immer noch gute Kontakte. Aber was wussten sie über den Schnauzbart, was derart bedrohlich für gewisse Leute war, dass nun schon zwei Menschen sterben mussten? Bertone und Kersting.

Ein junger Mann mit glasigen Augen und einem gepflegten Hund verkaufte eine Obdachlosenzeitung. Marc sah zu, wie die anderen Fahrgäste versuchten, den jungen Mann zu ignorieren, und spürte, wie sein Magen revoltierte. Er befand sich in höchster Gefahr. Und er wusste nicht warum. Marc tastete nach dem Handy in seiner Jackentasche. Er umklammerte es mit der rechten Hand. Es war das Wichtigste, was er hatte.

Am Bahnhof Friedrichstraße stieg er aus und ging zu einem Münztelefon. Er warf zwei Fünfzig-Cent-Stücke in den Schlitz und wählte die Nummer in Lenzari, doch kurz bevor es klingelte, legte er auf. Nein, er würde Conny nur verrückt machen. Sie würde ihn morgen um 16:45 Uhr am Bahnhof in Alassio erwarten. Wenn er die Nacht durchfuhr, müsste das zu schaffen sein. Die Münzen landeten klirrend auf dem Boden des Gehäuses. Er nahm sie heraus, steckte sie in die Hosentasche und fuhr mit der Rolltreppe nach oben.

Er stieg in die S75 und fuhr bis zum Hackeschen Markt. Hier, unter den vielen Menschen, fühlte er sich sicherer. Er schaute sich ein paarmal um, hatte aber nicht das Gefühl, verfolgt zu werden. In der Sparkasse hob er zweitausend Euro ab. Er war sicher, dass sie sein Konto sperren würden. Also nahm er mit, was möglich war. Er stopfte das Geld in die Hosentasche und verließ das Gebäude. Auf der linken Seite der Rosenthaler Straße bahnte er sich einen Weg durch die Menschenmassen. Im Kino Central hatte offenbar eine Filmpremiere stattgefunden, die Dichte der Hornbrillenträger war gewaltig. Auf Höhe des U-Bahnhofs Weinmeisterstraße wechselte er die Straßenseite. Kaum zehn Minuten später hatte er den BMW erreicht. Er öffnete die Tür, warf seine Jacke auf den Beifahrersitz und setzte sich hinters Steuer.

Es war 22:16 Uhr, als Marc den Wagen startete.

Lenzari, Freitag, 4. Juni 2010, 21:23 Uhr

Die Motorengeräusche kamen näher. Fabrizio nahm Cesares Waffe an sich und steckte sie in die Tasche des Kapuzenpullis. Seine eigene verstaute er hinten im Hosenbund. Nach kurzem Zögern drehte er Cesares Leiche auf die Seite und fischte seinen Schlüsselbund mit dem Autoschlüssel aus der Uniformjacke. Cesares Augen waren geöffnet. In der Dunkelheit schien es, als lächle er.

Plötzlich hörte Fabrizio hinter sich das Knacken eines Zweiges. Er fuhr herum, sah einen Schatten auf sich zufahren und riss im letzten Moment den linken Arm nach oben. Er blockte den Schlag ab. Vor ihm stand eine junge Frau. Sie hielt einen Stock in der Hand und schien völlig außer sich zu sein. Sie holte erneut aus, aber Fabrizio war mit einer schnellen Bewegung hinter ihr und drehte ihr den Arm auf den Rücken. Sie schrie auf vor Schmerz und ließ den Stock fallen.

»Wer sind Sie?« Fabrizio atmete schwer.

»Sie haben ihn umgebracht, Sie Schwein!« Carla trat mit den Füßen. Sie erwischte Fabrizio voll am Knie.

Die Motorengeräusche. Sie hatten die Hälfte der Strecke von Gazzo nach Lenzari hinter sich gebracht, schätzte Fabrizio.

»Wer ist der junge Mann?«

»Mein Freund!«

»Ich habe ihn nicht umgebracht. Ich wollte ihn retten ... aber ich habe es nicht geschafft.«

Sie schluchzte. Fabrizio spürte, wie die Kraft aus ihrem Körper wich. Sie hatte die Gegenwehr aufgegeben.

»Hören Sie die Motorengeräusche?«

Sie nickte.

»Wenn wir überleben wollen, müssen wir zusammenarbeiten. Helfen Sie mir?«

Nach kurzem Zögern nickte sie.

Fabrizio ließ sie los.

»Wir müssen den Golf mitten auf die Straße schieben, schnell!« Er rannte zum Wagen, riss die Fahrertür auf. Er löste die Handbremse und schaltete in den Leerlauf.

»Schieben Sie!« rief er Carla zu. Sie stemmte sich gegen die Kühlerhaube.

Da die Straße anstieg, begann der Wagen sofort rückwärts

zu rollen. Fabrizio griff nach dem Lenkrad und steuerte den Wagen so, dass er quer stand und die Fahrbahn blockierte. Fabrizio zog die Handbremse wieder an.

Die Motorengeräusche kamen immer näher. Sie mussten jetzt die letzte scharfe Kurve erreicht haben, bevor die Straße geradewegs nach Lenzari hinaufführte.

»Geben Sie mir ihr Tuch!«

Mechanisch löste Carla das Palästinensertuch von ihrem Hals und reichte es Fabrizio. Er schraubte den Tankdeckel auf und stopfte das Tuch in den Tank. Da fiel ihm ein, dass er ein Feuerzeug in seiner Uniformjacke hatte – aber die lag im Haus der Deutschen.

Verdammt!

»Haben Sie ein Feuerzeug?«, rief er Carla zu.

Während er das mit Benzin durchtränkte Tuch wieder herauszog und die andere Seite in den Tank stopfte, öffnete Carla zunächst die Wagentür und dann das Handschuhfach und reichte Fabrizio ein Feuerzeug.

Er machte eine Kopfbewegung in Richtung Lenzari.

»Laufen Sie!«

Sie nickte ihm zu und rannte los.

Er hörte die Motoren in seinem Rücken und wandte sich um. Es waren zwei Mannschaftswagen der Carabinieri. Sie fuhren mit hoher Geschwindigkeit auf ihn zu. Die vertrauten Farben, der vertraute Schriftzug. Fabrizio zögerte einen Moment.

Endlich kommt Hilfe! Es war ein Impuls, der nicht zu unterdrücken war, doch sofort schossen ihm Cesares Worte durch den Kopf:

»*Sie werden Carabinieri-Uniformen tragen.*«

Er hielt das Feuerzeug an das Tuch und zündete es an. Dann rannte er los.

Kurz vor der Kapelle am Ortsausgang drehte er sich noch einmal um. Der VW-Golf stand in Flammen. Die Mannschaftswagen hatten in respektvollem Abstand angehalten. Die Beifahrertür des vorderen Wagens wurde geöffnet. Ein Carabiniere sprang heraus. Und plötzlich wusste Fabrizio, dass der Ellbogenschoner, den er auf der Straße nach Lenzari gefunden hatte, nichts mit Inlineskating zu tun hatte. Er gehörte zur dunkelblauen Kampfmontur der Spezialkräfte, die keine hundert Meter von ihm entfernt in Stellung gingen.

BETREFF: RAF
VON: Marc Burth <marc.burth@web.de>
AN: Martin Maurer <martinmaurer@yahoo.com>
DATUM: 26.05.10 00:12:17

Hallo Martin,

hast du den Artikel von Corinna Ponto in der FAS gelesen?
Thema: die RAF.
Überschrift: »Es war ein System, kein Komplex«

Ein paar Zitate daraus:

Ich befinde mich in einem düsteren, unheimlichen Geflecht, welches eindeutig durchwoben ist von Kletterknoten einer Geheimdienstgeschichte, bei der mir angst und bange wird. Und übel.

Bei der Aufarbeitung der NS-Zeit war die Kernfrage über Jahrzehnte: Was wussten die Deutschen? Bei der RAF-Aufarbeitung schien es irgendwie darum zu gehen: Was sollen die Deutschen nicht wissen?

Es ist eben nicht nur, wie bisher so oft beschrieben, ein reiner Generationenroman, es ist mindestens gleichwertig auch ein Geheimdienstroman.

Politisch gesehen gab es in dieser Zeit zwei Machtblöcke (den kommunistischen Osten und den atlantisch verbündeten Westen), deren Verhältnis zueinander bestimmt war von einem Macht- und Wirtschaftskrieg der gesellschaftlichen Systeme, flankiert vom unterschwelligen Kampf der verschiedenen politischen Geheimdienste. Im Grunde beginnt hier die Zeitrechnung der asymmetrischen Kriegsform.

Es handelt sich nicht um einen deutschen Baader-Meinhof-Komplex. Es handelt sich um ein System, um einen international vernetzten Ost-West-Komplex, mit professionell geschulten und fachmännisch eingesetzten Doppelgesichtern.

Habe im Blog was dazu gebastelt.
Hier der link:

http://prenzlauerberger.wordpress.com/2010/05/24/ein-system-kein-komplex/

Liebe Grüße
Marc

Albenga, Donnerstag, 3. Juni 2010, 13:48 Uhr

Er setzte den Blinker und fuhr von der A10 ab. Die Mautgebühr von 8,20 Euro zahlte er in bar. Er hatte sich vorgenommen, keine Kreditkarten mehr zu benutzen. Bloß keine Spuren hinterlassen. Wenn die Karten nicht sowieso schon gesperrt waren. Er streckte den Kopf aus dem Fenster. Der Fahrtwind tat gut. Er fuhr in den Kreisverkehr und auf der Via Aurelia weiter in Richtung Alassio. Marc war seit sechzehn Stunden unterwegs, hatte nur zum Tanken angehalten und dabei hin und wieder einen Kaffee oder ein Sandwich zu sich genommen. In der Nacht waren ihm die Tankstellen wie große Raumschiffe vorgekommen. Aus der Ferne hatten sie etwas Tröstliches. Sie waren Inseln in der Dunkelheit. Doch sobald er anhielt, packte ihn die Angst. Immer hatte er das Gefühl, die wenigen Menschen, die um diese Zeit unterwegs waren, warteten nur auf ihn. Sie würden aus dem Schatten treten und sich auf ihn stürzen, sobald er sich ihnen näherte. Und überall Videokameras.

Im Handschuhfach des BMWs hatte er ein Basecap gefunden und sich angewöhnt, es aufzusetzen und den Schirm tief ins Gesicht zu ziehen, bevor er aus dem Wagen stieg. Der Umweg über Frankreich hatte ihn mindestens fünf Stunden gekostet, aber er hatte Angst gehabt vor den Schweizer Grenzübergängen. Da wurde immer noch genauer nachgesehen. Er war also über Nürnberg, Karlsruhe und Straßburg nach Lyon gefahren und von dort aus über die Rhonetal-Autobahn ans Mittelmeer.

Und jetzt konnte er nicht mehr.

Der Himmel war bedeckt. Das Thermometer zeigte eine Außentemperatur von 16°C an. Um 14:03 Uhr passierte er das Ortseingangsschild von Alassio. Er konzentrierte sich auf den Verkehr. Die Ampel an der Kreuzung vor dem Bahnhof war rot, sodass er anhalten musste. Er scannte den Bahnhofsvorplatz: Es herrschte eine träge Ruhe. Siesta-Zeit. Ein paar Taxifahrer, die sich vor der Bar im linken Teil des Gebäudes versammelt hatten. Eine elegant gekleidete Dame um die fünfzig stieg aus einem Taxi. Ein Vater zerrte seinen brüllenden Sohn hinter sich her. Nichts, was ihm irgendwie verdächtig vorkam. Hinter ihm wurde gehupt. Er schaute nach oben. Es war grün. Er gab Gas, setzte den Blinker und bog nach rechts ab. Die Straße führte an der Längsseite des Bahnhofs entlang unter den Gleisen hindurch. Auf der anderen Seite bog Marc nach rechts ab. Die Straße führte nun steil den Berg hinauf. Hinter der ersten scharfen Kurve fand er einen Parkplatz. Er schaltete den Motor aus und ließ sich in den Sitz zurücksinken. Erschöpft schloss er die Augen. In zwei Stunden erst würden Conny und Anna hier sein. Am liebsten hätte er den Sitz nach hinten gestellt und geschlafen. Aber das kam nicht infrage. Er setzte das Basecap auf und stieg aus. Er schloss den Wagen ab und ging durch die Unterführung hindurch zurück zum Bahnhof. Er sah sich jeden genau an, der sich in der Nähe des Bahnhofs aufhielt, Taxifahrer, Reisende. Er ging an den parkenden Autos vorbei und spähte durch die Scheiben ins Innere. Aber er konnte nirgendwo etwas Verdächtiges entdecken. Man schien ihn nicht zu erwarten. Gut.

Er ging in die Bar und bestellte einen Espresso. Am Zeitschriftenladen in der Bahnhofshalle kaufte er sich eine Repubblica und setzte sich damit auf eine Bank auf der anderen Seite der Hauptstraße. Von hier aus hatte er den Bahnhofsvorplatz gut im Blick. Er sah die ganze Zeitung durch, ohne irgendetwas von ihrem Inhalt mitzubekommen. Seine Gedanken kreisten immer und immer wieder nur um das eine Bild: den in seinem Blut liegenden Hans Kersting.

Um 16:30 Uhr bog Conny von der Hauptstraße auf den Bahnhofsvorplatz ein. Vor ihr parkte eben ein weißer Fiat Punto aus, sodass sie den Wagen auf dem frei gewordenen Parkplatz abstellen konnte. Marc beobachtete gespannt, wie sich die Türen öffneten und Conny und Anna ausstiegen. Sie wirkten fröhlich und ausgelassen. Sie wussten noch von nichts. Anna schien sich nicht entscheiden zu können, ob sie nur die Puppe oder auch noch den Eisbären mitnehmen sollte, was zu einer kurzen Auseinandersetzung zwischen Mutter und Tochter führte. Das Ergebnis war, dass sich Conny den Eisbären und Anna die Puppe unter den Arm klemmte. Sie gingen auf den Bahnhof zu. Marc wartete einen Moment ab, aber niemand schien sie zu beachten, geschweige denn, ihnen zu folgen, also erhob er sich, überquerte die Straße und eilte ihnen nach. Er erreichte sie, noch bevor sie das Bahnhofsgebäude betreten hatten. Conny starrte ihn an wie eine Erscheinung, aber Anna sprang ihm sofort in die Arme. Marc drückte sie an sich.

»Bin ich froh, euch zu sehen«, sagte er.

»Was ist passiert?«, fragte Conny. Sie sah ängstlich aus. Sie hatte ihm sofort angesehen, dass etwas nicht stimmte.

»Lass uns zum Spielplatz gehen«, schlug Marc vor.

»Super!«, krähte Anna und schnappte sich Marcs Hand.

Sie saßen eine knappe Stunde nebeneinander auf der Bank. Während Anna auf den Spielgeräten herumturnte, erzählte Marc Conny, was in Berlin passiert war. Der Eisbär saß auf Connys Schoß. Sie hielt ihn mit beiden Händen fest.

Irgendwann, mitten in seinem Bericht, nahm Conny wortlos Marcs Hand und drückte sie. Sie hörte aufmerksam zu. Als er geendet hatte, sagte sie mit tonloser Stimme: »Jetzt ist der Boden weg.«

Marc nickte. Ja, seit Kersting ermordet worden war, hatte auch er das Gefühl, keinen Boden mehr unter den Füßen zu haben. Sie waren sich schnell darüber einig, wie sie weiter vorgehen wollten: Conny würde mit Anna nach Hause fahren. Sie mussten ab jetzt jederzeit damit rechnen, dass die Polizei vor der Tür stand. Marc würde nach Pieve fahren und heute Nacht, im Schutze der Dunkelheit, zu Fuß durch den Wald nach Lenzari hinaufsteigen. Conny würde den Schlüssel in den ENEL-Kasten legen. Wenn die Luft rein war, verabredeten sie, würde Conny ein Handtuch über die Mauer hängen. So würde Marc wissen, ob er das Haus betreten konnte oder nicht. Conny und Anna würden anfangen zu packen, sodass sie morgen um die Mittagszeit abfahrbereit wären. Marc würde sich, sobald er im Haus war, sofort daran machen, das Video zu sichten. Er musste unbedingt wissen, woran er war. Wenn es sich so verhielt, wie er hoffte, und der Mord an Kersting von seiner Handykamera aufgezeichnet worden war, wäre er entlastet. Dann würden sie nach Deutschland fahren, und er würde sich gleich an der deutschen Grenze den Behörden stellen. Das war der Plan. Anna winkte ihnen von der Rutsche aus zu. Marc winkte zurück.

»Meinst du, sie macht mit? Nicht, dass sie sich verplappert.«

»Ich werde es ihr erklären«, sagte Conny, »und wenn sie sich verplappert, ist das auch nicht so schlimm. Die Carabinieri aus Pieve können kaum Deutsch.«

»Woher weißt du das?«

»Die waren doch bei uns, wegen Papas Computer. Der ältere der beiden hat sich mit ein paar Brocken abgemüht. Er war sehr freundlich.«

Schweigen. Die kreischenden Bremsen eines Zuges. Ein Müllauto jagte in hohem Tempo die Hauptstraße entlang.

»Conny?«

»Hm?«

»Schaffen wir das?«

Sie zögerte einen Moment zu lang.

»Wir schaffen das«, sagte sie dann. Sie küssten sich. Ein paar Minuten saßen sie Arm in Arm auf der Bank und sahen Anna beim Spielen zu. Dann drückte Conny Marcs Hand und stand auf.

»Wir fahren.«

Anna wollte überhaupt nicht begreifen, warum Marc nicht mitkam, aber schließlich ließ sie sich doch von Conny zum Auto führen. Marc sah ihnen nach.

Er kaufte sich eine Flasche Wasser und ein Stück Pizza zum Mitnehmen und setzte sich damit auf die Mole. Ein paar Angler, ein paar Rentner, Familien, Kinder. Der Strand war mit Liegen und Sonnenschirmen zugestellt. Alles wirkte so friedlich. Marc kam es unwirklich vor.

Gegen 19 Uhr war er wieder beim Auto. Er hatte beschlossen, die Passstraße über Testico zu nehmen. Das dauerte mehr als doppelt so lang. Aber er musste die Zeit, bis es dunkel wurde, ja irgendwie überbrücken. Als er auf der Höhe angekommen war, brachen die letzten Strahlen der Abendsonne durch die Wolkendecke. Sie glitzerten auf der Oberfläche des Meeres, das tief unter ihm lag und heute ausgesprochen ruhig war.

Eine Stunde später erreichte er Pieve. Er parkte den Wagen neben dem grünen Altglascontainer. Direkt dahinter zweigte der Weg ab, der hinauf nach Lenzari führte. Er griff noch einmal in seine Jackentasche – das Handy war noch da. Gut. Er stellte die Lehne zurück und schlief sofort ein.

Lenzari, Freitag, 4. Juni 2010, 21:30 Uhr

Carla erwartete ihn an der Kapelle. Sie wirkte furchtbar aufgeregt.

»Sie ist weg!«, rief sie.

»Wer?«

»Ich habe ihr gesagt, sie soll hier auf mich warten.«

Fabrizio packte Carla an den Oberarmen.

»Von wem reden Sie?«

»Von Anna.«

Plötzlich leuchtete der Wald hinter ihnen auf. Sie hörten Rufe, Kommandos. Dann wurde es wieder dunkel.

»Wir müssen hier weg!« Fabrizio packte Carla am Arm und zog sie mit sich.

»Wir können Anna nicht hierlassen!«

»Wir können sie aber auch nicht suchen. Wenn die uns kriegen, bringen sie uns alle um.«

Sie sahen sich einen Moment lang in die Augen. Sie hatten einander tausend Fragen zu stellen, aber keine Zeit dafür. Es konnte nicht mehr lange dauern, bis die Männer in den Kampfanzügen das brennende Hindernis von der Straße geräumt hatten.

»Kommen Sie!« Fabrizio packte Carla am Handgelenk und zog sie mit sich. Sie stürmten den Feldweg hinunter, der von der Kapelle direkt zum Kirchplatz führte, hinein in Nebel und Dunkelheit. Sie rannten vorbei an Elisa Noès Haus. Fast wäre Carla über den Hundekadaver gestolpert, der mitten auf der Straße lag. Sie hasteten die Straße entlang bis zu einer scharfen Rechtskurve. Sie hatten das Haus der Deutschen erreicht.

»Hier entlang!« Fabrizio eilte im schmalen Durchgang voran.

»Warten Sie hier!«, rief er Carla zu, als er die Haustür erreicht hatte.

»Was haben Sie vor?«, fragte Carla.

»Oben ist ein Computer mit Beweismaterial. Bin sofort wieder bei Ihnen.«

»Was ist das für ein Haus?«

»Hier haben die Deutschen gewohnt.«

Carla runzelte die Stirn.

War das eine Möglichkeit?

»Ich komme mit«, sagte sie dann schnell. Die Tür stand immer noch offen. Fabrizio eilte sofort die Treppe nach oben. Carla folgte ihm. Als sie das Durchgangszimmer fast durchquert hatten, hörten sie Stimmen. Sie kamen aus dem großen Zimmer, das auf der rechten Seite abging. Fabrizio holte die Waffe aus seiner Jackentasche und betrat das Zimmer als Erster: Auf dem Bett saß Anna. Sie hatte Spielkarten in der Hand. Ihr gegenüber auf dem Bett saß ein hoher Carabinieri-Offizier. Ein Maggiore. Fabrizio erkannte es an seinen Schulterklappen. Er spielte Schwarzer Peter mit Anna. Als Carla hinter Fabrizio ins Zimmer stürzte und Anna erblickte, war sie unendlich erleichtert – doch dann sah sie, wer Anna gegenüber auf dem Bett saß: der Mann mit den grauen Augen.

»Da sind Sie ja«, sagte er und lächelte Carla zu.

Pieve, Freitag, 4. Juni 2010, 9:12 Uhr

Ein Schlag. Glas splitterte. Marc fuhr hoch und sah sich verwirrt um. Er realisierte, dass er noch immer im Auto war. Neben ihm warf eine dicke Frau die nächste Flasche in den Altglascontainer. Wieder splitterte Glas. Marc ließ sich stöhnend in den Sitz zurücksinken und atmete tief ein. Dann warf er einen Blick auf die Uhr am Armaturenbrett. Er hatte zwölf Stunden durchgeschlafen.

Scheiße.

Hoffentlich ist bei Conny und Anna alles in Ordnung, schoss es ihm durch den Kopf. Er rieb sich die Augen und warf einen schnellen Blick in den Rückspiegel – völlig fertig sah er aus.

Er nahm einen Schluck aus der Wasserflasche, die auf dem Beifahrersitz lag, dann schnappte er sich seine Jacke, prüfte noch einmal, ob das Handy noch da war, und stieg aus. Er verriegelte den Wagen und steckte den Schlüssel in die Hosentasche.

Es war kühl, und die Wolken hingen schwer über dem Tal. Nebel hatte die Berghänge oberhalb von Pieve verschluckt. Marc zog die Jacke an und ging mit schnellen Schritten die Straße hinauf, die nach Lenzari führte.

Eine Dreiviertelstunde später hatte er das verfallene Haus im Wald erreicht. Er warf einen kurzen Blick hinein. Alles war unverändert. Die Kreaturen hockten auf den Steinen und glotzten. Als der Wald sich eine gute halbe Stunde später lichtete, versuchte Marc sich zu orientieren. Irgendwo rechts musste Lenzari liegen. Zum Oberdorf müsste er weiter geradeaus gehen. Aber in dem Nebel, der immer dichter geworden war, je höher er kam, konnte er keine Häuser erkennen. Er hielt sich rechts. Er musste versuchen die Straße zu erreichen, die unter ihrem Haus entlangführte. Er musste wissen, ob das Handtuch über der Mauer hing, ob die Luft rein war. Als die ersten Olivenbäume wie krumme Gestalten im Nebel auftauchten, stieg er den Hang hinab, bahnte sich durch den Olivenhain hindurch seinen Weg bis hinunter zur Straße. Fünf Minuten später hatte er den Ortseingang erreicht. Das Handtuch hing über der Mauer. Erleichtert eilte Marc zwischen ihrem Haus und dem des Turiner Bauunternehmers hinauf zum ENEL-Kasten. Er holte den Schlüssel heraus und schloss die Tür auf. Er hörte Geräusche aus der Küche. Conny war dabei, den Kühlschrank auszuräumen. Anna half ihr. Als Marc die Küche betrat, stürzte Conny auf ihn zu.

»Oh Gott! Wo warst du so lange?«

»Es tut mir leid! Ich habe geschlafen wie ein Stein.«

»Ich bin hier fast wahnsinnig geworden vor Angst.«

»Tut mir leid.«

Sie umarmten sich und hielten einander fest. Anna beobachtete sie. Sie wirkte ziemlich verstört.

»Hallo Papa«, sagte sie. Marc ging zu ihr und küsste sie auf die Stirn.

»Du«, sagte Anna, »machst du mir die Kreuzspinne auf den Arm?« Marc wusste zunächst nicht, wovon sie redete, doch dann sah er, wie Anna die bunte Plastikhandtasche öffnete, die Conny ihr in Genua gekauft hatte, und das Kreuzspinnen-Tattoo herausholte. Er hatte den Mund schon geöffnet, um ihr zu sagen, dass das gerade ein ganz schlechter Zeitpunkt sei, aber dann sah er ihren erwartungsvollen Blick und schob sie zur Spüle.

»Na komm.«

Er drehte den Wasserhahn auf.

»Rechts oder links?«

Anna überlegte einen Moment, dann streckte sie ihm den linken Arm entgegen. Marc betupfte ihren gebräunten Arm etwa fünf Zentimeter oberhalb des Handgelenks mit Wasser, während Anna die Verpackung des Tattoos aufriss.

»Dolle drücken, ja?«, mahnte Anna.

Marc hielt den Arm seiner Tochter fest und drückte. Dolle.

Während Anna gespannt auf ihren Arm starrte, konnte Marc seinen Blick nicht von ihr abwenden.

Hoffentlich wird alles gut, dachte er.

»Packen ist ganz schön viel Arbeit«, stöhnte Conny. Klar, sie waren fast ein halbes Jahr hier gewesen und hatten sich in dem großen Haus ordentlich ausgebreitet.

»Es muss ja nicht aussehen wie geleckt«, sagte Marc.

»Aber wir können Dirk und Maike auch kein Chaos hinterlassen, das geht nicht. Nehmen wir den Joghurt mit?« Sie hielt einen Becher Vanillejoghurt in die Höhe.

»Ja!«, rief Anna, und Conny stellte den Joghurt zu den Lebensmitteln, die sie mitnehmen würden.

»Jetzt ist die Spinne aber fertig, was?«, sagte Marc. Anna nickte, und Marc zog vorsichtig und gleichmäßig das Papier von Annas Arm. Die Kreuzspinne war großartig geworden.

»Man sieht sogar die Härchen an den Beinen!« Anna strahlte. Marc steckte das Tattoopapier gedankenverloren in seine Hosentasche.

»Wo ist dein Ladegerät?«, fragte er Conny.

»Ich glaube oben«, sagte sie.

Fünf Minuten später saß er am kleinen Tisch im Schlafzimmer und überspielte die Aufzeichnung der Handykamera auf seinen Laptop. Der Laptop stand, seit er die Wohnung des Marokkaners verkabelt hatte, nachts immer im Schlafzimmer. Damit Marc es mitbekäme, falls beim Marokkaner etwas passierte. Ungeduldig wartete Marc, bis die Daten überspielt waren. Dann drückte er auf Play.

Das Erste, was er sah, war sein eigenes Gesicht, groß und angespannt. Er trat zurück und gab den Blick frei auf den Tisch, die Stühle, rechts den Kamin.

Gut, die Kamera war in einer guten Position. Marc war erleichtert. Da registrierte er eine Bewegung neben dem Kamin. Als wische ein Schatten über das Bild. Er hielt den Film an und spulte zurück. Als er ihn erneut ablaufen ließ, erkannte er Kerstings Kopf. Für einen Moment nur lugte er hinter der Kaminecke hervor.

Er hat es gewusst! Er hat die ganze Zeit gewusst, dass ich das Treffen aufnehme. Und er hat nichts gesagt.

Das Warten auf den Unbekannten, ihre kurzen Gespräche, um die Zeit zu überbrücken, der Ton war okay. Wie angespannt sie beide aussahen, dachte Marc. Endlich das Schrillen der Türglocke. Sie werfen sich einen Blick zu, Kersting verschwindet hinter dem Kamin aus dem Bild. Marc bleibt am Tisch stehen. Nervös schaut er direkt in die Kamera. Kersting führt den Unbekannten zum Tisch. Begrüßung. Man setzt sich.

Marc fiel auf, dass sich Kersting, der Gastgeber, an dem Unbekannten vorbeiquetschte und mit dem Rücken zum Bücherregal Platz nahm. Es war für einen Gastgeber so ziemlich der ungünstigste Platz, den man sich vorstellen konnte, musste er sich doch jedes Mal entweder an dem Unbekannten vorbeizwängen oder ganz um den Tisch herumgehen, wenn er Getränke oder sonst etwas holen wollte. Das war Marc an jenem Abend gar nicht aufgefallen.

Der Unbekannte beginnt zu erzählen. Der Ton war gut, der Mann deutlich zu verstehen. Marc wurde ungeduldig, er überlegte kurz, ob er vorspulen sollte, entschied sich dann aber dagegen. Vielleicht gab es ja noch weitere Details, die er an jenem Abend nicht bemerkt hatte. Er schaute sich also alles noch einmal konzentriert an, hörte dem Unbekannten aufmerksam zu. Seine Geschichte kam ihm noch immer unglaublich vor. Dann kam der Moment, als Kersting den Mann unterbrach.

»Ich muss einen Blick auf Ihre Unterlagen werfen, ja?«, sagt Kersting mit dem Rücken zur Kamera. »Ich muss wissen, woran ich bin.«

»Bitteschön.« Der Unbekannte schiebt Kersting die Mappe zu. Kersting öffnet die Mappe und holt die Papiere heraus. Und jetzt verstand Marc, warum Kersting ausgerechnet diesen Platz gewählt hatte. Er hielt die Papiere in die Kamera. Marc erkannte den roten Stempel auf dem Dokument: VS-VERTRAULICH ... dann folgte eine mehrstellige Zahl. Er würde sich das später in Ruhe anschauen, mithilfe des Bildbearbeitungsprogramms würde sich der Text problemlos lesen lassen, davon war Marc überzeugt. Ungeduldig starrte er auf den Monitor. Über einen Zeitraum von mehreren Minuten waren nur die Papiere im Bild zu sehen, während man Marc mit dem Unbekannten sprechen hörte. Einige Namen tauchten immer wieder auf: Es waren die Namen von bekannten RAF-Terroristen. Die Namen konnte er mit bloßem Auge erkennen.

Mit leichtem Kopfschütteln legt Kersting die Papiere schließlich zur Seite. »Unglaublich«, sagt er. Marc, der ihm gegenübersitzt, wirft ihm einen fragenden Blick zu.

Jetzt musste es bald so weit sein. Marc starrte nervös auf den Bildschirm. Bald musste der Alarm losgehen.

Der Unbekannte spricht weiter: »Ich habe eine Verantwortung gegenüber diesem Land. Deutschland befindet sich mitten im ›War on terror‹. Es ist ein fundamentaler Unterschied, ob Sie die Strategie der Spannung einsetzen, um einen Krieg zu verhindern, oder ob Sie mit dieser Strategie einen Krieg rechtfertigen. Die Leute müssen wissen, was gelaufen ist und was immer noch läuft, sonst kommt es zur Katastrophe. Davon bin ich überzeugt.« Der Griff in die Schale mit den Erdnussflips. Die Alarmanlage war auf der Tonspur nur sehr leise zu hören.

Marc wendet sich Richtung Fenster, schaut hinaus und erhebt sich.

»Wenn ich zurückkomme, reden wir über den Mann mit dem Schnauzbart, in Ordnung?«

Der Mann nickt. »Ja, das machen wir.«

Marc geht am Kamin vorbei und aus dem Bild.

Jetzt!

Der Unbekannte sieht Kersting prüfend an.

»Werden Sie den Artikel schreiben?«

Kersting wischt mit der rechten Hand über seine linke Schulter. Ein echter oder imaginärer Krümel, irgendwas, das wegmusste jedenfalls.

»Diese Dokumente ...«

»... beweisen die Zusammenarbeit einzelner RAF-Mitglieder mit den Geheimdiensten«, unterbricht der Unbekannte, »sie beweisen, dass staatliche Stellen über Terroranschläge informiert waren, bevor diese stattgefunden haben.«

Jetzt musste es passieren, dachte Marc, jeden Moment musste der Unbekannte das Jagdmesser aus seiner Jacke holen ... oder sonst woher. Aber er tat es nicht. Marc starrte voller Spannung auf den Bildschirm. Der Mann blieb auf seinem Stuhl sitzen und hörte Kersting zu.

»Das sind streng geheime, gesperrte Dokumente. Ich kann die nicht einfach ...«

Es waren Schatten, unglaublich schnelle Schatten, Marc konnte nicht einmal die Richtung erkennen, aus der sie gekommen waren. Sie waren einfach da. Sie trugen dunkelgraue Kampfmonturen; Sondereinheiten, schätzte Marc, aber nirgendwo war ein Hinweis darauf zu erkennen, ob sie zur Polizei gehörten oder zum Militär. Sie trugen Sturmhauben. Zwei stürzten sich auf den Unbekannten. Eine Hand im Lederhandschuh hielt dem Mann etwas unter die Nase, was Marc nicht erkennen konnte. Eine Sekunde später sackte der Mann wie leblos in sich zusammen. Dann wurde das Bild schwarz. Einer der Männer musste vor dem Kameraobjektiv stehen. Plötzlich ein gedämpfter Aufschrei. Sie mussten Kersting den Mund zugehalten haben, während sie ihn erstachen.

Als die Kamera wieder freien Blick hatte, war der Unbekannte bereits verschwunden, ebenso seine Aktenmappe und die Papiere, die auf dem Tisch gelegen hatten. Einer der Schatten huschte am Kamin vorbei und verschwand, während von links ein anderer ins Bild trat. Er stand frontal vor der Kamera, schaute prüfend über den Tisch, rückte einen Stuhl zurecht und verschwand dann ebenfalls rechts aus dem Bild.

Marc drückte auf Stop. Sein Herz raste. Er ließ sich in den Stuhl zurückfallen.

Sie hatten während des Überfalls kein Wort gewechselt, sie hatten überhaupt keine Geräusche gemacht. Und Marc konnte nicht einmal genau sagen, wie viele es eigentlich waren. Vier? Fünf?

Er saß bewegungslos auf dem Stuhl und starrte den ebenfalls bewegungslosen Bildschirm an. Darauf war ein leerer Raum zu sehen, mit einem Tisch, auf dem eine Schale mit Knabberzeug stand und drei Gläser, und plötzlich wusste Marc, dass er keine Chance hatte.

Er war wie gelähmt. Er konnte nicht sagen, wie lange er so dagesessen und auf den Bildschirm gestarrt hatte. Als Conny ihre Hand auf seine Schulter legte, erschrak er. Er hatte sie nicht kommen hören.

»Und?«, fragte sie. Marc zeigte ihr die Bilder des Überfalls.

»Scheiße«, sagte Conny, als Marc wieder auf Stop drückte.

Ihre Stimme klang gepresst. Marc musste sie nicht ansehen, um zu wissen, dass sie kurz davor war, die Nerven zu verlieren.

»Immerhin beweist es, dass du unschuldig bist«, sagte sie schließlich.

»Ich habe leider das Gefühl, dass mir das nichts nützen wird«, antwortete Marc.

Plötzlich war sie vor ihm. Sie umfasste seinen Kopf mit beiden Händen und drückte ihre Stirn gegen seine.

»Du darfst dich jetzt nicht hängen lassen, tu uns das nicht an! Lass uns einpacken und verschwinden. Und lass uns schnell machen, ja?«

Marc nickte.

»Auf der Dachterrasse steht noch das Planschbecken. Das müssen wir abbauen.«

»Mach ich gleich.«

»Unten gibt's Resteessen. Anna hatte Hunger. Kommst du?«

Sie gingen gemeinsam hinunter in die Küche. Er schnappte sich ein Sandwich mit Tomaten und Mozzarella und eilte damit ganz nach oben. Hier stand die Videokamera. Die musste er auch noch abbauen. Eins nach dem anderen. Er trat auf die Dachterrasse und aß sein Sandwich im Stehen. Der Nebel wurde von Minute zu Minute dichter. Vom Berg her kam Wind auf. Das aufblasbare Planschbecken wirkte bei diesem Wetter völlig fehl am Platz. Blätter und tote Insekten trieben auf dem Wasser. Als Marc ein Taschentuch aus der Hosentasche zog, um sich den Mund abzuwischen, fiel das Kreuzspinnentattoo heraus. Es wurde vom Wind erfasst und über die Balustrade hinweggetragen, auf das Haus des Marokkaners zu. Marc sah ihm nach.

Dann leerte er das Planschbecken. Das Wasser war kalt. Er öffnete die Ventile und ließ die Luft heraus. Er hatte das Gefühl, dass es ewig dauerte, bis die Luft so weit hinausgeströmt war, dass er das Planschbecken zusammenfalten und sich unter den Arm klemmen konnte. Er trug das Plastikungetüm nach unten und verstaute es im Kellerraum, der hinter der Küche lag. Die Küche selbst war ein einziges Chaos. Anna malte. Conny saß hilflos zwischen mehreren Kisten.

»Keine Ahnung, wie wir heute noch loskommen wollen«, stöhnte sie.

»Das kriegen wir sowieso nicht alles mit«, sagte Marc. Er half Conny in der Küche. Es dauerte, bis sie im Erdgeschoss alles einigermaßen im Griff hatten.

Um kurz vor drei schloss Marc die Tür zur Dachterrasse und prüfte mehrmals, ob sie auch wirklich geschlossen war. Er warf einen letzten Blick nach draußen, aber von dem ansonsten atemberaubenden Panorama war heute nichts zu sehen. Alles um sie herum schien vom Nebel verschluckt worden zu sein.

Er schraubte die Kamera vom Stativ und spulte den Film zurück. Während er das Stativ zusammenlegte, entdeckte er aus dem Augenwinkel etwas auf dem Kameramonitor, was ihn zusammenfahren ließ. Schnell drückte er auf Stop und ließ dann den Film in normaler Geschwindigkeit ablaufen. Es dauerte eine Weile – Marc wollte gerade vorspulen –, bis zwei uniformierte Carabinieri ins Bild kamen. Sie hatten der Kamera den Rücken zugewandt und gingen auf das Haus des Marokkaners zu. Obwohl er ihre Gesichter nicht sehen konnte, wusste Marc, dass es nicht die beiden Carabinieri aus Pieve waren, die sonst immer zum Marokkaner kamen. Diese beiden hatten andere Staturen. Der eine war auffallend groß und der andere ... sie waren nun vor der Tür des Marokkaners angekommen, und der zweite Mann wandte seinen Kopf, sodass sein Profil zu erkennen war. Es war der Schnauzbart. Ohne Zweifel. Marcs Atem stockte. Der Schnauzbart schloss die Tür auf, und die beiden Männer verschwanden im Haus.

03/06/10 05/52 PM zeigte das Display an. Die Aufnahme war gestern gemacht worden, während er sich mit Conny und Anna in Alassio getroffen hatte.

Marc stürmte die Treppe hinunter und stürzte an seinen Laptop. Den Stuhl schob er so vehement zur Seite, dass er umfiel. Im Stehen öffnete er den Ordner »Marokko«. Er enthielt nur Audiodateien. Er klickte die aktuellste an.

Die Aufnahme setzte mit einem Schrei ein. Marc hörte schweres Atmen, dumpfe Schläge und Wimmern. Es war die Stimme des Marokkaners. Plötzlich veränderte sich die Stimme. Sie klang gedämpft, als dringe sie durch eine schallisolierte Wand hindurch. Sie mussten ihn geknebelt haben.

Dann redete ein Mann mit auffallend hoher, ruhiger Stimme. Marc wusste nicht, ob das der Schnauzbart war, er hatte ihn noch nie reden hören. Aber Marc vermutete es. Der Mann fragte den Marokkaner, ob das seine Mutter sei und das seine Schwester und das sein kleiner Bruder. Offenbar zeigte er ihm Fotos. Das Wimmern und Stöhnen des Marokkaners wurde immer lauter.

»Schön ruhig bleiben«, sagte die hohe Stimme.

Ein dumpfes Geräusch war zu hören. Der Marokkaner stöhnte auf.

»Wenn du mit uns zusammenarbeitest, passiert deiner Familie nichts, okay?«, fuhr die hohe Stimme fort, »wenn dich irgendjemand fragt: Du hast uns nie gesehen, okay?«

Wieder ein dumpfer Schlag. Und wieder stöhnte der Marokkaner auf.

»Hast du das verstanden?«

Wimmern war die Antwort.

»Das gilt auch für ein eventuelles Verhör. Wenn du uns erwähnst, ist deine Familie tot, klar?«

Zustimmendes Röcheln.

Ein Handy klingelte. »Pronto«, sagte die hohe Stimme. Schritte auf dem Steinboden. Offenbar ging der Mann in die Küche, zum nächsten Mikrophon.

Der Mann lauschte, zwischendurch sagte er immer wieder Ja, Ja. Und dann mit fast amüsiertem Ton: »Ein Deutscher? Hier in Lenzari?«

Marcs Beine wurden weich. Er stemmte beide Arme auf die Tischplatte. Mit wachsendem Entsetzen hörte er den Mann davon reden, dass er eine Idee habe, wie man zwei Fliegen mit einer Klappe schlagen könnte. Er werde sich darum kümmern. Ja, auch um den Deutschen. Die Aktion werde dadurch noch spektakulärer. Keine Sorge, er brauche keine vierundzwanzig Stunden, dann seien er und seine Leute bereit.

Erneut ein dumpfer Schlag aus dem Nebenzimmer. Das Wimmern.

Der Mann in der Küche beendete sein Telefonat. Schritte auf dem Steinboden. Und plötzlich Motorengeräusche. Marc brauchte einen Moment, bis er realisierte, dass die nicht aus den Lautsprechern des Laptops kamen. Er hob den Kopf und sah aus dem Fenster: Vor der Kirche hielten in diesem Moment zwei schwarze Vans mit getönten Scheiben. Die Heckklappen wurden aufgerissen, und aus jedem Van stürmten fünf Männer nach draußen. Sie trugen militärisch aussehende Kleidung, aber keine einheitlichen Uniformen, soweit Marc das erkennen konnte. Aber alle trugen Sturmhauben, einige hatten Macheten in der Hand. Marc riss das Handy vom Ladegerät und stolperte rückwärts, weg vom Fenster. Bevor er sich umwandte, sah er, wie ein schwarzer Audi A6 mit getönten Scheiben auf den

Kirchplatz fuhr. Das Nummernschild konnte er aus dieser Entfernung nicht erkennen, aber er war sicher, dass es ein deutsches war. Er rannte zur Tür, die Treppe nach unten.

»Anna! Conny!«, brüllte er. Fast wäre er auf der Treppe gestürzt. Er erreichte die Diele.

Anna kam ihm aus der Küche entgegen und starrte ihn mit großen Augen an.

»Anna! Nimm das Handy!« Marc öffnete die Tür. »Lauf! Lauf den Berg runter, schnell! Schau dich nicht um!«

»Und du?«

»Ich hol die Mama und komm nach! Lauf!«

»Ich warte!«

»DU SOLLST LAUFEN. HAU AB!« Er brüllte sie an, wie er sie noch nie angebrüllt hatte. Sie schaute ungläubig, Tränen traten ihr in die Augen. Er schubste sie zur Tür.

»Lauf!«

Anna rannte. Er hörte ihre Schritte draußen. Sie hallten im Durchgang. Marc wandte sich um.

»Conny!«

»Bin im Keller!«, kam die Antwort. Marc rannte in die Küche, fast wäre er über einen Karton gestolpert.

»Verdammt, Conny!« Er erreichte die Kellertür.

»Ich habe den Boiler ausgeschaltet ...« Sie sah sein Gesicht und erschrak. »Was ist los?«

Der Keller ging nach vorne hinaus, zur Straße. Er war fensterlos, nur ein etwa zehn mal zehn Zentimeter großes Loch war im Mauerwerk. Es war mit Maschendraht verkleidet.

Draußen waren Schreie zu hören. Verzweifelte Schreie.

Conny starrte Marc entsetzt an.

»Was ist das?« Sie flüsterte.

»Sie sind da.«

»Wo ist Anna?« Conny schrie. Sie stürmte aus der Tür. Marc rannte ihr nach.

»Sie ist losgerannt. Ich hoffe, sie schafft es.«

Sie hörten Schritte vor dem Haus, dann wurde die Tür aufgestoßen, so heftig, dass sie gegen die Wand knallte. Marc und Conny blieben wie gelähmt im Raum stehen. Zwei Männer kamen auf sie zu. Ihre Augen fixierten sie durch die Löcher in den Sturmhauben.

»Es tut mir leid, Conny«, sagte Marc.

Die Männer stürzten sich auf sie. Bereits der erste Schlag nahm Marc die Besinnung.

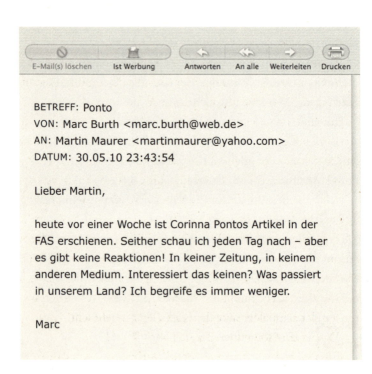

BETREFF: Ponto
VON: Marc Burth <marc.burth@web.de>
AN: Martin Maurer <martinmaurer@yahoo.com>
DATUM: 30.05.10 23:43:54

Lieber Martin,

heute vor einer Woche ist Corinna Pontos Artikel in der FAS erschienen. Seither schau ich jeden Tag nach – aber es gibt keine Reaktionen! In keiner Zeitung, in keinem anderen Medium. Interessiert das keinen? Was passiert in unserem Land? Ich begreife es immer weniger.

Marc

Lenzari, Freitag, 4. Juni 2010, 21:36 Uhr

»Jetzt müssen Sie mir aber erklären, warum Sie das Kind aus dem Krankenhaus entführt haben.« Der Mann mit den grauen Augen sah ihr direkt ins Gesicht. Er lächelte. Sein Blick traf sie wie ein Schlag mit dem Gummiknüppel.

Du musst die anderen warnen! Die wissen nichts über ihn!

Aber Carla brachte keinen Ton über die Lippen. Sie beobachtete, wie der Mann mit dem leichten Buckel unsicher wurde. Er schien nicht zu wissen, wie er sein Gegenüber einzuschätzen hatte. Die Waffe hatte er noch immer auf ihn gerichtet.

Gut so. Er ist böse!

»Maggiore, hören Sie«, begann Fabrizio, aber der Maggiore unterbrach ihn.

»Sie sind Brigadiere Fabrizio Altieri?«

»Ja«, sagte Fabrizio, »wir müssen verschwinden. Jeden Moment kann die Mördertruppe hier sein, die das Blutbad hier angerichtet hat. Sie sind schon oben im Wald.«

Der Mann mit den grauen Augen lachte.

»Das sind meine Männer. Wir sind hier, um Ihnen und Ihrem Kollegen zu helfen, Brigadiere. Nachdem wir so lange keinen Funkkontakt mit Ihnen hatten, war klar, dass hier was passiert sein musste. Wir lassen doch unsere Leute nicht im Stich.«

Carla verfolgte gespannt jedes Wort, das gesprochen wurde. Sie sah, wie der Mann, der Fabrizio hieß, immer unsicherer wurde.

»Wissen Sie, was das ist?« Der Maggiore hatte plötzlich ein rechteckiges Kästchen in der Hand. Drei kleine Antennen waren auf der schmalen Seite des Kästchens angebracht.

»Das ist ein Störsender«, sagte Fabrizio.

»Diese Dinger haben wir überall gefunden. Die Islamisten

haben das gesamte Handynetz lahmgelegt. Das heißt, wir haben es mit einer Truppe zu tun, die ziemlich professionell vorgeht.«

Er lügt! Glaub ihm kein Wort!

Aber sie sah, dass Fabrizio ihm glauben wollte.

Der Mann mit den grauen Augen lächelte Fabrizio zu.

»Wo ist Ihr Kollege eigentlich?«

»Er ist tot.« Fabrizio ließ die Waffe sinken.

»Oh … das tut mir leid«, sagte der Maggiore.

Er lügt dich an! Begreif es doch!

Carla blickte in Fabrizios Gesicht und sah, dass er keine Kraft mehr hatte, sich gegen die Lügen zu stemmen. Also musste sie das in die Hand nehmen. Fabrizio stand neben ihr. Mit einer schnellen Bewegung zog sie die Beretta aus seinem Hosenbund, entsicherte und richtete sie auf den Mann mit den grauen Augen.

»Er lügt!«, schrie sie. »Er ist einer von ihnen!«

Fabrizio sah sie entsetzt an.

Bevor Carla reagieren konnte, hatte der Maggiore Anna gepackt. Sein Arm hatte sich wie eine Zange um ihren Hals gelegt. Er zog sie zu sich. Plötzlich hatte er eine Waffe in der Hand. Er drückte sie an Annas Schläfe.

»Wie du meinst.« Seine Stimme war ruhig. »Du legst jetzt die Pistole auf den Boden. Und Sie, Brigadiere«, wandte er sich an Fabrizio, »verhaften diese Frau. Sie hat das Kind entführt.«

Als Fabrizio zögerte, herrschte ihn der Maggiore an: »Das ist ein Befehl!«

»Hören Sie nicht auf ihn!«, schrie Carla, »ich habe die ganze Zeit versucht, Anna vor ihm in Sicherheit zu bringen. Er wird uns töten. Sie müssen mir glauben.«

Als Fabrizio immer noch zögerte, brüllte sie Anna auf Deutsch an, so laut sie konnte: »Beiß ihm in die Hand, Anna! Und dann weg von ihm!«

Anna zögerte nur kurz, dann biss sie zu. Der Mann mit den grauen Augen schrie auf.

»Weg, Anna!«, brüllte Carla. Anna warf sich auf den Boden und Carla drückte ab. Sie traf ihn in die Schulter. Seine Waffe fiel zu Boden.

»Was wollten Sie von Anna?« Carla ging mit der Waffe in der Hand auf den Mann zu.

»Schießen Sie, Brigadiere!« rief dieser Fabrizio zu. »Die Frau ist wahnsinnig!«

Carla drückte wieder ab. Sie traf ihn in den Oberschenkel. Er brüllte auf vor Schmerz.

»Hören Sie auf!«, rief Fabrizio ihr zu. Aber es klang nicht entschieden.

Von draußen drang Motorengeräusch zu ihnen. Carla stand vor dem Mann mit den grauen Augen. Sie richtete die Waffe auf seinen Kopf.

»Was wollen Sie von Anna?«

Keine Antwort. Er stöhnte vor Schmerzen.

Carla senkte die Waffe und drückte ab. Sie zerschoss ihm die linke Kniescheibe.

»Schluss jetzt!«, schrie Fabrizio. Er richtete die Waffe auf sie.

»Was wollen Sie von Anna?«

»Das Handy.« Es war mehr ein Stöhnen als eine Antwort. Er sah Carla flehend an. Aber Carla zielte auf seinen Kopf und drückte ab.

Carla half Anna vom Boden auf. Fabrizio stand noch immer mit gezogener Waffe im Raum.

»Was haben Sie getan?« Er starrte auf die blutüberströmte Leiche des Maggiore.

»Das Richtige. Und jetzt müssen wir hier weg!«

Fabrizio schien sich zu fangen. Er steckte die Waffe weg, eilte zum Schrank und riss ihn auf.

»Was suchen Sie?«, fragte Carla.

»Den Computer. Ich hatte ihn hier versteckt.« Er durchwühlte hektisch das Fach. Aber der Computer war weg. Sie hatten ihn bereits gefunden.

In dem Moment fuhr der erste Mannschaftswagen auf den Kirchplatz.

»Schnell! Raus hier!« Carla zerrte Anna hinter sich her. Fabrizio folgte ihnen.

Als sie aus dem Haus stürmten, hörten sie, wie Wagentüren aufgerissen wurden.

»Hier entlang.« Fabrizio dirigierte Carla und Anna um das Haus herum zur Straße, die talwärts führte. Als sie die Straße erreicht hatten, hörten sie hinter sich Schritte und Kommandos. Sie rannten in den Nebel. Hinter der Kurve waren sie von oben nicht mehr zu sehen.

Ein paar Minuten später hatten sie unbemerkt den Schuppen erreicht. Fabrizio löste die Handbremse des Alfas. Sie mussten nicht schieben, der Hang war steil genug. Der Wagen rollte von selbst. Sie sprangen ins Auto, Carla und Anna auf die Rückbank. Fabrizio hinter das Steuer. Carla legte den Arm um Annas Schulter, und Fabrizio steuerte sie durch den Nebel. Geräuschlos glitten sie den Berg hinunter.

Narbonne, Samstag, 5. Juni 2010, 5:30 Uhr

Der Morgen dämmerte über dem Meer. Die Scheinwerfer erfassten das Schild: Narbonne 10 km. Fabrizio war die ganze

Nacht durchgefahren, ohne klares Ziel. Ein Blick auf die Treibstoffanzeige sagte ihm, dass er tanken musste.

Ihre Flucht war entgegen allen Erwartungen reibungslos verlaufen. Auf der Strecke nach Vessalico war ihnen niemand entgegengekommen. Bei Gian-Luca im Restaurant war noch Licht gewesen, und der hatte sie wie selbstverständlich nach Pieve gefahren. Dort waren sie in Cesares Privatwagen umgestiegen. Vor der Grenze hatten sie alle Angst gehabt, aber nirgendwo waren Polizisten zu sehen gewesen. In Frankreich hatten sie sich etwas sicherer gefühlt. Kurz hinter Nizza war Anna eingeschlafen. Carla hatte sich dann nach vorne auf den Beifahrersitz gesetzt, und sie hatten endlich die Gelegenheit gehabt, sich auszutauschen. Jeder hatte dem anderen erzählt, was er an diesem furchtbaren Tag erlebt hatte. Endlich verstand Fabrizio Carlas Reaktion. Und er war ihr dankbar.

Ohne sie wäre er jetzt tot gewesen.

Eine Art natürlicher Trägheit hatte ihn übermannt, als er vor dem Maggiore stand. Er wollte nicht mehr kämpfen. Er wollte, dass alles gut würde. Er hätte nicht auf ihn geschossen. Bestimmt nicht. Und das wäre fatal gewesen, denn Carla hatte recht gehabt: Der Maggiore gehörte zu den Mördern. Er war nicht nach Lenzari gekommen, um ihm und Cesare zu helfen, wie er behauptet hatte, sondern um Anna einzufangen, eine Zeugin des Massakers. Und wegen des Handys.

Es war gespenstisch gewesen. Gleich hinter der Grenze hatte Anna ohne besonderen Anlass zu erzählen begonnen. Wie ihr Vater ihr das Handy gegeben und sie angeschrien hatte, wie sie losgerannt war und sich im Garten des Nachbarhauses hinter einem Oleander versteckt hatte. Von dort aus hatte sie beobachtet, wie sie Mario abschlachteten. So viel Blut. Und sie hatte die Todesschreie der anderen Opfer gehört, die irgendwann von den plötzlich einsetzenden Glocken übertönt worden waren. Sie hatte beobachtet, wie Enzo, der ihnen irgendwie entkommen sein musste, sich Marios Leiche auf den Rücken packte und damit in Richtung Wald verschwand. Sie war hinter dem Oleander sitzen geblieben, bis sie die Männer ohne Gesichter nicht mehr sehen konnte. Dann war sie losgerannt, wie ihr Vater es gesagt hatte, den Berg hinunter, durch mannshohe Dornenhecken hindurch. Sie hatte nicht mehr nach ihren Eltern geschaut. Sie wusste nicht, was mit ihnen passiert war. Deshalb hatte sie Carla später hinauf nach Lenzari geführt. Sie wollte zurück zum Haus. Sie wollte zu ihren Eltern. Aber ihre Eltern waren verschwunden.

Nachdem sie das erzählt hatte, war sie sehr bald eingeschlafen. Fabrizio und Carla hatten sich sofort das Handy vorgenommen und das Video schnell entdeckt. Carla hatte ihm übersetzt, was da gesprochen wurde. Ihm war die Bedeutung des Films sofort klar. Er konnte ihre Lebensversicherung, aber auch ihr Todesurteil sein. »Woher wusste der Maggiore eigentlich, dass Anna das Handy mit dem Video bei sich hatte?«, fragte Carla, nachdem sie sich die Aufzeichnung zum zweiten Mal angesehen hatten. Fabrizio stutzte – so weit hatte er bis jetzt noch nicht gedacht, aber es war tatsächlich eine entscheidende Frage. Nicht einmal Anna selbst hatte von dem Video gewusst. Blieb also nur Annas Vater übrig. »Die Leichen von Annas Eltern habe ich nirgends gesehen«, sagte Fabrizio. »Weder im Haus, noch im Garten … möglicherweise …«

»… vielleicht sind sie gar nicht getötet worden«, spann Carla den Gedanken weiter, »vielleicht hat man sie entführt.«

»Aber warum?«

»Weil sie herausfinden wollten, was genau Annas Vater über sie wusste.«

Der Laptop, überlegte Fabrizio. Sie hatten den Laptop gefunden, den er im Kleiderschrank versteckt hatte. Sie wussten also auf jeden Fall, dass Annas Vater das Haus des Marokkaners überwacht hatte. Und plötzlich wurde ihm klar, dass auch das Berlin-Video auf dem Rechner gewesen sein musste, wie sonst hätten sie davon wissen können? Sie mussten um jeden Preis an das Original kommen – das sich auf dem Handy befand, das Carla jetzt in der Hand hielt.

»Das würde heißen, dass Annas Eltern vielleicht noch leben?«, sagte Fabrizio. Es war mehr eine Frage als eine Feststellung, aber Carla zuckte nur mit den Schultern.

»Ja, vielleicht.«

Sie kletterte wortlos nach hinten auf den Rücksitz und setzte sich neben die schlafende Anna. Sie legte ihr den Arm um die Schultern und zog sie an sich.

Nachdem sie eine Weile schweigend weitergefahren waren, jeder mit seinen Gedanken beschäftigt, überlegten sie, wie sie weiter vorgehen sollten. Anfangs hatte Fabrizio noch gedacht, es sei das Klügste, sich sofort den französischen Behörden zu stellen. Nachdem er aber den Film auf dem Handy gesehen hatte, wurde ihm bewusst, dass das naiv war. Ihre Gegner waren international vernetzt, und sie saßen in vielen Behörden. Für Carla kam es überhaupt nicht in Frage, sich zu stellen. Was aber sonst? Was hatten sie für Alternativen? Kurz vor Marseille war auch Carla eingeschlafen, ohne dass sie zu einer Entscheidung gekommen waren.

Vor ihm tauchte eine Tankstelle auf. Fabrizio setzte den Blinker und fuhr von der Autobahn ab. Es herrschte kaum Betrieb, nur ein holländisches Wohnmobil stand einsam und verlassen vor einer der Zapfsäulen. Kein Mensch war zu sehen. Als er den

Motor ausgeschaltet hatte und sich einen Moment lang im Sitz zurücklehnte, überfiel ihn die Erschöpfung schlagartig. Wie gerne hätte er jetzt einfach geschlafen. Wie seine beiden Mitfahrerinnen. Er warf einen Blick in den Rückspiegel. Anna hatte ihren Kopf an Carlas Schulter gelegt, ihr Mund war geöffnet, sie schnarchte leise. Ein friedliches Bild. Fabrizio öffnete die Wagentür und stieg aus. Die Luft war frisch, sie roch nach Diesel und Meer. Er tankte voll und ging nach drinnen, um zu bezahlen. Danach setzte er sich an die Bistrotheke und bestellte einen Kaffee. Während er an der heißen Flüssigkeit nippte, fiel sein Blick auf den Fernseher. Eben hatten die 6-Uhr-Nachrichten begonnen. Fabrizio sah Bilder vom Tatort Lenzari. Das gesamte Dorf war hell erleuchtet, es sah gespenstisch aus. »Würden Sie bitte lauter machen?«, rief er der Bedienung zu. Sie sah ihn mit ausdruckslosem Gesicht an und stellte den Ton lauter.

Er sah die Kriminaltechniker in ihren Overalls vor Marios Haus. Ein sichtlich betroffener Minister wurde auf dem Kirchplatz interviewt. Im Hintergrund war die Wolldecke zu sehen, die aus dem Fenster von Elisa Noès Haus hing. Alles deute auf fanatische Muslime hin, sagte der Nachrichtensprecher. Ein Bekennervideo wurde eingeblendet. Wegen der schlechten Qualität des Videos dauerte es einen Moment, bis Fabrizio den Marokkaner erkannte, der mit schleppender Stimme etwas auf Italienisch sagte. Es war bis auf die Worte »heiliger Krieg« und »Europa« kaum zu verstehen.

Erste Stimmen sprachen davon, dass nach den Anschlägen von Madrid 2004 und London 2005 der islamistische Terror nach Europa zurückgekehrt sei. Nach den Bildern vom Tatort zeigte der Sender den ausführlichen Kommentar eines französischen Journalisten. Wenn Fabrizio den Mann richtig verstand, forderte er ein geschlossenes Vorgehen aller europäischen Länder gegen den Terror, denn es handle sich nicht um ein spezifisch italienisches Problem, sondern um ein Szenario, das in jedem anderen Land so oder ähnlich denkbar wäre. Mit den Worten »Europa muss seine Bevölkerung schützen« schloss der Kommentar.

Dann kam der nächste Bericht. Französische Innenpolitik. Fabrizio nahm sich eine Packung Erdnüsse vom Tresen und bezahlte.

Zwanzig Minuten später fuhr er von der Autobahn ab in Richtung Leucate Plage. Hinter dem Ortsschild machte die Straße eine scharfe Kurve. Fabrizio bremste ab und schaltete in den zweiten Gang. Er parkte den Wagen gegenüber einer Kitesurfschule und stellte den Motor aus. Links lag dunkel und still das Meer. Er drehte sich um und schaute nach hinten: Auf der Rückbank hatten sich Carla und Anna eng aneinandergeschmiegt. Sie schliefen noch immer. Fabrizio öffnete die Tür und stieg aus. Vom Meer her kam eine frische Brise. Die Luft schmeckte salzig. Leise schloss er die Wagentür und ging zum Strand.

Fabrizio zog seine Schuhe aus und stapfte barfuß durch den Sand. Das tat gut. Dann setzte er sich und sah den Wellen zu. Er wusste nicht, wie lange. Plötzlich hörte er ein Geräusch hinter sich. Er drehte sich um. Es war Carla.

»Ciao«, sagte sie und setzte sich neben ihn. »Hast du eine Zigarette?«

»Nein. Ich rauche nicht.«

»Ich auch nicht. Aber ich hätte jetzt gerne eine Zigarette.«

Sie schauten aufs Meer.

»Wo sind wir?«, fragte Carla.

»Irgendwo zwischen Narbonne und Perpignan.«

»Warum bist du so weit gefahren?« Sie klang erstaunt.

Fabrizio zuckte mit den Schultern. Das konnte er ihr auch nicht sagen. Er war einfach gefahren.

»Spielt keine Rolle, oder?«

»Nein.«

Die Wellen rauschten. Carla vergrub ihre nackten Füße im Sand. Fabrizio wandte sich um und spähte über die Schulter.

»Meinst du, Anna sieht uns, wenn sie aufwacht?«

»Ja. Glaub schon.«

Plötzlich registrierte er aus dem Augenwinkel eine Bewegung links von ihnen: Es war ein Flamingo. Ruckartig ging er auf das Meer zu und blieb von einem Moment auf den anderen wie eingefroren stehen. Wie eine Statue.

Sie saßen schweigend nebeneinander und betrachteten den Flamingo.

Fabrizio spürte Carlas Schulter an seinem Oberarm.

»Wir finden eine Lösung«, sagte er, »alles wird gut.«

Sie lächelte ihm zu. Sie schien ihm dankbar zu sein für diese Worte. Dann schüttelte sie noch immer lächelnd den Kopf.

»Nein«, sagte sie, »es wird nie mehr gut werden.«

NACHWORT

Bis vor ein paar Jahren wäre ich nicht im Traum auf die Idee gekommen, dass die Geschichte des Terrorismus in Deutschland eine andere sein könnte als die, die ich aus den Geschichtsbüchern und den Medien kannte. Das änderte sich, als mich der Drehbuchautor Carsten Böhnke aus Freiburg im Herbst 2005 auf das Thema GLADIO hinwies. Sofort besorgte ich mir das gerade auf Englisch erschienene Buch »Nato's Secret Armies – Operation Gladio and Terrorism in Western Europe« des Schweizer Historikers Daniele Ganser.

Von da an hat mich das Thema nicht mehr losgelassen. Ich wollte mehr über das Verhältnis von Geheimdiensten und Terrorismus während des Kalten Krieges – und heute – erfahren. 2006 erschien Regine Igels Buch »Terrorjahre. Die dunkle Seite der CIA in Italien« und 2008 Michael Bubacks »Der zweite Tod meines Vaters«. Ebenfalls 2008 veröffentlichte der Journalist Tobias von Heymann seine Erkenntnisse über das Oktoberfest-Attentat, die er aus der Sichtung unzähliger Stasi-Akten gewonnen hatte, unter dem Titel: »Die Oktoberfest-Bombe. München, 26. September 1980«. Und je mehr Fakten ich zusammentrug, desto überzeugter war ich davon, dass die Geschichte des Terrorismus in Deutschland neu aufgearbeitet werden muss. Auch wenn noch vieles unklar und schwer zu beweisen ist – das liegt, wenn es um die Arbeit von Geheimdiensten geht, in der Natur der Sache –, eines ist doch mittlerweile offenkundig: So, wie wir es bis jetzt vermittelt bekommen haben, ist es nicht gewesen.

Das ist ein unbefriedigender und gefährlicher Zustand, der allzu leicht dazu verführt, sich kopfschüttelnd und mit Grauen von einem System abzuwenden, das unter bestimmten Bedingungen Monströses hervorgebracht hat. Deshalb wäre es so wichtig, dass diejenigen, die Regierungsverantwortung tragen, bei der Aufarbeitung aktiv mitwirken: um die spezifischen Bedingungen zu identifizieren, in denen eine Demokratie an ihre Grenzen stößt. Es wäre der Beweis dafür, dass Demokratie als lebendiges System, trotz aller Fehler, funktioniert. »Je größer die Transparenz, umso größer ist auch der Grad an Demokratie«, sagte der Rechtsphilosoph Norberto Bobbio. Recht hat er. Weiteres Vertuschen und Verschweigen hingegen wäre ein falsches, ein fatales Signal.

Da es in Deutschland – im Gegensatz zu Italien, Belgien und der Schweiz – keine parlamentarische Untersuchung des Stay-behind-Netzwerkes gegeben hat – und somit auch kaum Dokumente und Unterlagen existieren – beschloss ich, der Sache mit meinen eigenen, ziemlich bescheidenen Mitteln nachzugehen. Ich entschied mich, mit der Kamera loszuziehen und Interviews mit Zeitzeugen zu führen, mit Menschen, von denen ich wusste oder vermutete, dass sie, auf die unterschiedlichste Art und Weise, mit dem Thema GLADIO und Terrorismus in Deutschland in Berührung gekommen waren. So sind ab dem Jahr 2008 Interviews entstanden – unter anderem mit dem Historiker und Friedensforscher Dr. Daniele Ganser von der Universität Basel, mit dem SPD-Politiker Hermann Scheer MdB, der 1990 vehement eine parlamentarische Untersuchung des deutschen Stay-behind-Netzwerkes gefordert hatte, mit Karl Heinz Hoffmann, dem Gründer und Chef der Wehrsportgruppe Hoffmann, der in der Öffentlichkeit bis heute im Verdacht steht, als Hintermann für das Oktoberfest-Attentat verantwortlich zu sein, mit dem Münchner Rechtsanwalt Werner Dietrich, der die Rechte der Opfer des Oktoberfest-Attentats vertritt, mit Michael »Bommi« Baumann, ehemals Mitglied der Bewegung 2. Juni, und mit der Schüler-AG »Verdeckte Kriegsführung« der Altkönigsschule Kronberg im Taunus, die sich zusammen mit ihrem Lehrer Christian Schmeiser mit den Themen GLADIO und verdeckte Kriegsführung befasste. Ihnen allen möchte ich an dieser Stelle herzlich für die gute Zusammenarbeit danken.

Die Idee war, all diese Stimmen in einem TV-Dokumentarfilm zu Wort kommen zu lassen. Das Projekt haben der Produzent Robert Ralston und die Schweizer Produktionsfirma »gute filme switzerland« von Anfang an unterstützt, obwohl noch kein Sender mit am Start war. Ihnen danke ich sehr für ihr Vertrauen. Auch Christof Schilling, der für den Schnitt, und Andreas Nickl, der für Recherche und Ton verantwortlich war, möchte ich für ihre Unterstützung und ihren Enthusiasmus danken. Ebenso Nick Crowe und Maike Dubsky für ihre Ideen und die technische Umsetzung.

Dr. Sebastian Richter hat das gesamte Projekt von Anfang an durch sämtliche Entwicklungsstufen hindurch begleitet. Ihm danke ich ganz herzlich für viele gute Anregungen und die gute Zusammenarbeit.

Am meisten aber verdanke ich Marc Burth. Er hat die Fakten und Informationen, die wir zusammengetragenen haben, auf seinem Blog veröffentlicht. Wer sich für die Themen GLADIO und Terrorismus und für die von uns gedrehten Interviews interessiert, findet das alles im Internet unter www.prenzlauerberger.wordpress.com

Der letzte Blogeintrag stammt vom 3. Juni 2010, dem Tag vor Marcs Verschwinden. Es ist der kürzeste, den Marc je geschrieben hat. Er trägt die schlichte Überschrift ANGST. Unter einem Foto der Gedenkstele für die Opfer des Oktoberfest-Attentats steht: »Es ist aktueller, größer und viel beängstigender, als ich dachte: ho paura.« (Italienisch für: Ich habe Angst.)

Martin Maurer, im August 2010